Pfälzerwald

und Deutsche Weinstraße

Walter Theil

GPX-Daten zum Download

www.kompass.de/gpx

Kostenloser Download der GPX-Daten der im Wanderführer enthaltenen Wandertouren. Mehr Informationen auf Seite 3.

AUTOR

Walter Theil • ist in Südbaden aufgewachsen, hat in Freiburg studiert und mehrere Jahre in Baden-Württemberg gelebt und gearbeitet, bevor er im Chiemgauer Voralpenland seine Zelte aufgeschlagen hat. Er kennt den Süden Deutschlands im Allgemeinen und den Südwesten im Besonderen von vielen Rad- und Wandertouren.

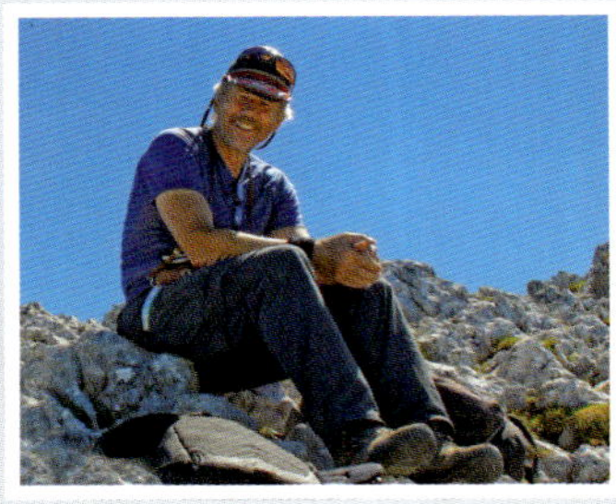

Der aktive Bergsteiger und Radfahrer ist seit mehreren Jahrzehnten im touristischen Verlagsbereich tätig und Autor diverser Wander- und Radführer, darunter WF Schluchtensteig, WF Schwarzwald Süd, WF Schwäbische Alb, WF Oberallgäu, WF Berchtesgadener Land, WF Chiemgau, WF Fichtelgebirge, RF Rheinradweg vom Bodensee bis Mannheim, RF Rheinradweg von Mannheim bis Köln, RF Mainradweg.

VORWORT

Der Pfälzerwald besitzt nicht nur wegen seiner Grenzlage zwischen Deutschland und Frankreich eine interessante Geschichte, sondern durch den Dreiklang von Felsen, Wald und Wein eine für den Wanderer faszinierende Landschaftsvielfalt.

Mächtige Burgen und bedeutende Klöster, historische Gedenkstätten, die von den Kelten über die Römer ins Mittelalter und die frühe Neuzeit reichen sowie nachdenklich stimmende Zeugen der jahrhundertelangen schwierigen, oft blutigen Grenzlage, machen jede Wandertour in der Pfalz zu einem abwechslungsreichen und informativen Unternehmen. Die fantastischen Felsformationen beeindrucken nicht nur in den bekannten Felsregionen um Dahn und Rodalben, sondern sind verteilt über den ganzen Pfälzerwald, der andererseits als das größte zusammenhängende Waldgebiet in Deutschland eine wunderbare Natur- und Erholungslandschaft bietet. Einen herrlichen Kontrast bildet schließlich der Übergang ins Rheintal; hier veredeln die Obst- und Rebenlandschaften entlang der Haardt und der Deutschen Weinstraße im wahrsten Sinne jede Wanderung. Im Frühjahr genießen Sie die Mandelblüte, im Herbst lockt der junge Wein – der Pfälzerwald ist ein Genuss-Wandergebiet der Extraklasse. Machen Sie sich auf den Weg, es erwarten Sie ausgezeichnet markierte, erlebnisreiche Wanderungen, die keinen Wunsch offen lassen. Viel Spaß!

Walter Theil

ORIENTIERUNG MIT GPS

Für Navigationsgeräte und Apps haben wir auf unserer Webseite alle Touren im GPX-Format zum Download bereitgestellt:

www.kompass.de/gpx

Hier findet man alle weiteren Informationen. Einfach das richtige Produkt auf der Seite auswählen, die Daten herunterladen und auf das Zielgerät oder in die gewünschte App importieren.

Mehrwert mit Spaßfaktor: Ob vorab zur Planung, als Sicherheit für unterwegs oder zum Erinnern und Archivieren der gegangenen Tour. Die digitale Wanderroute ist in vielerlei Hinsicht wertvoll. Ein Blick auf die Daten hilft Neues zu entdecken und liefert Inspirationen für die nächsten Touren. Alle Wandertouren aus diesem Führer stehen im GPX-Format kompakt und genau zur Verfügung.

Was ist ein GPX-Track? GPX ist ein Datenformat für Geodaten. Das Wort GPS steht für Global Positioning System (Globales Positionsbestimmungssystem). Mit einem GPX-Track bekommt man die rote Linie, also den Wanderpfad, als geografische Koordinaten.

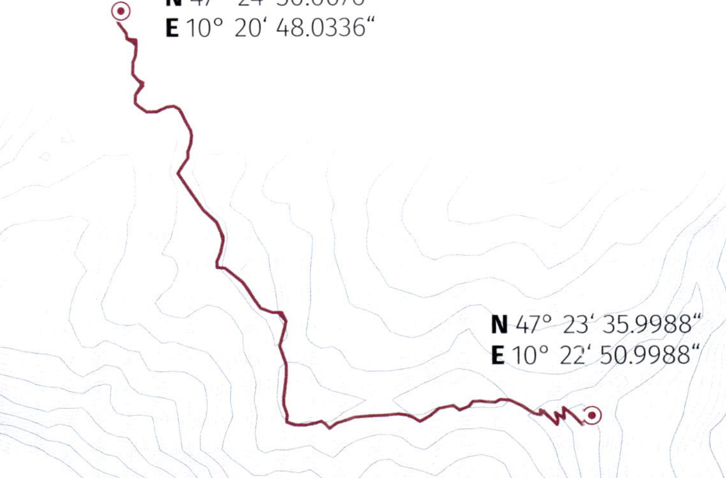

INHALT UND TOURENÜBERSICHT

AUFTAKT

Vorwort 2
Inhalt und Tourenübersicht 4
Gebietsübersichtskarte................. 10
Das Gebiet.. 12
Allgemeine Tourenhinweise 14
Meine Highlights 16

Tour		Seite
01	Adolf-von-Nassau-Weg	20
02	Ramsen – Burg Stauf – Klosterruine Rosenthal	24
03	Ruine Beilstein – Totenköpfchen	27
04	Alsenborn – Burgruine Diemerstein	30
05	Ruine Frankenstein	33
06	Leininger Burgenweg	36
07	Bismarckturm – Kaiser-Wilhelm-Höhe	41
08	Bad Dürkheim – Klosterruine Limburg – Ruine Hardenburg	45
09	Deidesheim – Heidenlöcher – Ruine Wachtenburg	48
10	Ruine Lichtenstein – Drachenfels – Ruine Neidenfels	51
11	Ruine Wolfsburg – Weinbiethaus	55
12	Hambacher Schloss – Hohe Loog	59
13	Dicker Stein – Kaisergarten – Hellerhütte – Königsberg	63
14	Erfenstein – Breitenstein – Spangenberg	67
15	Elmsteiner Zwei-Hütten-Tour	70
16	Pfälzer Weltachse	74
17	St. Georgsbrunnen – Burg Hohenecken – Gelterswoog	77
18	Gelterswoog – Walkmühltal – Rosental	80
19	Karlstalschlucht – Großer Rothenberg	84
20	Der Sickinger Höhenweg	88

ANHANG

Alles außer Wandern 234
Pfälzer Fern- und Prädikatswanderwege 237
Badegewässer im Pfälzerwald .. 236
Übernachtungsverzeichnis 238
Orte/Tourismusbüros.................. 240
Register 242
Impressum 248

km	h	hm	hm									Karte
16,5	4:15	415	415	✓	✓		✓			✓		826
10,8	3:00	325	325	✓	✓		✓					826
9,3	2:15	205	205	✓	✓		✓					826
17,3	4:45	477	477	✓	✓							826
13	4:00	425	425	✓	✓							826
24,3	7:00	796	796	✓	✓		✓					826
17,3	5:30	643	643	✓	✓		✓					826
12,8	3:45	570	570	✓	✓		✓					826
12	3:30	500	500	✓	✓		✓					826
17,8	5:15	745	745	✓	✓		✓					826
19,5	5:30	722	722	✓	✓		✓	✓				826
19,5	6:00	755	755	✓	✓		✓	✓				826
22	6:30	825	825	✓	✓		✓					826
8,5	3:00	345	345	✓	✓		✓					826
14,8	4:15	468	468	✓	✓		✓					826
10,8	3:00	405	405	✓								826
17	5:15	407	407	✓	✓		✓					826
15,8	4:45	260	260	✓			✓					826
12	3:15	303	303	✓	✓		✓					826
24,3	7:00	720	720	✓	✓		✓					826

INHALT UND TOURENÜBERSICHT

Tour		Seite
21	Steinenschloss-Rundweg	92
22	Johannniskreuz – Teufelsloch	95
23	Johanniskreuz – Eschkopf	97
24	Dreiherrenstein – Luitpoldturm – Kirschfels	100
25	Kalmit · 673 m, Taubenkopf · 604 m	105
26	Dichterhain – Hochberg – Kropsburg	109
27	Rietburg – Ludwigsturm – Schänzelturm	113
28	Orensfelsen – Orensberg – Burg Neuscharfeneck	117
29	Krappenfels – Jung-Pfalz-Hütte – Gräfenhausen	121
30	Münz – Anebos – Trifels	124
31	Der Richard-Löwenherz-Weg	127
32	Die Geiersteine-Tour	131
33	Falkenburg – Breitenberg	134
34	Rimbach-Steig	137
35	Hauensteiner Schusterpfad	141
36	Wasgau-Felsenweg	145
37	Die Hahnfels-Tour	149
38	Dahner Felsenpfad	153
39	Dahner Rundwanderweg	156
40	Burgruine Drachenfels	161

km	h	hm	hm									Karte
6	2:00	240	240	✓			✓					826
10,5	3:00	262	262	✓	✓							826
12,3	3:30	440	440	✓	✓		✓					826
19,8	6:45	755	755	✓			✓					826
16,5	5:00	650	650	✓	✓		✓	✓				826
15	4:45	625	625	✓	✓		✓	✓				826
17,3	5:30	753	753	✓		✓	✓	✓				826
14	4:15	655	655	✓	✓		✓	✓				826
10	3:15	385	385	✓	✓		✓					826
8,5	2:45	556	556	✓	✓		✓					826
12,8	4:00	603	603	✓	✓		✓	✓				826
7	2:00	269	269	✓	✓							826
10,5	3:15	390	390	✓	✓							826
17,5	6:30	810	810	✓	✓		✓	✓				826
17,5	6:00	722	722	✓	✓		✓					826
23,5	7:30	790	790	✓	✓		✓					826
15	4:45	596	596	✓	✓							826
13	4:00	537	537	✓	✓		✓					826
21,5	7:00	922	922	✓	✓		✓					826
11,5	3:15	362	362	✓	✓		✓					826

INHALT UND TOURENÜBERSICHT

Tour		Seite
41	Bärensteig	164
42	Napoleon-Steig	167
43	Hinterweidenthaler Teufelstisch-Tour	170
44	Graf-Heinrich-Weg	173
45	Felsenwaldtour	177
46	Saufelsen – Kuhfelsen – Karl-May-Felsen	180
47	Alter Bierkeller – Alte Burg – Kanzel	184
48	Bärenhöhle – Bruderfelsen	188
49	Lemberger Rothenberg-Weg	191
50	Altschlosspfad	194
51	Rumbergsteig	197
52	Wasgau-Seen-Tour	200
53	Brunnen- und Quellenweg	204
54	Blumenstein – Maimont – Bayerisch Windstein – Wasigenstein	208
55	Klingelfelsen – Col de Hichtenbach – Frönsburg – Bruderfelsen	212
56	Schlüsselfelsen – Wegelnburg – Hohenbourg – Sindelsberg	216
57	Wegelnburg – Hohenbourg – Löwenstein – Fleckenstein	219
58	Hirzeckhaus – Burg Berwartstein	222
59	Hohe Derst – Ruine Guttenberg	226
60	Stäffelsberg – Ruine Guttenberg	229

km	h	hm	hm									Karte
14,8	5:00	593	593		✓		✓					826
11,5	3:45	426	426	✓	✓		✓					826
12,5	4:00	439	439	✓	✓							826
14	4:30	439	439	✓			✓					826
13,3	4:00	470	470	✓			✓					826
20	6:15	624	624	✓	✓		✓					826
19,3	6:00	653	653	✓	✓		✓					826
11,8	3:45	295	295	✓	✓							826
9,8	3:00	325	325	✓	✓		✓					826
10,8	3:15	330	330	✓	✓							826
11,8	4:00	337	337	✓	✓							826
16,8	5:15	505	505	✓	✓		✓					826
21,5	6:30	553	553	✓	✓		✓					826
19	6:30	835	835	✓	✓		✓					826
14,5	4:45	628	628	✓	✓		✓					826
12	4:15	635	635	✓	✓		✓					826
10,5	3:15	540	540	✓	✓		✓					826
13	4:30	380	380	✓	✓		✓					268
19	5:45	552	552	✓	✓							826
13	4:15	552	552	✓	✓							826

GEBIETSÜBERSICHTSKARTE

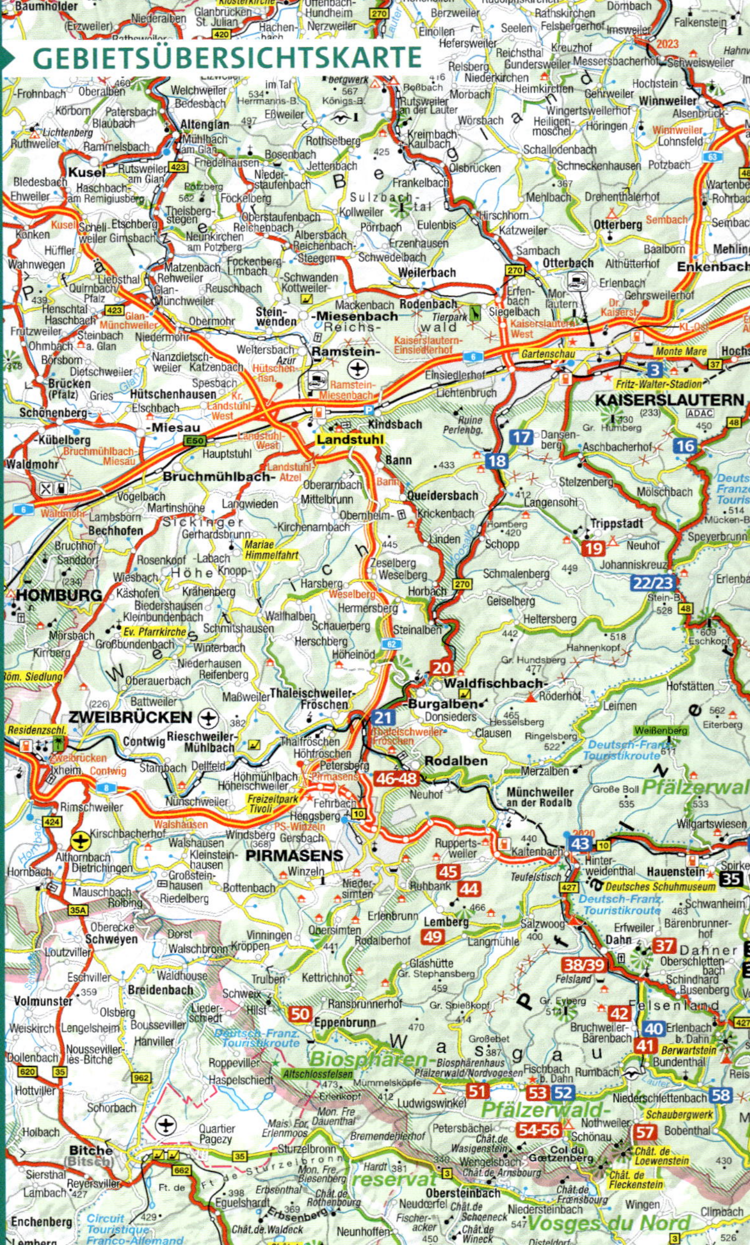

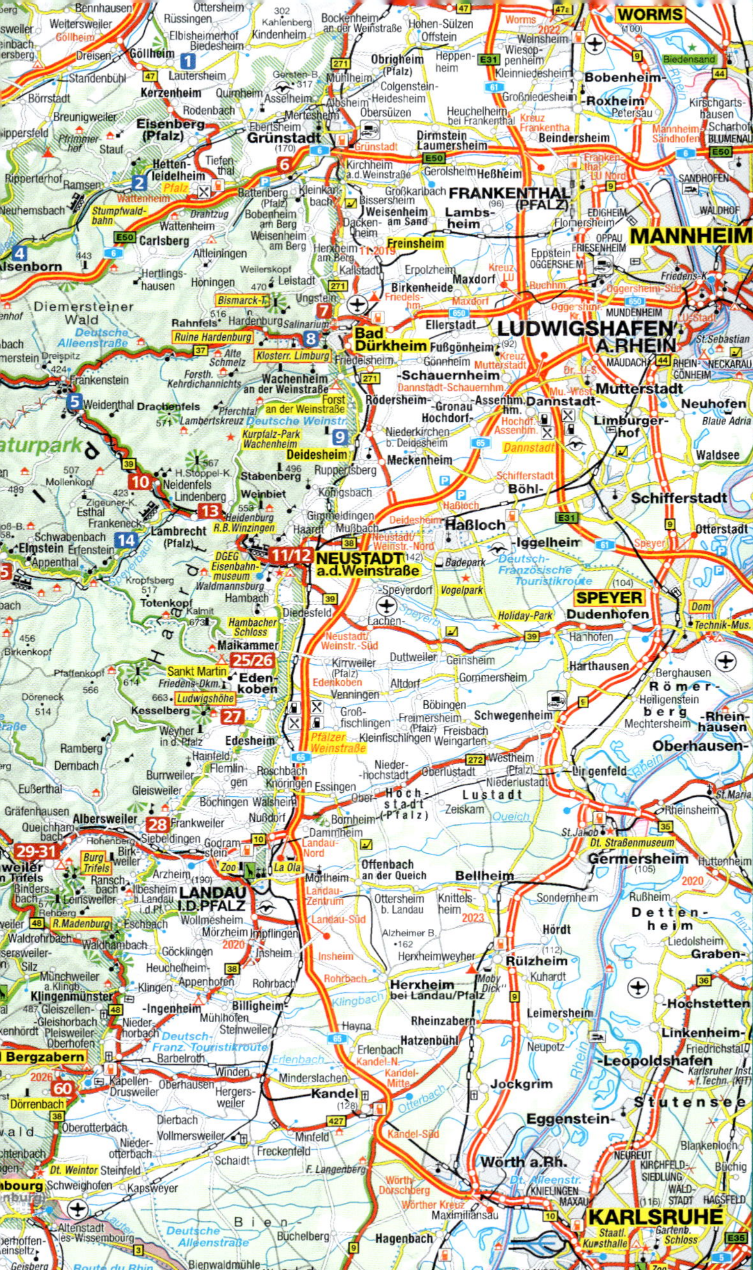

DAS GEBIET

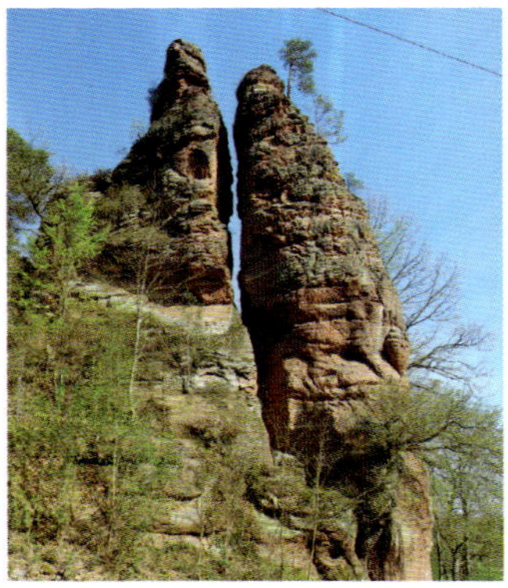

Braut und Bräutigam – Felsen prägen den Pfälzerwald

Der Pfälzerwald ist das größte zusammenhängende ganz auf bundesrepublikanischem Boden liegende Waldgebiet Deutschlands. Je nach Abgrenzungskriterien sind 82 bis 90 Prozent der Fläche von Wald bedeckt. Entsprechend dünn ist die Besiedlung des Pfälzerwaldes, mit Ausnahme der Städte Pirmasens und Kaiserslautern liegen die größeren Orte am Ostrand bzw. im Südosten des Pfälzerwaldes, entlang der Deutschen Weinstraße.

Nur wenige breite Verkehrsstraßen durchschneiden das Waldgebiet, sodass sich große Ruhezonen und Erholungsräume erhalten haben, die heute dem Stille suchenden Wanderer und Naturliebhaber zugute kommen. Von mehreren Eisenbahnstrecken, die durch den Pfälzerwald verlaufen, findet nur auf der Strecke zwischen Neustadt a. d. Weinstraße und Kaiserslautern Güter- und Personenfernverkehr statt. Die übrigen Bahnlinien dienen nur dem Personennahverkehr bzw. verkehren als Ausflugs- und Museumsbahnen.

Buchen sind gegenwärtig mit etwa 35 % die am meisten vorkommende Baumart, daneben zählt auch die Eiche zum typisch pfälzischen Baum und beide zusammen bilden oft sehr urtümliche Mischwaldbestände. Im Haardtgebiet und an trockenen und sonnigen Hanglagen Richtung Rheinebene dominiert dagegen die Kiefer. Diese großen Mischwaldregionen bilden großartige ökologische Voraussetzungen für eine vielfältige Tier- und Pflanzenwelt. Gerade gefährdete Tierarten wie Fledermäuse, Baummarder und Luchs sind hier heimisch, ebenso wie der streng geschützte Wanderfalke. Dank der geringen Besiedlung und Bewirtschaftung können auch viele Quellen und Bäche eine hervorragende Wasserqualität aufweisen und werden von verschiedensten Fischarten bevölkert.

Das Bild des Pfälzerwaldes prägt in erster Linie der Buntsandstein, dessen Verwitterungs- und Abtragungsprozesse über Jahrmillionen zu den faszinierendsten und ungewöhnlichsten Felsformationen führten. Tief eingeschnittene Täler und bizarre Felstürme, lang gezogene Felsmauern und isoliert stehende Tor- und Tischfelsen sind ebenso wie riesige Felsenmeere und Blockfelder fast im gesamten Pfälzerwald anzutreffen.

Die höchsten Erhebungen des Pfälzerwaldes liegen im östlichen Teil des Mittleren Pfälzerwaldes, der Kalmit ist mit 673 m der höchste Punkt eines Hochplateaus, das mehrere Berge über der 600-m-Marke aufweist. Im Süden dominieren einzeln stehende Berg-

Pfälzerwald-Verein

Der meist PWV abgekürzte Pfälzerwald-Verein ist ein Wanderverein, der seit 1902 besteht und derzeit in 200 Ortsgruppen über 25.000 Mitglieder hat. Er verantwortet die Markierung von rund 12.000 km Wanderwege im Pfälzerwald und unterhält ca. 100 Wanderhütten, die überwiegend ehrenamtlich betreut werden und oftmals nur am Wochenende geöffnet sind. 17 Wanderheime stehen auch für Übernachtungen zur Verfügung. Infos: www.pwv.de

formen die Landschaft, hier erreicht der Rehberg bei Annweiler mit 577 m die höchste Höhe.

Die tiefen Kerbtäler im buntsandsteingeprägten Felsgebiet förderten ebenso wie die breiteren Kastentäler im Norden und Süden bzw. die sogenannten Woogtäler im Südwesten ein differenziertes System von Bächen, Flüssen und Feuchtgebieten.

Der gesamte Pfälzerwald ist durch ein hervorragend markiertes Wanderwegenetz erschlossen, viele der naturnahen Wege sind als Premiumwanderwege ausgezeichnet und verbinden Naturdenkmäler mit historischen Sehenswürdigkeiten. Während sich keltische und römische Spuren meist nur in den klimatisch begünstigten Regionen nachweisen lassen, rückte die Pfalz im Mittelalter, besonders in der Zeit der Salier und Staufer, in den Mittelpunkt der Geschichte; vorübergehend war die Reichsburg Trifels – in der auch der englische König Richard Löwenherz gefangen gehalten wurde – das Machtzentrum des staufischen Kaiserreiches. Das Hambacher Schloss, seit 1832 ein Symbol der Demokratie, wurde 2015 zum Europäischen Kulturerbe erklärt und ist wie viele andere Burgen und Schlösser zu einem beliebten Touristenziel avanciert.

Das Haus der Nachhaltigkeit in Johannistal und das Biosphärenhaus

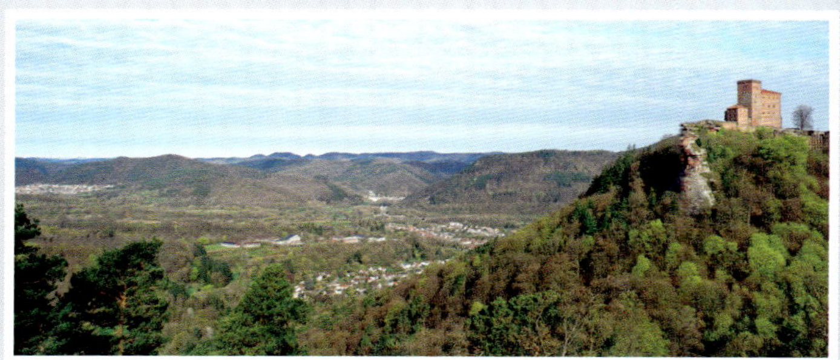

Reichsburg Trifels und weiter Blick ins Pfälzer Land

Pfälzerwald/Nordvogesen in Fischbach dienen als Informationszentren, wo alle Aspekte rund um das Thema Natur auf anschauliche Art vermittelt werden, und Besucher, Touristen und Wanderer für ökologische Zusammenhänge sensibilisiert werden.

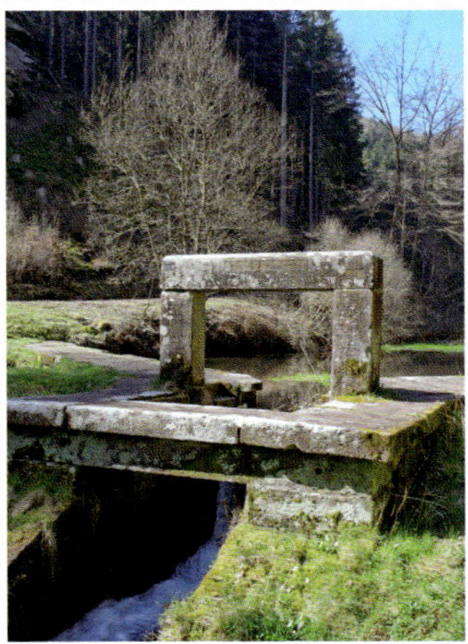

Am Biedenbacherwoog im Leinbachtal

Naturpark Pfälzerwald

Umfasst neben dem eigentlichen Pfälzerwald noch die Region zwischen Haardt und Deutscher Weinstraße. Der knapp 180.000 Hektar große Naturpark grenzt im Süden an Frankreich, wo er seine Fortsetzung im Biosphärenreservat Pfälzerwald-Vosges du Nord findet.

Drei Regionen lassen sich unterscheiden: Das Nordpfälzer Bergland, das im Süden von der A 6 begrenzt wird, der Mittlere Pfälzerwald, der bis zur Verbindung Pirmasens-Landau i. d. Pfalz reicht und im Süden der Wasgau, der sich dann grenzüberschreitend in die Nordvogesen erstreckt. Im Osten des Naturparks gliedert sich dann noch in Nord-Süd-Richtung das ehemalige Landschaftsschutzgebiet Deutsche Weinstraße an.

ALLGEMEINE TOURENHINWEISE

SCHWIERIGKEITSGRADE

Wanderungen in eine Schwierigkeitsskala zu zwängen, erweist sich oft als problematisch. Was der eine als Vergnügungsspaziergang bezeichnet, kann dem anderen Probleme und Ängste bereiten. Dennoch sollen die einzelnen Vorschläge durch eine Farbeinteilung grob gegliedert werden. Die Bewertung bezieht sich auf trockene Wege in unbeschädigtem Zustand.

■ LEICHT
Hierbei handelt es sich um leichte Touren auf gut angelegten Wegen ohne echte Gefahrenstellen, was kurze, kräftige Steigungen aber nicht ausschließt. Die Wege und einfachen Pfade ohne ausgesetzte Passagen sind in der Regel gut beschildert und können von jedermann begangen werden.

■ MITTEL
In dieser Rubrik sind mittelschwere Touren für geübte Wanderer zusam-

mengefasst, die auch mal Trittsicherheit und Achtsamkeit erfordern können. Sie eignen sich bei entsprechender Vorsicht auch für Kinder. Längere steile Wanderwege und Pfade setzen eine gewisse Kondition voraus.

■ SCHWER
Hier handelt es sich um anspruchsvolle Touren, die teils ausgesetzte Passagen und gesicherte Stellen aufweisen und zusätzlich recht lang sind. Eine gute Kondition, Schwindelfreiheit und Trittsicherheit sind Voraussetzung.

HINWEIS

Bei Wanderungen im Pfälzerwald sollte man auch darauf vorbereitet sein, dass viele Touren durch waldreiches Gebiet verlaufen, wo es nach Niederschlägen recht lange feucht und rutschig sein kann, besonders bei felsigen Wegen ist hier Vorsicht geboten. Andererseits sind die Wanderungen durch die Weinberge oft schattenlos und so können im Hochsommer auch leichte Touren sehr anstrengend werden.

EINKEHRMÖGLICHKEITEN

Beachten Sie, dass viele Pfälzer Hütten ehrenamtlich betreut werden und – besonders unter der Woche – teils sehr eingeschränkte Öffnungszeiten haben. Ein Blick in das aktuelle Verzeichnis aller Wanderheime, Schutzhütten und Rasthäuser des Pfälzerwald-Vereins ist zu empfehlen (www.pwv.de)

MEINE LIEBLINGSTOUR

Altschlosspfad (Tour 50)

Der Altschlosspfad, beschrieben in Tour 50, führt von Eppenbrunn, dem „Tor zum Wasgau“ an der deutsch-französischen Grenze zum wohl längsten und eindrucksvollsten Felsenriff der Pfalz. Die als Natur- und Kulturdenkmal ausgewiesene rund 1,5 km lange Sandsteinformation bietet an bizarren Türmen und Toren, Säulen und Überhängen eine grandiose Felsen-Szenerie, unterstützt durch ein faszinierendes Farbenspiel, das die mächtigen Felswände je nach Tageslicht in wechselnden Rottönen erscheinen lässt. Ein gigantisches Erlebnis bei verhältnismäßig wenig Aufwand.

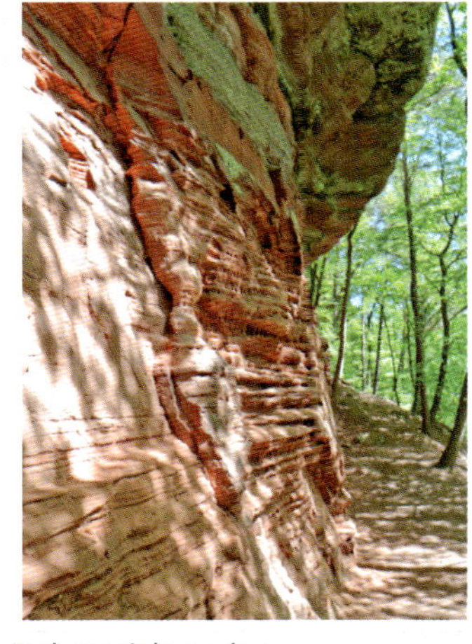

Farbenspiele an den Altschlossfelsen

MEINE HIGHLIGHTS

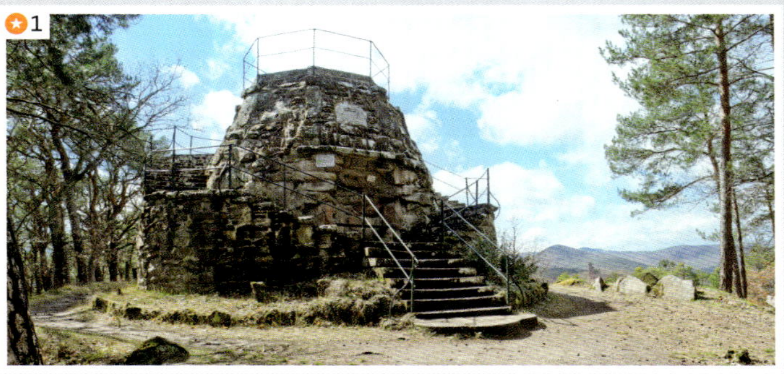

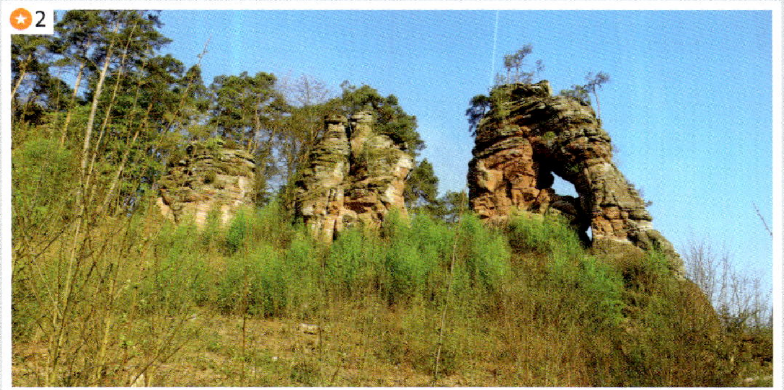

- **1: Die Kaiser-Wilhelm-Höhe ist nur einer der vielen Höhepunkte auf dieser geschichtsträchtigen Tour** → Tour 7, Seite 41
- **2: Die Dahner Felsenwelt wartet mit einer Vielzahl spektakulärer Felsformationen auf** → Touren 38/39, Seiten 153/156
- **3: Die Deidesheimer Obst- und Rebenlandschaft bietet schon im Frühjahr mit der Mandelblüte einen ersten farbenfrohen Höhepunkt** → Tour 9, Seite 48
- **4: Ruine Wegelnburg: Das deutsch-französische Grenzgebiet ist ein wahres Burgruinen-Eldorado** → Touren 56/57, Seiten 216/219
- **5: Das Haus der Nachhaltigkeit beim Johanniskreuz liegt mitten im Biosphärenreservat Pfälzerwald und ist ein hochinteressantes Informationszentrum mit einem breiten Spektrum rund um das Thema Natur** → Touren 22/23, Seiten 95/97

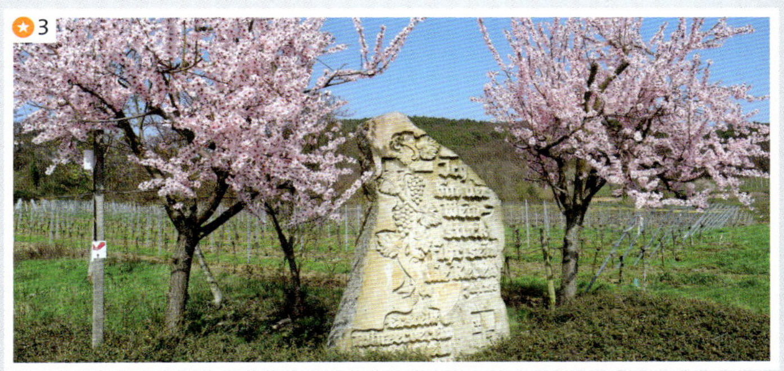
3

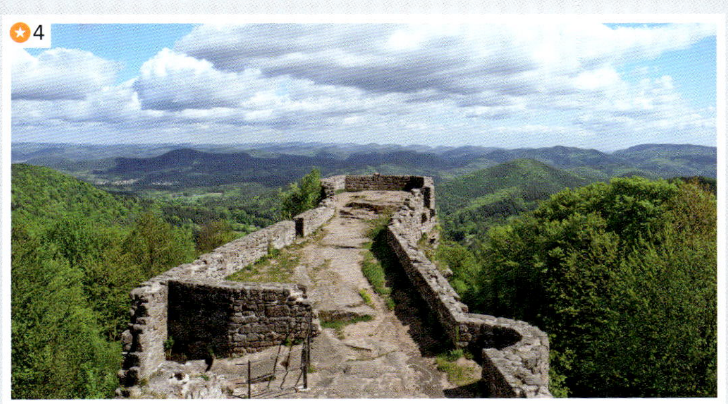
4

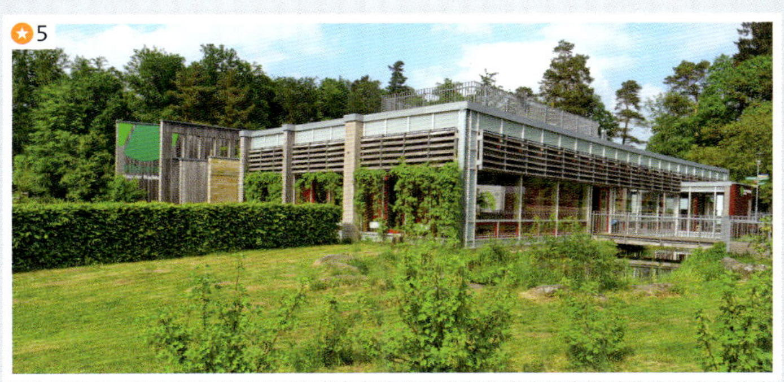
5

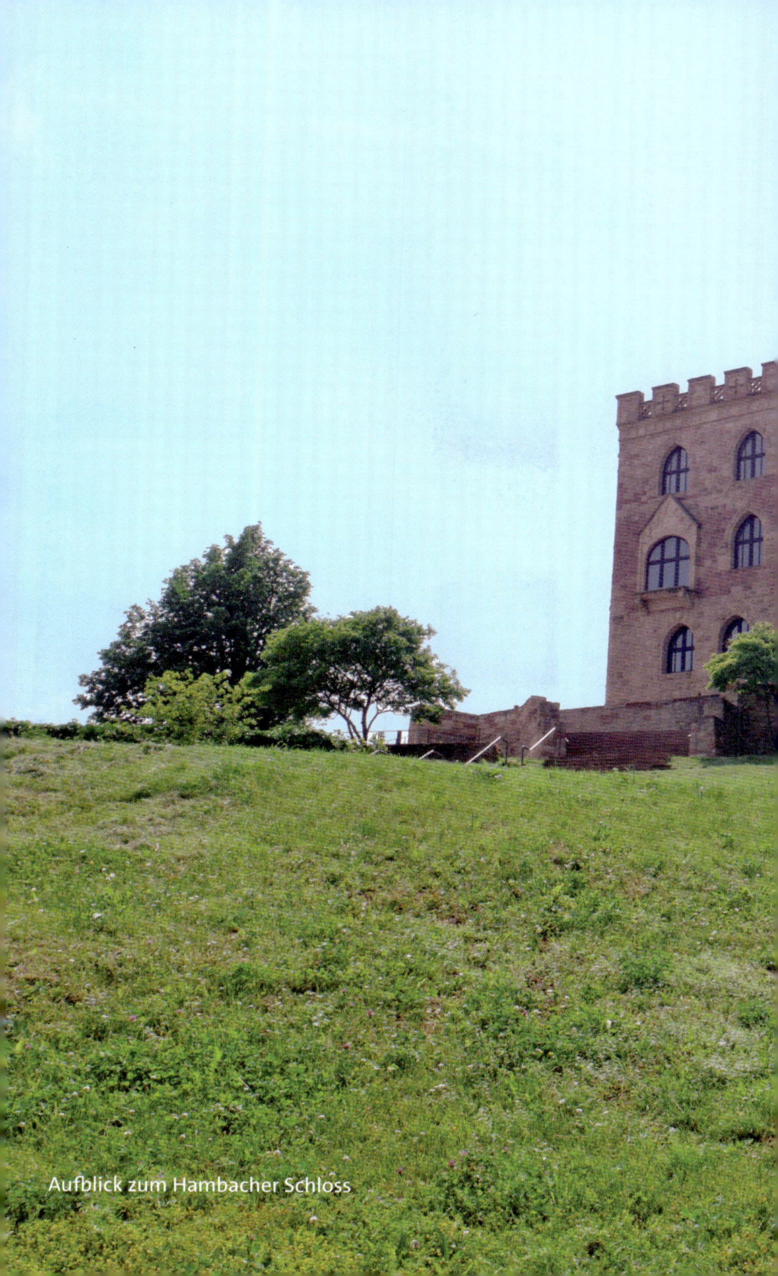

Aufblick zum Hambacher Schloss

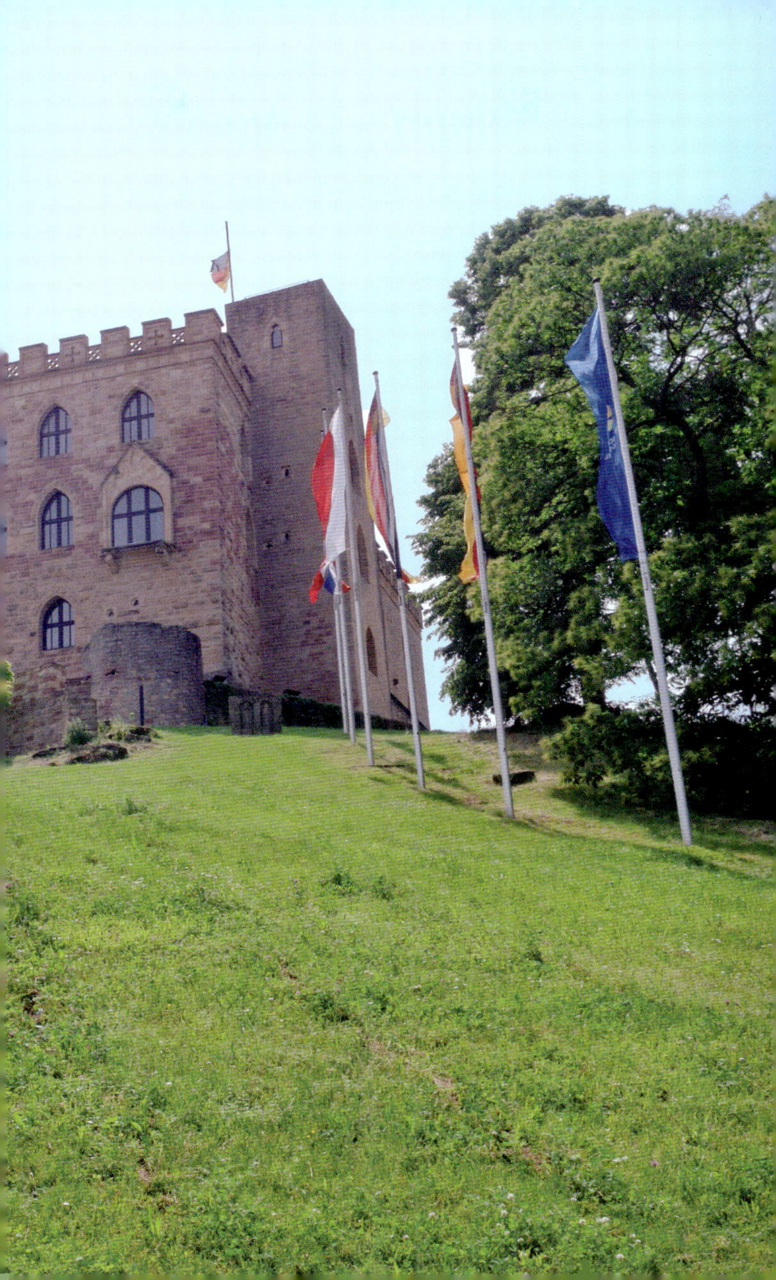

ADOLF-VON-NASSAU-WEG

Spuren deutscher Geschichte rund um Göllheim

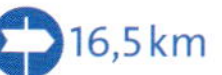

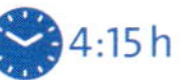

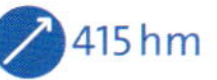

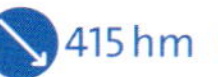

START | Göllheim, Marktplatz, Parkplätze
[GPS: UTM Zone 32 x: 431.280 m y: 5:493.880 m]
CHARAKTER | Leichte Rundtour auf Kieswegen und Waldpfaden, kurze Asphaltpassagen.

Wir starten vom **Marktplatz in Göllheim** 01, gehen nach links und biegen rechts ab in die Schillerstraße. Weiter auf der Altstraße passieren wir die **Königskreuzkapelle** 02 und schwenken links in die Königkreuzstraße. Wir unterqueren die B 47, folgen dem Geh-/Radweg entlang der Straße, passieren links den alten Jüdischen Friedhof und verlassen die Straße kurz vor dem Waldrand nach links auf einem geschotterten Kiesweg, bei einer Adolf-von-Nassau-Wandertafel. Am Waldrand rechts Richtung Kriegsberghütte und gleich darauf links, leicht ansteigend in den Wald. Wir stoßen auf den Ludwigsplatz mit der Ludwigshalle und gelangen über ein paar Kehren abwärts zur **Kriegsberghütte** 03.

Unterhalb der Hütte rechts in einem Bogen folgen wir der Königkreuz-Markierung durch den Wald, bis wir – kurz vor einem Gebäude – in einer deutlichen Rechtskehre etwas steiler zur Autostraße hinab wandern. Kurz rechts, dann bei der Bushaltestelle links schwenken und auf dem

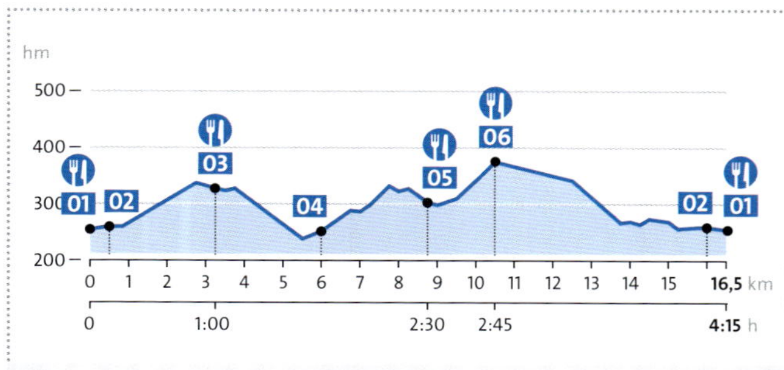

01 Marktplatz Göllheim, 245 m; 02 Königskreuzkapelle, 250 m;
03 Kriegsberghütte, 320 m; 04 Arleshof, 242 m;
05 Rosenthalerhof/Kloster, 295 m; 06 Göllheimer Häuschen, 370 m

Ludwigshalle

Auf dem Kriegsberg bei Göllheim beherbergt der Ludwigsplatz eine spätklassizistische Rotsandsteinhalle des Münchner Architekten Max von Siebert. Der 1890 errichtete Quaderbau im Stile eines griechischen Tempels erinnert an die 50-jährige Zugehörigkeit der Pfalz zu Bayern (1816–1866).

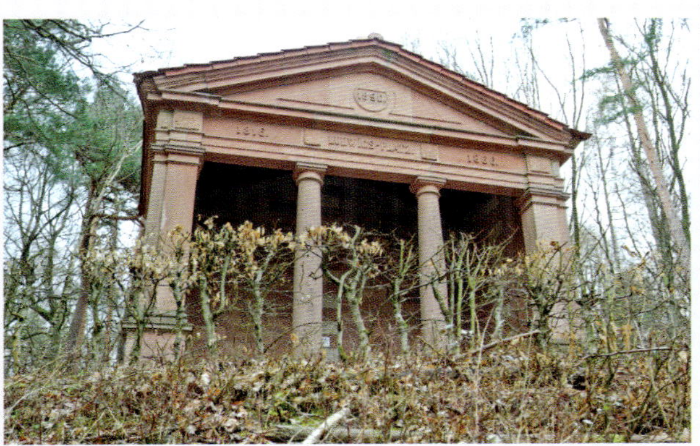

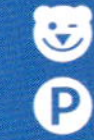

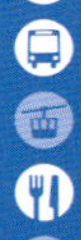

Teersträßchen leicht ansteigend hoch zum **Arleshof** 04, mit Vesperstube und Parkplatz.

Über freies Feld und eine leichte Kuppe, wieder auf Kiesweg, kommen wir wieder an den Waldrand, folgen ihm nach links und biegen dann rechts in den Wald ab, folgen der Markierung „Rosenthaler Hof". Leicht ansteigend passieren wir einen alten Waldfriedhof mit sehr schönen Grabsteinen und wandern nach der Anhöhe am neuen Friedhof vorbei hinab zum ehemaligen **Kloster Rosenthal** und zum **Rosenthaler Hof** 05. Wir halten uns vor dem großen Weiher links, gehen die Adolf-von-Nassau-Straße entlang und biegen dann rechts ab Richtung Göllheimer Häuschen. In einer leicht ansteigenden Linkskehre geht es nicht mehr asphaltiert zum Wald hoch. Am Ende des Waldes marschieren wir auf die Autostraße und das sichtbare **Göllheimer Häuschen** 06 zu.

An der Einkehrstätte vorbei, in den Wald und gleich rechts auf einen schmalen Waldpfad, folgen wir dem Königkreuzzeichen. Der breite Waldweg verengt sich zu einem wurzeligen Pfad und läuft zunächst parallel zur Autostraße. Durch eine leichte Senke gelangen wir an den Waldrand und über eine kleine Anhöhe erreichen wir ein asphaltiertes Weglein. Der Woogweg führt uns durch einen Tunnel unter der Autostraße hindurch zur Königkreuzstraße und zur **Königskreuzkapelle** 02 und wenig später zurück zum **Marktplatz Göllheim** 01.

Göllheimer Königskreuz

Es erinnert an den Todesort des deutschen Königs Adolf von Nassau, der 1298 in der Schlacht auf dem Hasenbühl bei Göllheim von seinem Konkurrenten Albrecht von Österreich besiegt wurde. Dem toten König wurde ein Begräbnis im Speyerer Dom verweigert und erst nach dem Tode Albrechts von Österreich, im Jahre 1309, konnte der Leichnam vom Kloster Rosenthal nach Speyer überführt werden. Im gleichen Zeitraum wird die Errichtung des Königskreuzes in Göllheim durch seinen Sohn Gerlach von Nassau vermutet.

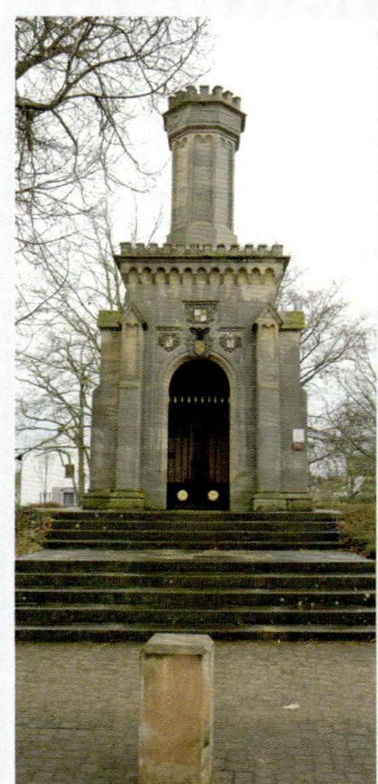

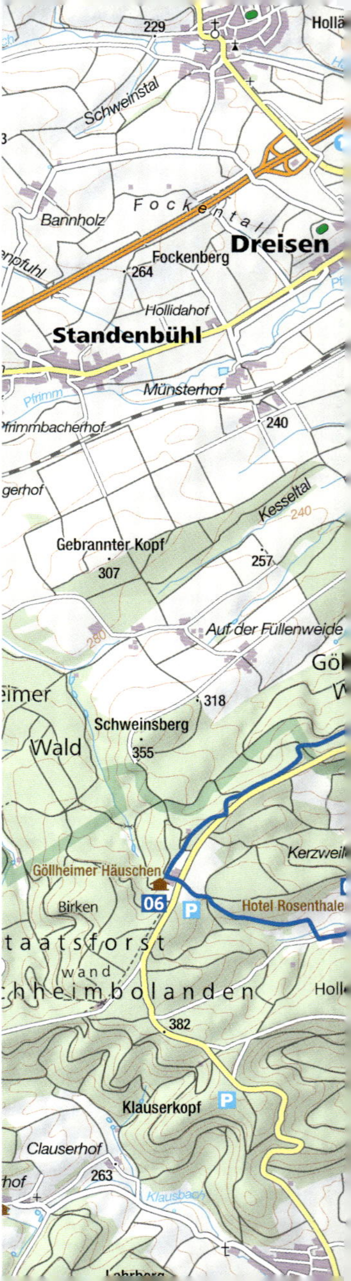

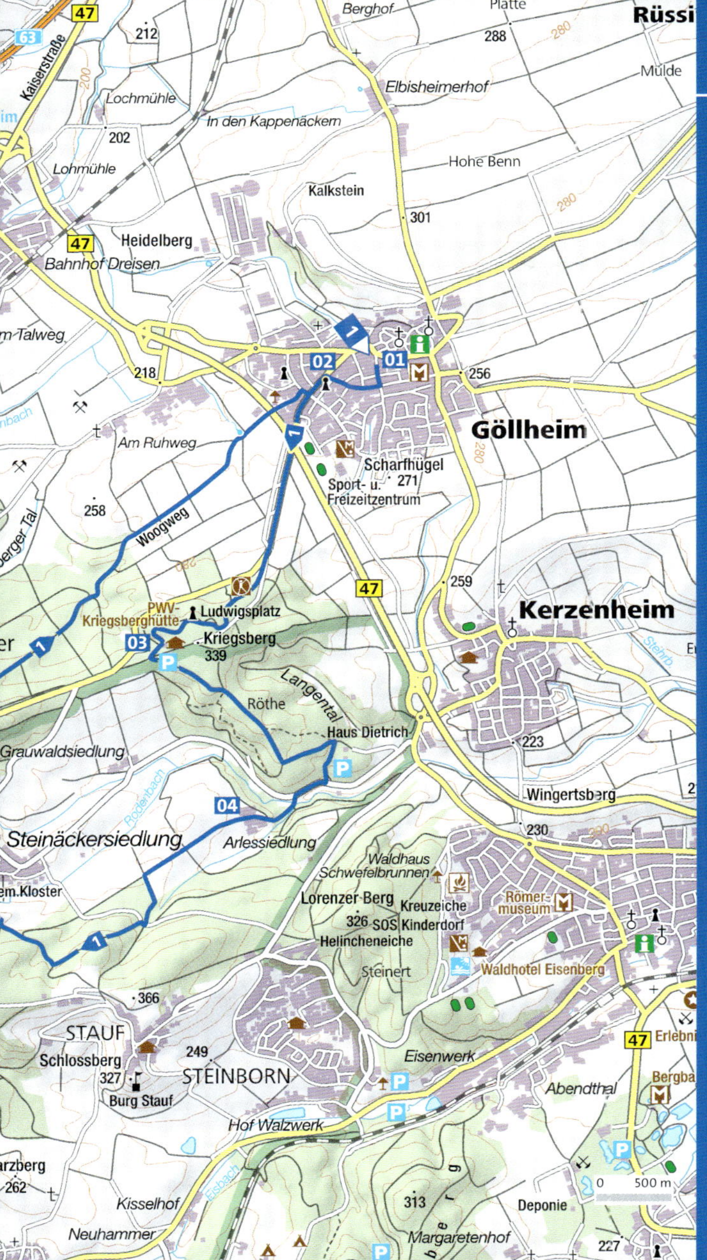
Berghof
Platte
288
Rüssi
Mulde
Elbisheimerhof
Kaiserstraße
Lochmühle
In den Kappenäckern
202
Lohmühle
Hohe Benn
Kalkstein
301
Heidelberg
Bahnhof Dreisen
Talweg
218
Göllheim
256
Am Ruhweg
Scharfhügel
271
Sport- u. Freizeitzentrum
258
Woogweg
PWV-Kriegsberghütte
Ludwigsplatz
Kriegsberg
339
259
Kerzenheim
Röthe
Langental
Haus Dietrich
223
Grauwaldsiedlung
Wingertsberg
Steinäckersiedlung
Arlessiedlung
230
Waldhaus Schwefelbrunnen
Lorenzer Berg
326
Kreuzeiche
SOS Kinderdorf
Helincheneiche
Römer-museum
Steinert
Waldhotel Eisenberg
366
STAUF
Schlossberg
327
Burg Stauf
249
STEINBORN
Eisenwerk
Abendthal
Hof Walzwerk
262
Kisselhof
Neuhammer
313
Deponie
Margaretenhof
227
0 500 m

2

RAMSEN – BURG STAUF – KLOSTERRUINE ROSENTHAL

Aussichtstour zu historischen Stätten im nördlichen Pfälzerwald

 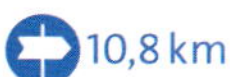 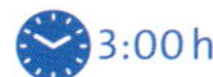 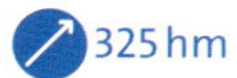  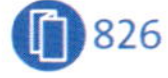

10,8 km | 3:00 h | 325 hm | 325 hm | 826

START | Ramsen, Bahnhof, Parkplätze
[GPS: UTM Zone 32 x: 429.200 m y: 5:487.410 m]
CHARAKTER | Unschwierige Rundtour auf Kies- und Waldwegen, kurze Asphaltpassagen; nur der Anstieg zur Burg Stauf verläuft über einen schmalen, steilen und kehrenreichen Pfad, teils über Treppenstufen.

Wir starten in **Ramsen** am **Bahnhof** 01 (Sa./So. Bahnhalt der Eistalbahn), wandern die Bahnhofstraße entlang, schwenken an der Holzskulptur am Rehbachtalplatz nach rechts, leicht abwärts, und gelangen kurz vor der **Hauptstraße** zum **Röhrbrunnen** 02, der aus einem Teil eines römischen Grabmales gefertigt wurde. Die Hauptstraße kurz rechts, dann beim Kriegerdenkmal links in die Staufer Straße.

Leicht ansteigend verlassen wir den Ort und wandern am Friedhof vorbei, über eine freie Kuppe an den Waldrand. Hier verlassen wir das Asphaltsträßchen nach rechts und folgen einem schmalen, kehrenreichen und ordentlich steilen Pfad Richtung „Stauf". Teils über Treppenstufen gelangen wir zu Häuser und auf einem um den Gipfelkopf herumführenden Pfad zu der vor dem Jahr 1000 errichteten **Burg Stauf** 03, die vermutlich

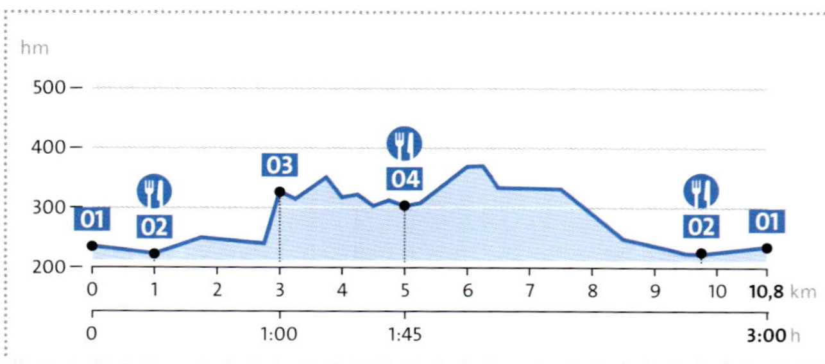

01 Ramsen, Bhf., 225 m; 02 Röhrbrunnen, 212 m; 03 Burg Stauf, 320 m; 04 Klosterruine/Rosenthalerhof, 295 m

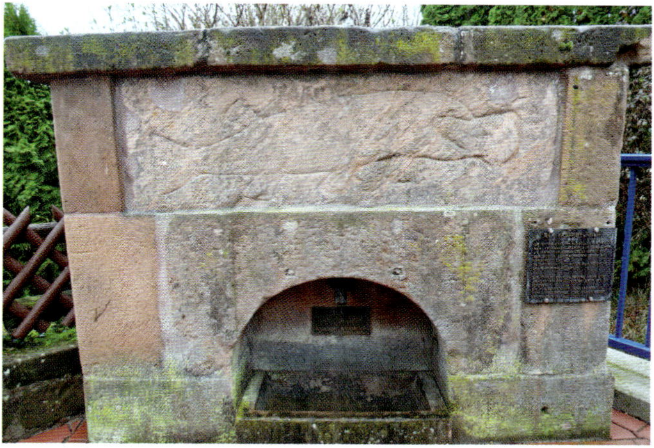

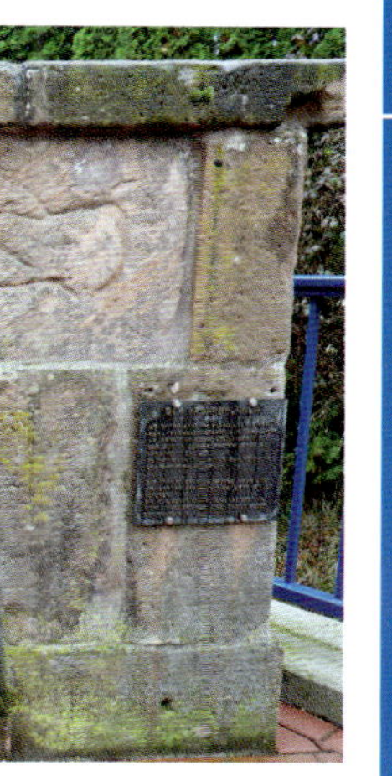

Der Röhrbrunnen in Ramsen

zu den ältesten Burganlagen der Pfalz gehört.

Am Burghof Stauf, heute ein Wellbeing-Gästehaus, vorbei geht es auf Asphalt wieder in den Wald, verlassen die Straße und steigen rechts auf einem Fußpfad bergauf, an einem Geländer entlang. Oben auf der freien Flä-

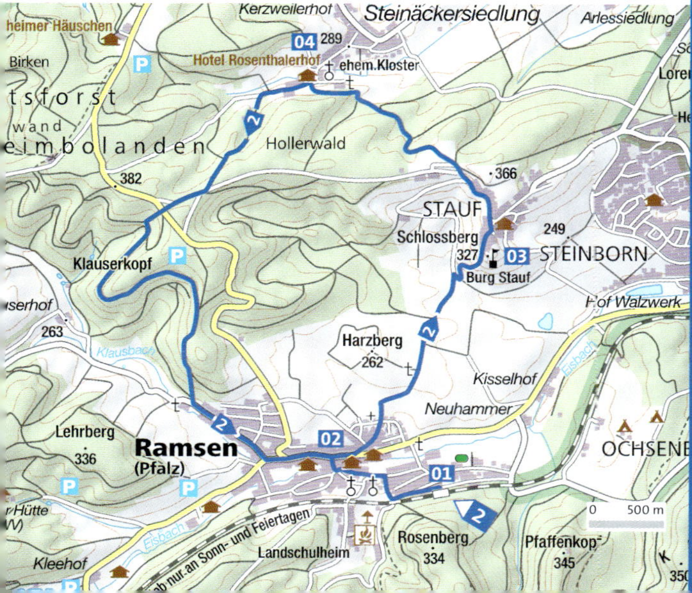

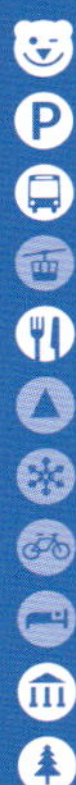

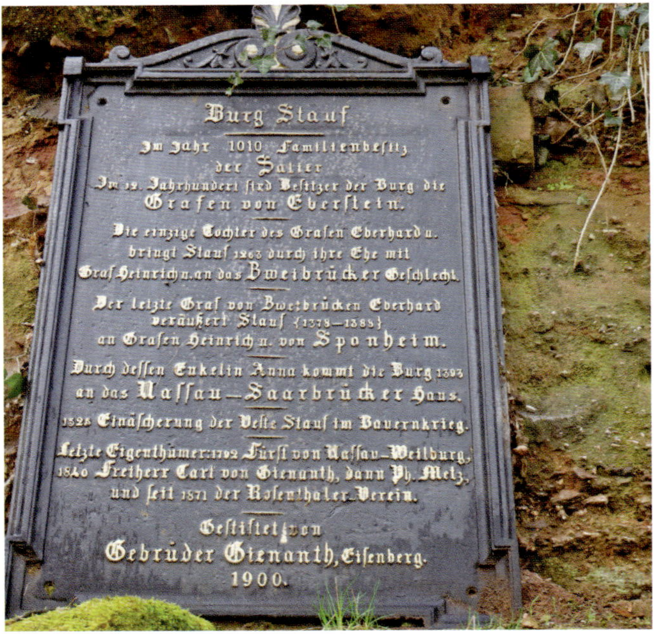

Burg Stauf
Im Jahr 1010 Familienbesitz der Salier
Im 12. Jahrhundert sind Besitzer der Burg die Grafen von Eberstein.
Die einzige Tochter des Grafen Eberhard II. bringt Stauf 1263 durch ihre Ehe mit Graf Heinrich II. an das Zweibrücker Geschlecht.
Der letzte Graf von Zweibrücken Eberhard veräußert Stauf (1378–1385) an Grafen Heinrich II. von Sponheim.
Durch dessen Enkelin Anna kommt die Burg 1393 an das Nassau-Saarbrücker Haus.
1525 Einäscherung der Veste Stauf im Bauernkrieg.
Letzte Eigenthümer: 1702 Fürst von Nassau-Weilburg, 1840 Freiherr Carl von Gienanth, dann Ph. Metz, und seit 1871 der Rosenthaler Verein.
Gestiftet von Gebrüder Gienanth, Eisenberg. 1900.

Infotafel bei der Burgruine Stauf

che folgen wir dem markierten Feldweg nach rechts, wieder zum Waldrand und kürzen bergab den Weg über einen schmalen Fußpfad ab. Geradeaus wandern wir durch eine Senke und passieren auf einer Anhöhe den alten Waldfriedhof. Leicht bergab, am neuen Friedhof vorbei, kommen wir zur **Klosterruine Rosenthal** und zum **Rosenthalerhof** 04. Linkshaltend, vor dem großen Weiher links, geht es auf der Adolf-von-Nassau-Straße, vorbei an der Abzweigung rechts nach Göllheim und folgen dem Feldweg geradeaus.

Wenig später steigt der Weg leicht nach links in den Wald hoch. Wir gelangen zu einer Verzweigung, treffen auf ein asphaltiertes Sträßchen und folgen der Gelbmarkierung; ein breiter Waldweg, parallel dazu ein schmaler Fußweg. Leicht ansteigend überqueren wir die Autostraße und halten uns weiter an die Gelbmarkierung. Rechtshaltend gelangen wir auf einem schmalen, leicht abwärtsführenden Waldpfad hinab zu Häuser und zu einem Asphaltsträßchen. Entlang der Ripperterstraße stoßen wir auf die Hauptstraße, schwenken nach links und erreichen beim **Röhrbrunnen** 02 die Abzweigung zum Bahnhof.

Auf dem Hinweg, die beiden Kirchen passierend, wandern wir leicht ansteigend zurück zum Ausgangspunkt am **Bahnhof** 01.

RUINE BEILSTEIN – TOTENKÖPFCHEN

Von Kaiserslautern rund um den Rummelberg

  9,3 km  2:15 h 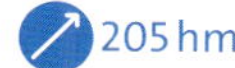 205 hm 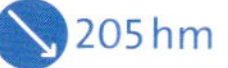 205 hm  826

START | Kaiserslautern, Entersweilerstraße, Parkplatz bei der Kinder Spiel & Spaß-Fabrik, gegenüber dem Gasthaus Licht & Luft [GPS: UTM Zone 32 x: 413.360 m y: 5:476.820 m]
CHARAKTER | Unschwierige Rundtour auf Kieswegen und Waldpfaden, kurze Asphaltpassagen.

Wir starten auf dem großen **Parkplatz** gegenüber vom **Gasthaus Licht & Luft** 01 an der Entersweilerstraße in Kaiserslautern. Passieren rechts die Kinder Spiel & Spaß Fabrik und kommen unter einer Brücke hindurch zum **Gasthaus Quack** 02 (mit Biergarten und einer interessanten Vogelvolière).

Kurz darauf biegen wir links ab, gehen auf dem Gehweg entlang der Velmannstraße und schwenken mit ihr rechts zur Schule am Beilstein. Das für den öffentlichen Verkehr gesperrte Sträßchen bringt uns durch lichten Wald zum **Stiftswalder Forsthaus** 03, rechts bietet der **Holzweg** am Stiftswald mit seinen interessanten Naturmöbeln einen beschaulichen Abstecher.

Kurz danach biegen wir rechts ab, gehen am Waldrand und entlang einer großen Lichtung auf der rechten Seite, stoßen auf die Straßenkurve, kurz vor der Eisenbahnbrücke, und knicken scharf links ab. Links am Weg ein großer Stein mit der Inschrift „**Entersweiler Mühle**", deren Betrieb bis ins 12. Jh. zurückreicht. Wir gelangen

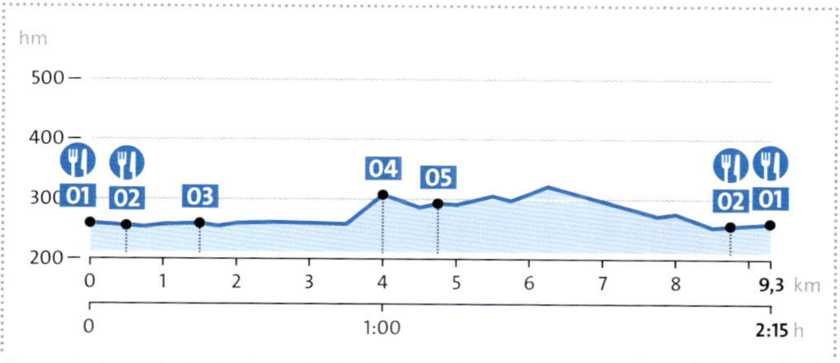

01 Parkplatz Gh. Licht & Luft, 250 m; 02 Gh. Quack, 246 m; 03 Stiftswalder Forsthaus, 250 m; 04 Ruine Beilstein, 300 m; 05 Totenköpfchen, 285 m

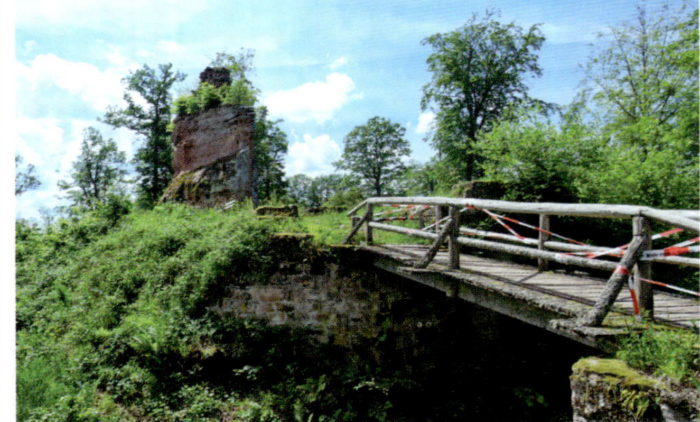
Die Holzbrücke zur Ruine Beilstein

auf Asphalt wieder in den Wald, schwenken links und folgen dann einer kreuzenden Forstfahrstraße nach rechts, Richtung Burgruine Beilstein. Bei der nächsten Wegteilung halten wir uns rechts, kurz darauf folgen wir links einem schmaleren, wurzeligen Pfad, der leicht ansteigt und uns zur **Ruine Beilstein** 04 führt. Wir umrunden sie, gehen unter der Brücke hindurch und in einer Linkskehre hoch. Über die Brücke statten wir der Ruine einen Besuch ab.

Leicht abwärts in den Wald halten wir uns bei einer Verzweigung rechts, überqueren ein

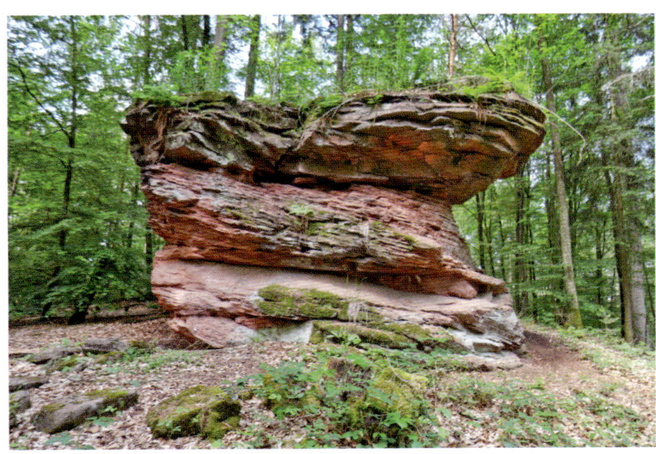
Das Totenköpfchen

Asphaltsträßchen und steigen durch den Wald hoch zum Naturdenkmal **Totenköpfchen** 05, einem markanten Sandsteinfelsen. Wir folgen der Gelb-weiß-Markierung, erreichen auf einer leichten Anhöhe eine Wegespinne. Wir bleiben links, oberhalb des rechts unten auftauchenden Ruheforst Kaiserslautern. Ein kurzer Abstecher hinab zu einer **Waldlounge** (mit Sitzbänken), dann folgen wir bei einer Wegteilung der linken Wegvariante, die zunächst leicht ansteigt, dann aber wieder leicht am Waldhang entlang abfällt. Bald werden rechts unten auch die ersten Hausdächer durch die Bäume sichtbar. Nach einer Linkskehre treffen wir auf einen kreuzenden Fahrweg, biegen scharf rechts ab und stoßen bei der Kreuzung Salingstraße/Velmannstraße auf den Hinweg.

Über die Velmannstraße geht es bis zum **Gasthof Quack** 02 und rechts entlang der Entersweilerstraße zurück zum **Ausgangspunkt** 01.

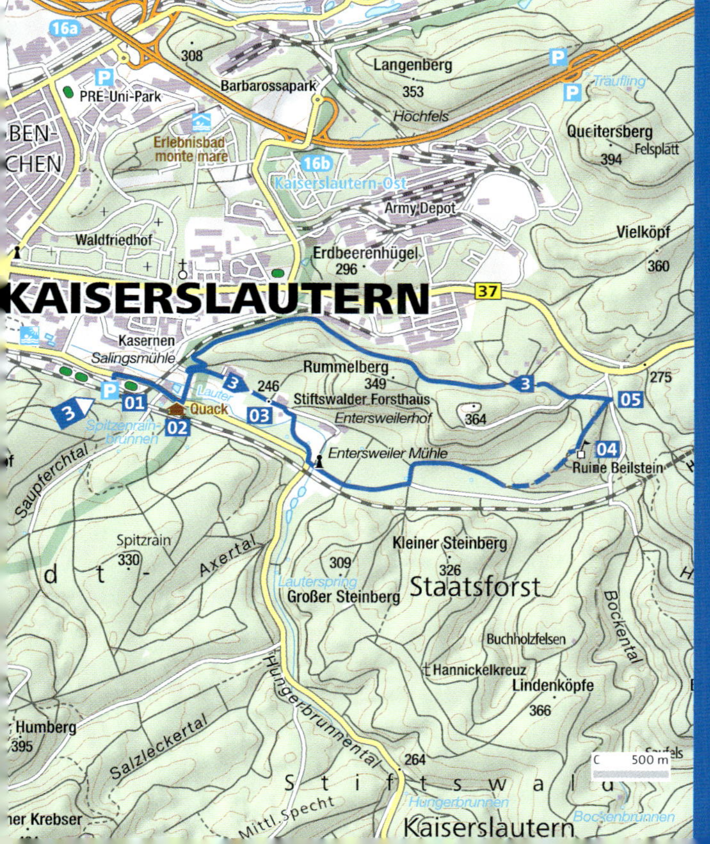

ALSENBORN – BURGRUINE DIEMERSTEIN

Vom Alsenzursprung über das Lebenspfad-Labyrinth zur Diemersteinruine

 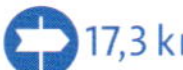    

17,3 km | 4:45 h | 477 hm | 477 hm | 826

START | Alsenborn, Badstraße, Parken bei der Alsenzhalle [GPS: UTM Zone 32 x: 422.120 m y: 5:482.700 m]
CHARAKTER | Breite Waldpfade und Forstwege, kurze Asphaltpassagen.

Wir starten in **Alsenborn** bei der **Alsenzhalle** 01, an der Alsenz-Ursprungsquelle. Hier steht auch eine schlichte Minimalrekonstruktion der Dieburg, der ehemaligen Burg Alsenborn. Wir gehen vor zur Burgstraße, folgen ihr rechts, gehen die Rosenhofstraße weiter, bis wir kurz vor dem Bajasseum, einem kleinen, in einem schönen Gebäude mit Turm untergebrachten Zirkusmuseum, links in die Josefsstraße abbiegen. Vorbei an der Evangelischen Kirche geht es aus dem Ort und über offenes Wiesengelände leicht ansteigend zum Waldrand und zum interessanten Alsenborner **Lebenspfad-Labyrinth** 02, das mit einem Durchmesser von 24 m einen ca. 1 km langen Irrgartenweg aufweist. Kurz darauf passieren wir ein auffallendes Kreuz, anschließend eine Riesensitzbank. Nach einem leicht ansteigenden Linksschwenk im Wald biegen wir scharf rechts ab, unterqueren die Autobahn und gelangen wei-

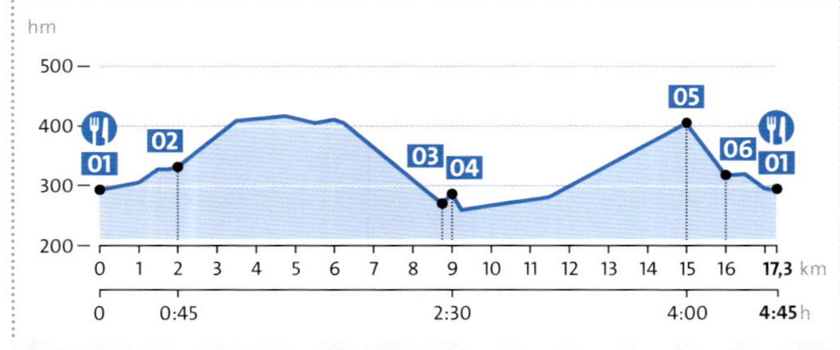

01 Alsenzhalle Alsenborn, 285 m; 02 Lebenspfad-Labyrinth, 325 m; 03 Diemerstein, 261 m; 04 Burgruine Diemerstein, 278 m; 05 Forsthaus Schorlenberg, 402 m; 06 Geldlochhütte, 311 m

ter ansteigend zum Müllerstisch, einer viereckigen Steinplatte mit Sitzbänken.

Nach dem Müllerstisch verlassen wir den Asphalt und wandern auf Waldwegen weiter, vorbei an einer Waldlichtung mit Weiher, der Kleinen Himmelswiese, und gelangen zu einer Lichtung mit Sitzbank, bei einem markanten Stein des Forstamtes Hochspeyer, der auf die Pflanzung von Mammutbäumen verweist. Weiter auf dem Waldweg erreichen wir abwärts gehend den Ort **Diemerstein** 03. Wir durchqueren den Ort und biegen kurz nach dem Bollerbrunnen links

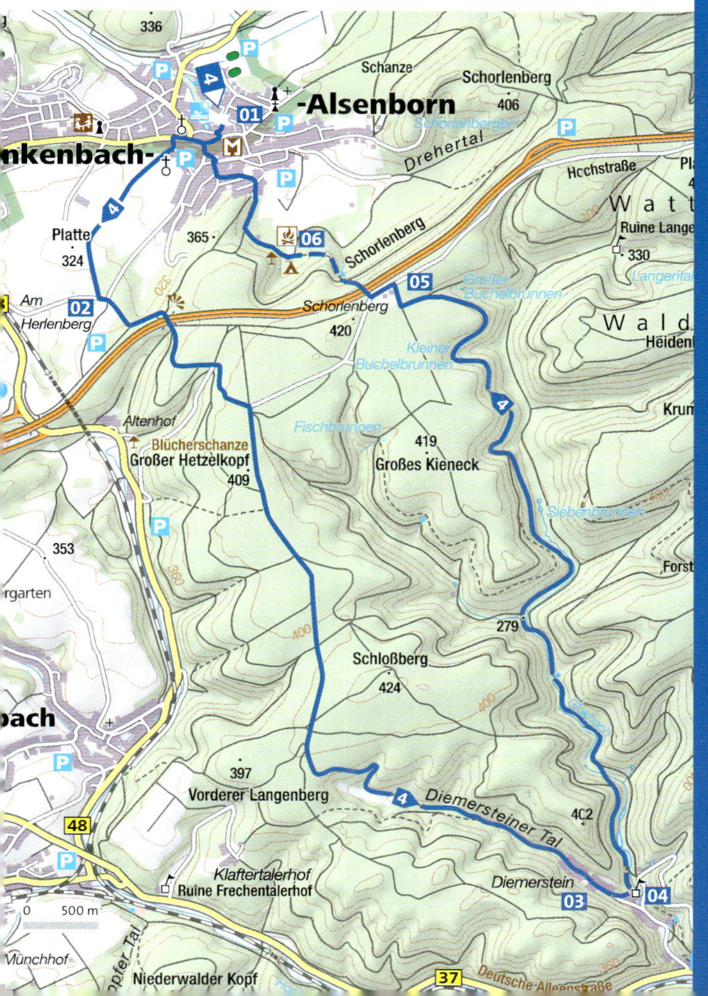

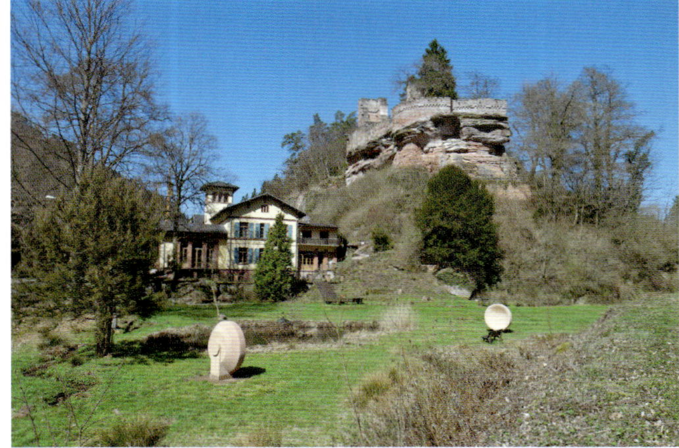

Burgruine Diemerstein

ab, steigen auf einem Pfad hoch zu den Felsen, auf denen die Reste der **Burg Diemerstein** 04 thronen.

Der Abstieg verläuft am kleinen Friedhof vorbei hinab zur Hütte am Glasbach. Wir folgen dem Pfad am linken Ufer des Glasbachs, passieren den Siebenbrunnen, den Ursprung des Glasbach, erreichen leicht ansteigend das Waldende und schwenken, angesichts eines hohen Sendemastens, nach links. Vorbei an einer zeltartigen Holzhüttenanlage erreichen wir das **Forsthaus Schorlenberg** 05 und biegen rechts ab. Unter der Autobahn hindurch geht es in Kehren abwärts zur **Geldlochhütte** 06, einem beliebten überdachten Grillplatz. Durch lichten Wald gelangen wir ans Waldende und zu den ersten Häusern von Alsenborn. Über den Blüchersteig und die Diemersteiner Straße geht es zurück zur Burgstraße und zum Ausgangspunkt bei der **Alsenzhalle** 01.

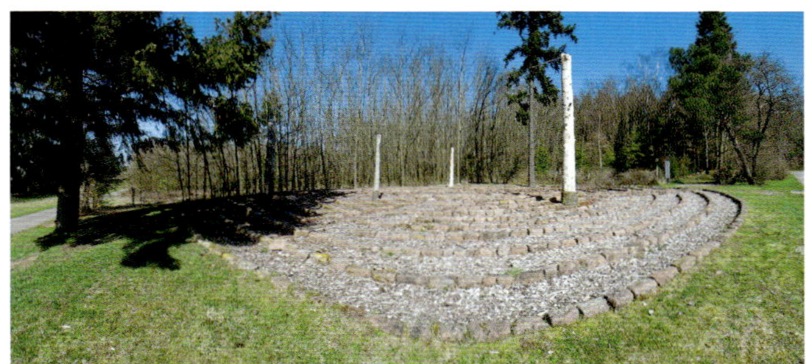

Alsenborner Lebenspfad-Labyrinth

RUINE FRANKENSTEIN

Auf alten Hochwegen und durchs Leinbachtal

 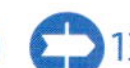 13 km  4:00 h 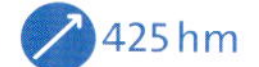 425 hm 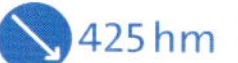 425 hm  826

START | Frankenstein, Hauptstraße, Parken beim Goebelsplatz; alternativ beim Bahnhof
[GPS: UTM Zone 32 x: 425.240 m y: 5:476.800 m]
CHARAKTER | Steiler Pfad, teils über Stufen hoch zur Ruine, ansonsten schöne Waldpfade, Forst- und Uferwege, passagenweise asphaltiert.

In **Frankenstein** 01 gehen wir vom Parkplatz entlang der Hauptstraße Richtung Bahnhof, biegen mit der Markierung „Ruine Frankenstein" links ab, überqueren die Bahngleise über eine Brücke und steigen auf einem steilen Pfad, teils über Stufen den Waldhang zur sichtbaren Burgruine hoch. Oben bei der **Ruine Frankenstein** 02 steht auch eine große Unterstandshütte mit Infotafeln. Der Burgturm lässt sich über eine Steintreppe ersteigen und bietet von einer Geländer gesicherten Aussichtsstelle einen wunderbaren Weitblick.

Über einen schönen, nur leicht ansteigenden Waldpfad gelangen wir zur Wegekreuzung „**Dreilinden**" 03 (ein beschrifteter Stein inmitten dreier Bäume markiert die Stelle), passieren auf dem Weiterweg durch lichten Wald eine schöne Aussichtsstelle (mit Sitzgarnitur) und folgen der weiß-blauen Markierung auf teils schmälerem Waldpfad abwärts zum **Forstmeister-Haupt-Platz** 04, mit Ge-

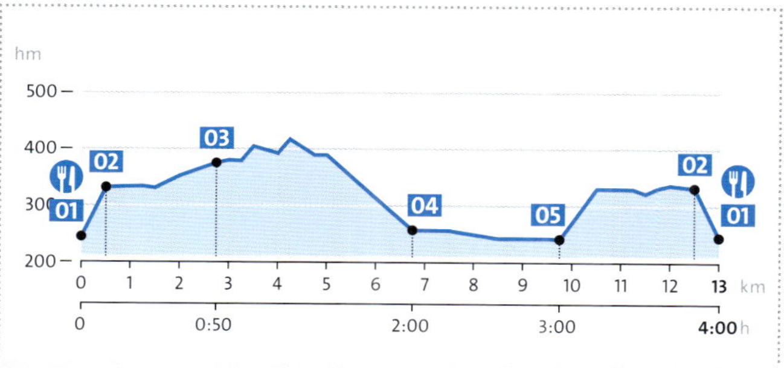

01 Frankenstein, 235 m; 02 Ruine Frankenstein, 325 m; 03 Dreilinden, 370 m; 04 Forstmeister-Haupt-Platz, 248 m; 05 Biedenbacherwoog, 232 m

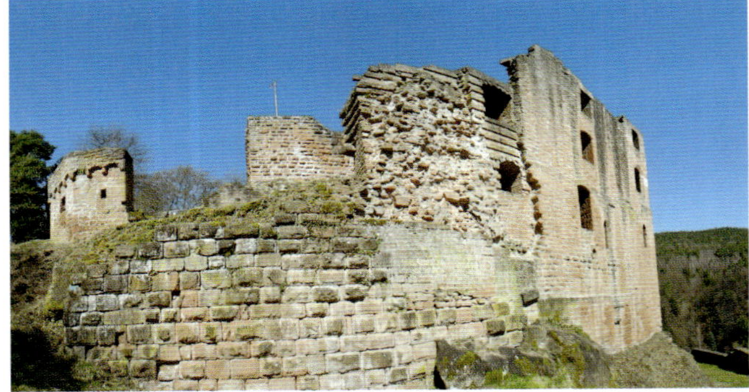

Burgruine Frankenstein

denkstein und einem steinernen Tisch mit Sitzbänken. Vorbei an einer Infostation des Landschaftserlebnispfades gelangen wir linkshaltend auf einen Asphaltweg und zu einem markanten Felsen, dem **Griesenfelsen**.

Am Leinbach entlang wandern wir auf Asphalt weiter und gelangen zum Wehr am **Biedenbacherwoog** 05. Über einen Holzsteg kann man den Bachlauf überqueren, auf der anderen Bachseite ist eine große Wiese und eine Infotafel, die uns über das Triftsystem, den schwimmenden Holztransport aufklärt. Beim Wehr verlassen wir das Sträßchen, steigen links den Waldpfad hoch und folgen der grün-blauen Markierung, zunächst an Felsen entlang, dann durch lichten Wald.

Zum Schluss wieder stärker abwärts gehend gelangen wir zurück zur **Ruine Frankenstein** 02 und zur Unterstands-Info-Hütte. Wir steigen in steilen Kehren wieder den Waldhang bergab, überqueren die Bahn und gehen rechts entlang der Hauptstraße zurück nach **Frankenstein** 01.

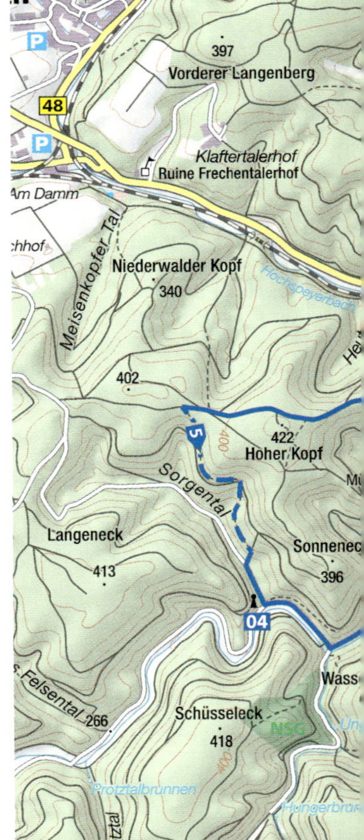

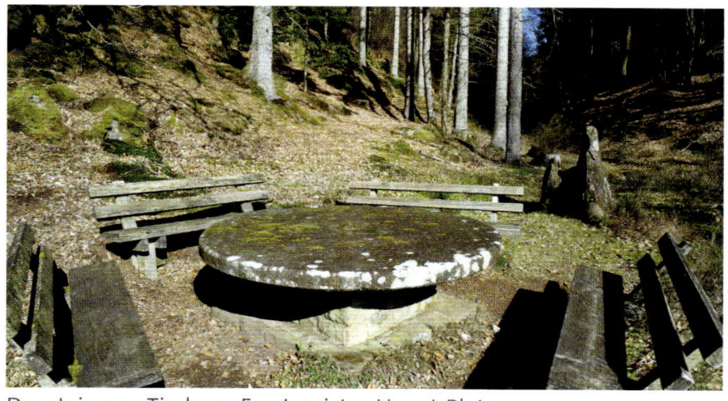

Der steinerne Tisch am Forstmeister-Haupt-Platz

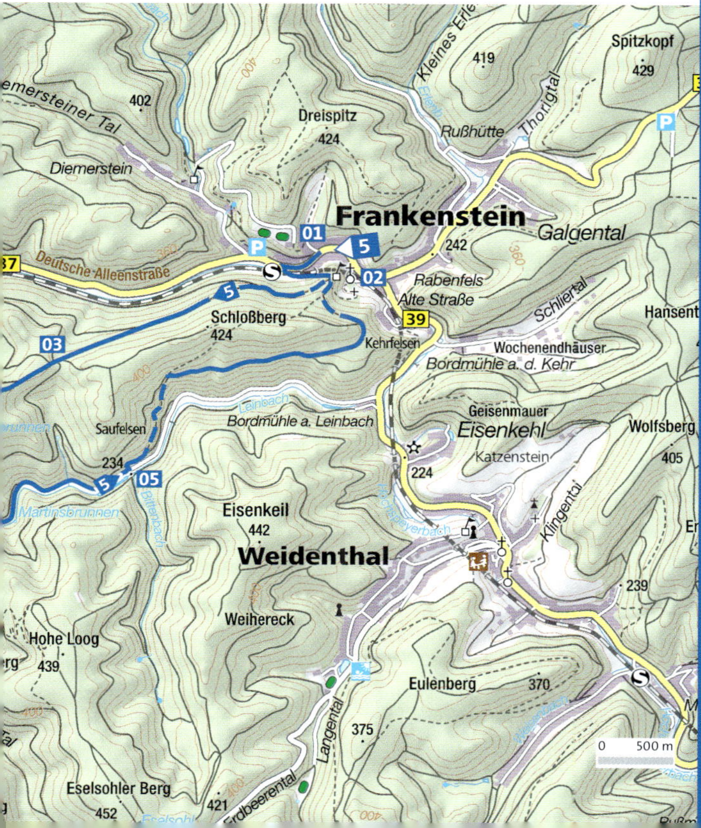

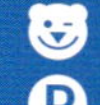

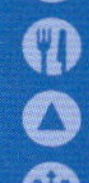

6

LEININGER BURGENWEG

Unterwegs auf den Spuren eines mittelalterlichen Herrschergeschlechts

 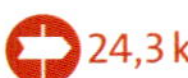 24,3 km  7:00 h  796 hm  796 hm  826

START | Neuleiningen, Parkplatz an der Berghohlstraße/Tiefenthaler Straße, unterhalb der Burg [GPS: UTM Zone 32 x: 437.500 m y: 5:488.210 m]
CHARAKTER | Feld- und Waldwege, teils schmälere Pfade, etappenweise geplättelte und asphaltierte Wege und kurze Straßenabschnitte.

Wir starten in **Neuleiningen** 01 vom Parkplatz in der Berghohlstraße und zur nahen **Burg Neuleiningen** 02. Wir folgen der Markierung „Leininger Burgenweg", wandern über die Konrad-Adenauer-Straße in den Altleininger Weg, der aus dem Ort hinausführt und in einen Feldweg übergeht. Der gut markierte, kurzzeitig asphaltierte Weg verläuft teils über freies Feld, teils im Wald, und an Buschreihen entlang. Wir passieren die Abzweigung rechts zum Nackter Hof und wandern am Waldrand entlang weiter. Es geht stärker in den Wald, und auf einen sehr schönen, schmalen Waldpfad bergab. Vor einem Haus biegen wir scharf rechts auf einen noch schmaleren Pfad, der steiler abwärts führt, teils über Stufen, und felsiger wird. Unterhalb von Felsen passieren wir rechts einen **Notabstieg** 03, der zur Talstraße hinabführt. Wir steigen leicht an und durchqueren eine interessante Felstrümmerlandschaft,

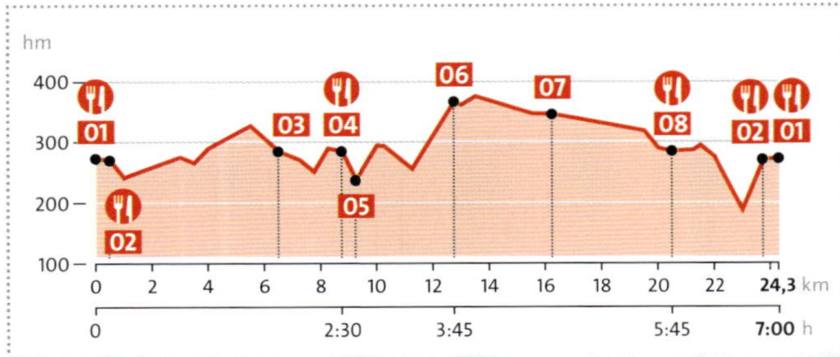

01 Neuleiningen, 268 m; 02 Burg Neuleiningen, 265 m; 03 Notabstieg, 280 m; 04 Burg Altleiningen, 280 m; 05 Alte Schule, 231 m; 06 Kamelfelsen, 366 m; 07 Jägerkreuz Battenberg, 344 m; 08 Burg Battenberg, 280 m

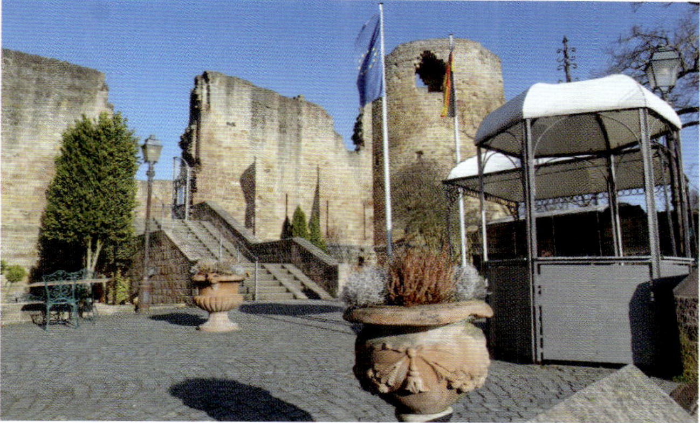

Eingang zur Burg Neuleiningen

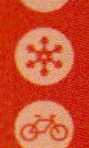

gehen durch lichten Wald und knicken mit einem querenden breiteren Weg links ab. Wir überqueren eine kleine Holzbrücke, es geht leicht abwärts auf schmalem Pfad am Waldhang entlang und wir bleiben wenig oberhalb der Tränkwoogstraße, die wir schließlich überqueren. Zunächst links hoch auf der Asphaltstraße, wechseln wir auf einen parallel verlaufenden Pfad, passieren ein Pferdegestüt und stoßen beim Ortsschild Altleiningen wieder auf die Autostraße. Über der Straße ist nach wenigen Metern die **Burg Altleiningen** 04 erreicht, mit Jugendherberge und Burgschänke. Unter der Brücke zur Burg ist ein Schwimmbad.

Wenige Meter auf der Burgstraße, schwenken wir dann nach links und gehen über ein paar Stufen auf einen breiteren Waldpfad und dann steiler abwärts durch den Wald. Der teils gepflasterte Weg führt durch Häuser zur Hauptstraße hinab, wir halten uns vor der Kirche links und biegen bei der **Alten Schule** 05 links ab in die Schulstraße. Auf einem Plattenweg überqueren wir einen kleinen Bach, steigen hoch zur Zimmerbergstraße, die weiter steil ansteigt. Bei den letzten Häusern endet der Asphalt und nach steilem Anstieg schwenkt der Waldpfad scharf rechts, wird flacher und wir stoßen auf einen breiteren Weg. Bei der nächsten Wegteilung fällt der Burgenweg leicht ab, wir gelangen an den Waldrand und folgen ihm links. Wenig später treffen wir auf die Autostraße, gehen kurz links, dann überqueren wir die Straße, kommen zu einem Parkplatz (mit Wanderwegetafel), verlassen den breiten Weg und wandern auf einem schmaleren Waldpfad leicht bergauf. Weiter den Markierungen des Burgenweges folgend passieren wir einen schönen, felsigen Aussichtspunkt, erreichen den **Kamelfelsen** 06 und weitere Felsen, die den Weg säumen.

Bei den nächsten Verzweigungen halten wir uns Richtung Battenberg und Neuleiningen. Der sich durch den Wald schlängelnde

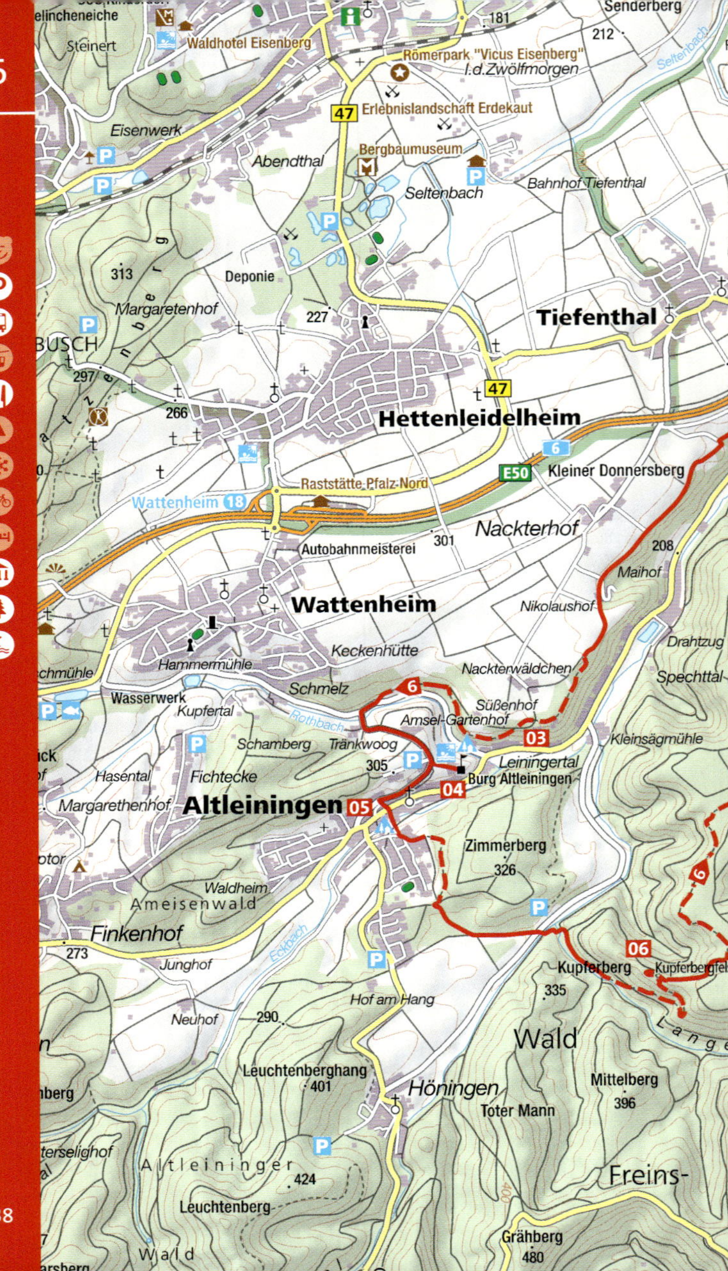
Waldhotel Eisenberg
Römerpark "Vicus Eisenberg"
I.d.Zwölfmorgen
Erlebnislandschaft Erdekaut
Bergbaumuseum
Seltenbach
Bahnhof Tiefenthal
Senderberg
Eisenwerk
Abendthal
Deponie
Margaretenhof
Tiefenthal
Hettenleidelheim
Kleiner Donnersberg
Raststätte Pfalz-Nord
Wattenheim
Autobahnmeisterei
Nackterhof
Maihof
Nikolaushof
Drahtzug
Spechttal
Keckenhütte
Hammermühle
Nackterwäldchen
Schmelz
Wasserwerk
Kupfertal
Süßenhof
Amsel-Gartenhof
Rothbach
Kleinsägmühle
Schamberg
Tränkwoog
Leiningertal
Burg Altleiningen
Hasental
Fichtecke
Margarethenhof
Altleiningen
Zimmerberg
Waldheim
Ameisenwald
Finkenhof
Junghof
Eckbach
Kupferberg
Kupferbergfels
Hof am Hang
Neuhof
Wald
Leuchtenberghang
Höningen
Toter Mann
Mittelberg
Altleininger
Leuchtenberg
Freins-
Grähberg
Wald

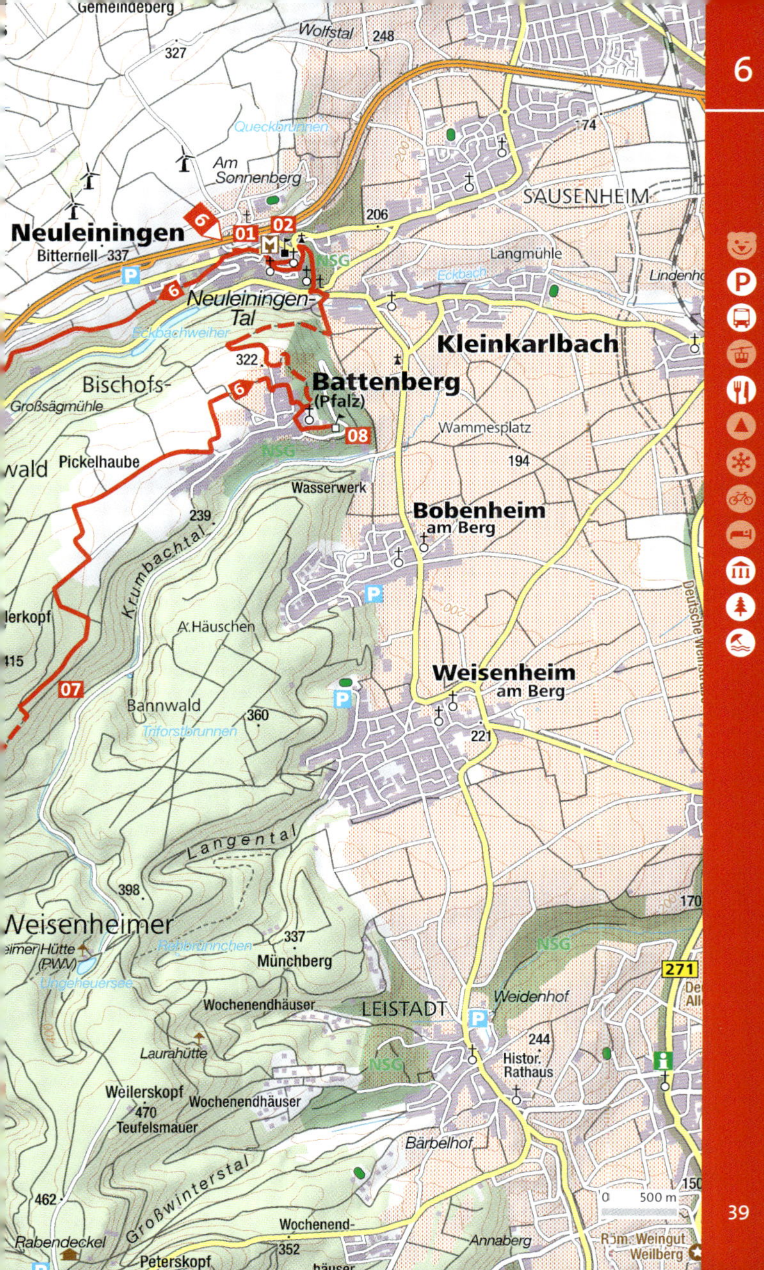
Gemeindeberg
Wolfstal
248
327
Queckbrunnen
Am Sonnenberg
Neuleiningen
Bitternell 337
6
01
02
NSG
206
SAUSENHEIM
Langmühle
Eckbach
Lindenh
Neuleiningen-Tal
Eckbachweiher
Kleinkarlbach
322
Battenberg (Pfalz)
Bischofs-
Großsägmühle
08
Wammesplatz
194
wald
Pickelhaube
Wasserwerk
239
Krumbachtal
Bobenheim am Berg
lerkopf
A.Häuschen
415
07
Weisenheim am Berg
Bannwald
360
Triforstbrunnen
221
Langental
398
170
Weisenheimer
337
Rehbrünnchen
eimer Hütte (PWV)
Münchberg
Ungeheuersee
271
Wochenendhäuser
LEISTADT
Weidenhof
244
Laurahütte
Histor. Rathaus
Weilerskopf 470
Wochenendhäuser
Teufelsmauer
Bärbelhof
Großwinterstal
462
150
0 500 m
Wochenend-häuser
Rabendeckel
352
Peterskopf
Annaberg
Röm. Weingut Weilberg
Deutsche Weinstraße

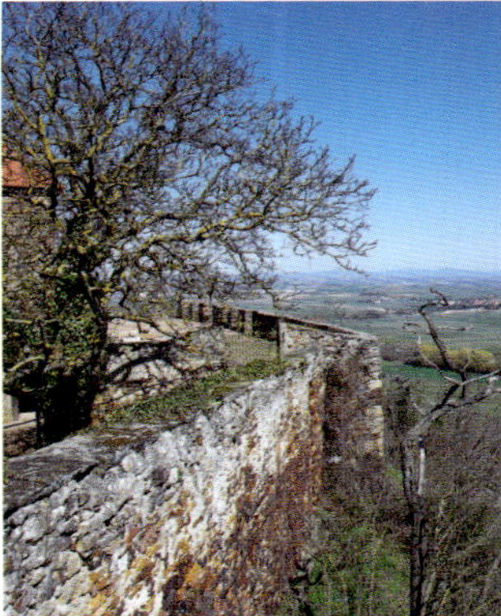

Weiter Blick von Burg Battenberg

Pfad führt uns zum **Jägerkreuz Battenberg** 07, dann zu einem kreuzenden Forstweg, steigt wieder deutlicher an, macht einen Rechtsbogen, wird flacher und führt ans Waldende. Über freies Feld geht es mit mehreren Richtungswechseln auf breitem Landwirtschaftsweg an den ersten Weinfeldern vorbei zu den Häusern von Battenberg. Durch die Häuser hindurch leicht bergab, beim Kneippbecken verlassen wir die Straße nach links und steigen über einen geplättelten Fußpfad und über Treppen steiler an, bis wir auf die Fahrstraße treffen, der wir nach links folgen. Links an der Kirche vorbei gelangen wir zu einer Verzweigung und machen nach rechts einen Abstecher zur **Burg Battenberg** 08, die eine grandiose Aussicht bietet.

Zurück zur Verzweigung folgen wir einem schmalen Fußpfad rechts in Richtung Neuleiningen. Nach einem scharfen Linksschwenk geht es zunächst leicht bergauf, dann geht es über freies Feld wieder bergab und in einer deutlichen Rechtskehre in einer Art Hohlgasse stärker abfallend durch den Wald. Bei einer Verzweigung halten wir uns links, steigen weiter ab, überqueren einen Bach und unterqueren eine hohe Eisenbahnbrücke. Wir überqueren die Autostraße und wandern kurz asphaltiert, dann ansteigend auf einem Grasweg unterhalb des Burgbergs zur Straße hoch, die uns nach wenigen Metern zur **Burg Neuleiningen** 02 und zurück nach **Neuleiningen** 01 führt.

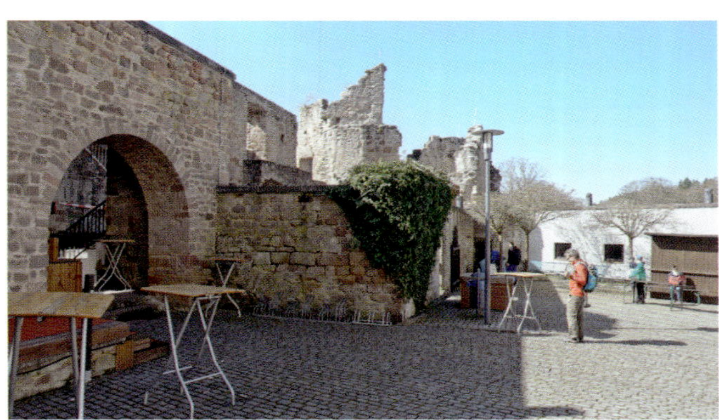

Auf der Burg Altleiningen

BISMARCKTURM – KAISER-WILHELM-HÖHE

Geschichtsträchtige Aussichtstour

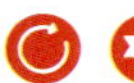 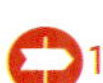 17,3 km 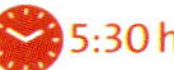 5:30 h  643 hm  643 hm 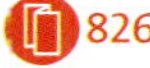 826

START | Bad Dürkheim, großer Parkplatz an der St.-Michaels-Allee, beim Bad Dürkheimer Riesenfass
[GPS: UTM Zone 32 x: 439.820 m y: 5.479.500 m]
CHARAKTER | Breite Forstwege, schmale Waldpfade, teils kehrenreich, mit steileren und ausgesetzteren Abschnitten, zum Schluss etliche Treppenstufen.

Wir starten in **Bad Dürkheim**, beim **Riesenfass** 01, gehen ein paar Meter links und biegen rechts in die Leistadter Straße ein. Auf dem Gehweg über die Sonnenwendstraße in den Heckenpfad und am Ende der Straße an einer Mauer entlang über Treppen hoch (Rot-Markierung), rechts tauchen die ersten Rebflächen auf. Nach den Treppenstufen stoßen wir auf einen breiteren Weg (Halsberg) und folgen ihm rechts. Es geht auf geplätteltem, aussichtsreichem Weg (Forstberg) weiter leicht ansteigend hoch. Wir passieren ein paar Häuser, schwenken mit dem Plattenweg (Am Schlammberg) nach links in den Wald.

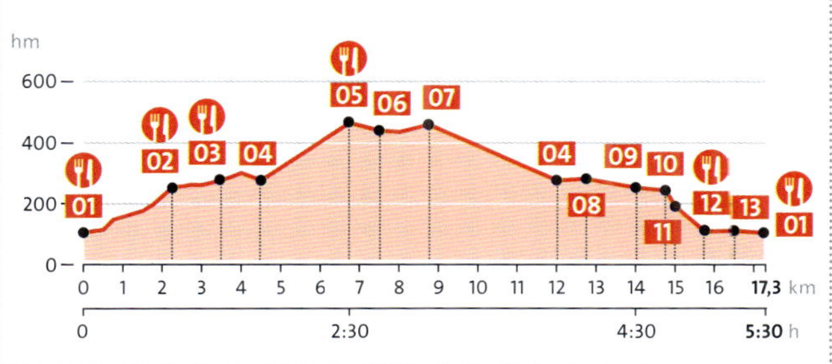

01 Bad Dürkheim, 105 m; 02 Schützenhaus, 260 m; 03 Hütte in der Weilach, 285 m; 04 Schlagbaum, 285 m; 05 Bismarckturm, 481 m; 06 Forsthaus Lindemannsruhe, 455 m; 07 Heidenmauer, 475 m; 08 Teufelsstein, 290 m; 09 Kaiser-Wilhelm-Höhe, 260 m; 10 Kriemhildenstuhl, 250 m; 11 Schäfer-Denkmal, 195 m; 12 Keschdedell, 110 m; 13 Bahnhof, 112 m

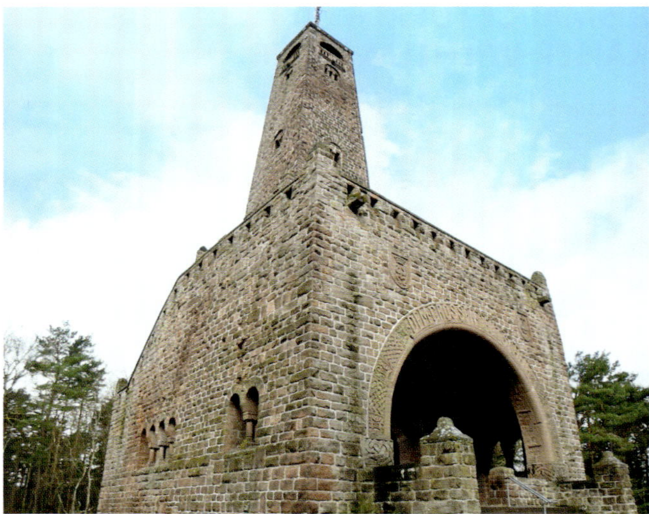
Bismarckturm auf dem Peterskopf

Es beginnt ein Naturweg, der zunächst ansteigt, aber zum **Schützenhaus** 02 hin wieder flacher wird. Vorbei am Parkplatz und einer Infotafel zum Naturkundlichen Lehrpfad Bad Dürkheim, folgen wir der Rot-Markierung und stoßen bei einer Straßenkurve auf das **Forsthaus Weilach**. Wir halten uns links und gelangen auf dem für den öffentlichen Verkehr gesperrten Waldweg zur **Hütte in der Weilach** 03. Wir umrunden in einem Linksbogen eine große Wiesenlichtung (am Ende tauchen rechts am Weg Mauerreste eines ehemaligen Hofes auf) und erreichen die Wegespinne bei der Pos. **Schlagbaum** 04. Scharf rechts, dann auf einem schmalen Pfad am Waldhang entlang.

Nach mehreren Richtungswechseln bringt uns die Grün-weiß-Markierung zum **Bismarck-Turm** 05 auf dem Peterskopf. Geradeaus weiter, leicht abfallend, treffen wir beim **Forsthaus Lindemannsruhe** 06 (Einkehrstätte mit Fasa-

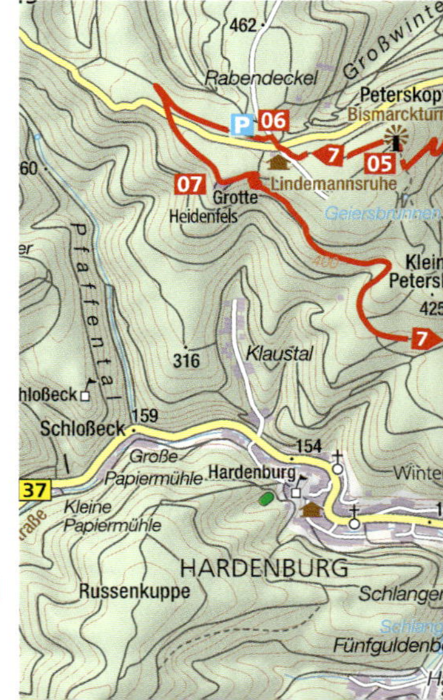

nerie) wieder auf die Autostraße. Der flache Waldweg bringt uns zu einer kreuzenden Forststraße, wir überqueren in einer scharfen Linkskehre die Autostraße und wandern leicht ansteigend zu einer felsübersäten Hochebene.

Die **Heidenmauer** 07 ist ein keltischer Ringwall, der um die Zeit 500 v. Chr. errichtet wurde. Vor den Felsen geht es nach links auf steinigem Weg zunächst nur leicht, dann in Kehren etwas steiler bergab. Nach den Kehren wird es flacher und wir traversieren mit dem roten Punkt auf breitem Forstfahrweg leicht abwärts zurück zur Wegespinne bei der Pos. **Schlagbaum** 04. Jetzt folgen wir rechts der Weinsteig-Markierung hoch zur Aussichtsstelle beim **Teufelsstein** 08, der als religiöse Kult- und Opferstätte interpretiert wird. Eingehauene Tritte und eine Blutrinne kennzeichnen den Felsen. Wieder bergab, in Kehren, münden wir in einer breiteren Weg und gelangen fast eben zur **Kaiser-Wilhelm-Höhe** 09.

Im spitzen Winkel verlassen wir den Aussichtsturm mit dem Relief des Kaisers und folgen dem Weinsteig-Zeichen in den Wald. Wir stoßen auf ein eingezäuntes Gelände und wenig später zum **Kriemhildenstuhl** 10, einem vorchristlichen, von den Römern betriebenen Steinbruch. Auf schmalem Pfad steigen wir in Kehren bergab, zuletzt über Steinstufen, und gehen unterhalb des Steinbruchs scharf links am Hang entlang. Herrliche Ausblicke nach Bad Dürkheim und in die Rheinebene. Nach einigen Kehren passieren wir das **Schäfer-Denkmal** 11, gehen weiter über Stufen abwärts, stellenweise ist der schmale Pfad etwas ausgesetzt, und kommen zu Häuser. Über einen betonierten Pfad geht es bergab zur Halsbergstraße und dann rechts

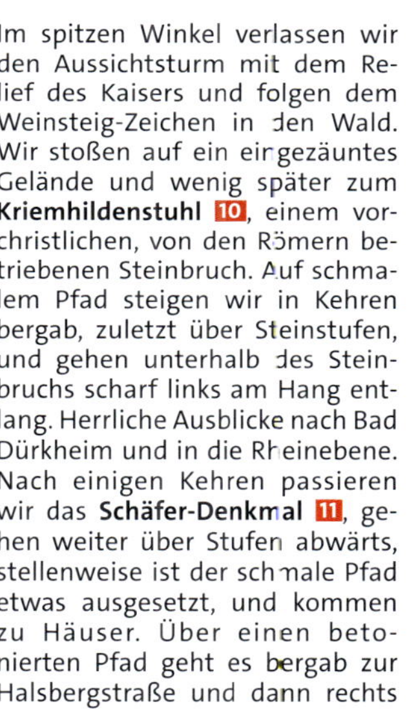

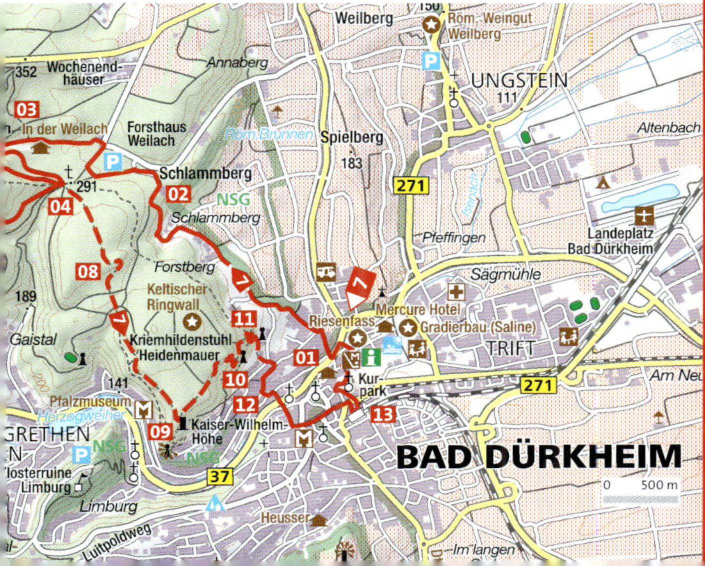

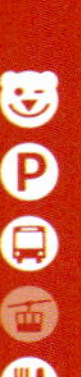
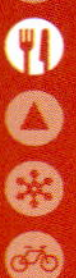
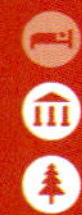

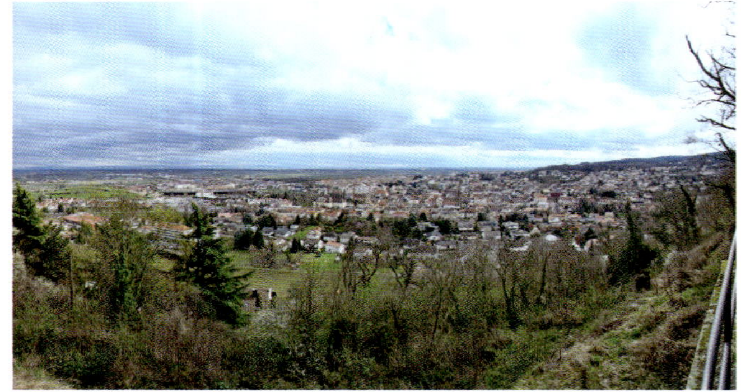

Blick über Bad Dürkheim vom Kriemhildenstuhl

in die Vigilienstraße. Nach dem Schild Pfälzerweinstube zur Keschdedell verlassen wir die Straße und halten uns links Richtung Stadtmitte.

Über Stufen hinab zur Weinstube **Keschdedell** 12, kurz links und über die Gartenstraße zur Autostraße vor, die wir durch eine Unterführung unterqueren. Weiter auf der Gartenstraße, leicht ansteigend, gelangen wir zur Römerstraße und kommen links in die Fußgängerzone. Beim **Bahnhof** 13 schwenken wir links in die Kurgartenstraße, schlendern durch den Park, steigen über ein paar Stufen hinab und folgen dem Schild zum Wurstmarktplatz. Bei der Tourist-Info nach links und wenige Schritte später sind wir beim **Riesenfass** 01 und zurück am Ausgangspunkt.

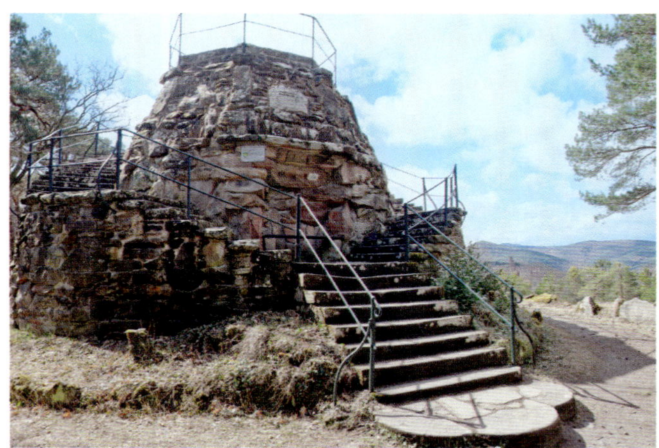

Aussichtsturm auf der Kaiser-Wilhelm-Höhe

BAD DÜRKHEIM – KLOSTERRUINE LIMBURG – RUINE HARDENBURG

Historische Kleinode geistlicher und weltlicher Macht

  12,8 km  3:45 h  570 hm  570 hm 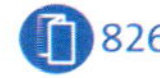 826

START | Bad Dürkheim, OT Grethen; Friedrich-Ebert-Straße, vor der Kirche, beim Fußweg zur Limburg
[GPS: UTM Zone 32 x: 438.450 m y: 5.478.560 m]
CHARAKTER | Breite Forst- und Waldwege, schmälere Pfade, der Anstieg zur Klosterruine Limburg verläuft über recht steile Treppenstufen.

▶ Vom **Bad Dürkheimer Ortsteil Grethen** 01 steigen wir direkt bei der Kirche über breite Steinstufen recht steil auf einem Fußweg hoch zu einem Parkplatz und zur **Klosterruine Limburg** 02. An der Ruine, und dem Eduard-Jost-Denkmal (dem Schöpfer des Pfälzerlieds) vorbei, durch den Park hindurch und am Ende über ein paar steile Kehren auf einem steinigen Pfad bergab. Wir stoßen auf die Autostraße, verlassen sie nach wenigen Hundert Metern in einer Kurve (Parkplatz) nach rechts und kommen zu einer Wegteilung. Wir halten uns rechts, folgen einem schmäler werdenden Waldweg, der stetig abfällt, und der uns zur Autostraße, zu einem Parkplatz und zum **Schlangenweiher** 03 bringt.

Oberhalb des Weihers knicken wir scharf rechts ab und steigen auf einem Hangweg, teils über

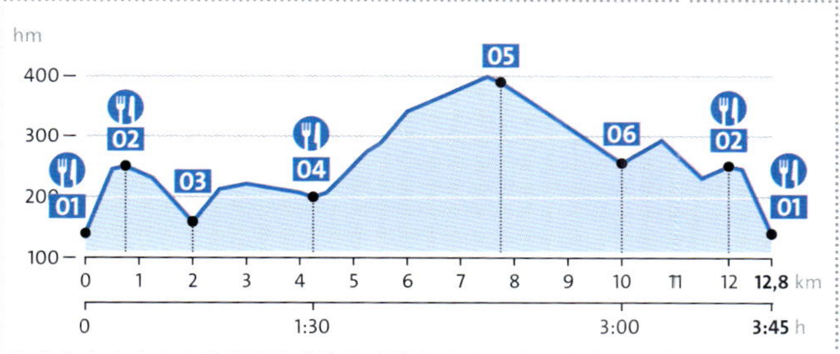

01 Bad Dürkheim-Grethen, 130 m; 02 Klosterruine Limburg, 245 m; 03 Schlangenweiher, 150 m; 04 Ruine Hardenburg, 192 m; 05 Dicke Eiche, 390 m; 06 Pos. Drei Eichen, 250 m

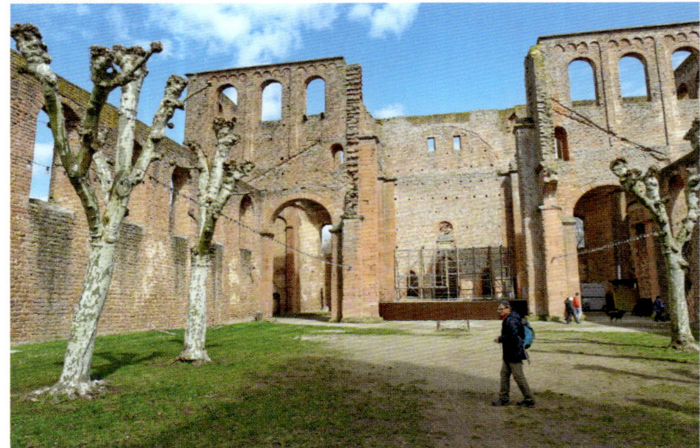
In der Klosterruine Limburg

Stufen, bergauf. Nach mehreren deutlichen Kehren fällt der Weg ab, wir stoßen auf eine Verzweigung, bleiben rechts, passieren kurz darauf die Einkehrstätte **Lindenklause** und sind ein paar Schritte später vor der imposanten **Ruine Hardenburg** **04**.

Zurück zur Verzweigung, wo wir dem schmalen Pfad rechts in den Wald hoch folgen, blau-weiß markiert, in Richtung Dicke Eiche. Auf langen Geraden wandern wir auf breitem Forstweg leicht ansteigend bis zu einer Wegkreuzung mit einem schwarz eingewickelten Baum, der **Dicken Eiche** **05**. Dann geht es moderat bergab bis zu einem Sträßchen und der Unterstandshütte bei der Pos. **Drei Eichen** **06**.

Wir gehen am Ende des Parkplatzes links, folgen dem Weg Nr. 5, der oberhalb parallel zum Sträßchen verläuft. Bei einer Kreuzung schwenken wir mit dem Forst-

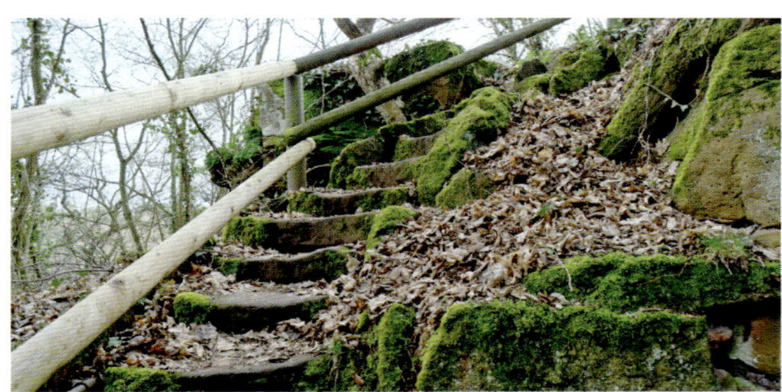
Der steile Treppenaufstieg zur Klosterruine Limburg

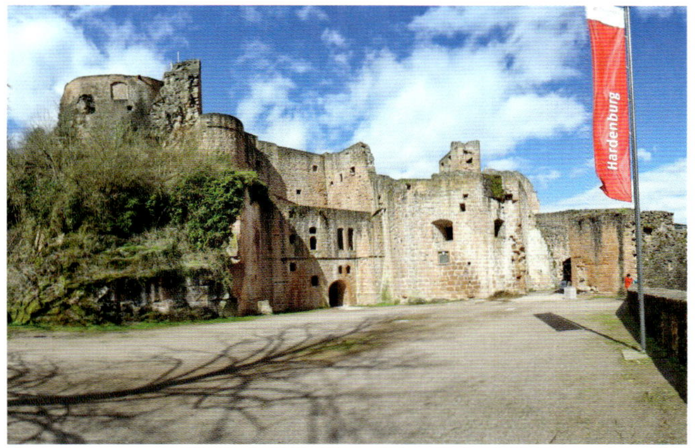

Die Hardenburg

weg links hinab zur Straße, halten uns rechts und verlassen sie in einer Rechtskurve nach links. Abwärtsgehend stoßen wir beim Parkplatz an der Straßenkurve wieder auf unseren Hinweg. Steil ansteigend geht es über den Hang hoch zum Park und auf der Hochfläche zur vor uns liegenden **Klosterruine** 02 wo uns das Gartenlokal zur Einkehr einlädt.

Über den steilen Treppenweg gelangen wir wieder hinab zum Ausgangspunkt bei der Kirche in **Grethen** 01.

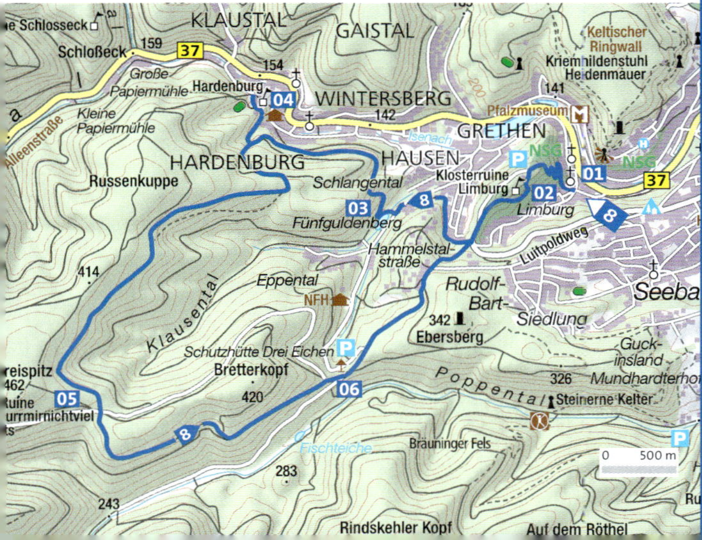

9

DEIDESHEIM – HEIDENLÖCHER – RUINE WACHTENBURG

Kapellen-, Burg- und Weinwanderweg

  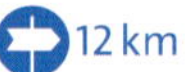 12 km  3:30 h  500 hm 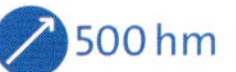 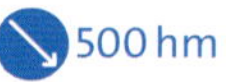 500 hm 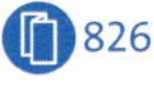 826

START | Deidesheim, wenige Parkmöglichkeiten im Kaisergarten; alternativ: Waldparkplatz Sensental oder in Deidesheim bei der Kirche
[GPS: UTM Zone 32 x: 440.960 m y: 5.473.420 m]
CHARAKTER | Breite Forst- und Waldwege, schmälere Pfade und asphaltierte Weinbergsträßchen.

Wir starten am Ende der Kaisergartenstraße in **Deidesheim** 01, wandern auf dem Asphaltsträßchen, vorbei an der Pos. Hohenmorgen, leicht ansteigend in die Weinberge. Einem querenden Asphaltsträßchen folgen wir links, geradeaus in den Wald. Kurz nach dem Waldbeginn stoßen wir auf den kleinen **Parkplatz im Sensental** 02, der Asphalt endet, wir halten uns rechts, Weinsteig-Markierung und roter Punkt. Mit dem Weinsteig-Zeichen knicken wir dann scharf rechts ab und wandern leicht ansteigend auf schönem Waldpfad bergauf. Der Pfad wird schmäler und wurzeliger und bringt uns nach einer Linkskehre zur **Michaeliskapelle** 03; etwas abseits von der Kapelle, steht im Wald noch ein Freialtar. Wir folgen weiter geradeaus dem Weinsteig-Zeichen, am Freialtar vorbei, auf ordentlich ansteigendem Weg. In Kehren steigen

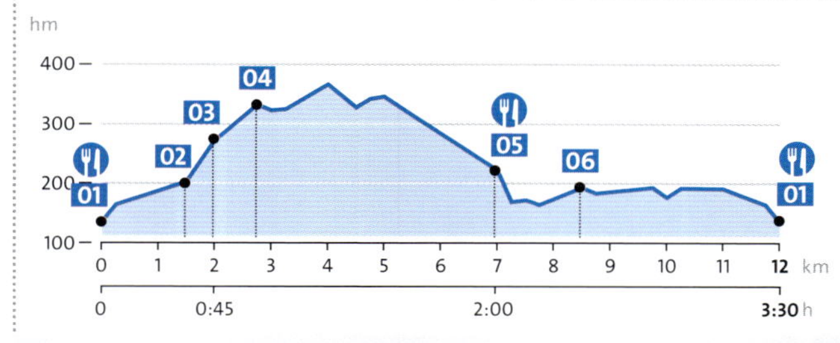

01 Deidesheim, 125 m; 02 Parkplatz Sensental, 195 m; 03 Michaeliskapelle, 267 m; 04 Heidenlöcher, 330 m; 05 Ruine Wachtenburg, 215 m; 06 Bismarckhöhle, 185 m

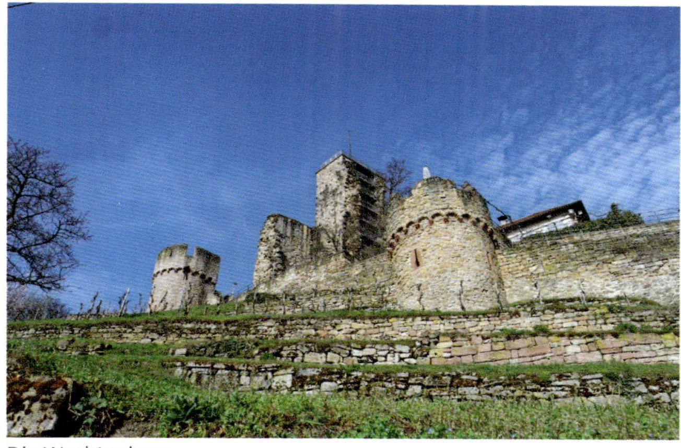

Die Wachtenburg

wir zu den **Heidenlöcher 04** an, vorbei an Anlagen einer Wehrburg, machen eine große flache Rechtskehre und schwenken bei einer Kreuzung nach links. In leichtem Auf und Ab bringt uns der Weinsteigweg zum **Rastplatz mit der Grünen Bank**. Hier ist die

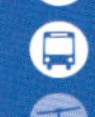

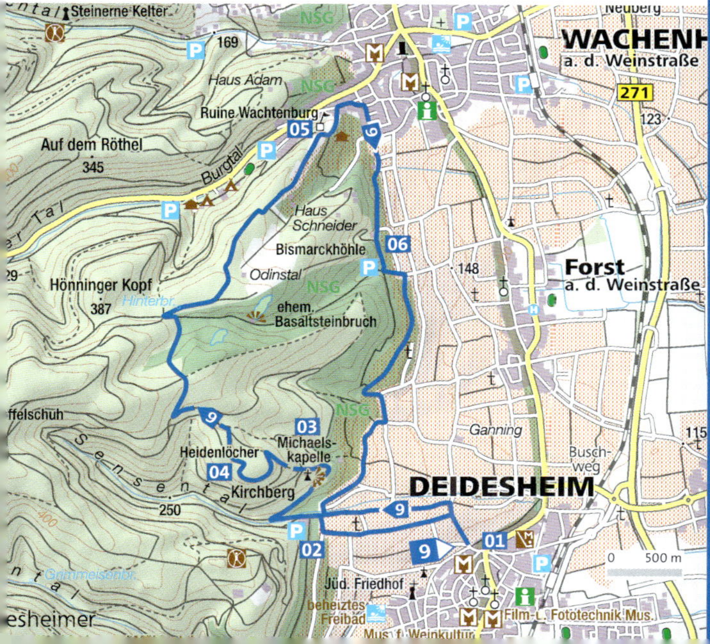

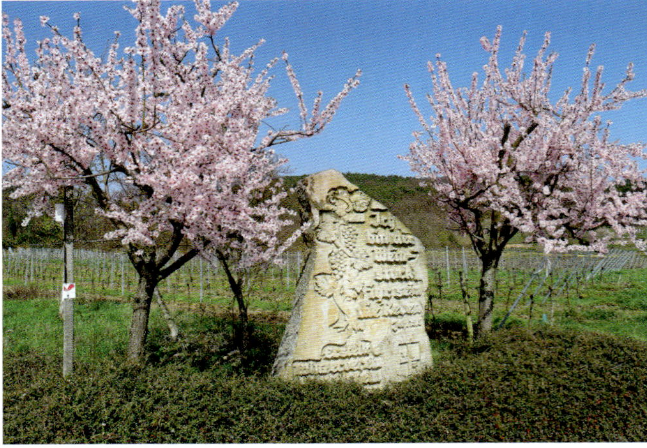

Mandelblüte in den Deidesheimer Reben

Wachtenburg in einen großen Stein eingraviert. Wir halten uns rechts, der teils wurzelige Pfad führt bergab, vorbei an einem Haus und an einem Steinwall entlang. Wir passieren einen Grenzstein von 1825, kurz darauf eine Holzhütte, und wenig später treten wir ins Freie, die ersten Gärten tauchen auf und vorne ist bereits der erste Turm zu sehen. Wir verlassen den breiten Weg, der hier eine scharfe Linkskurve macht und gehen geradeaus auf schmalem Pfad bergab. Zuletzt über Treppen steigen wir hinab zur **Ruine Wachtenburg** 05, mit Aussichtsturm, Museum und Burgschänke.

Der Weiterweg verläuft links, zunächst über Treppen bergab, an der Burg vorbei. Der schmale asphaltierte Weg bringt uns nach Wachenheim hinab. Über die Schlossgasse stoßen wir auf die Straße Am Hauenstein, schwenken nach rechts und wandern wieder aus dem Ort hinaus in die Rebenlandschaft. Wir passieren Thomas Waldweinstube und die **Bismarckhöhle** 06, einen felsenüberdachten Rastplatz, bis uns der aussichtsreiche Weg zum Margarethental-Parkplatz bei einem alten Steinbruch führt. Wir biegen links ab, folgen dem gepflasterten Weg bergab und schwenken gleich rechts in einen asphaltierten Weg ein, der zwischen den Reben hindurchführt (Mandelpfad). Vorbei an einer Infotafel zu den Forster Weinlagen und einem interessanten Doppelkreuz. Wir folgen dem Asphaltweg bis zu einem Rastplatz mit Kreuz (Deidesheim am Kirchberg) und stoßen wenig später auf den Hinweg.

Wir folgen aber weiter dem Weinsteig-Zeichen, gehen über eine kleine Anhöhe und folgen dann links dem asphaltierten Sträßchen Richtung Deidesheim. Vorne treffen wir wieder auf die Pos. Hohenmorgen und gehen rechts auf dem Asphaltsträßchen zurück zum Ausgangspunkt am Ortsanfang von **Deidesheim** 01.

RUINE LICHTENSTEIN – DRACHENFELS – RUINE NEIDENFELS

Großartige und aussichtsreiche Ruinenwanderung

  17,8 km  5:15 h 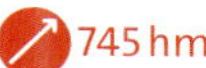 745 hm  745 hm  826

START | Neidenfels, Parken am Bahnhof, an der B 39 [GPS: UTM Zone 32 x: 430.730 m y: 5.470.770 m]
CHARAKTER | Breite Forst- und Wanderwege und schmale Waldpfade, im Bereich vom Drachenfels teils etwas abschüssig und wurzelig, der Abstieg von der Ruine Neidenfels verläuft über steile Steinstufen.

Wir starten am **Bahnhof** in **Neidenfels** 01, folgen der Durchgangsstraße nach links und biegen unterhalb der Kirche rechts in die leicht ansteigende Kirchenstraße ab. Wieder abwärtsgehend folgen wir rechts der Vordertalstraße, biegen links in die Dorfstraße ab, halten uns bei der PWV-Hütte scharf rechts und folgen der Beschilderung Richtung **Ruine Lichtenstein** 02. Von der Ruine ist außer ein paar kargen Mauerresten nichts zu sehen, dafür ist der schmale Weg durch den „Wald mit besonderem Schutzcharakter“ sehr schön. Der weiche Waldpfad führt zunächst stetig leicht ansteigend am lichten Waldhang entlang, wird dann flacher und fällt zuletzt, jetzt als breiterer Forstweg, leicht ab zu einer Wegkreuzung und zu einer hölzernen Unterstandshütte, der

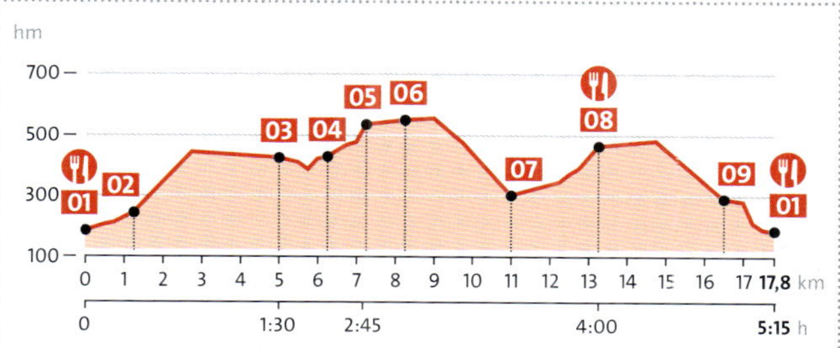

01 Neidenfels, Bhf. 165 m; 02 Ruine Lichtenstein, 226 m; 03 Pottasch-Hütte, 416 m; 04 Sieben Wege, 420 m; 05 Drachenfels-Südfels, 530 m; 06 Drachenfels 545 m; 07 Dreibrunnental, 287 m; 08 Lambertskreuz, 457 m; 09 Ruine Neidenfels, 275 m

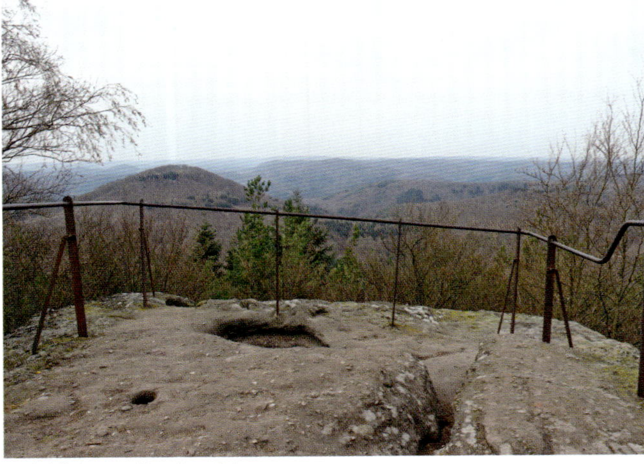
Weitblick vom Drachenfels

Pottasch-Hütte 03. Wir halten uns rechts, passieren wenig später eine große, gemauerte Hütte, mit Sitzbänken und gelangen zur Wegespinne bei der Pos. **Sieben Wege** 04.

Der breite Forstweg steigt im Wald wieder leicht an und bringt uns zu einer weiteren Verzweigung, wo man sich entscheiden muss, ob man den Drachenfels links oder rechts herum umrundet. Wir hal-

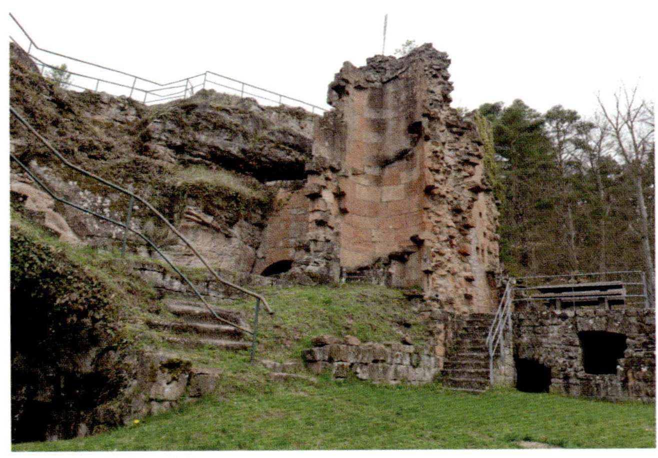
Burgruine Neidenfels

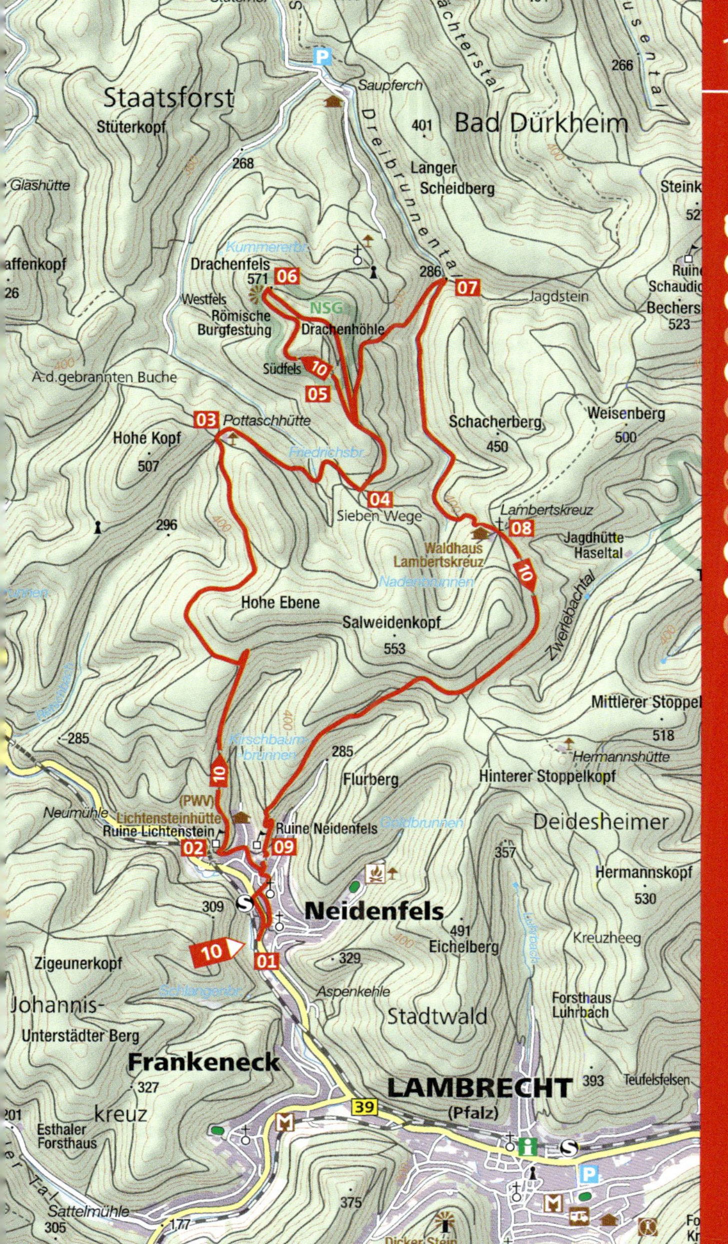

Staatsforst
Stüterkopf
Stüterhof
Saupferch
Bad Dürkheim
Langer
Scheidberg
Dreibrunnental
Wächterstal
Drachenfels
571
Westfels
Römische
Burgfestung
Drachenhöhle
NSG
Südfels
Kummererbr.
A.d.gebrannten Buche
Pottaschhütte
Hohe Kopf
507
Friedrichsbr.
Sieben Wege
Schacherberg
450
Weisenberg
500
Jagdstein
Lambertskreuz
Waldhaus
Lambertskreuz
Jagdhütte
Haseltal
Nadelbrunnen
Hohe Ebene
Salweidenkopf
553
Zwerlebachtal
Mittlerer Stoppel
518
Hermannshütte
Hinterer Stoppelkopf
Kirschbaum-
brunnen
Flurberg
Neumühle
(PWV)
Lichtensteinhütte
Ruine Lichtenstein
Ruine Neidenfels
Goldbrunnen
Deidesheimer
Hermannskopf
530
Neidenfels
Eichelberg
Kreuzheeg
Zigeunerkopf
Aspenkehle
Stadtwald
Forsthaus
Luhrbach
Johannis-
Unterstädter Berg
Frankeneck
kreuz
LAMBRECHT
(Pfalz)
Teufelsfelsen
Esthaler
Forsthaus
Sattelmühle
Dicker Stein
Glashütte
Schaudig
Bechers
Steink
01
02
03
04
05
06
07
08
09
10
39

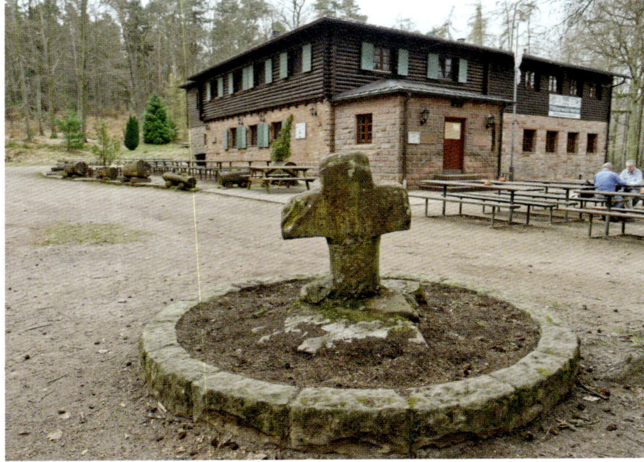

Das Lambertskreuz vor der Hütte des Pfälzerwaldvereins

ten uns links, steigen weiter leicht an, und bald taucht vorne der imposante Drachenfels-**Südfels** 05 auf. Auf schmalem Pfad traversieren wir links unterhalb mächtiger Felsen am teils recht abschüssigen Waldhang entlang. Nach einer deutlichen Rechtskehre gelangen wir über in Stein gehauene Stufen zum Geländer gesicherten Ausguck auf dem **Drachenfels** 06 hoch. Von hier bietet sich eine grandiose Aussicht.

Durch den naturbelassenen Wald – das Drachenfelsgebiet steht seit 1972 unter Naturschutz – und an weitere Felsen und einer Felshöhle vorbei umrunden wir den Drachenfels, folgen der blauen und der rot-gelben Markierung und stoßen wieder auf die bekannte Verzweigung. Wir halten uns nun links und wandern auf breitem Forstweg abwärts ins **Dreibrunnental** 07. Bei einer Sitzbank stoßen wir auf den teils wurzeligen 1€-Jobbler-Weg, der wieder leicht ansteigend durch den sehr urwüchsigen, oft lichten Wald bergauf führt. Wir erreichen das **Lambertskreuz** 08, ein altes römisches Wegkreuz aus dem 8.–9. Jahrhundert und die große Vereinshütte des Pfälzerwaldvereins, mit Spielplatz und Biergarten. Weiter auf schönem Waldpfad, teils entlang einer felsigen Böschung passieren wir eine auffällige blaue Aussichtsbank und gelangen, stets der Gelbmarkierung folgend, zur **Ruine Neidenfels** 09. Geländer gesichert lässt sich die Ruine besteigen und bietet eine fantastische Rundumsicht und einen herrlichen Blick hinab nach Neidenfels. Über viele Steinstufen steigen wir dann recht steil von der Ruine über den Burghang hinab zu den Häusern und stoßen wieder auf unseren Hinweg. Wir gehen die Vordertalstraße vor bis zur Durchgangsstraße und dann – an herrschaftlichen, alten Häuser vorbei – links zurück zum Bahnhof in **Neidenfels** 01.

RUINE WOLFSBURG – WEINBIETHAUS

11

Aussichtspunkte hoch über der Weinebene bei Neustadt a. d. Weinstraße

 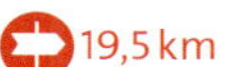 19,5 km 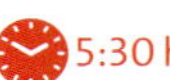 5:30 h  722 hm  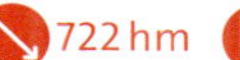 722 hm  826

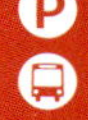

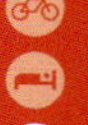

START | Neustadt a. d. Weinstraße, Saalbau, Bahnhofstraße, Parken vor dem Bahnhof
[GPS: UTM Zone 32 x: 437.480 m y: 5.466.720 m]
CHARAKTER | Breite Forst- und Wanderwege und schmale Waldpfade, die teils recht steil, wurzelig und steinig sind.

Vom **Saalbau** 01 in **Neustadt a. d. Weinstraße** gehen wir durch die Unterführung in die Fußgängerzone (Friedrichstraße), biegen links in die Kellereistraße ab und schwenken dann rechts in die kleine Mittelgasse. Beim Strohmarkt überqueren wir die Autostraße, wandern rechts einen gepflasterten Weg hoch und folgen oben dem Haardter Treppenweg (Weinsteig-Logo). Oben treffen wir auf die **Dr.-Welsch-Terrasse**, eine sehr schöne, aussichtsreiche Anlage. Wir halten uns links, folgen dem ansteigenden Kübelweg hoch zu einer Kuppe und verlassen ihn auf einem grob gepflasterten Weg Richtung Waldschenke. Wir machen nach rechts einen kurzen Abstecher zum aussichtsreichen **Deidesheimer Tempel** 02, von dem aus man ganz Neustadt überblicken kann.

Wir folgen weiter dem Pflasterweg, biegen kurz darauf rechts auf einen Forstweg ab und pas-

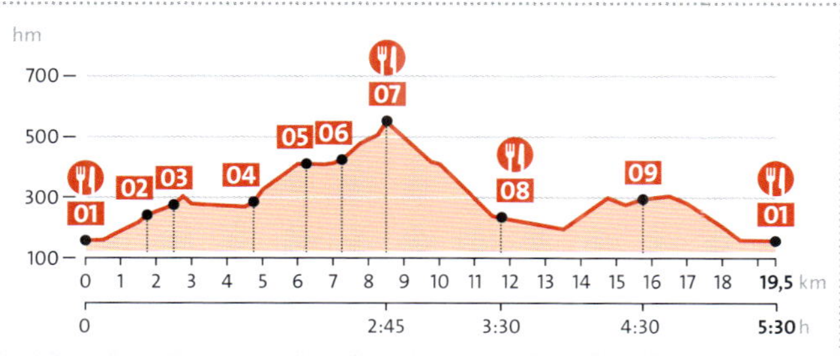

01 Neustadt, Saalbau, 137 m; 02 Deidesheimer Tempel, 225 m; 03 Scheffelwarte, 260 m; 04 Ruine Wolfsburg, 270 m; 05 Bergstein, 401 m; 06 Steinerner Hirsch, 415 m; 07 Weinbiethaus, 545 m; 08 Forsthaus Benjental, 215 m; 09 Wilhelmsruhe, 280 m

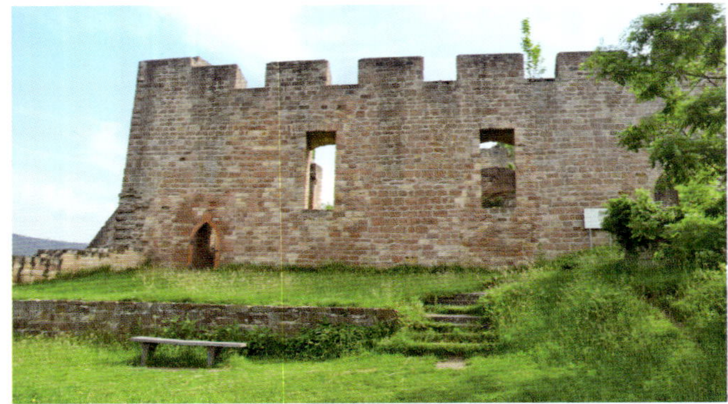

Ruine Wolfsburg

sieren in einer Linkskurve die Abzweigung zur Waldschenke. Wenige Schritte später sind wir an der **Scheffelwarte** **03**, wieder ein grandioser Aussichtsplatz.

Auf schmälerem Weg geht es zunächst flach, dann auf schmälerem Pfad moderat ansteigend am leicht geneigten Waldhang entlang. Wir stoßen auf ein Kreuz und die Ruinen der **Josefskapelle**. Hier ist nach links eine Bedarfsumleitung zur Wolfsburg ausgeschildert, der wir in Kehren abwärts folgen. Auf flacherem Waldweg passieren wir den **Wolfsbrunnen**, stoßen auf Asphalt und sind wenig später unterhalb der Burg. Über ein paar steilere Meter gelangen wir zur **Ruine Wolfsburg** **04** hoch, die mit einem kleinen Aussichtsturm eine schöne Rundumsicht bietet.

Unterhalb der Burg schwenken wir scharf links und machen nach rechts einen kurzen Abstecher zu zwei Geländer gesicherten Aussichtsfelsen. Hier kann man auch direkt am Grat weitergehen. Wir gehen zurück und folgen dem steinigen und steil ansteigenden Pfad (Weinsteig-Logo) zur nächsten Aussichtskanzel. Weniger steil, mit flachen Passagen, erreichen wir eine Verzweigung bei der Pos. Bergsteinhang, halten uns rechts und kommen zu einer schönen Aussichtsstelle mit Bank (**Bergstein** **05**); schöner Blick zum Hambacher Schloss.

Wir schwenken nach links (Weinsteig-Logo). Kurz nach der Pos. Sauweide verlassen wir den breiten Weg und folgen einem leicht ansteigenden, wurzeligen und steinigen Waldweg. Wir passieren den **„Steinernen Hirsch“** **06** und gelangen weiter ansteigend, vorbei an der Pos. Wolfsberg, zum Teil über Steinstufen und Kehren, zur Pos. Weinbiet, direkt neben dem Turm und dem **Weinbiethaus** **07**. Dahinter ragt der Sendemasten des Weinbietsenders in den Himmel.

Der Abstieg verläuft vor der Gaststätte links hinab auf einem schmalen Waldpfad (Weinsteig-Logo). Nachdem wir ein Asphaltsträßchen überquert haben, geht es steiler bergab, am **Loosenbrunnen** vorbei zur Verzweigung bei der Pos. Kälberstall. Wir knicken scharf nach links, folgen dem weiter abwärtsführenden Waldpfad Richtung Benjental. Wir gehen auf ein Haus und eine Straße zu, zuletzt in Kehren und über Stufen bergab und erreichen die Einkehrstätte **Forsthaus Benjental** 08. Nach rechts, auf Asphalt und am Bachlauf entlang, gelangen wir zur Tagesgaststätte **Looganlage** und folgen weiter dem Mußbach. Links, jenseits des Baches, passieren wir die ehemalige Talmühle, die bis 2006 als Kurgasthaus fungierte, erreichen wenig später einen Spielplatz und die überdachte **Ludwigsruhe**. Der Weinsteig knickt hier links ab, wir folgen geradeaus der Weiß-rot-Markierung, kommen zu Häuser und auf Asphalt. Beim Haus Nr. 10 biegen wir rechts ab, gehen leicht bergab, überqueren den Bach, wandern hoch zum Ortsschild von Gimmeldingen.

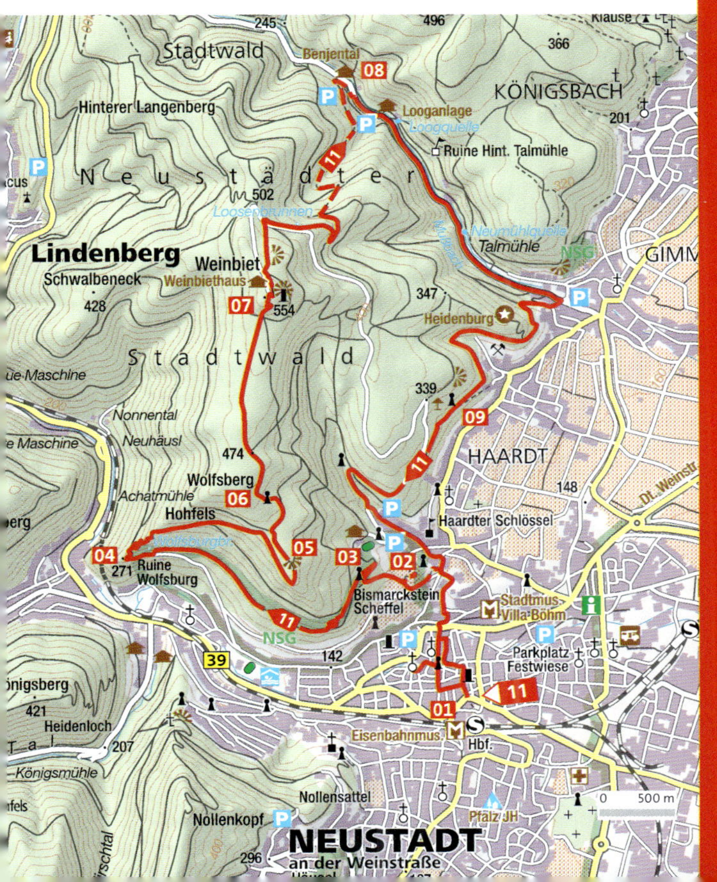

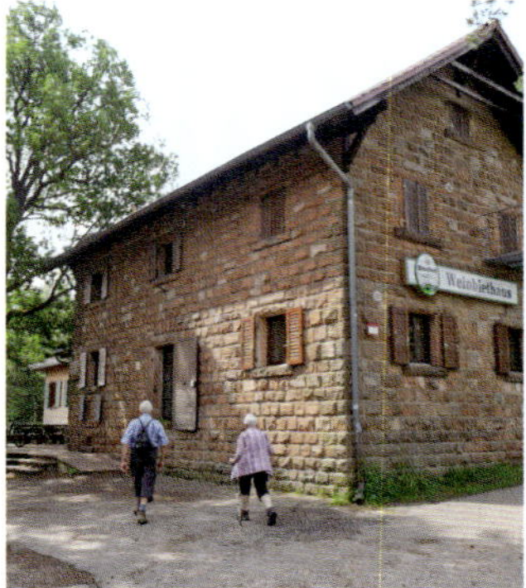

Am Weinbiethaus

Wir folgen der Markierung Klettergarten, treffen auf eine Asphaltstraße, vor der wir rechts auf einen Forstweg in den Wald hoch abbiegen. Nach einer scharfen Linkskehre wandern wir unterhalb der Kletterfelsen zu einem schönen Aussichtspunkt und streckenweise an einem Drahtzaun entlang, umrunden einen links unten liegenden Steinbruch. Wir erreichen die **Wilhelmsruhe** **09**, mit der aussichtsreichen Unterstandshütte Oskar-Wiedemann-Blick.

Wir folgen dem rot-weiß markierten Waldpfad, der uns zu einem Asphaltsträßchen bringt, es geht leicht bergab zu einer Linkskurve, bei einem Brunnen mit Kneipp-Armbad, und kurz darauf gelangen wir über Steinstufen steiler bergab zu einem Bachbett und auf einem Pfad, zuletzt nochmals über Stufen zum **Wanderparkplatz Meisental**. Auf der Asphaltstraße Im Meisental links abwärts, gelangen wir zur Eckstraße und zur Dr.-Welsch-Terrasse. Der Haardter Treppenweg bringt uns wieder zum Strohmarkt.

Wir machen hier einen Abstecher nach rechts und gehen über die Hauptstraße zum Marktplatz und zum Rathausplatz. Zurück zur Hauptstraße biegen wir links in die Schütt-Straße und wandern zurück zum Ausgangspunkt beim **Saalbau** **01**.

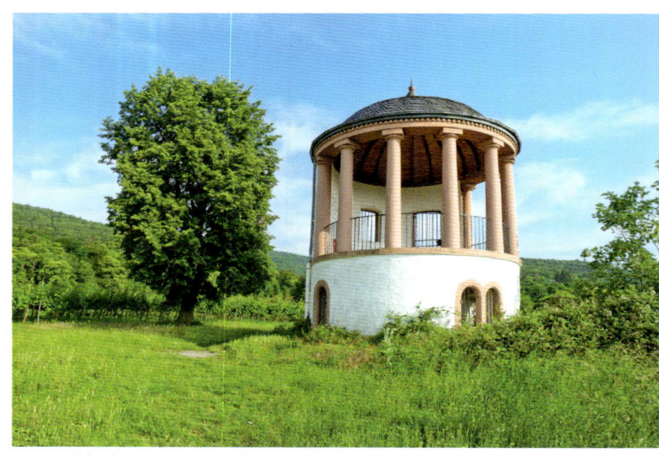
Der Deidesheimer Tempel

HAMBACHER SCHLOSS – HOHE LOOG

Große Rundtour zu dem Denkmal der deutschen Demokratie

 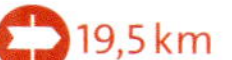 19,5 km  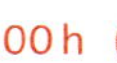 6:00 h 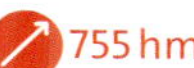 755 hm   755 hm 826

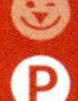
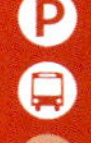

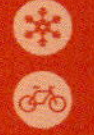
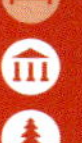

START | Neustadt a. d. Weinstraße, Saalbau, Bahnhofstraße, Parken vor dem Bahnhof
[GPS: UTM Zone 32 x: 437.480 m y: 5. 466.720 m]
CHARAKTER | Breite Forst- und Wanderwege und schmale Waldpfade, streckenweise wurzelig und steinig, mit steileren Passagen.

Vom **Saalbau** 01 in **Neustadt a. d. Weinstraße** gehen wir Richtung Eisenbahnmuseum. Die Straße steigt leicht an, wir überqueren die Bahn, biegen rechts in die Karolinenstraße und gleich darauf links in die Bergstraße. Über Treppenstufen nach links (Schießmauerweg) zur Wittelsbacherstraße und mit dem Weinsteig-Logo auf der Waldstraße hoch bis nach links der Conrad-Freytag-Weg abzweigt. Es geht in Kehren hoch, vorbei an einer schönen Aussichtsstelle, zum ummauerten Mausoleum der Fam. Freytag. Am Ende der Mauer schwenken wir rechts auf einen ansteigenden, teils recht steinigen und wurzeligen Waldpfad (Weinsteig-Logo). Wir stoßen beim **Nollensattel** auf ein hier endendes Asphaltsträßchen, gehen schräg rechts über den Wendeplatz und folgen der Wein-

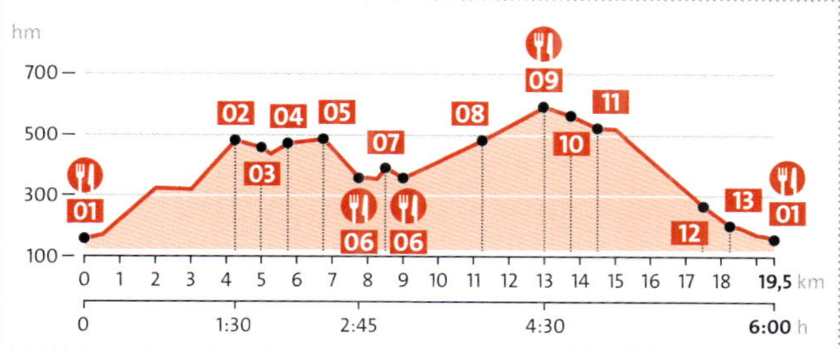

01 Neustadt, Saalbau, 137 m; 02 Nollenkopf, 475 m; 03 Speierheldhütte, 450 m; 04 Bergstein, 465 m; 05 Sühnekreuz, 480 m; 06 Burgschänke, 345 m; 07 Hambacher Schloss, 380 m; 08 Sommerberghütte, 476 m; 09 Hohe Loog Haus, 590 m; 10 Bildbaum, 560 m; 11 Kühungerquelle, 518 m; 12 Mehlis-Denkmal, 250 m; 13 Hauberanlage, 183 m

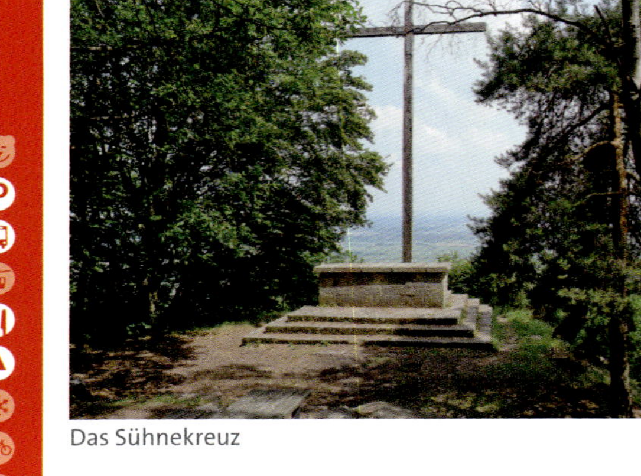

Das Sühnekreuz

steigmarkierung auf breitem, flachem Waldweg. Wir erreichen die Pos. **Wolfsburg-Blick**, halten uns links und steigen in Kehren den Waldhang hoch, wir passieren Felsen, traversieren leicht ansteigend zu einer Hochfläche, schwenken mit dem kreuzenden Pfad nach rechts (Weinsteig) und erreichen nach einer scharfen Linkskehre den **Nollenkopf** 02.

Über Steintreppen geht es auf dem Kanonenweg (Stein-Inschrift) in lichtem Wald hinab zu einer Kreuzung bei der Unterstandshütte **Speierheld** 03. Zunächst leicht abwärts, dann auf schmalerem Waldpfad wieder ansteigend gelangen wir zum Aussichtspunkt Hambacher **Bergstein** 04, den wir über eine Leiter besteigen. Auf wurzeligem Pfad machen wir wenig später nach rechts einen Abstecher zum ausgeschilderten **Sühnekreuz** 05; toller Blick zum Hambacher Schloss.

Nach der Abzweigung wandern wir in Kehren bergab, vorbei an

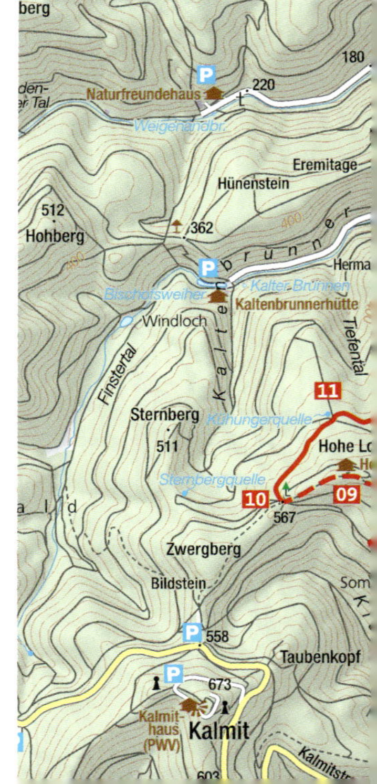

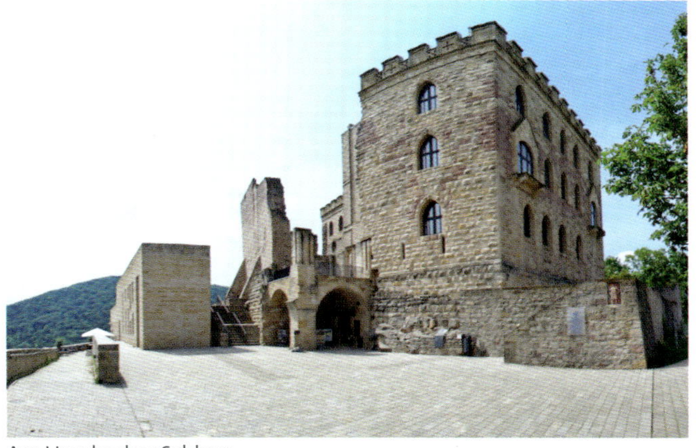

Am Hambacher Schloss

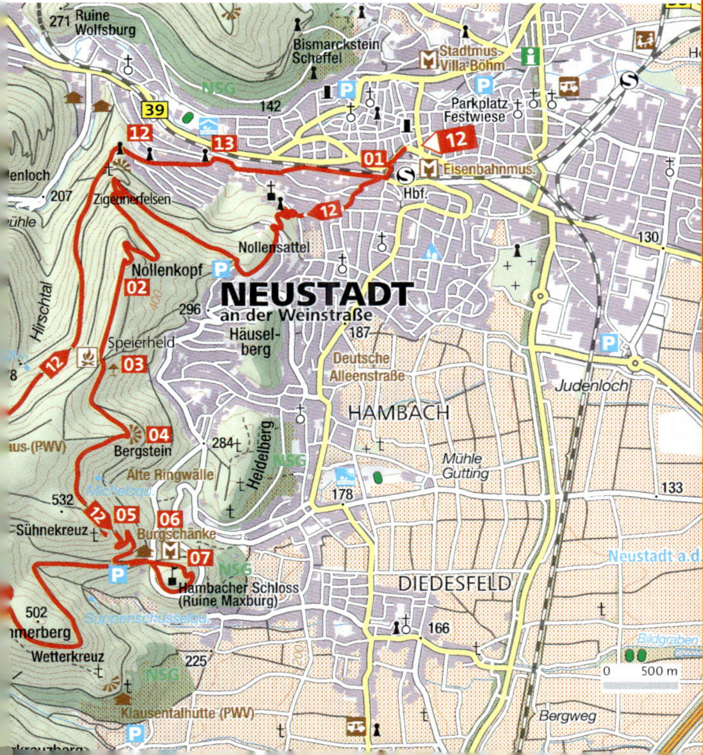

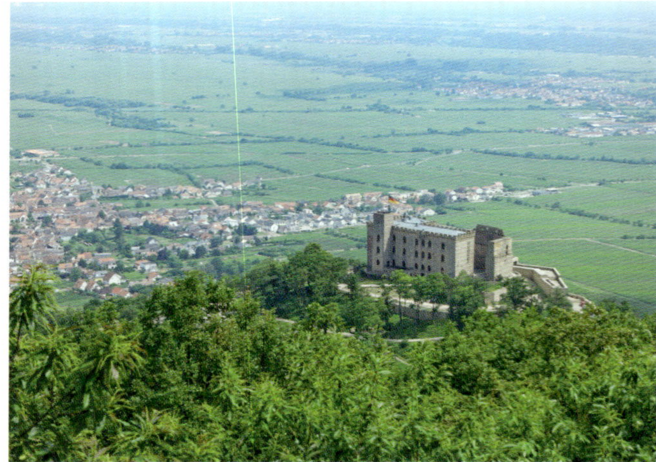

Tiefblick zum Hambacher Schloss

einem Trümmerfeld von Steinen, und gelangen zum Parkplatz, zur **Burgschänke** 06 und zur Asphaltstraße unterhalb vom Schloss. Über den Siebenpfeiferweg umrunden wir den Schlossberg und gelangen zu einer Aussichtsstelle und zum Eingangstor. Über breite Treppenstufen gelangen wir hoch zur Panoramaterrasse und zum eindrucksvollen **Hambacher Schloss** 07.

Wieder zurück beim Tor folgen wir dem Asphaltsträßchen links hinab zum Parkplatz und gehen vor der **Burgschänke** 06 rechts auf den beschilderten Quellenwanderweg. In großen Kehren geht es auf breitem Weg durch den Wald, wir passieren eine Kreuzung bei der kleinen **Sommerberghütte** 08, halten uns rechts und folgen einem schmäleren Hangpfad, der leicht ansteigt. Nach einem scharfen Linksknick folgen zwei Rechtskehren und der wurzelige Pfad steigt durch lichten Wald an. Wir passieren die Abzweigung rechts zum Hambacher Schloss und zum Sühnekreuz und gelangen linkshaltend, wieder ansteigend, zum **Hohe Loog Haus** 09. Rechts hoch geht es zum 100 m entfernten **Gipfel**. Am Haus vorbei, über einen Pfad (Weinsteig-Logo), geht es hinab zur Wegespinne **Bildbaum** 10 (Sitzbänke mit steinernem Tisch) und rechts auf breitem Forstweg weiter abwärts zum Rastplatz **Kühungerquelle** 11 (Markierung schwarzer Punkt).

Wir folgen der Punkt-Markierung stetig bergab, vorbei am Grünen Bänkel und kommen weiter unten, nach einer Rechtskurve, zum **Mehlis-Denkmal** 12. Kurz darauf stoßen wir auf die asphaltierte Von-Wissmann-Straße, die uns hinab zur **Hauberanlage** 13 führt. Über die Karolinenstraße geht es weiter abwärts zum Hinweg und links über die Bahngleise zurück zum Ausgangspunkt beim **Saalbau** 01.

DICKER STEIN – KAISERGARTEN – HELLERHÜTTE – KÖNIGSBERG

Zwischen napoleonischem Festplatz und Hallstatt-Gräbern

 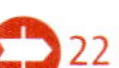  22 km 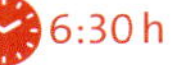 6:30 h 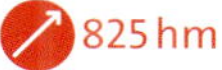  825 hm 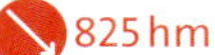 825 hm  826

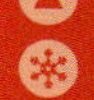

START | Lambrecht, Bahnhofstraße; Parken beim Bahnhof [GPS: UTM Zone 32 x: 432.700 m y: 5. 469.340 m]
CHARAKTER | Breite Forst- und Wanderwege und schmale Waldpfade, Umleitung des Wanderweges (gelber Punkt) am Königsberg beachten!

Vom **Bahnhof** in **Lambrecht** **01** gehen wir nach links, über Treppen hinab und durch eine Unterführung in die Schulstraße. Vorbei am alten Schulgebäude über die Friedrich-Ebert-Brücke gehen wir auf der Marktstraße leicht ansteigend, den **Lindenbrunnen** passierend, Richtung Friedhof. Nach dem Friedhof endet der Asphalt und es geht in Kehren bergauf. Auf schmalem Hangpfad traversieren wir weiter aufwärts, kurven zunächst auf breitem Forstweg, dann auf schmälerem Pfad den Waldhang hoch. Nach links hoch machen wir einen kurzen Abstecher zum Aussichtsturm **Dicker Stein** **02**.

Weiter auf dem Waldweg folgen wir der Blau-gelb-Markierung Richtung Hellerplatz. Wir überqueren eine gekieste Forststraße, stei-

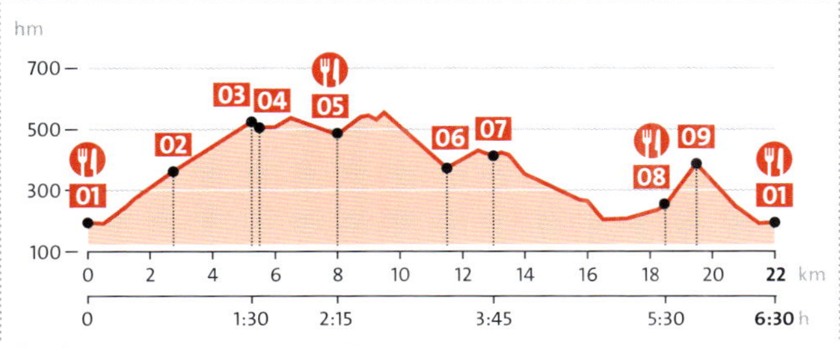

01 Lambrecht, Bhf., 175 m; **02** Dicker Stein, 349 m; **03** Kaisergarten, 519 m; **04** Breite Loog, 499 m; **05** Hellerhütte, 475 m; **06** Abkürzer NFH, 360 m; **07** Ringwall-Bergfestung, 402 m; **08** Naturfreundehaus, 232 m; **09** Stein des Gleichgewichts, 375 m

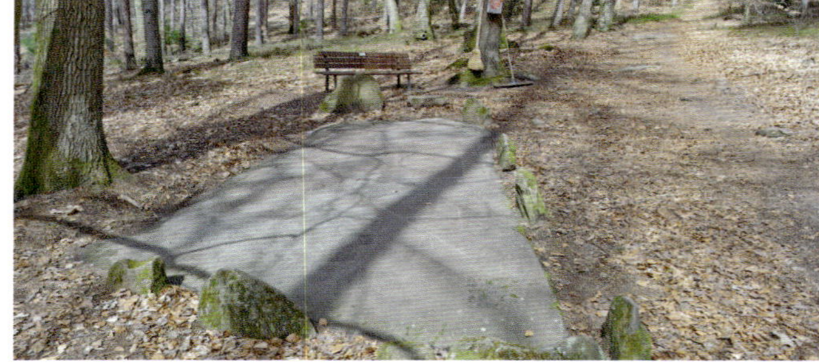

Der Bodengrenzfelsen Breite Loog

gen weiter bergan und gelangen zur Unterstandshütte beim ehemaligen Festplatz **Kaisergarten-Alte Unger** 03, der höchste Punkt im Lambrechter Klosterwald.

Der breite Forstweg fällt dann leicht ab, wir passieren den Bodengrenz-Felsen **Breite Loog** 04 (mit einem Besen am Baum, um den Grenzstein sauber zu halten!), steigen wieder leicht an, um dann auf schmälerem Pfad wieder abwärtsgehend die viel besuchte **Hellerhütte** 05 zu erreichen. Direkt hinter der Hütte folgen wir dem gelben Punkt auf ansteigendem Waldweg, dann geht es im Auf und Ab am Waldhang entlang. Nach einem scharfen Rechtsknick geht es wieder abwärts, und nach einem Linksschwenk kommen wir zu einer kleinen **Unterstandshütte**; hier ist nach links eine direkte **Abkürzungsvariante** 06 (weißer Punkt) zum Naturfreundehaus möglich.

Wir gehen mit dem gelben Punkt geradeaus weiter, wieder ansteigend in den Wald hoch; passieren einen großen aufgeschichteten Steinmann und erreichen wenig später die **Ringwall-Bergfestung** 07 auf dem **Königsberg** (mit

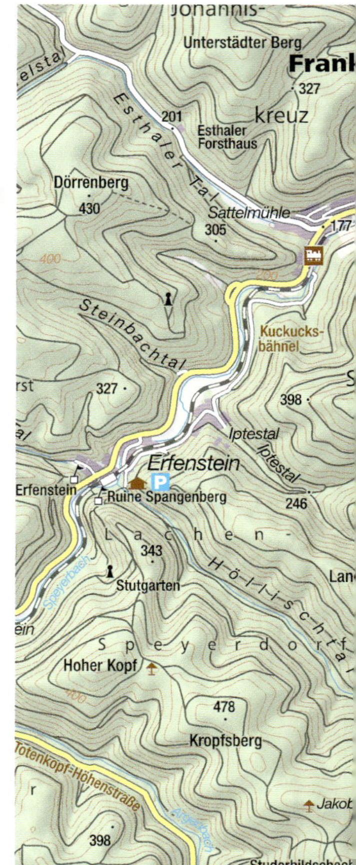

Hügelgräbern aus der Hallstattzeit). Bei einem freien Platz folgen wir der Umleitungsbeschilderung; der Gelbe-Punkt-Wanderweg wurde hier verlegt. Abwärtsgehend, stoßen wir nach einer scharfen Rechtskehre wieder auf den Originalweg, folgen ihm links und stoßen weiter unten, am Waldende, auf Häuser und Asphalt. In einer Rechtskurve verlassen wir die Königsbergstraße wieder und gehen links am Waldrand entlang (Blau-rot-Mark.).

Wir passieren den **Heidenbrunnen**, bleiben oberhalb des Bachlaufs und der unten verlaufenden Straße und kommen zum **Naturfreundehaus** **08**. Wir verlassen den Waldweg und gehen rechts am NF-Haus vorbei recht steil in den Wald hoch (Blau-rot-Mark.). Wir überqueren mehrfach Forstwege und wandern auf schmalem Pfad hoch zu einer Wegespinne und einem schönen Rastplatz (mit dem **Stein des Gleichgewichts** **09**).

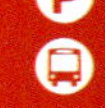

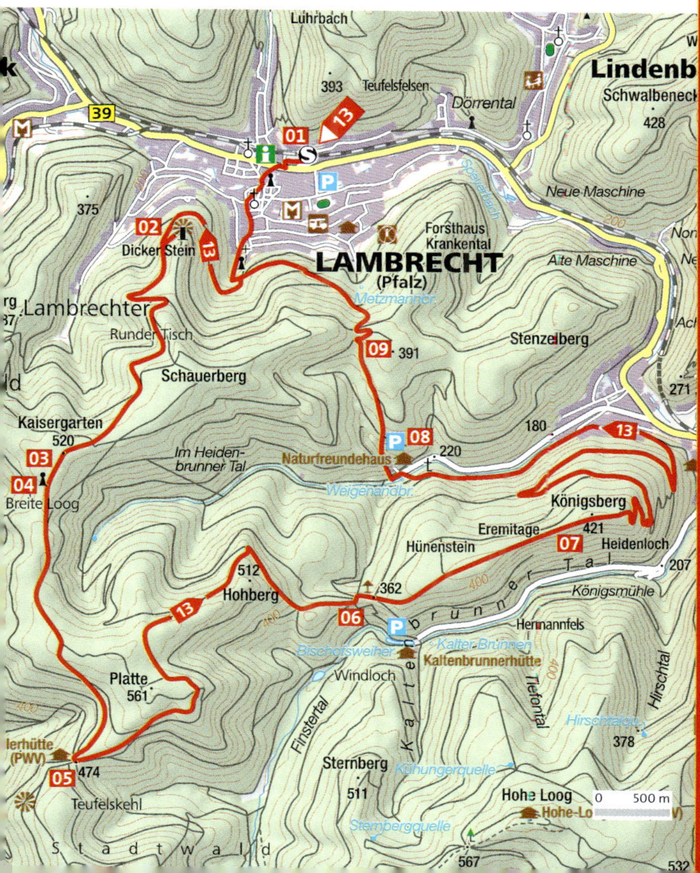

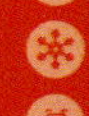

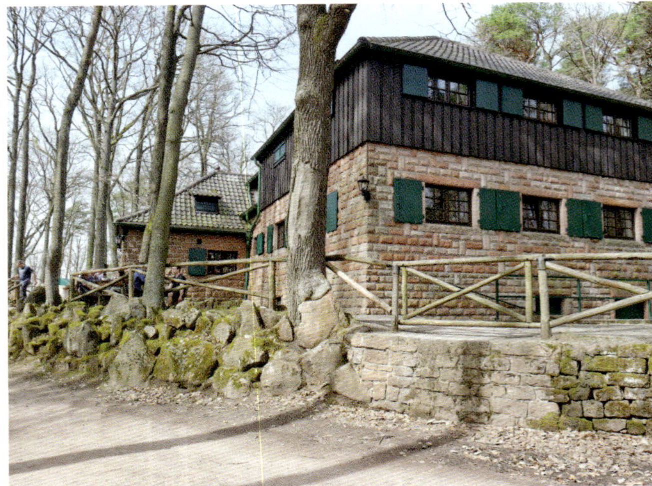

An der Hellerhütte

Der Weiterweg fällt ab, wir passieren Tafeln mit der Aufschrift „Pflichterfüllung“/„Geduld“/„Gerechtigkeit“, kurz danach den Bürgermeister-Schneid-Brunnen. Bei einem schönen Aussichtsplatz stoßen wir auf den Hinweg und wandern am Friedhof und der Kirche vorbei zurück zum Ausgangspunkt beim **Bahnhof** **01**.

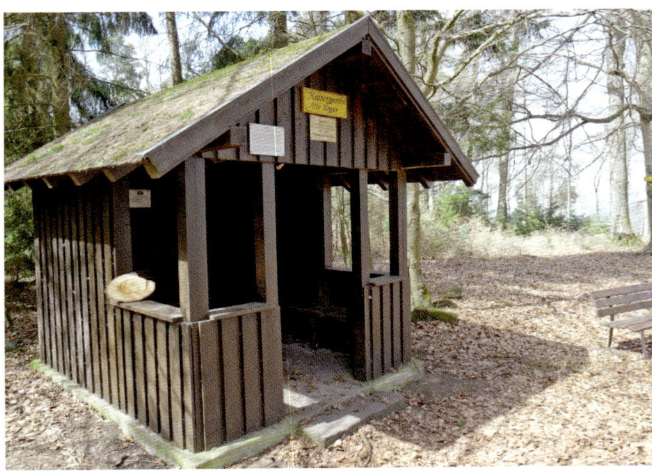

Unterstandshütte Kaisergarten, Alte Unger

ERFENSTEIN – BREITENSTEIN – BURG SPANGENBERG

Aussichtsreicher Drei-Burgen-Rundweg

  8,5 km  3:00 h  345 hm  345 hm 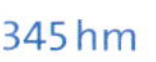  826

START | Erfenstein, an der L 499; Verzweigung Talstraße/ Schankentalstraße, großer Parkplatz
[GPS: UTM Zone 32 x: 428.550 m y: 5.467.150 m]
CHARAKTER | Forstwege und Waldpfade, mit teils wurzeligen Stellen, kurze Asphaltpassagen.

Die Wanderung beginnt in **Erfenstein** 01, bei der Bushaltestelle an der Talstraße (Infotafel beim Sandstein mit der Inschrift „Drei-Burgen-Rundweg"). Wir folgen der gepflasterten Schankentalstraße aufwärts, machen beim letzten Haus rechts einen kurzen Abstecher zur **Lourdesgrotte** 02 und folgen dann dem Kiesweg in den Wald hoch (Markierung weiß-grün). Wir biegen dann mit dem Burgenzeichen links ab, überqueren den Bachlauf und steigen auf dem schmalen Waldpfad zur **Ruine Erfenstein** 03 hoch.

Unterhalb der Burg halten wir uns links und traversieren zu den Resten von **Alt-Erfenstein** hinüber. Wir folgen weiter dem Burgenweg-Schild links um die Ruinen herum, halten uns bei einer kleinen Lichtung links und wandern, zunächst in in Kehren und zuletzt etwas steiler bergab zur Auto-

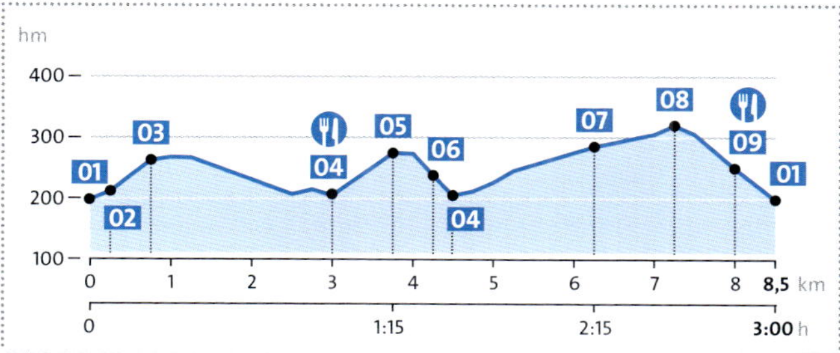

01 Erfenstein, 191 m; 02 Lourdesgrotte, 205 m;
03 Ruine Erfenstein, 258 m; 04 Parkplatz, 198 m;
05 Ruine Breitenstein, 270 m; 06 Dreikantstein, 232 m;
07 Stutgarten, 281 m; 08 Steinbruch, 317 m, 09 Burg Spangenberg, 244 m

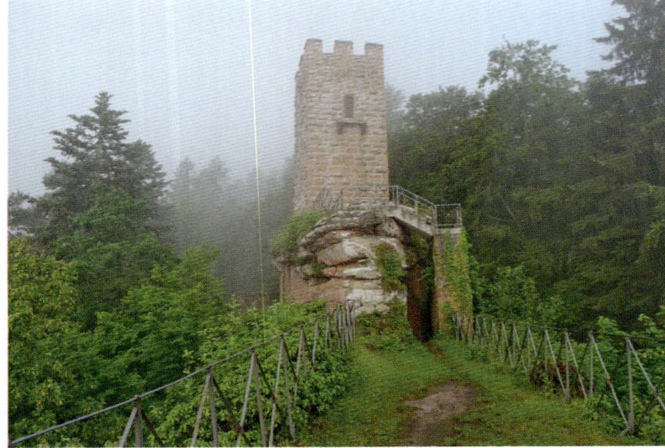

Burg Erfenstein im Morgennebel

straße. Wir bleiben rechts von der Straße auf einem Kiesweg und zweigen dann auf einen schmalen Pfad ab, auf dem wir bei der Bushaltestelle Breitenstein auf einen **Parkplatz** 04 treffen (Infotafel). Wir gehen am Parkplatz vorbei und biegen dann rechts in einen breiten Forstweg ein (Burgenweg-Schild). Wir biegen dann nach wenigen Minuten links ab und steigen zu Burgruinen hoch. Wir stoßen auf die Reste der älteren und höher gelegenen **Vorburg**, gehen um die **Ruinen** herum und steiler hinab zur eigentlichen Hauptburg **Breitenstein** 05.

Weiter abwärts auf schmalem Waldpfad, vorbei an einem **Dreikantstein** 06, der die Herrschaftsbereiche Kurpfalz, Königreich Bayern und Leiningen aufführt, und stoßen wieder auf den Aufstiegsweg. Nach rechts ist nach wenigen Schritten der **Parkplatz** 04 erreicht. Wir überqueren die Autostraße, einen Bach, die Bahngleise und biegen gegenüber der Einfahrt zum Forsthaus Breitenstein nach links auf einen schmalen, ansteigenden Waldpfad ab. Nach einer scharfen Linkskehre folgen wir dem Burgenwegzeichen durch den Wald hoch, passieren die Sandsteinpfosten der Bischöflich-Bayerischen Pferdekoppel, **Stutgarten** 07 und erreichen den Burgbrunnen. Hier verzweigt sich der Weg, wir machen rechts einen Abstecher zum **Steinbruch** 08, wo wir noch unfertige Sandsteinpfeiler vorfinden.

Zurück zur Verzweigung schwenken wir rechts und wandern leicht bergab zur **Burg Spangenberg** 09. Auf einem Treppenweg geht es in einem Linksbogen an der Burg vorbei und auf einm breitem, mit Laternen flankierten Weg bergab. Wir stoßen auf einen breiten Kiesweg, biegen aber bald links ab auf einen schmalen Pfad, der uns über die Bahngleise und auf einem Steg über den Bach zurück zum Parkplatz an der Talstraße in **Erfenstein** 01 bringt.

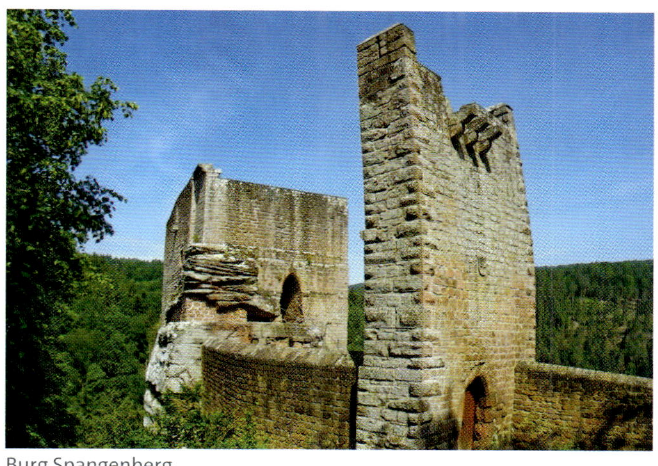

Burg Spangenberg

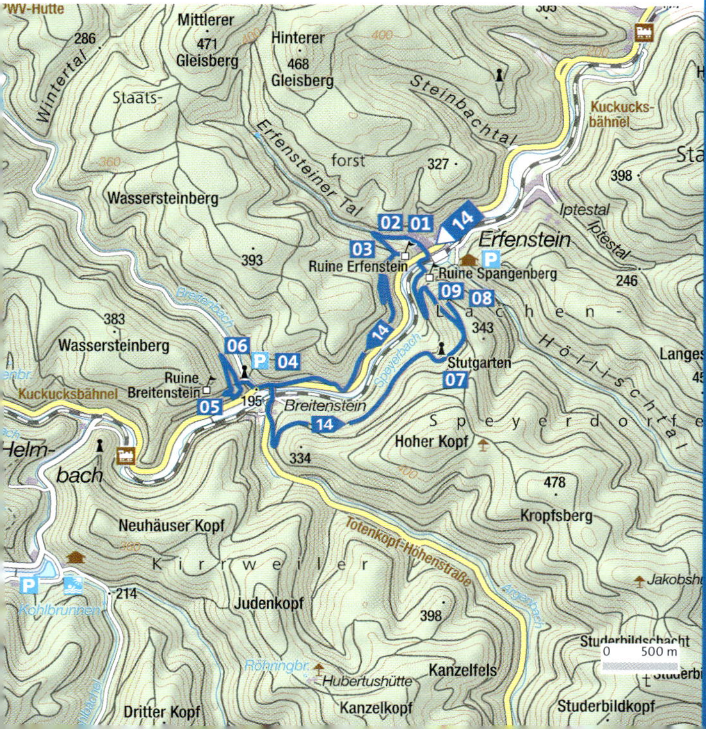

ELMSTEINER ZWEI-HÜTTEN-TOUR

Vom Waldhaus Schwarzsohl zur Wolfsschluchthütte

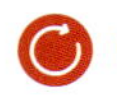
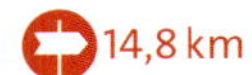

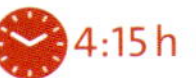

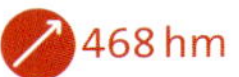

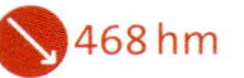

START | Elmstein, Bahnhofstraße; Parken am Endbahnhof der Kuckucksbähnelbahn
[GPS: UTM Zone 32 x: 423.230 m y: 5.466.860 m]
CHARAKTER | Forst- und Kieswege sowie schmälere Waldpfade mit wurzeligen Stellen, kurze Asphaltpassagen.

Wir starten am **Bahnhof** in **Elmstein** 01, gehen hinter der Minigolfanlage rechts, über den kleinen Speyerbach, überqueren die Autostraße und schwenken scharf links. Auf einem Asphaltsträßchen wandern wir hoch in den Wald, passieren die Abzweigung zum NFH-Haus, bleiben auf dem leicht ansteigenden Asphalt geradeaus. Nach einer Kurve endet der Asphalt und wir biegen rechts auf einen schmalen Pfad ab (Gelb-rot-blau-Markierung). Wir überqueren einen kreuzenden Forstweg, weiter leicht bergan, münden in einen querenden Forstweg, dem wir geradeaus folgen und gelangen zum **Götz-Gedenkstein** 02.

Bei der nächsten Verzweigung bleiben wir links (Blau-Markierung) und folgen dem ansteigenden, breiten Fahrweg, vorbei an einer größeren Lichtung auf der rechten Seite. Mit der Blau-Markierung geht es meist flach, teilweise leicht bergab, in

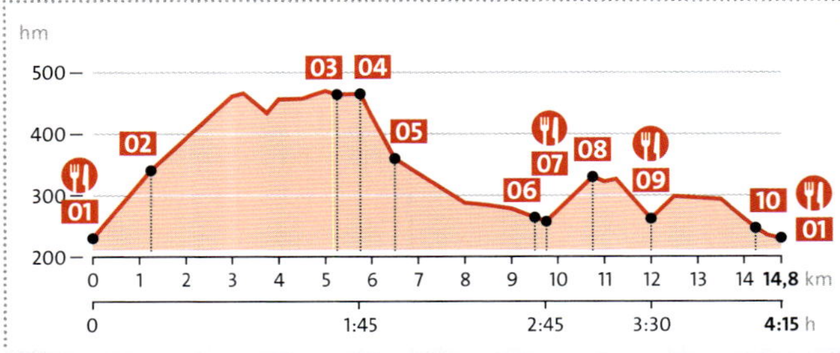

01 Elmstein, 220 m; 02 Götz-Gedenkstein, 335 m;
03 Steinernes Kreuz, 463 m; 04 Waldhaus Schwarzsohl, 464 m;
05 Finsterbreitenbachquelle, 355 m; 06 Brücke Breitenbach, 255 m;
07 Wolfsschluchthütte, 248 m; 08 Forsthaus Wolfsgrube, 324 m;
09 Naturfreundehaus Elmstein, 253 m; 10 Treppe, 237 m

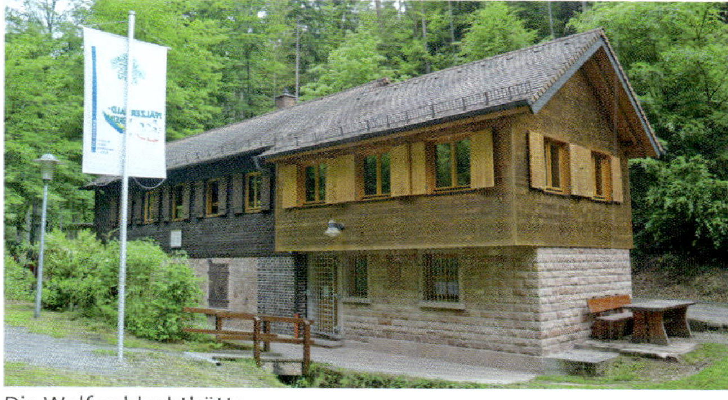
Die Wolfsschluchthütte

großen Kehren und über mehrere Kreuzungen durch den Wald. Wir stoßen auf eine Wegespinne mit Sitzbank und erreichen kurz darauf beim **Steinernen Kreuz** 03 die Autostraße. Wir überqueren sie, halten uns rechts und folgen dem blau-markierten breiten Forstweg. Vorbei an einem auffälligen Grenzstein gelangen wir zu einer großen Lichtung und zum **Waldhaus Schwarzsohl** 04, das zur Zeit renoviert wird und dessen Wiedereröffnung noch nicht feststeht. Wir überqueren erneut die Straße, passieren rechts eine große Unterstandshütte und folgen dem grün-blau markierten schmalen Pfad rechts in den Wald. Stetig leicht bergab überqueren wir einen kreuzenden Forstweg und traversieren nach einer deutlichen Rechtskehre am Waldhang entlang zur **Finsterbreitenbachquelle** 05. Vor der Quelle links wandern wir auf dem grasigen Fahrweg am Bachlauf entlang weiter leicht bergab. Wir

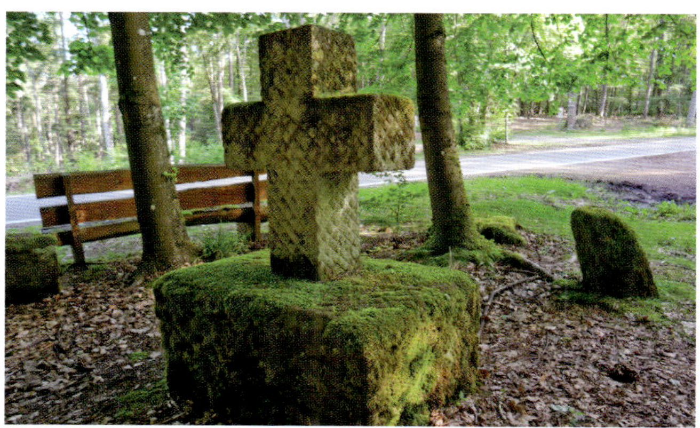
Das Steinerne Kreuz

passieren eine Holzhütte, mit Sitzbank und Steintisch, wechseln die Bachseite und kommen leicht abwärtsgehend zu einem Asphaltsträßchen, das links auf einer **Brücke** **06** über den **Breitenbach** führt. Wir schwenken nach rechts, verlassen das Sträßchen (das links zum Goldbrunnen führt) und schwenken rechts in einen nicht asphaltierten Forstfahrweg. Am Bachufer entlang kommen wir zur **Wolfsschluchthütte** **07**, mit Parkplatz, Kinderspielplatz und einer schönen Liegeschaukel.

Wir halten uns rechts, folgen dem leicht ansteigenden Asphaltsträßchen und traversieren dann oberhalb vom Sträßchen auf schmalem Pfad am Waldhang entlang. Wir passieren das sichtbare **Forsthaus Wolfsgrube** **08**, jenseits der Straße, die wir kurz danach überqueren. Zunächst auf einem Pfad, dann entlang der Straße, steigen wir nach einer Linkskehre wieder leicht an und gelangen zur Wolfsgrube und einer beschilderten Verzweigung mit Sitzbänken und rundem Steintisch. Wir verlassen das Asphaltsträßchen, knicken nach rechts und folgen nach ein paar Metern einem schmalen Pfad, parallel zur links unten verlaufenden Autostraße, auf die wir bei der Bushaltestelle Harzofen treffen. Nach rechts gehen wir in einer Linksehre leicht ansteigend zum **Naturfreundehaus Elmstein** **09** hoch.

Am Biergarten und an Hütten vorbei folgen wir der Gelbe-3-Markierung und traversieren leicht abwärts auf weichem Pfad am Waldhang entlang. Wir münden – zuletzt über Stufen – in einen breiten Forstfahrweg ein, der längere Zeit unterhalb von uns entlang führte. Kurz vor einem Sendemasten biegen wir erneut über Stufen links auf einen schmalen Pfad ab, haben links Blick hinab nach Elmstein, und stoßen bald darauf auf unseren Hinweg. Wir steigen hier über schmale **Treppenstufen** **10** mit der Nr. 3 zu den Häusern und zur Hauptstraße hinab. Links ein steinernes Kruzifix und ein Berlin-Stein. Auf dem Gehweg entlang der Hauptstraße wandern wir zurück, biegen am Ortsschild rechts ab und sind wenig später zurück am Ausgangspunkt beim **Bahnhof** **01**.

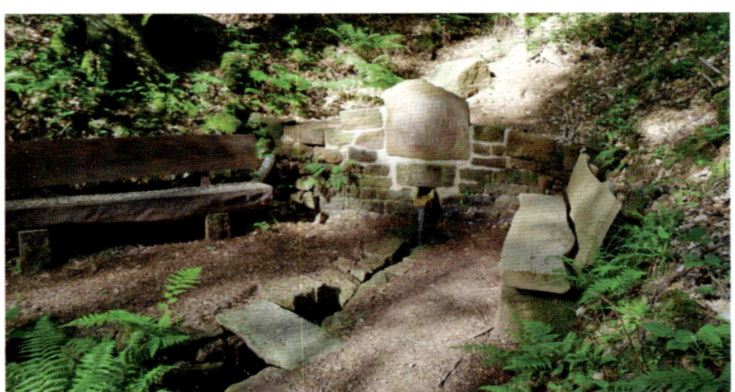

Die Finsterbreitenbachquelle

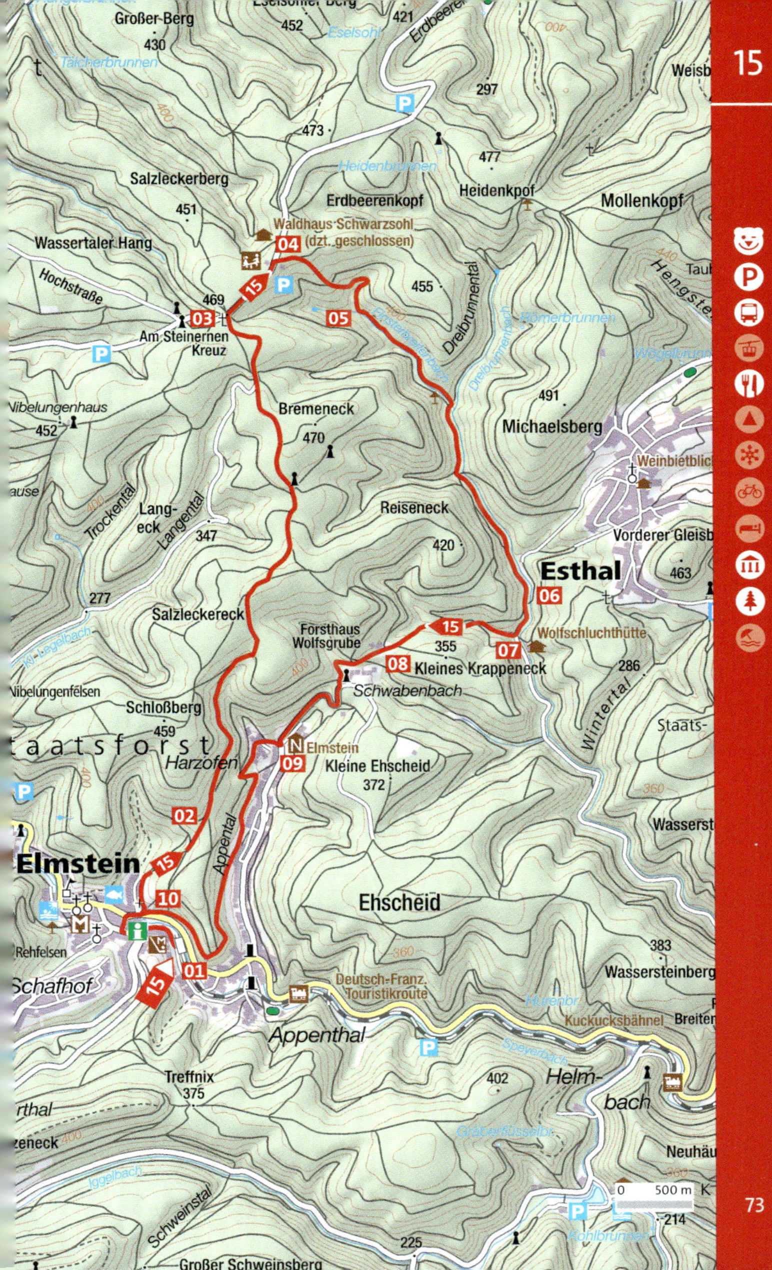
Großer-Berg
430
452
421
Eselsohl
Erdbeeren
Tälcherbrunnen
297
Weisb
473
477
Heidenbrunnen
Salzleckerberg
Erdbeerenkopf
Heidenkopf
Mollenkopf
451
Waldhaus Schwarzsohl
(dzt. geschlossen)
04
Wassertaler Hang
Hochstraße
15
469
455
03
05
Am Steinernen
Kreuz
Dreibrunnental
Dreibrunnenbach
Römerbrunnen
Hengstei
Wögelbrunn
Nibelungenhaus
452
Bremeneck
470
491
Michaelsberg
Weinbietblic
Trockental
Lang-
eck
Langental
347
Reiseneck
420
Vorderer Gleisb
Esthal
463
06
277
Salzleckereck
Forsthaus
Wolfsgrube
15
355
Wolfschluchthütte
07
08
Kleines Krappeneck
286
Nibelungenfelsen
Schwabenbach
Schloßberg
459
Wintertal
Staats-
taatsforst
Harzofen
Elmstein
09
Kleine Ehscheid
372
02
Appental
Wasserst
Elmstein
15
10
Ehscheid
Rehfelsen
383
Wassersteinberg
01
Schafhof
15
Deutsch-Franz.
Touristikroute
Hurenbr
Kuckucksbähnel
Breiten
Appenthal
Speyerbach
Treffnix
375
402
Helm-
bach
rthal
Gräberflüsselbr.
zeneck
Neuhäu
Iggelbach
0
500 m
Schweinstal
214
Kohlbrunnen
225
Großer Schweinsberg

16

PFÄLZER WELTACHSE

Rundwanderung um das „Ende der Weltachse“

 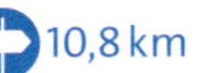 10,8 km 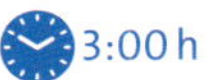 3:00 h 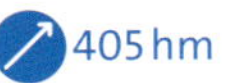 405 hm  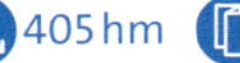 405 hm  826

START | Parkplatz Am Stall, nahe Waldleiningen, an der Straße zwischen Johanniskreuz und Hochspeyer (Kreuzung B 48/L 504) [GPS: UTM Zone 32 x: 416.340 m y: 5.472.500 m]
CHARAKTER | Schmale Waldpfade, teils etwas wurzelig, sowie breite Forstwege, nur kurze Asphaltpassagen.

Wir starten vom Parkplatz **Am Stall** 01, überqueren die Straße (L504) und folgen der Roten-1-Markierung Richtung „Weltachs“. Über einen kreuzenden Forstweg hinüber und rechts halten. Wir verlassen den breiten Forstfahrweg nach wenigen Metern in einer Rechtskurve und gehen links weiter der Markierung „Weltachs“ nach. Nach Überqueren eines weiteren Forstwegs bei einer Sitzbank geht es auf einem Pfad im Wald bergan. Wir machen einen deutlichen Rechts-Linksschwenk auf dem nun stärker ansteigenden Pfad, der auch wurzeliger und felsiger wird. Wenn es flacher wird, treffen wir auf einen von links kommenden Pfad und gehen rechts weiter, oben ist schon die „**Weltachse**“ 02 zu erkennen. Wir passieren die zwei aufeinanderliegenden Felsen mit der originellen Inschrift „Do werd die Weltachs ingeschmeert un ufgebasst dass nix passeert“ und wandern an einer Sitzbank und weiteren kleineren Felsen vorbei. Auf einem breiten Gratrücken verläuft der schmale Pfad durch lichten Wald, geht dann stärker in den Wald hinein und der Weg führt in Kehren bergab in Richtung Straße.

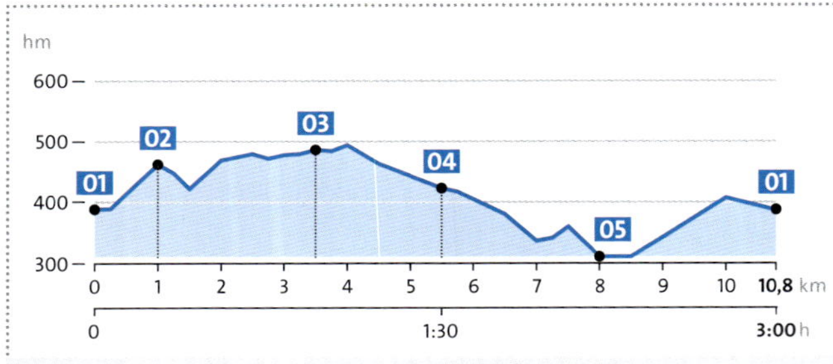

01 Parkplatz Am Stall, 380 m; 02 Pfälzer Weltachse, 457 m; 03 Sandsteinfels, 482 m; 04 Am Sandplatz, 416 m; 05 Seewoog-Teich, 300 m

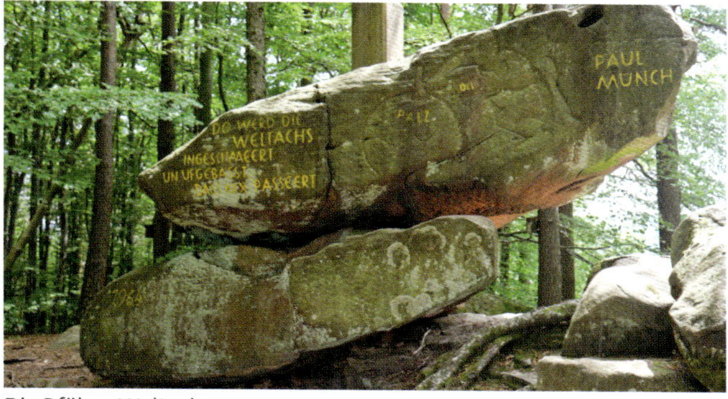

Die Pfälzer Weltachse

Wir überqueren die Straße, die nach Kaiserslautern-Mölschbach führt, halten uns rechts auf einem schmalen Pfad, leicht oberhalb der Straße. Es geht wieder stärker in den Wald und der Weg steigt zunächst leicht an. Wir unterqueren lichte Stromtrassen, es wird flacher, wir passieren einen großen Grenzstein (1774 eingraviert) und gehen geradeaus weiter bis wir auf Autostraßen treffen, und die Abzweigung rechts zum Stüterhof (markanter **Sandsteinfels** 03 mit Inschrift).

Wir folgen der B 48 ein kurzes Stück nach rechts, biegen dann

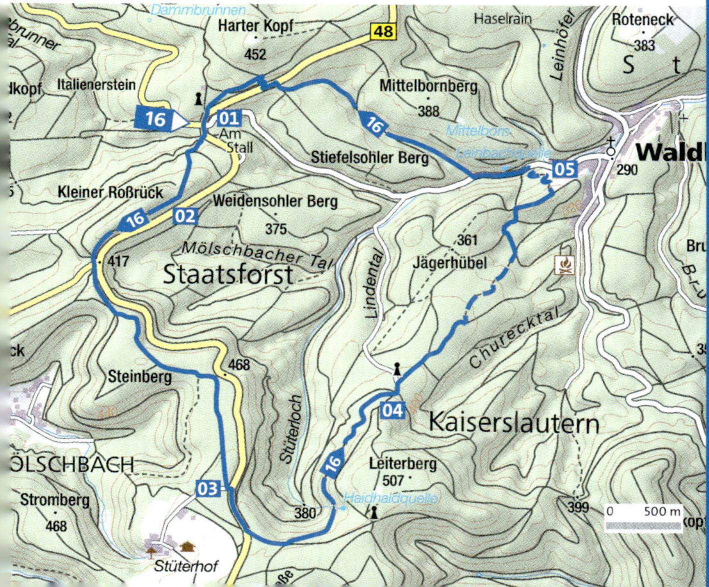

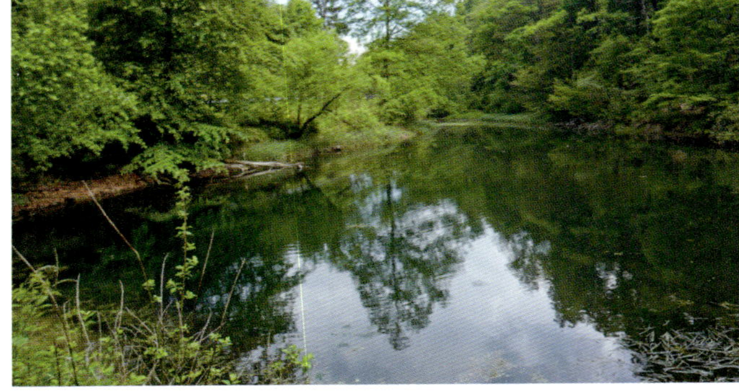

Am Seewoog

in die erste Einfahrt links hinein, und folgen rechts einem etwas verwachsenen Waldweg (roter Punkt am Baum). Bei der nächsten Kreuzung halten wir uns scharf links, folgen der Markierung weißes Kreuz leicht bergab. Durch urwüchsigen Wald gelangen wir zur Pos. **Am Sandplatz** **04**. Ein mächtiger behauener Stein dominiert die Kreuzung.

Wir verlassen den breiten Forstweg, folgen zunächst der Markierung Weißes Kreuz, bis wir bei

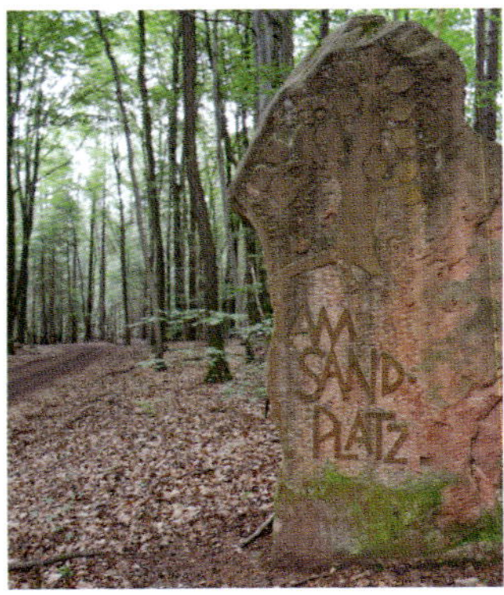

Am Sandplatz

einem Jägerstand die Kreuzmarkierung verlassen, nach links abbiegen und etwas steiler in den Wald hinein ansteigen. Wir folgen dann links einer MTB-Beschilderung und später einem grünem P. Der schmale Pfad führt in Kehren steil den Waldhang hinab. Wir verlassen den MTB-Weg über Treppenstufen nach links und steigen steil zur Autostraße hinab. Wir überqueren sie und umlaufen den kleinen **Seewoog-Teich** **05**. Bei einer Sitzbank mit Steintisch vor einem Felsen folgen wir nicht dem Weg (grünes P), der über Treppenstufen rechts hochgeht, sondern bleiben auf dem breiten Forstweg am Ufer entlang, und biegen dann links auf einen rot-weiß markierten Waldweg ab. Ein paar Hundert Meter parallel zur Straße, biegen wir rechts (Rot-weiß-Markierung) ab in einen Feldweg, der uns leicht ansteigend durch den Wald leitet. Wir stoßen auf die Bundesstraße, gehen ein paar Meter links, überqueren sie und biegen rechts in den Wald. Bei der nächsten Kreuzung halten wir uns links und gelangen leicht abwärtsgehend, an einem großen Grenzstein vorbei, zurück zum Parkplatz **Am Stall** **01**.

ST. GEORGSBRUNNEN – BURG HOHENECKEN – GELTERSWOOG

Große Runde um Dansenberg

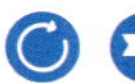  17 km  5:15 h  407 hm 407 hm  826

START | Dansenberg, Dansenberger Straße, Parkplätze beim Friedhof
[GPS: UTM Zone 32 x: 408.350 m y: 5.471.380 m]
CHARAKTER | Schmale Waldpfade, breite Forstwege, kurze Asphaltpassagen; Vorsicht bei Überqueren der Autostraßen.

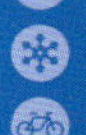

Wir wandern von **Dansenberg** 01 am Friedhof vorbei auf einer Privatstraße in den Wald. Beim Ortsschild Dansenberg halten wir uns bei der Verzweigung links, verlassen den Asphalt und biegen mit dem Pfälzer Waldpfad links in einen breiten Waldweg ab, den wir bald nach rechts auf einem schmäleren Pfad wieder verlassen. Der Weg schlängelt sich in Kehren leicht abwärts zur Autostraße. Wir überqueren die erste Straße und gehen über Treppen zur nächsten Straße hinab. Vorsicht beim Überqueren! Wir kommen zu einer Infotafel und zum **Naturdenkmal Rote Hohl** 02 mit dem **St. Georgsbrunnen**.

Wir folgen dem leicht abwärtsführenden breiten Forstfahrweg, halten uns bei der nächsten Kreuzung links und stoßen leicht steigend wieder auf die Autostraße. Wir überqueren sie, passieren einen kleinen Parkplatz und gehen halblinks mit der Schwarze-

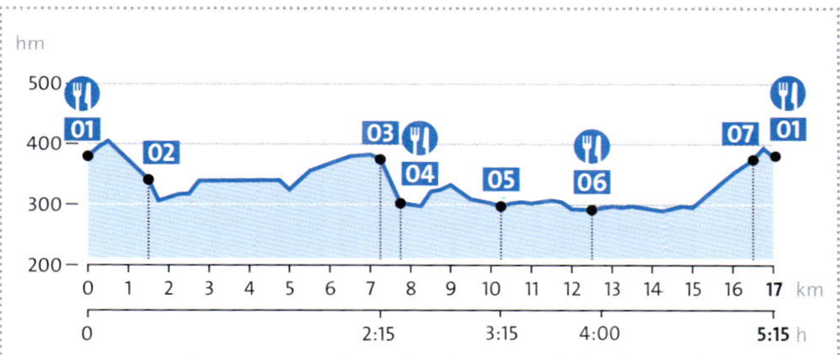

01 Dansenberg, 375 m; 02 Naturdenkmal Rote Hohl, 335 m; 03 Burg Hohenecken, 370 m; 04 Rochuskapelle, 295 m; 05 Gelterswoog, 290 m; 06 Gaststätte zur Breitenau, 284 m; 07 Hirtenbrunnen, 370 m

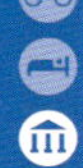

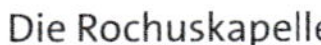

Die Rochuskapelle

Punkt-Markierung auf breitem, flachem Weg, halten uns bei der nächsten Verzweigung rechts um kurz darauf nach links, auf einen ansteigendem Weg abzubiegen. Auf dem breiten Forstweg passieren wir Gerds Bänksche, kurz darauf Steinmännchen und stoßen wieder auf eine Autostraße. Auf asphaltiertem Fußweg links neben der Straße, die wir nach wenigen Metern überqueren, und rechts in einen Waldweg einschwenken (schwarzer Punkt). Der Markierung folgend passieren wir ein großes Kreuz und eine Lichtung mit Spielplatz. Der jetzt wieder breitere Forstfahrweg bringt uns bald darauf zur **Burg Hohenecken** 03.

Wir verlassen die Burg auf einem schmalen Kiesweg bergab, gehen in einem Halbbogen unterhalb der Burg entlang. Der recht steile Weg ist am Ende geplättelt und führt über Steinstufen zu den ersten Häusern und zu einer Kirche. Wir gehen an der Kirche vorbei, Richtung Gasthaus Pfälzerwald, passieren die **Rochuskapelle** 04 links und biegen beim Hotel Burgschänke links ab. Rechts liegt die Burgherrenhalle mit großem Parkplatz. An der Schule vorbei, unter zwei Brücken hindurch, biegen wir rechts in die Straße Im Kirschloch ab. Es geht bergauf, an Häuser vorbei zum Waldrand. Wir halten uns links, erreichen über einen schmalen Pfad einen breiteren Forstfahrweg, dem wir wieder flach nach links folgen. Es wird lichter und der wieder abfallende Weg bringt uns hinab zum großen Parkplatz vor dem Gebäude des Segel-Yachtclubs Kaiserslautern. Links ist der kostenpflichtige Eingang zum **Gelterswoog** 05. Wir gehen zur Autostraße vor, überqueren sie bei einer Ampelanlage, biegen links auf einen asphaltierten Fuß-/Radweg. Bei der ersten Möglichkeit schwenken wir nach rechts und gehen auf einem Forstweg in den Wald hinein. Wir unterqueren eine Brücke und halten uns rechts, bleiben direkt oberhalb der Bahngleise, Bald öffnet sich der Blick hinüber zum Gelterswoog und zum Seehotel. Ein Geländer aus Eisenbahnschienen flankiert den Weg, wir stoßen wieder leicht abwärtsgehend auf die Straße, die wir bei einer Kreuzung überqueren.

Auf dem Maudensteig passieren wir die **Gaststätte zur Breitenau** 06, biegen scharf links ab und folgen der leicht ansteigenden Asphaltstraße, bis wir beim letzten Haus links auf einen Naturweg abbiegen. Wir wandern am Waldrand, bzw. leicht im Wald, schwenken nach links, überqueren ein Bächlein und folgen dann einem kreuzenden Fahrweg nach rechts (Markierung Pfälzer Waldpfad). Bei einer Schranke biegen

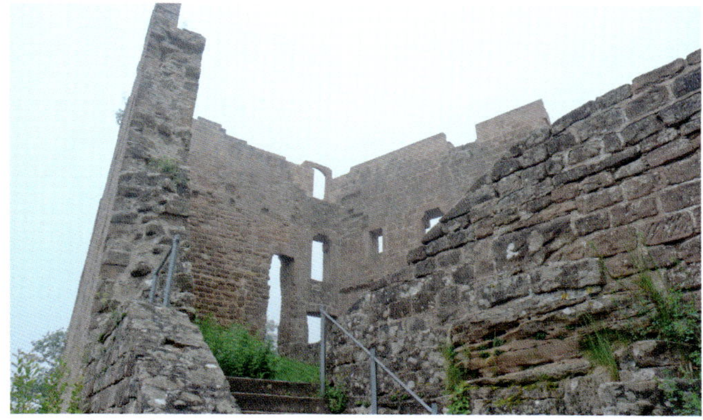

Burg Hohenecken

wir scharf links ab, passieren Teiche mit lautem Froschgequake und steigen leicht an zu einer Verzweigung am **Hirtenbrunnen** 07. Auf dem asphaltierten Hirtenweg erreichen wir wieder den Hinweg, und gehen links zurück nach **Dansenberg** 01.

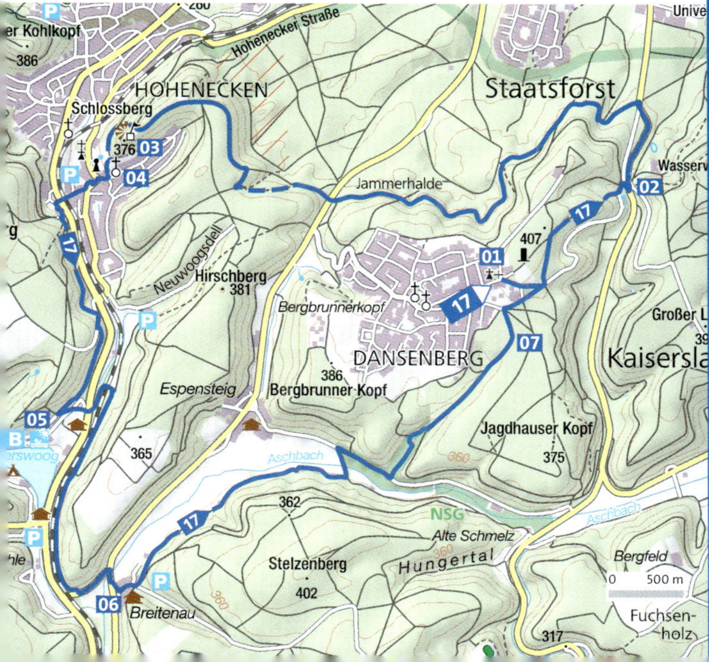

GELTERSWOOG – WALKMÜHLTAL – ROSENTAL

Vom Badesee durch naturgeschützte Tallandschaften

 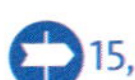 15,8 km 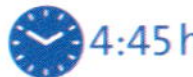 4:45 h 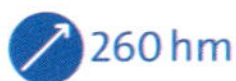 260 hm  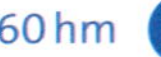 260 hm 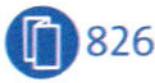 826

START | Am Gelterswoog, an der B 270, Parken beim Seehotel, alternativ beim Campingplatz Gelterswoog
[GPS: UTM Zone 32 x: 405.180 m y: 5.471.780 m]
CHARAKTER | Schmale Waldpfade, breite Wander- und Forstwege, verkehrsarme Asphaltsträßchen.

Wir starten beim **Seehotel** 01 am **Gelter**, gehen auf dem Asphaltsträßchen in Richtung **Campingplatz** 02. Hier endet der Asphalt, der Forstfahrweg verläuft flach in den Wald hinein. Wir folgen dann bei einer Verzweigung rechts dem breiten Fahrweg (rotes Kreuz), wir überqueren eine Stromtrassen-Lichtung und gelangen schließlich zu einer Wegkreuzung bei der **Verzweigung 5-Wooge** 03, wo unser Rückweg von links einmündet.

Wir halten uns rechts, weiter mit dem roten Kreuz, der Weg verengt sich zu einem schmalen Pfad und führt durch das **Walkmühltal** und viel Grün an mehreren Wassertümpeln vorbei. Die teils stark verwachsenen Weiher sind verschieden hoch und durch eine Wasserrinne miteinander verbunden. Wir passieren ein in den Fels gehauenes (Halali-)Jägermotiv. Der ziemlich flache Weg führt uns zu einer **Unterstandshütte** 04 mit Infotafel zum Naturschutzgebiet

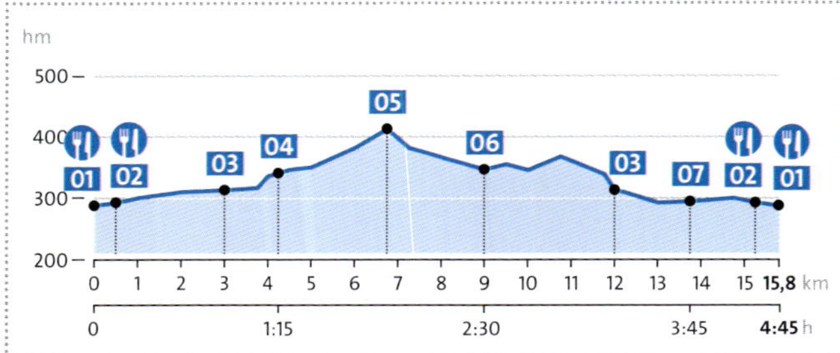

01 Seehotel, Gelterswoog, 280 m; 02 Campingplatz, 285 m; 03 Verzweigung 5-Wooge, 306 m; 04 Unterstandshütte, 335 m; 05 Wegespinne, 410 m; 06 Mauerreste, 341 m; 07 Mühlberger Hütte, 267 m

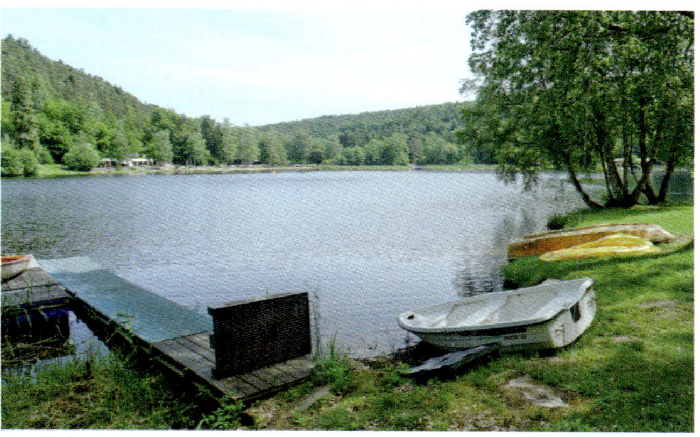

Am Gelterswoog

am Gelterswoog. Vor der Hütte halten wir uns links und biegen bei einer Sitzbank am Weg erneut links ab, gehen auf schmalem Pfad in den Wald hinein. Dieser Abkürzungspfad bringt uns zu einem Asphaltsträßchen, das wir aber bald nach rechts verlassen. In einem Linksbogen überqueren wir ein Asphaltsträßchen und biegen in einen breiten Forstfahrweg ein. Bei der nächsten Verzweigung bleiben wir rechts, leicht ansteigend und überqueren nach einigen Minuten eine **Wegespinne** 05 geradeaus.

Leicht bergab geht es ins **Rosental** zu einem breiten Forstfahrweg, dem wir nach rechts folgen. Der Weg geht in Asphalt über und bringt uns bei einem großen Baum zu einer Verzweigung, kurz vor Häuser. Scharf rechts, vorbei

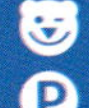
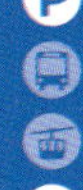
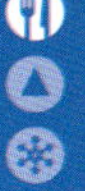

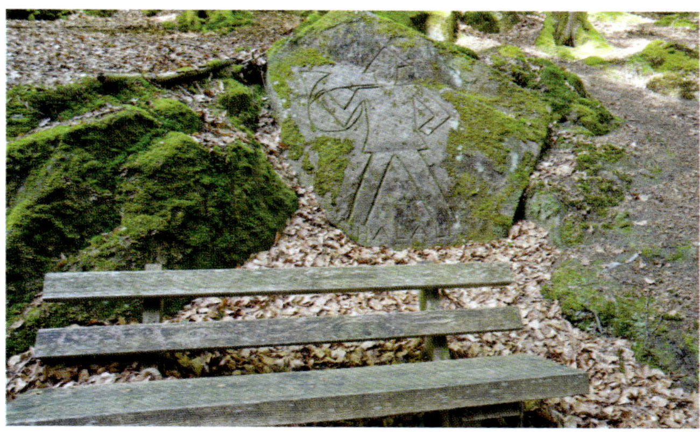

Felsiges Halali-(Jagd)-Motiv

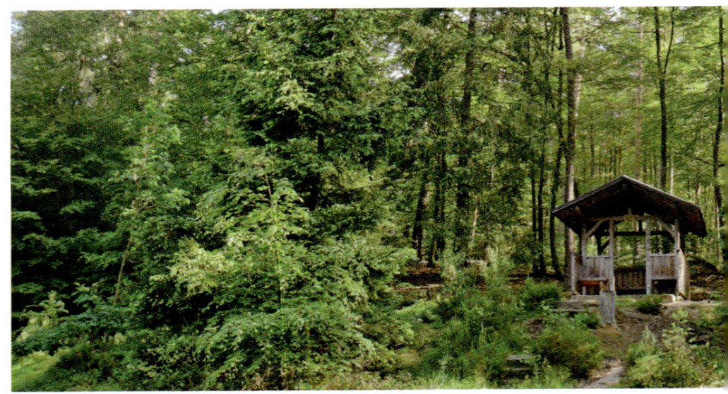
Herrliche gelegene Unterstandshütte

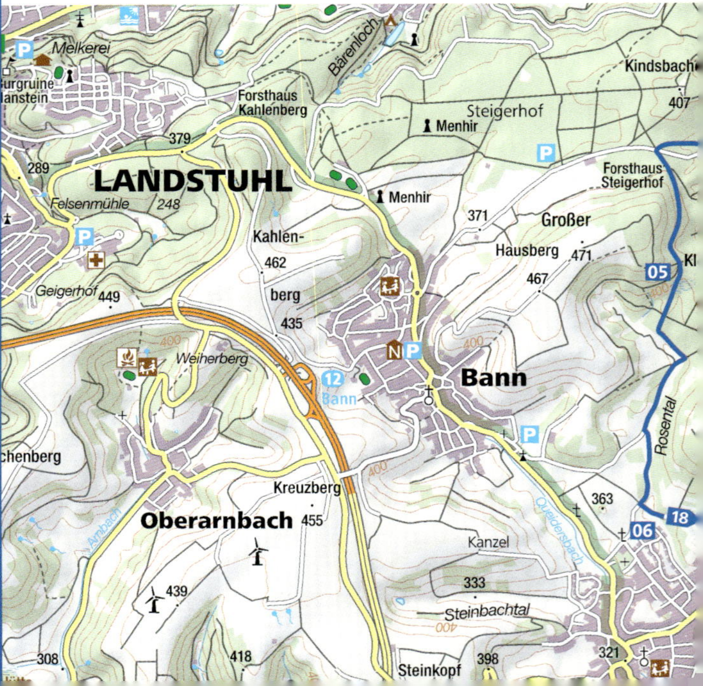

an **Mauerresten** 06 und Häuser fällt das Asphaltsträßchen leicht ab und leitet uns zu den Sportanlagen des FC Queiderbach hinab. Wir wandern vor bis zum Waldrand und biegen vor ihm links ab. Der flache Forstweg läuft zunächst am Waldrand entlang,

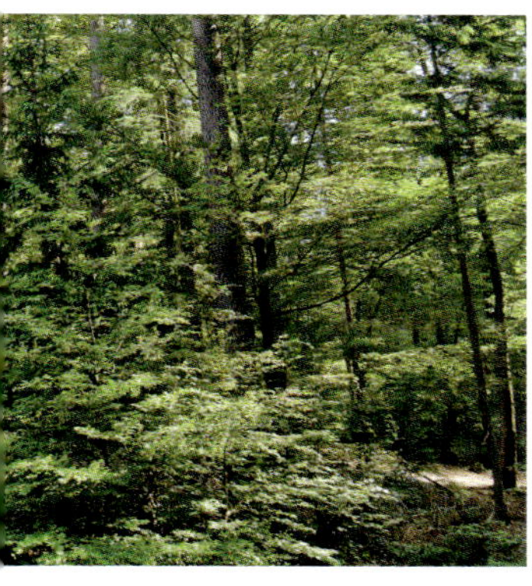

schwenkt dann rechts ab und führt schnurgerade durch den Wald. Bei einer Kreuzung nehmen wir den mittleren, schmalen Fußpfad, der uns wenig später bei der **Verzweigung 5-Wooge** **03** zu unserem Hinweg bringt.

Wir gehen zwischen den Weihern hindurch, schwenken nach rechts und folgen dem breiten Forstfahrweg am Waldrand entlang. Wir kommen bei einem kreuzenden Fahrweg zu einer Unterstandshütte, der **Mühlberger Hütte** **07** und halten uns rechts. Über einen kleinen Steg stoßen wir erneut auf unseren Hinweg, dem wir links zum Campingplatz folgen. Am See biegen wir links ab und gehen auf dem schönen Uferweg links vom **Campingplatz** **02** direkt am See entlang. Kurz danach treffen wir wieder auf das Asphaltsträßchen, das uns zurück zum **Seehotel** **01** bringt.

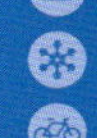

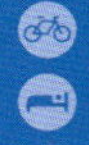

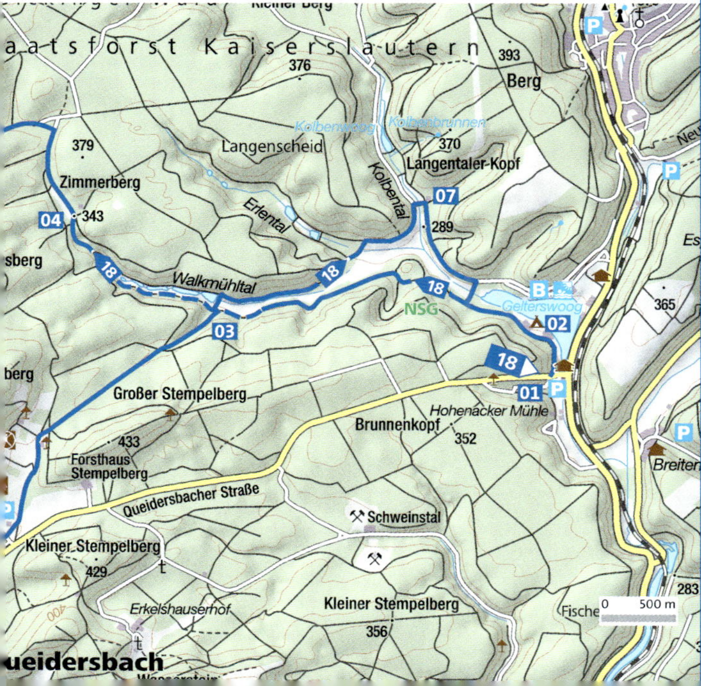

19

KARLSTALSCHLUCHT – GROSSER ROTHENBERG

Vom Trippstadter Schloss über die Wilensteiner Burg zum Sägmühlweiher

 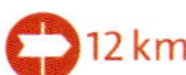 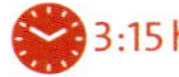 303 hm 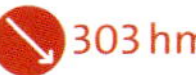 

START | Trippstadt, Kaiserslauterer Straße, gegenüber Historischer Landgasthof Zum Schwan
[GPS: UTM Zone 32 x: 410.780 m y: 5.467.850 m]
CHARAKTER | Schmale Waldpfade, breite Wander- und Forstwege, steilere Stufenpassagen im Abstieg zur Klugschen Mühle und im Aufstieg nach Oberhammer, kurze asphaltierte Abschnitte beim Sägmühlweiher und in Trippstadt.

In **Trippstadt** 01 gehen wir am Löwenbrunnen vorbei entlang der Hauptstraße, biegen rechts in die Steiggasse und laufen direkt auf das Eingangstor zum Schlosspark zu. Im Schlossgarten eröffnet sich ein schöner Blick auf **Schloss Trippstadt** 02.

Wieder zurück folgen wir der Parkmauer, schwenken dann nach rechts und wandern über offenes Feld zu einem Asphaltsträßchen. Rechts am Weg treffen wir auf eine interessante Skulptur. An Weidegebiet vorbei passieren wir wenig später eine weitere Skulptur, ein Tor, das rechts zu einem ausgeschilderten runden Sitz- und Picknickplatz im Wald führt („**Köpfchen**“ 03). Bei dieser Abzweigung endet der Asphalt und

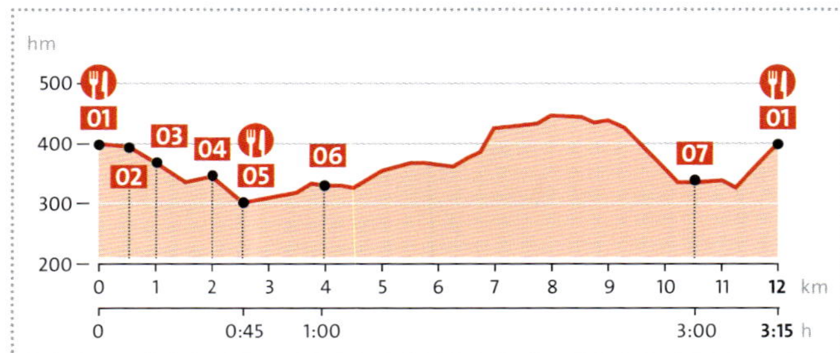

01 Trippstadt, 400 m; 02 Schloss Trippstadt, 395 m; 03 Köpfchen, 375 m; 04 Wilensteinerhof, 346 m; 05 Klugsche Mühle, 300 m; 06 Oberhammer, 330 m; 07 Sägmühlweiher, 338 m

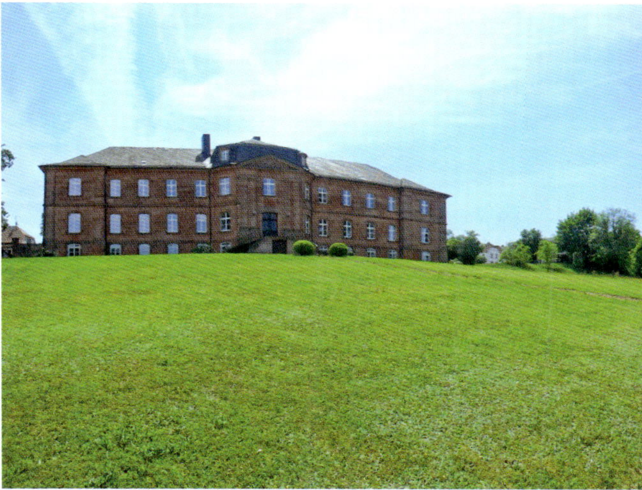

Das Trippstadter Schloss mit Schlosspark

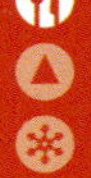

geht in einen abwärtsführenden Forstweg über. In einem Rechtsbogen stoßen wir unten wieder auf ein Asphaltsträßchen, schwenken bei einem Brunnen nach links und steigen leicht an.

Am **Wilensteinerhof** 04 vorbei erreichen wir den Waldrand. Über Treppenstufen geht es zu einem Waldpfad hinab. Links liegt die ehemalige Burg Wilenstein, heute ein privates Landschulheim. Wir

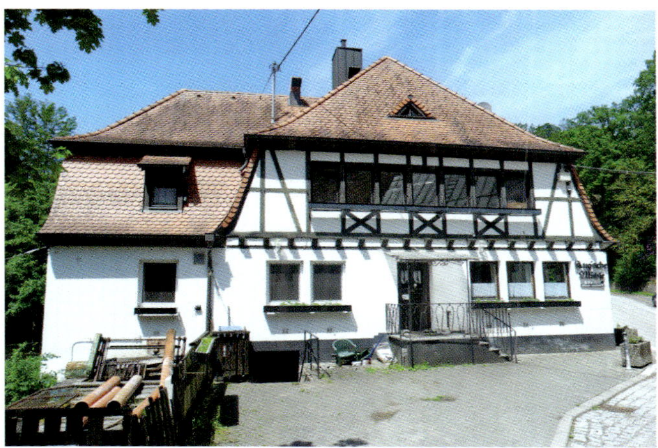

Die Klugsche Mühle

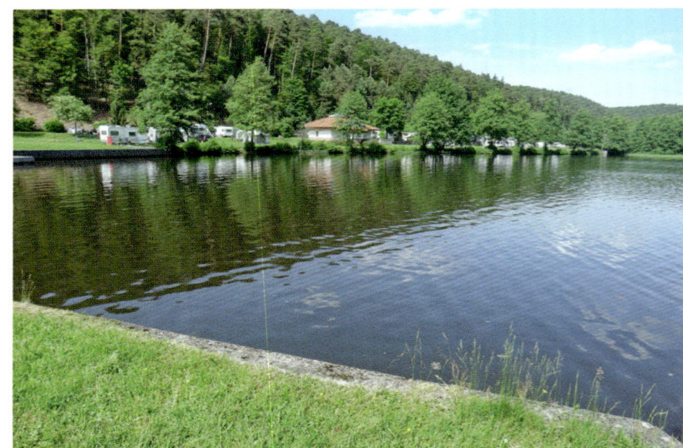

Am Badesee Sägmühlweiher

halten uns rechts und folgen einem schmalen Pfad, der den Wald hinabführt, zum Schluss wieder über steilere Stufen und bei der Autostraße endet. Nach links erreichen wir die **Klugsche Mühle** **05**, gehen am Gasthaus vorbei und vor einem Weiher rechts auf den ausgeschilderten Eisenhüttenweg. Wir folgen links dem Bachlauf und der schöne Uferpfad nimmt immer mehr Schluchtcharakter an, schlängelt sich durch Felsen und überquert mehrfach den Bachlauf über Holzstege. Wir passieren eine Tafel, die auf den Besuch von Ludwig I. von Bayern verweist, und einen hölzernen Pavillon. Bei großen übereinander geschichteten Steinen schwenken wir links und folgen dem Pfälzer Waldpfad bergauf. Teils über steilere Stufen gelangen wir oben zur Autostraße und nach **Oberhammer** **06**.

Bei der Bushaltestelle überqueren wir die Straße vor der Kurve, halten uns rechts und wandern auf einem Pfad hinter der Leitplanke am kleinen See entlang. Vorbei an einem Stein mit Gravur (Uralte Schmelz) und einer Infotafel

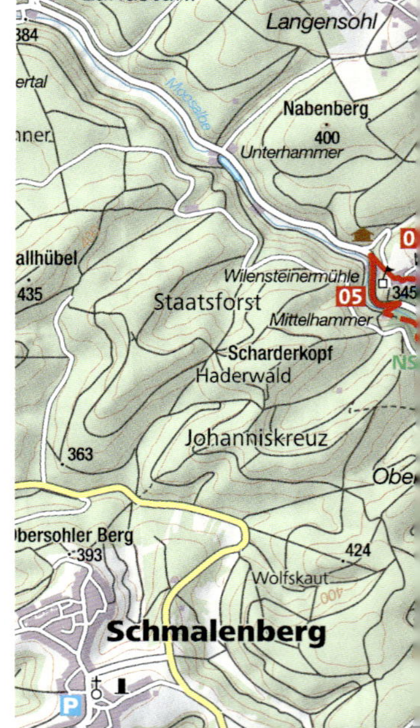

folgen wir dem flachen Weg am Waldrand entlang und biegen bei der Trinkwasserversorung am Zaun entlang links ab. Ansteigend stoßen wir auf einen schmalen Pfad, dem wir rechts folgen. Der Weg verläuft am teils stärker abfallenden Hang entlang, zunächst relativ flach, steigt dann zum Schluss über steilere Steinstufen hoch zu einem breiten Forstweg. Nach einer spürbaren Linkskehre steigt der Weg dann deutlich an und wir erreichen einen kreuzenden Forstweg. Nach einer kleinen Kuppe wird es flacher und wir halten uns bei den folgenden Kreuzungen links, bis wir an markierter Stelle (Grün-gelb-Kreuz) vom breiten Weg nach rechts auf einen schmalen Pfad abzweigen.

Es geht nun tendenziell bergab, rechts unten sind Häuser und ein Campingplatz zu sehen. Wir stoßen unten auf einen kreuzenden Weg und folgen ihm in einem scharfen Rechtsknick an dem weitläufigen Campingplatz entlang. Beim **Sägmühlweiher** 07 schwenken wir nach links und folgen einem asphaltierten Gehweg neben der Straße. Am Ende des Campinplatzes biegen wir rechts ab, Richtung Trippstadt, auf schmalem ansteigenden Waldpfad, parallel zum Autosträßchen. Bei der nächsten Pfadteilung bleiben wir rechts, der Weg steigt weiter leicht an, entlang einer Steinmauer. Am Ende der Mauer führt ein gepflasterter Weg aufwärts ins Freie, und erste Häuservon **Trippstadt** 01 tauchen auf. Wir stoßen auf Asphalt und wandern über die Heidenkopfstraße zur Hauptstraße vor und rechts zurück zum Ausgangspunkt.

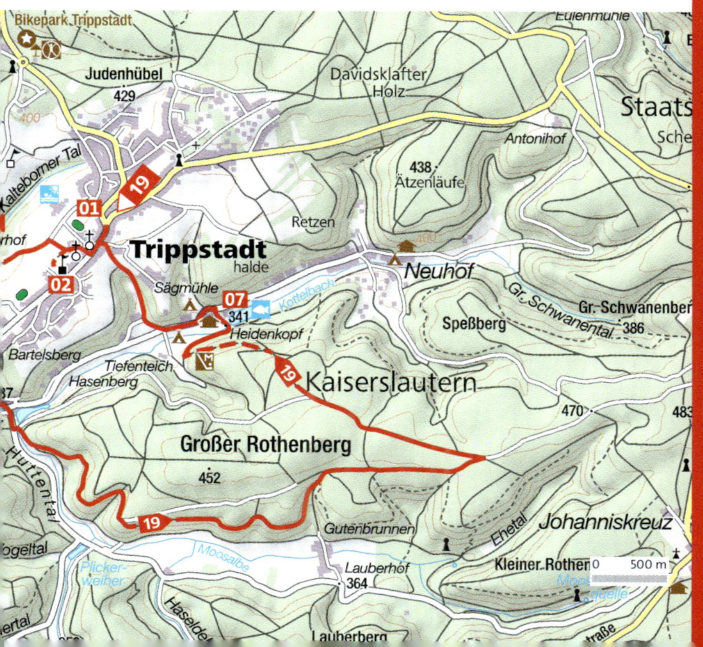

DER SICKINGER HÖHENWEG

Aussichtsreich durch das Herrschaftsgebiet des letzten deutschen Ritters

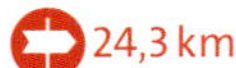

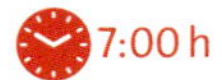

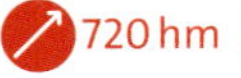

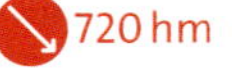

START | Waldfischbach-Burgalben, Bahnhofstraße, beim Bahnhof Waldfischbach
[GPS: UTM Zone 32 x: 402.100 m y: 5.460.470 m]
CHARAKTER | Schmale Wald- und Wiesenpfade, breite Wander- und Forstwege, streckenweise asphaltierte Nebensträßchen.

Die lange Rundtour beginnt am Bahnhof in **Waldfischbach-Burgalben** 01. Wir unterqueren die Bahn, anschließend die Autostraße und biegen am Waldrand nach links ab in Richtung Höheinöd. Auf Naturweg wandern wir am Waldrand entlang, biegen nach rund 200 m rechts in den Wald, überqueren die Autostraße beim **Jugenddorf Sickingen** 02 und gehen auf Asphalt leicht abwärts Richtung Klappertal. Links große Wiesenlichtung. Wir überqueren den Klapperbach, das Asphaltsträßchen steigt leicht an und es geht wieder stärker in den Wald. Wir verlassen dann das Asphaltsträßchen, gehen links in einen markierten, breiten Forstweg, den wir aber kurz darauf ebenfalls verlassen und links auf einen schmalen Pfad schwenken, der in steileren Kehren den Waldhang hochführt. Oben folgen wir ein paar Meter rechts einem kreuzen-

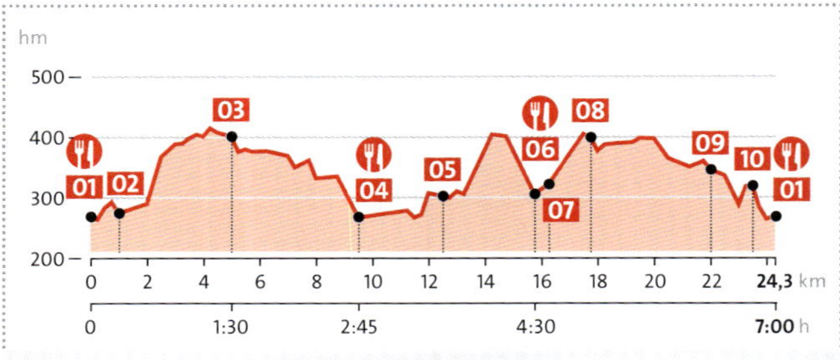

01 Waldfischbach-Burgalben, 260 m; 02 Jugenddorf Sickingen, 266 m; 03 Höheinöd, 398 m; 04 Weihermühle, 258 m; 05 Ramerfels, 295 m; 06 Wasserhaus, 298 m; 07 Pferdsbrunnen, 315 m; 08 Straußenfarm, 396 m; 09 Quelle, 340 m; 10 Habichtfelsen, 312 m

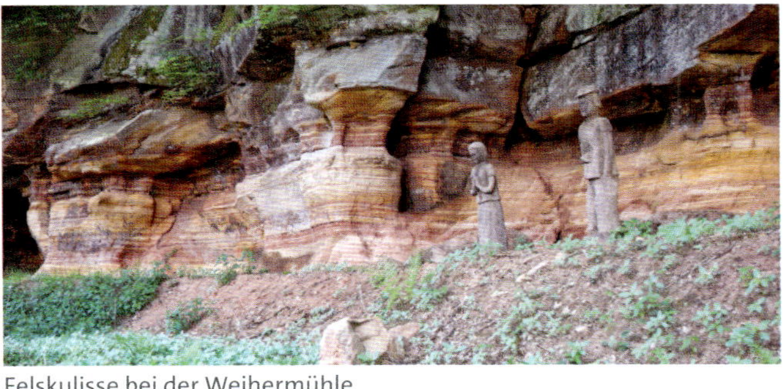
Felskulisse bei der Weihermühle

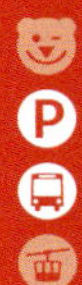
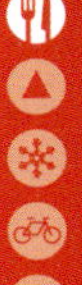

den Waldweg, dann biegen wir links auf einen schmalen Waldpfad ab, der in einer Kehre hoch und dann in einer längeren Traverse am leicht geneigten Waldhang entlangführt. Nach einem Linksschwenk kommen wir aus dem Wald heraus und wandern aussichtsreich über freies Gelände. Kurz am Waldrand entlang, unterqueren wir die Autobahn und tauchen gleich wieder in den Wald ein. Vor dem Waldende halten wir uns links und wandern abwärts zu den Häusern von **Höheinöd** 03.

Wir nehmen die erste Abzweigung rechts, asphaltierter Weg, biegen aber gleich links in einen Feldweg ein, der am Waldrand entlangführt. Wieder über freies Feld folgen wir den Markierungen, wandern über eine Kuppe mit herrlicher Aussicht. Abwechselnd auf Asphaltsträßchen und Feldwegen passieren wir den Solarpark, gehen am Zaun entlang abwärts und knicken am Waldrand scharf rechts ab. Der Weg wird wieder asphaltiert, steigt leicht an und wir treffen auf ein weiteres Asphaltsträßchen, dem wir spitzwinklig links folgen, wieder leicht abwärts. Das Sträßchen kurvt durch Bäume bergab und bringt uns zur **Weihermühle** 04. Rechts tauchen tolle Felsformationen auf. Wir biegen rechts ab und gehen auf dem Naturweg wieder in Wald. Ein sehr stiller und flacher Waldweg rechts vom Talgrund.

Wir stoßen auf ein Asphaltsträßchen, folgen ihm zunächst rechts, biegen in der Kurve aber links ab und wandern einen schmalen, ansteigenden Waldpfad hoch in Richtung **Ramerfels** 05. Bald tauchen die ersten Felsen auf. Wir marschieren in leichtem Auf und Ab durch eine tolle Felsenlandschaft. Der Weg schlängelt sich

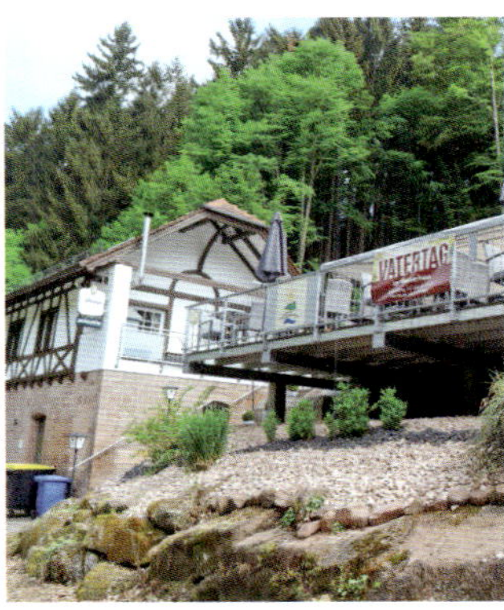

Am Wasserhaus

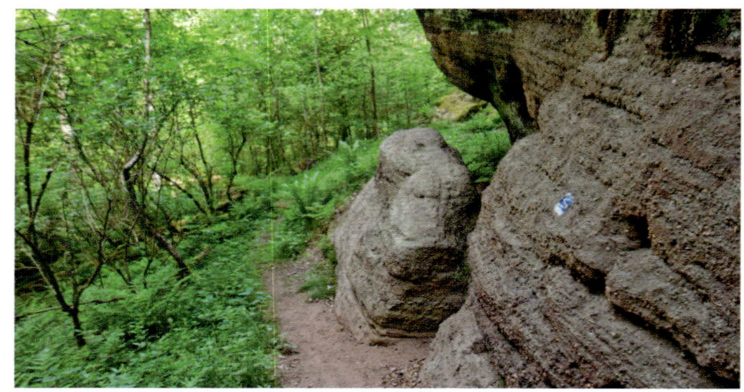

Die Ramerfelsen

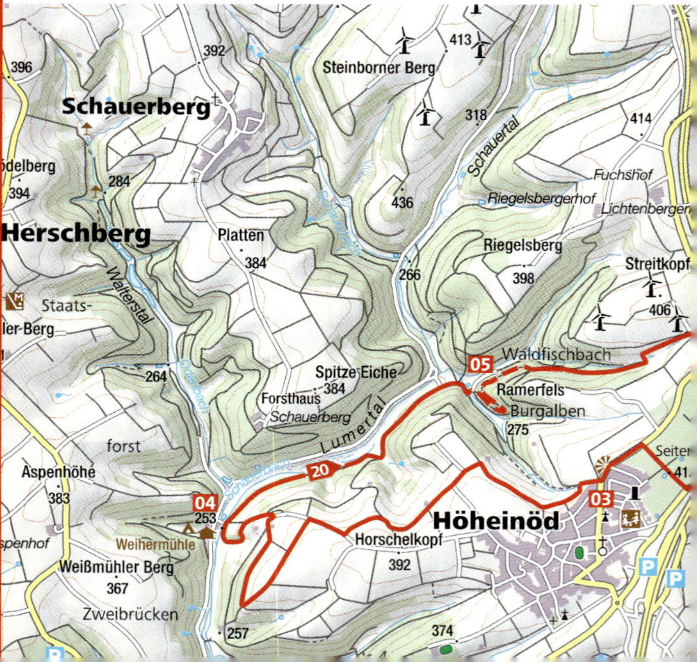

durch den Wald hoch, bis wir das Waldende erreichen und ein asphaltierter Weg beginnt. Weiter ansteigend überqueren wir eine Autostraße und die in Bau befindliche Autobahn. Über eine freie Fläche geht es leicht abwärts, wir kommen zum Wald und der Weg fällt weiter ab. Über einen Bach und am leicht geneigten Hang entlang durch den Wald gelangen wir hinab zu einer Holzbrücke und zum **Wasserhaus** 06. Über Treppen steigen wir am Gebäude vorbei hoch und folgen oben rechts dem gekiesten Forstweg, der uns zu einem leicht ansteigenden Asphaltsträßchen bringt.

Wir machen einen kurzen Abstecher nach links zum **Pferdsbrunnen** 07 und folgen dann weiter dem nicht mehr asphaltierten Weg, der zuletzt über freies Gelände stärker ansteigt und in einem Linksbogen zu Häuser hochführt. Vor den Häusern biegen wir rechts ab, überqueren am Ortsrand die Autostraße und wandern auf dem Schotterweg am Gestüt Sickingen und einer **Straußenfarm** 08 vorbei. Leicht abwärts zum Wald und rechts am Waldrand entlang, dann wieder stärker im Wald folgen wir dem Sickinger Höhenwegschild. Wir passieren eine schöne **Quelle** 09 am Weg, immer wieder tauchen auch Felsen auf und es geht zum Schluss etwas steiler hinab zur Straße. Wir halten uns rechts, der Weg steigt wieder an, zuletzt über Holzstufen und wir folgen einem querenden Forstfahrweg nach links.

Bei der nächsten Linkskurve machen wir rechts einen Abstecher zum **Habichtfelsen** 10, dann überqueren wir ein Asphaltsträßchen und wandern auf schmalem Waldpfad abwärts zu einem geschotterten Weg, auf dem wir nach links nach wenigen Metern unseren Hinweg erreichen. Durch die Unterführungen gelangen wir zurück nach **Waldfischbach-Burgalben** 01.

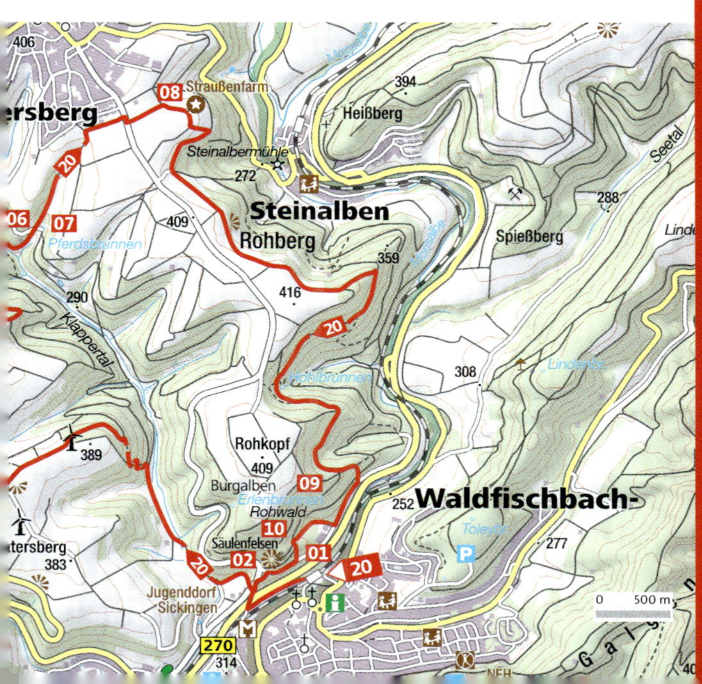

21

STEINENSCHLOSS-RUNDWEG

Ruinen-, Fels- und Hüttentour bei Thaleischweiler-Fröschen

 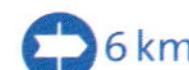 6 km  2:00 h  240 hm  240 hm 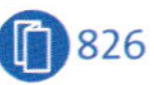 826

START | Thaleischweiler-Fröschen, Parkplatz Biebermühle an der L 477, gegenüber vom Freibad
[GPS: UTM Zone 32 x: 398.600 m y: 5.457.820 m]
CHARAKTER | Schmale Wald- und Wanderpfade, breite Forstwege, zum Schluss kurze asphaltierte Abschnitte.

Der kurze Rundweg beginnt am **Parkplatz Biebermühle** 01, gegenüber dem Schwimmbad, Infotafel zum Steinenschlossweg. Wir wandern auf schmalem Pfad rechts von der Straße den Waldhang hoch; an Felsen vorbei und teils über Stufen geht es ordentlich steil hoch zu einer Verzweigung direkt vor der **Ruine Steinenschloss** 02.

Wir folgen der Markierung Richtung Saufelsen auf einem breiten, gepflasterten Fahrweg, schwenken mit ihm nach links (gelb-rote Markierung), halten uns bei einem Rechtsknick des Weges geradeaus (Richtung Grieswaldhütte) und unterqueren die hohe Autobahnbrücke. Auf flachem, breitem Waldweg umrunden wir einen tiefen Graben, der sich links unten zeigt, und überqueren im Talschluss in einem Linksschwenk einen Bach, der von rechts oben herabkommt. Der Weg steigt leicht an, wir machen eine Rechtskurve und wandern leicht bergab im Wald. Wir stoßen an eine Ver-

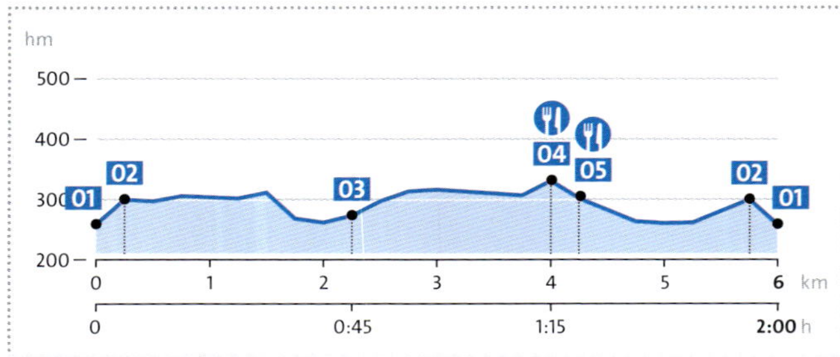

01 Parkplatz Biebermühle, 250 m; 02 Ruine Steinenschloss, 293 m;
03 Saufelsen, 265 m; 04 Grieswaldhütte, 325 m ;
05 Hüthers Restaurant, 295 m

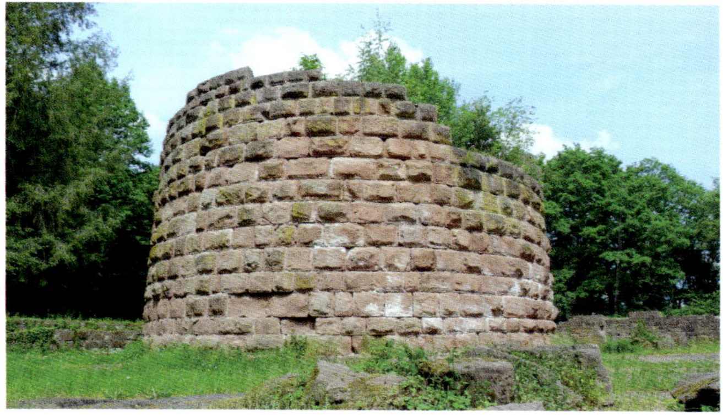

Ruine Steinenschloss

zweigung und halten uns links, abwärts in Richtung Saufelsen. Unten, bei einem Bächlein wird es flacher, wir drehen spitzwinklig nach rechts und gehen zur nächsten Wegteilung. Links über dem Bächlein taucht der **Saufelsen** 03 mit seinem mächtigen Felsdach auf.

Vom Saufelsen zurück zur Verzweigung und in Richtung Grieswaldhütte; ein sehr verwunschener Weg, mit felsigen Höhlen und einem naturbelassenen, steinigen Bachlauf, der uns links begleitet. Es wird dann steiler und geht über Stufen hoch zu einem Steg, der links über den Bach führt. Wir überqueren einen Forstweg und steigen auf schmalem Pfad weiter an, Richtung Grieswaldhütte. Nach einer Linkskehre wird es flacher und wir traversieren leicht

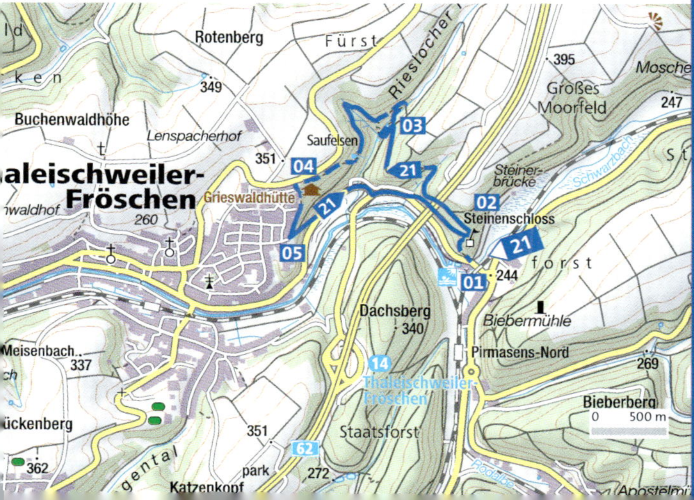

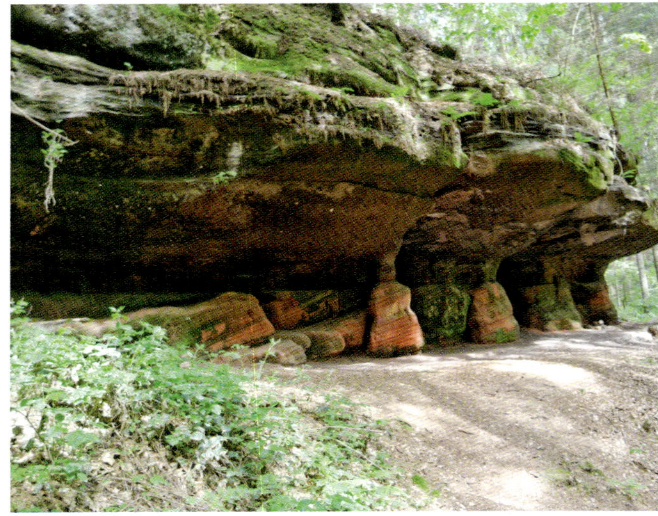
Der mächtige Saufelsen

abwärts am Waldhang entlang. Nach einer freien Fläche geht es auf breitem Forstweg weiter und nach einer weiteren, deutlichen Linkskehre passieren wir einen kleinen Wasserfall. Links unten ist Straßenlärm zu hören und man hat Blick zur Autobahnbrücke. Kurze Zeit später verlassen wir den breiten Weg nach rechts Richtung Grieswaldhütte, auf einem schmalen Pfad, der ordentlich ansteigt und uns zu Häuser hochführt. Noch ein Stück am Waldrand ansteigen, und wir sind oben bei der **Grieswaldhütte** 04.

Vor der PWV-Hütte steigen wir auf einem geplättelten Weg und über Stufen bergab zu den Häusern. Weiter über Stufen gelangen wir zur Tannenstraße, gehen kurz rechts und dann links die Straße Pfälzer Ring hinab zur Jahnstraße. Vor der Freizeitoase Holzmühle und **Hüthers Restaurant** 05 halten wir uns links und gehen zum Waldrand vor. Achtung! Nicht dem breiten Weg folgen, sondern rechts auf einen schmalen Pfad einbiegen, der leicht abwärts führt (Steinenschloss-Markierung ein paar Meter später am Baum). Am Waldhang traversieren wir hinab zur Straße, an der wir ein Stück weit entlanggehen und dann einem Asphaltsträßchen (nur für Land- und Forstwirtschaft) parallel zur Straße folgen. Kurz bevor wir die Autobahnbrücke unterqueren, endet der Asphalt und wir wandern auf einem leicht ansteigenden Schotterweg den Wald hoch.

Bald taucht vor uns wieder die **Ruine** des **Steinenschlosses** 02 auf. Auf dem Hinweg geht es den schmalen Pfad bergab zum **Parkplatz Biebermühle** 01, mit Blick auf das einladende Schwimmbad über der Straße.

JOHANNNISKREUZ – TEUFELSLOCH

Wald-Wanderung im Schwarzbachtal

 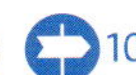 10,5 km 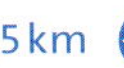 3:00 h 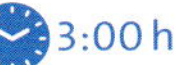 262 hm 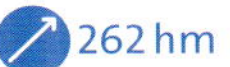 262 hm 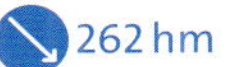  826

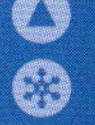

START | Trippstadt; Johanniskreuz, an der B 48 (Kreuzung L 500/L 499/B 48), großer Parkplatz
[GPS: UTM Zone 32 x: 414.680 m y: 5.465.450 m]
CHARAKTER | Wald- und Forstwege, schmälere Waldpfade.

Wer den Pfälzerwald ohne Felsen, ohne Einkehrhütten und ohne Burgen und Ruinen genießen will, der ist auf dieser Tour richtig. Der Star dieser unspektakulären Tour ist der stille, wohltuende Wald.

▶ Vom großen Parkplatz vor dem Gasthaus **Johanniskreuz** 01 starten wir links in den Wald, folgen dem Pfälzer Waldpfad. Auf flachem Waldweg, vorbei an Rahmenstationen mit Infos, stoßen wir auf einen breiten Forstweg, dem wir rechts folgen, passieren kurz vor der L 499 die Pos. Schächerdell und wandern links, weiter auf dem Pfälzerwald-Weg leicht abwärts. Mit der Markierung verlassen wir den breiten Weg, biegen auf einen schmalen Pfad links ab, und gehen weiter leicht bergab zum **Burgalbweiher** 02, mit Ritterstein. Wir passieren ihn auf der linken Seite, vorbei an einem schönen Brunnen, und folgen dem breiten Forstweg an der Burgalb entlang, die links etwas unterhalb vom Weg fließt.

Am Talschluss schwenken wir beim **Schwarzbach-Ursprung** 03 (eingraviert in einen großen Stein) scharf links und wandern an einem Bach entlang durch hochstämmigen, teils lichten Wald.

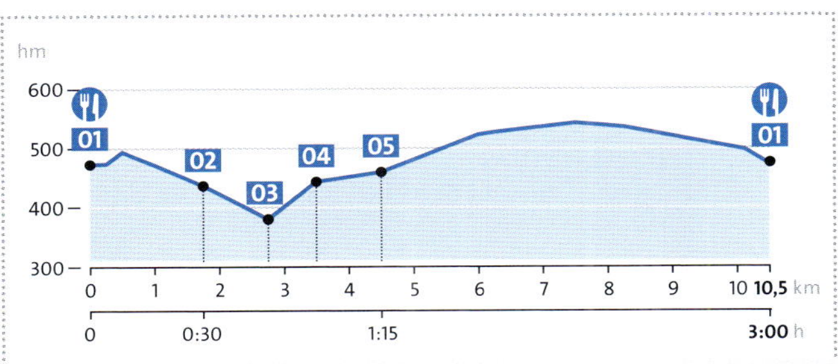

01 Johanniskreuz, 468 m; 02 Burgalbweiher, 430 m; 03 Schwarzbach-Ursprung, 372 m; 04 Pferdsbrunnen, 437 m; 05 Teufelsloch, 454 m

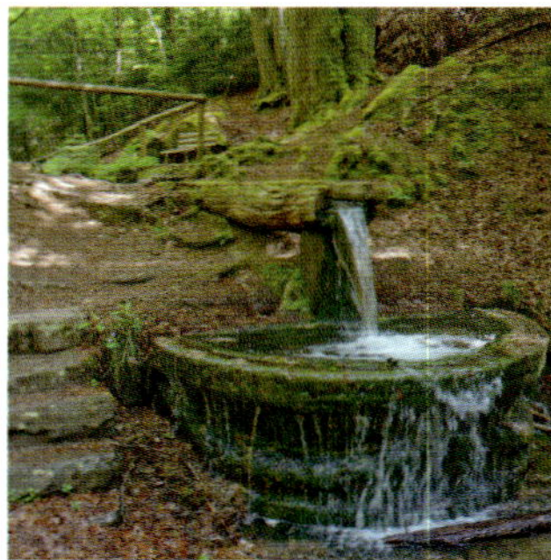

Brunnen am Burgalbweiher

Rechts unten passieren wir ein altes Steinhaus, anschließend überqueren wir den Bachlauf in einer Rechtskehre beim **Pferdsbrunnen** 04.

Der Weiterweg wird recht grasig, führt uns ins **Teufelsloch** 05 und längere Zeit durch Mischwald und bringt uns nach einem Rechtsschwenk bei einem kreuzenden Forstfahrweg zu Lichtungen, die wir durchqueren. Wir gehen geradeaus, folgen einem angedeuteten Wegverlauf nach links (Wegspuren), wenig später – jetzt auf deutlich erkennbarem Weg – eine erneute Linkswendung und nach einem Rechtsschwenk mündet von rechts ein markierter Pfad ein (grünes, blaues und rotes Kreuz). Ein paar Minuten später verlassen wir den Wald und treffen auf die Autostraße. Wir halten uns links, bleiben auf dem Pfad im Wald und folgen ihm parallel zur Straße. Zum Schluss entfernen wir uns etwas von der Straße, passieren auf dem Waldpfad mehrere Grenzsteine und laufen direkt auf den Ausgangspunkt beim **Johanniskreuz** 01 zu.

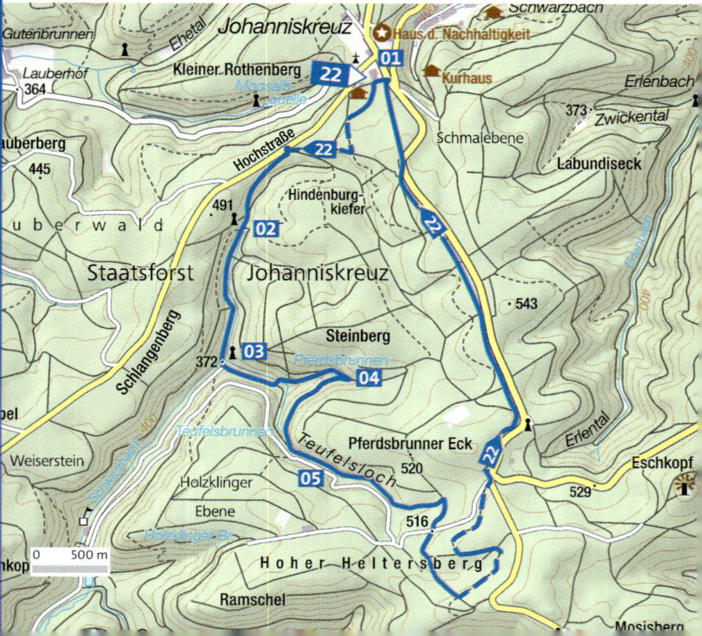

JOHANNISKREUZ – ESCHKOPF

Aussichtsgipfel und Infozentrum im Biosphärenreservat Pfälzerwald

 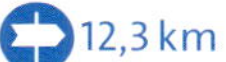 12,3 km 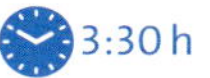 3:30 h 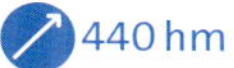 440 hm  440 hm  826

START | Trippstadt; Johanniskreuz, an der B 48 (Kreuzung L 500/L 499/B 48), großer Parkplatz
[GPS: UTM Zone 32 x: 414.680 m y: 5.465.450 m]
CHARAKTER | Wald- und Forstwege, schmälere Waldpfade, kurze asphaltierte Abschnitte.

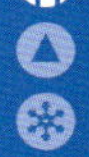
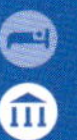

Vom großen Parkplatz am **Johanniskreuz** 01 gehen wir links in den Wald, folgen den Kreuz-Markierungen (rot, blau, grün) auf dem schmalen Grasweg, an Grenzsteinen vorbei. Wir stoßen zur B 48 vor und halten uns dann rechts, gehen auf dem kreuzenden Forstweg bis zu einem breiten Kiesfahrweg, dem wir links folgen, wieder zur Straße gelangen und dann parallel zur Straße auf dem markierten Pfad (rot, blau, grün) weitergehen. Bei der Straßenkreuzung überqueren wir die L 496, laufen ein paar Hundert Meter entlang der B 48 und biegen dann rechts in einen geschotterten Forstweg ab. Bei der nächsten Wegverzweigung halten wir uns links, ein etwas grasiger Weg bringt uns zur nächsten Wegteilung, wir bleiben wieder links und wandern am Waldrand entlang hoch. Rechtshaltend steigen wir leicht ansteigend direkt auf den vor uns auftauchenden **Eschkopf-Turm** 02 zu. Über die steile Wendeltreppe im Turminnern gelangen wir zu einer imposanten Aussichtsplattform hoch. Gegenüber dem Eingang zum Turm

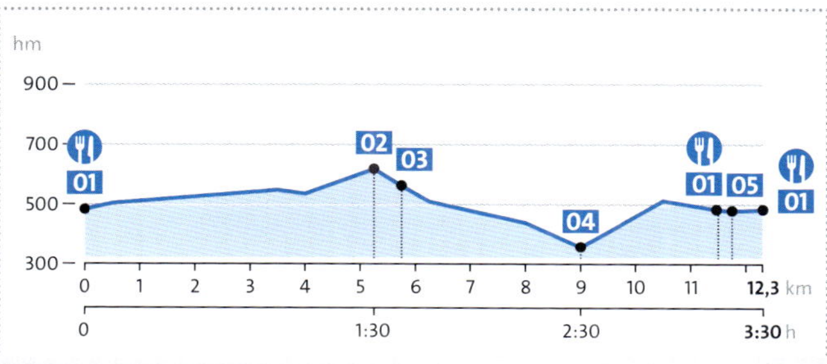

01 Johanniskreuz, 468 m; 02 Eschkopf-Turm, 608 m; 03 Unterstandshütte, 550 m; 04 Erlenbach, 337 m; 05 Haus der Nachhaltigkeit, 464 m

Haus der Nachhaltigkeit

Entlang der Bundesstraße machen wir einen Abstecher zum nahen **Haus der Nachhaltigkeit** 05. Bei der Straßen-Abzweigung Waldfischbach-Burgalben nach links, schwenken wir rechts und gehen auf dem Asphaltsträßchen zu dem herrlich im Grünen gelegenen Umwelt-Haus, das ganzjährig interessante und informative Ausstellungen und Veranstaltungen zum Thema „Nachhaltiger Lebensstil" anbietet. Über einen schön angelegten Fußpfad lässt sich das nach ökologischen Kriterien angelegte Infozentrum umrunden. Ein großartiger Kräuter- und Obstgarten, Kletterbäume und etliche Skulpturen machen schon den Außenbereich zu einem sehenswerten Ausflugsziel.

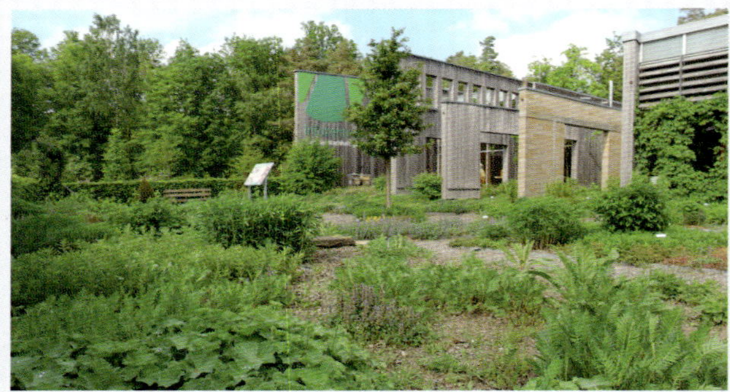

folgen wir einem schmalem Pfad, der mit rotem Kreuz markiert ist, über die Lichtung in den Wald hinein. Wir verlassen die Rotkreuz-Markierung bei der nächsten Wegteilung und bleiben links auf dem breiten Weg, der uns hinab zu einer **Unterstandshütte** 03 direkt oberhalb der Straßenkreuzung bringt.

Wir überqueren die Autostraße, halten uns kurz links entlang der B 48 und schwenken dann rechts in einen schmalen Waldpfad ab, der abwärts führt und teilweise etwas ausgesetzt am Waldhang entlang verläuft. Wir stoßen auf einen breiteren Forstweg, es wird flacher, und wir kurven leicht abwärtsgehend am Hang entlang. Die geradeaus und stets leicht bergabführende Traverse bringt uns zu einer Verzweigung und auf Asphalt.

Wir überqueren einen Bach nach links und wandern auf die Häuser von **Erlenbach** 04 zu. Bei den letzten Häusern scharf links, am Ende des Asphalts folgen wir dem grün-gelben Kreuz, überqueren zwei Forstwege und steigen stetig durch den Wald bergan. Nach ein paar steileren Metern gelangen wir zu einer Wegkreuzung, überqueren sie und wandern nun abwärts, zunächst linkshaltend,

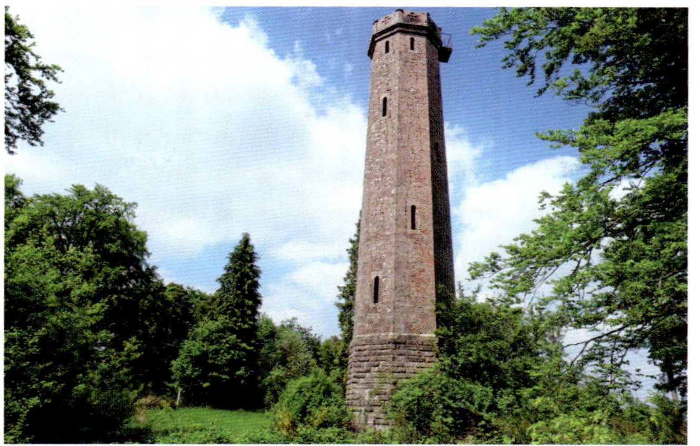

Der Eschkopf-Turm

dann in einer deutlichen Rechtskehre mit einem einmündenden Forstweg hinab zur Straßenkreuzung. Wir überqueren die Straßen nach rechts und sind wenig später am Parkplatz beim **Johanniskreuz 01**.

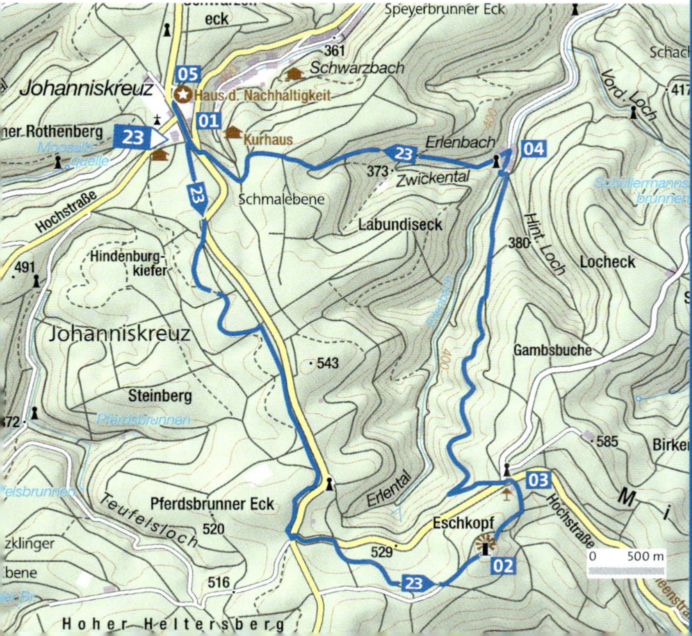

DREIHERRENSTEIN – LUITPOLDTURM – KIRSCHFELS

Aussichtstour zwischen Hermersbergerhof und Annweiler Forsthaus

 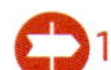 19,8 km  6:45 h  755 hm  755 hm  826

START | Parkplatz Am Zwiesel, an der B 48, nördlich von Rinnthal, bei der Abzweigung zum Forsthaus Annweiler
[GPS: UTM Zone 32 x: 419.790 m y: 5.454.930 m]
CHARAKTER | Breite Wald- und Forstwege, schmälere Waldpfade, kurze asphaltierte Abschnitte; im Anstieg zum Kirschfels etwas verwachsener Pfad, im Abstieg steilere Passagen.

Vom Parkplatz „**Am Zwiesel**“ 01 (Infotafel) folgen wir links dem Schild „Hermesbergerhof“, über eine Holzbrücke in den Wald hinein und biegen gleich rechts (Rot-weiß-Markierung) auf einen ausgeholzten Waldpfad ab. Wir passieren links eine Höhle am Weg, steigen leicht an, rechts unten begleitet uns der Kaltenbach und die Straße Richtung Forsthaus Annweiler. Wir folgen dem Triftweg-Schild und einem breiteren Kiesfahrweg, bis wir rechts abbiegen und über eine Wiese zu einem Holzsteg hinabgehen. Wir überqueren den Bach, rechts die Fischerhütte, und halten uns auf dem Asphaltsträßchen kurz links und bleiben bei der Wegteilung links, gehen auf einem Kiesweg weiter am Bachlauf entlang. Wir

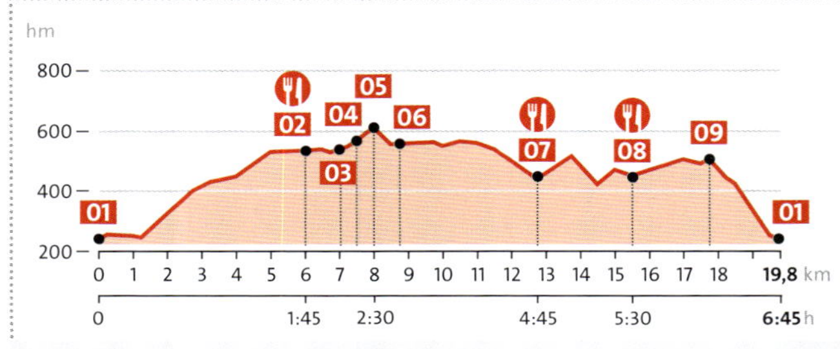

01 Parkplatz Am Zwiesel, 220 m; 02 Hermesbergerhof, 526 m; 03 Dreiherrenstein, 530 m; 04 Luitpoldstein 560 m; 05 Luitpoldturm, 606 m; 06 Holländerklotz, 550 m; 07 Hofstätten, 426 m; 08 Forsthaus Annweiler, 438 m; 09 Kirschfels, 496 m

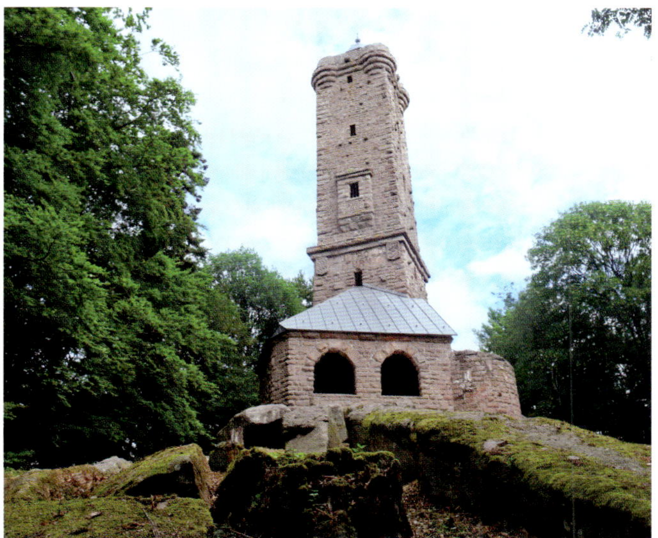

Der Luitpoldturm

überqueren erneut den Bach und folgen ihm nach rechts. Der ansteigende Weg wird felsiger und über ein paar Felsstufen gelangen wir zu einem flacheren Forstfahrweg. Über Pfade und Forstwege geht es dann stetig ansteigend zunächst am Waldhang, dann im Wald weiter hoch (Markierung: Hermesbergerhof) zu einer Wegespinne und einem gemauerten Häuschen am Weg. Geradeaus passieren wir die Pos. Im großen Heideneck und kurz darauf einen 2003 angelegten PWV-Hain mit Rastbank. Ein paar Meter später bietet sich links ein Abstecher zum Trifelsblick an.

Wir gehen geradeaus und gelangen nach **Hermesbergerhof** **02**, durchwandern den kleinen Ort, vorbei an SteinArt-Kunst, am Cafe-Pension Ingrid und dem Landgasthof Luitpoldsturm, machen am Ortsende einen Rechtsschwenk und verlassen dann den Asphalt nach rechts Richtung Luitpoldturm. Ein zuletzt wurzeliger Pfad führt uns wieder zur Straße und zum **Dreiherrenstein** **03**. Wir überqueren die Straße, der Wurzelpfad steigt leicht an und bringt uns zum **Luitpoldstein** **04** (Parkplatz und Rastbänke). Ein paar Meter auf Asphalt, dann auf sandigem Weg erreichen wir leicht ansteigend den bald sichtbaren **Luitpoldturm** **05**. Tolle Rundumsicht.

Am Turm vorbei (Blau-rot-Mark.) geht es auf einem Grasweg in den Wald, leicht bergab und folgen dem Pfad links entlang der Straße, auf die wir unten stoßen, zur Pos. **Holländerklotz** **06**, mit großem Parkplatz. Ein paar Meter weiter an der Straße entlang, dann bei der ersten Möglichkeit rechts auf

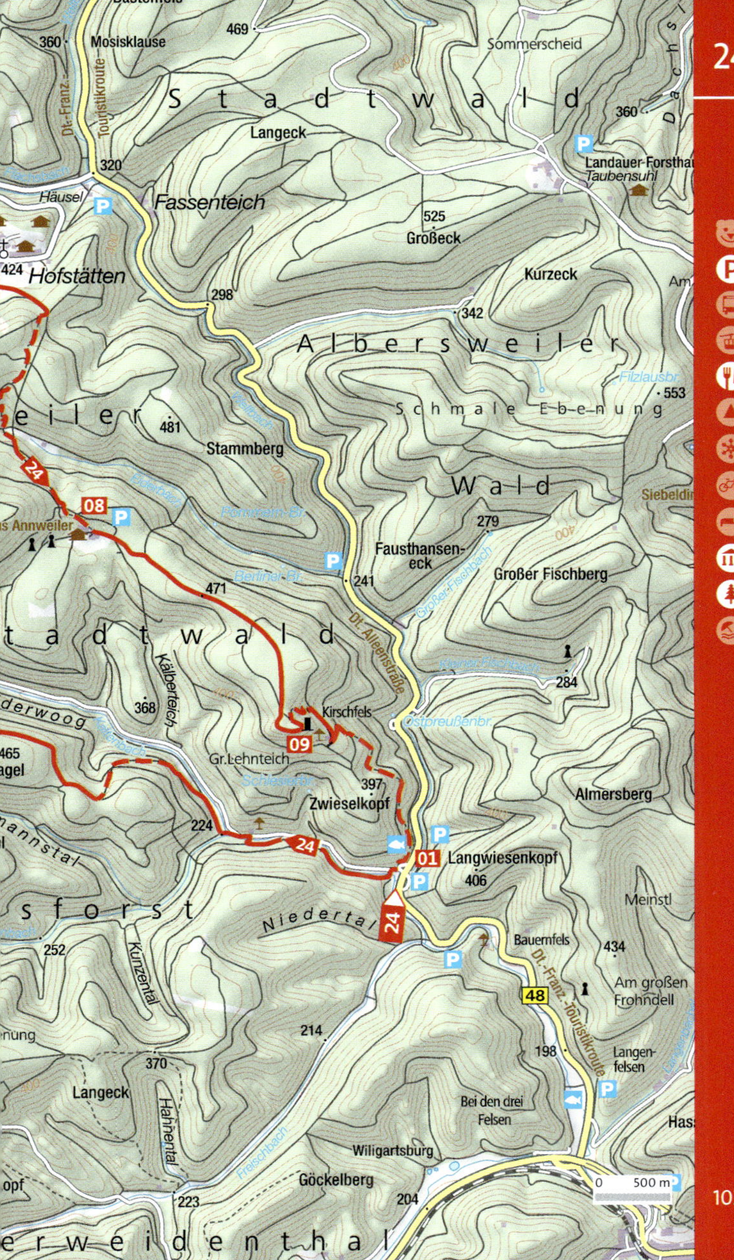

Stadtwald
Mosisklause
Langeck
Fassenteich
Häusel
Hofstätten
Großeck
Kurzeck
Sommerscheid
Landauer-Forsthaus
Taubensuhl
Albersweiler
Schmale Ebenung
Wald
Stammberg
Fausthansen-eck
Großer Fischberg
Siebeldingen
Stadtwald
Kirschfels
Gr. Lehnteich
Zwieselkopf
Almersberg
Langwiesenkopf
Niedertal
Bauernfels
Meinstl
Am großen Frohndell
Langen-felsen
Bei den drei Felsen
Wiligartsburg
Göckelberg
Langeck
Kunzental
Hahnental
Kälberteich
Dt. Alleenstraße
Dt.-Franz.-Touristikroute
Ostpreußenbr.
Berliner Br.
Filzlausbr.
Großer Fischbach
Kleiner Fischbach
Freischbach
0 500 m

einen Forstweg, und an mehreren Grenzsteinen entlang. Beim letzten Stein schwenken wir rechts und folgen in leichtem Auf und Ab zunächst einem breiten Weg, dann einem schmäleren Pfad und der Blau-rot-Markierung. Bei der Pos. Blosenberg stoßen wir auf eine Kiesstraße, die wir kurz darauf nach links verlassen, und gelangen abwärtsgehend nach **Hofstätten** 07.

Über die Hohl- und die Ortsstraße schwenken wir links in den Dammweg und verlassen den Ort über Wiesen leicht ansteigend Richtung Wald. Am Festplatz mit großer Hütte vorbei geht es wieder in den Wald, zunächst ansteigend, dann immer stärker abfallend und zuletzt wieder etwas ansteigend über eine Kuppe zum **Forsthaus Annweiler** 08. (seit 2019 nach Sanierung wieder eröffnet, www.schwarzer-fuchs.de).

Am Gebäude vorbei folgen wir dem mit Nr. 3 markierten Schild „Kirschfels 2 km" nach rechts durch den Wald. Nach einer kleinen Lichtung, halten wir uns rechts hinab und umrunden auf einem sehr grasigen, teils etwas verwachsenen Pfad den **Kirschfels** 09. Oben genießen wir auf einer spektakulären, hölzernen Aussichtstribüne, neben einer Unterstandshütte, das herrliche Panorama.

Über Kehren steigen wir den Waldhang hinab zu einem kreuzenden Forstfahrweg, halten uns rechts, biegen bei einer Hütte links, und wenig später wieder rechts ab und traversieren weiter abwärts am Waldhang entlang. Über einen zuletzt schmalen, auf und ab führenden Pfad, der am Schluss, nach einer Aussichtsbank, steiler bergabführt, gelangen wir zurück zum **Parkplatz Am Zwiesel** 01.

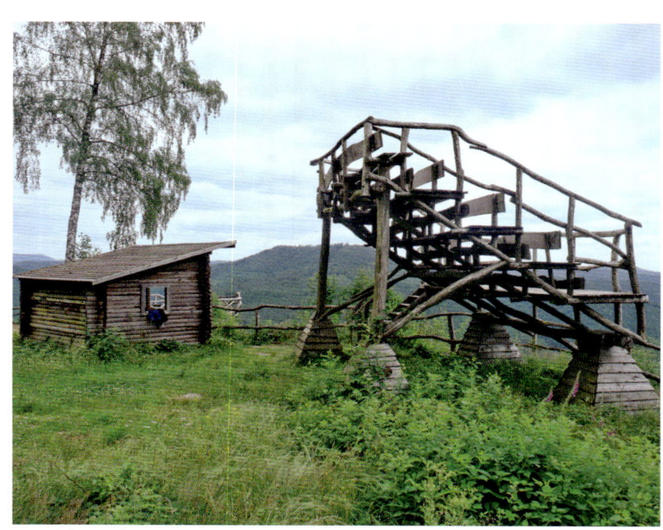

Aussichtstribüne am Kirschfels

KALMIT • 673 m
TAUBENKOPF • 604 m

Zum höchsten Punkt im Pfälzerwald

  16,5 km  5:00 h  650 hm  650 hm  826

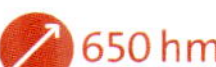
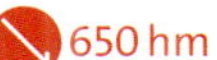

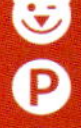

START | St. Martin, Parkplatz im Riedweg, bzw. im Kropsbachweg beim Consulat des Weines
[GPS: UTM Zone 32 x: 435.040 m y: 5.461.040 m]
CHARAKTER | Breite Wald- und Forstwege, schmälere Waldpfade, teils steil, felsig und wurzelig, kurze asphaltierte Abschnitte.

Unsere abwechslungsreiche Rundtour beginnt in **St. Martin**, beim **Consulat des Weines** 01. Über die Riedstraße und die Hornbrücke-Straße gehen wir rechts zur Maikammerer Straße. Wir schwenken links (Grün-weiß Markierung) und gelangen über die Tanz- in die Emserstraße, die in die Einlaubstraße übergeht und am Ortsende als Kiesweg weiterführt. Kurz nachdem wir den Wald betreten, passieren wir links den **Bellachini-Weiher** 02 und gehen auf schmalem Pfad geradeaus weiter, knapp oberhalb des Kropsbaches. Am **Hollerbrunnen** vorbei, überqueren wir den Bachlauf, stoßen zur Autostraße vor, bleiben aber links vor ihr und folgen der Grün-weiß-Beschilderung. Der Pfad steigt an einem Holzgeländer entlang steiler an. Am Waldende stoßen wir auf die Straße und einen Parkplatz mit Infotafel beim **Rasthaus a. d. Fichten** 03.

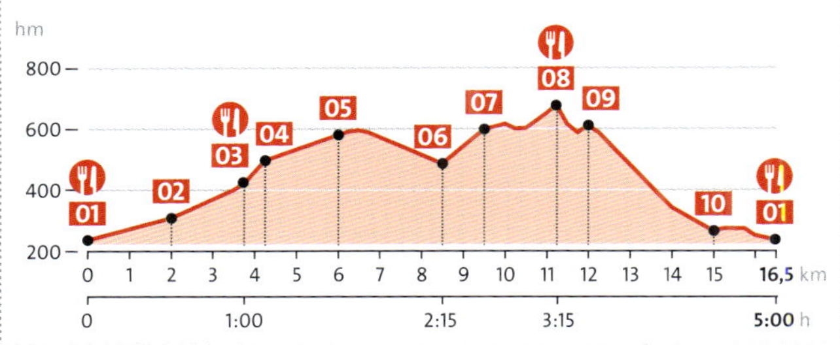

01 St. Martin, 215 m; 02 Bellachini-Weiher, 290 m; 03 Rasthaus a. d. Fichten, 407 m; 04 Hesselbachhütte, 485 m; 05 Fronbaum-Hütte, 572 m; 06 WP Hüttenhohl, 474 m; 07 Hüttenberghütte, 591 m; 08 Kalmithaus/Kalmitturm, 673 m; 09 Taubenkopf, 604 m; 10 Rebsortenweg, 245 m

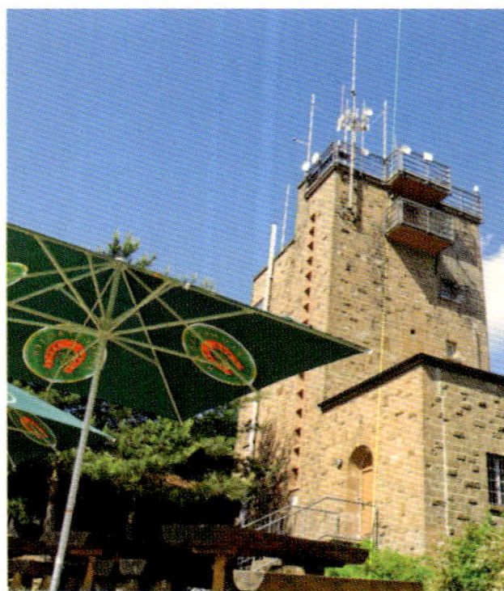
Auf der Kalmit

Wir überqueren den Parkplatz und steigen auf schmalem Pfad links in den Wald hoch. An einer Tafel ist der zunehmend steiler ansteigende Weg als Auerochsenweg ausgeschildert. Wir gelangen zu einem Sattel hoch, wo auf freier Fläche die St. Martiner Schutzhütte (**Hesselbachhütte** 04) steht. Weiter mit grün-weiß markiert verläuft der jetzt breite Forstweg nur leicht steigend durch lichten Wald und bringt uns zur **Fronbaum-Hütte** 05. Scharf rechts, Markierung schwarzer Punkt, gehen wir leicht abwärts zu einer Autostraßenkreuzung, halten uns links und steigen mit der weiß-grünen Markierung beim **Wanderparkplatz Hüttenhohl** 06 rechts auf schmalem Pfad in den Wald hoch.

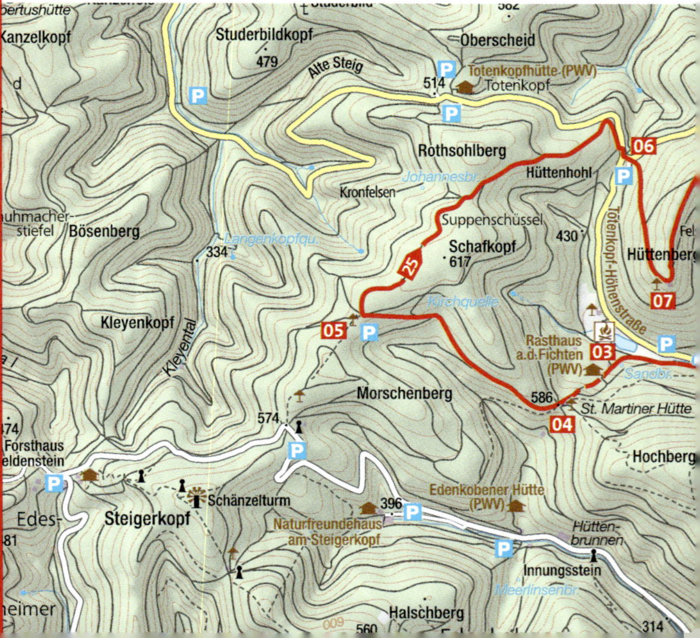

Wir passieren einen Stein mit Gravur („Felsenmeer“) und wandern wieder aufwärts zur **Hüttenberghütte** 07, einem schönen Aussichtspunkt. Scharf links und weiter weiß-grün markiert verläuft der Weg relativ flach am rechts abfallenden Waldhang entlang, aber immer stärker zwischen Felsen hindurch. Nach dem „Felsenmeer“ geht es leicht bergab durch eine Senke, dann steigt der wurzeliger werdende Pfad wieder an. Wir erreichen eine Verzweigung und gehen links hoch zu einem Parkplatz, überqueren ihn und steigen auf Steinstufen wieder in den Wald hoch. Bald darauf taucht links der Sendemast auf und wir gehen die letzten Meter auf Asphalt zur **Ludwigshafener Hütte** und zum **Kalmithaus/Kalmitturm** 08 hoch.

Der Abstieg verläuft über eine Treppe hinab, vorbei am Gefallenen-Denkmal. Der steilere Pfad überquert einen kreuzenden Waldweg und wir traversieren in Kehren weiter am Waldhang bergab zur Kalmitstraße. Wir überqueren sie und schwenken nach ein paar Metern bei einer Verzweigung nach links und machen einen Abstecher zum **Taubenkopf** 09, dessen felsiger Gipfelkopf mit 604 m als höchste Erhebung des Weinortes Diedesfeld/Weinstraße markiert ist.

Zurück zur Abzweigung folgen wir rechts der grün-weißen Markierung abwärts, stoßen nach einer Linkskehre wieder auf die Autostraße und gehen ein Stück links an ihr entlang. In der Kurve unterqueren wir sie durch einen Tunnel, wandern weiter mit der weiß-grünen Markierung auf dem breiter gewordenen Weg am Waldhang entlang stetig bergab. Rechts unten begleitet uns eine kleine Schlucht mit Bachlauf. Wir stoßen auf eine Straßenkurve (mit Parkplatz), biegen rechts auf

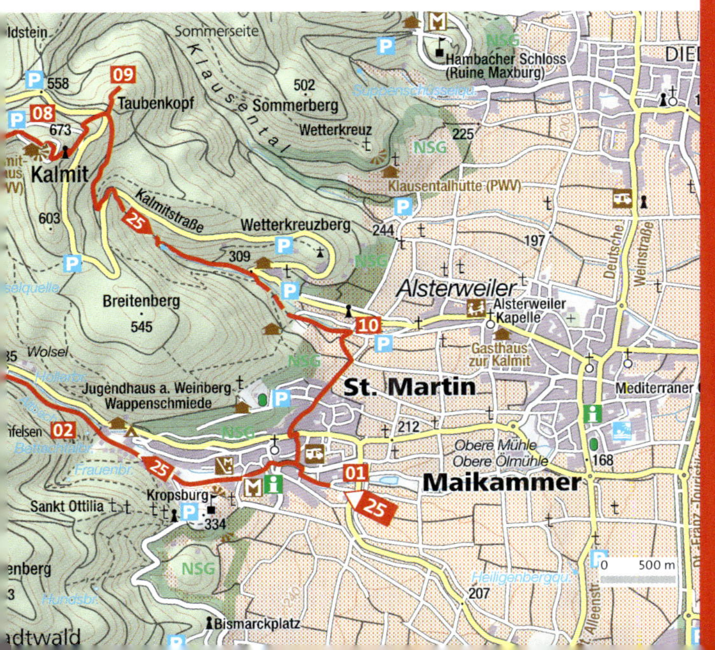

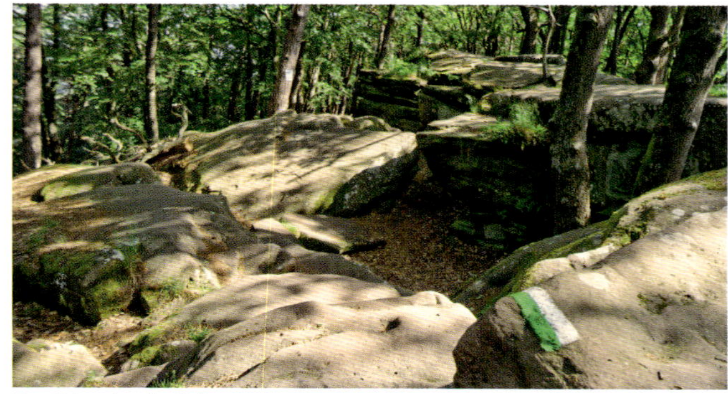

Der Weg durchs Felsenmeer

einen schmaleren Pfad ab, der dann stärker abfällt, überqueren den Bach und wandern flacher werdend links an ihm entlang. Wir passieren links die Abzweigung Pfälzer Keschdeweg, der Wald endet und über Wiesengelände erreichen wir bei einem schönen Brunnen ein Asphaltsträßchen, in das wir rechts abbiegen. Wir überqueren einen Bach und wandern den **Rebsortenweg** 10 leicht ansteigend durch Rebengelände hoch. Oben auf der Kuppe hat man einen herrlichen Blick zum Hambacher Schloss.

Nach wenigen Minuten erreichen wir die Häuser von **St. Martin**. Über die Jahnstraße gelangen wir zur Totenkopfstraße, halten uns links und biegen dann in die etwas versteckte, anfangs schmale Finsterlandstraße ein, die uns zurück zur Maikammerer Straße und zu unserem **Ausgangspunkt** 01 bringt.

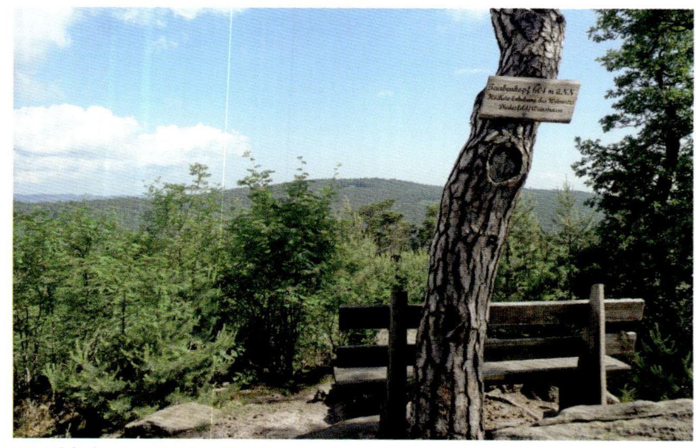

Weitblick vom Taubenkopf

DICHTERHAIN – HOCHBERG – KROPSBURG

Aussichtsreiche Kultur- und Naturrunde an der Weinstraße

  15 km  4:45 h 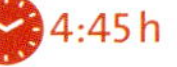 625 hm 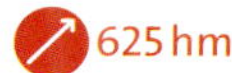 625 hm  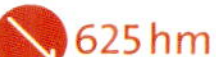  826

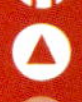

START | St. Martin, Parkplatz im Riedweg, bzw. im Kropsbachweg beim Consulat des Weines
[GPS: UTM Zone 32 x: 435.040 m y: 5.461.040 m]
CHARAKTER | Breite Wald- und Forstwege; schmale, teils steile und kehrenreiche Waldpfade, kurze asphaltierte Abschnitte.

Unsere Aussichtswanderung beginnt in **St. Martin**, beim **Consulat des Weines** 01. Über die Riedstraße und die Hornbrücke-Straße gehen wir rechts zur Maikammerer Straße. Wir schwenken links (Grün-weiß-Markierung) und gelangen über die Tanz- in die Emserstraße, die in die Einlaubstraße übergeht und am Ortsende als Kiesweg weiterführt. Kurz nachdem wir den Wald betreten, stoßen wir links auf den **Bellachini-Weiher** 02.

Hier biegen wir scharf links ab und steigen auf einem Pfad (Weinsteig-Zeichen) direkt hinter dem Weiher hoch. Wir überqueren einen breiteren Weg, passieren den Bellachini-Brunnen, schwenken scharf nach links und gelangen zu einer Schutzhütte. Vor der Hütte wieder links und in steilen Keh-

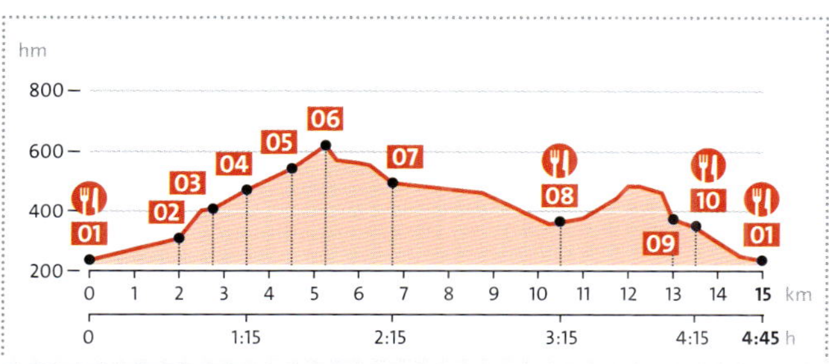

01 St. Martin, 215 m; 02 Bellachini-Weiher, 290 m; 03 Dichterhain, 393 m; 04 St.-Ottilia-Statue, 460 m; 05 Schornsteinfelsen, 535 m; 06 Hochberg, 615 m; 07 Hesselbachhütte, 485 m; 08 Friedensdenkmal, 345 m; 09 Mariengrotte, 358 m; 10 Burg Kropsburg, 330 m

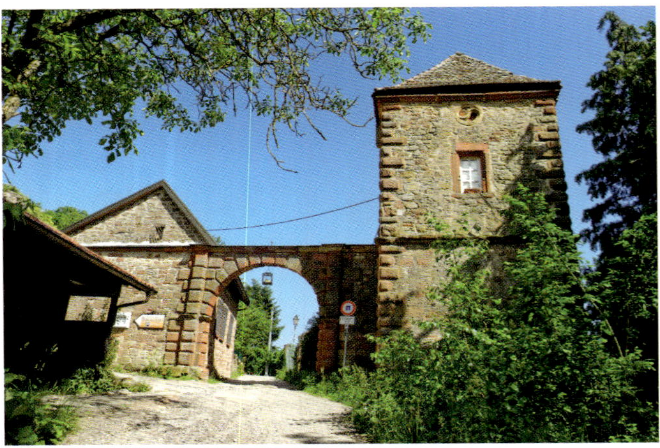

Eingang zur Kropsburg

ren den Waldhang hoch. Felsen tauchen am Weg auf und wir erreichen den **Dichterhain** 03, mit den in einen Felsen gehauenen Reliefs dreier Pfälzer Dichter (Lina Sommer, Fritz Claus, August Heinrich).

Nach einer Linkskehre steigt der breite Weg sachte an und wir gelangen zur nächsten Kehre, der Pos. St.-Ottilia-Kreuzweg. Rechts hoch über Treppenstufen steigen wir hoch zu einem Kreuz und zur **St.-Ottilia-Statue** 04, gehen an ihr vorbei und folgen dem Weg Nr. 1 in Richtung Hochberggipfel. Entlang der Nr. 1 geht es mäßig ansteigend bergan, wir passieren den **Schornsteinfelsen** 05, ein herrlicher Aussichtspunkt mit Bank, schwenken nach links und erreichen den **Gipfel** des **Hochbergs** 06, das **Steinere Köppel**.

Am Steingipfelhaufen vorbei schlängelt sich der unmarkierte, aber gut sichtbare Pfad durch Felsen – teils steiler – bergab. Wir stoßen auf eine Wegverzweigung, halten uns scharf rechts und traversieren am leicht abfallenden

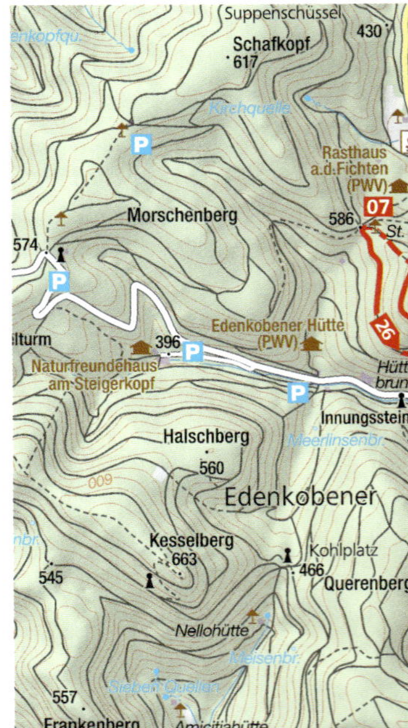

Waldhang moderat bergab. Wir überqueren einen kreuzenden Forstfahrweg und folgen weiter einem grünen, schmalen Pfad, der in einen breiteren Forstweg einmündet und uns zur **Hesselbachhütte** **07** führt.

Der Weg Nr. 1 führt spitzwinklig nach links und stetig leicht abwärts durch den Wald. Wenn es flacher und lichter wird ist bald die Verzweigung bei der Pos. Friedensdenkmal erreicht. Nach rechts machen wir einen kurzen Abstecher zur Waldgaststätte und zum imposanten **Friedensdenkmal** **08**. Grandioser Panoramablick von der Aussichtsplattform.

Zurück zur Verzweigung und rechts, am Parkplatz vorbei in den Wald. In einer Linkskehre gelangen wir zur Pos. westl. Bismarckplatz und steigen geradeaus weiter hoch. Zehn Minuten später wird es flacher, und bei der Pos. Hundsbrunnen halten wir uns links, folgen der Nr. 1 wieder ansteigend den Wald hoch. Wir passieren die Abzweigung zum Schornsteinfelsen, der Weg fällt nun leicht ab und wir erreichen wenig später wieder die Pos. St.-Ottilia-Kreuzweg. Wir folgen nun dem felsigen Kreuzweg rechts steil bergab, machen einen kurzen Abstecher links zur beschilderten **Mariengrotte** **09**, und gehen dann den Stationenweg weiter bergab, bis wir auf Asphalt treffen. Links erreichen wir nach wenigen Schritten **Burg Kropsburg** **10**.

Vor dem Burgeingang folgen wir einem grob asphaltierten Weg bergab, Richtung **St. Martin**, passieren einen überdachten alten

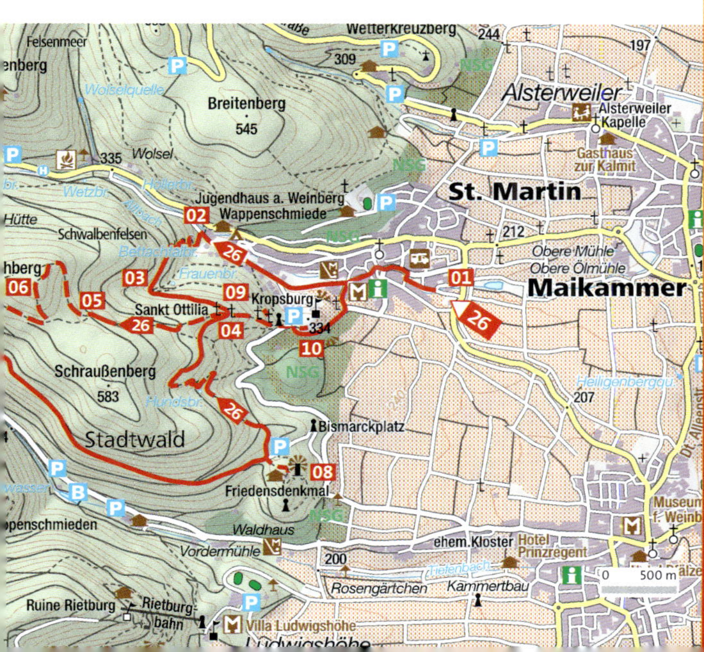

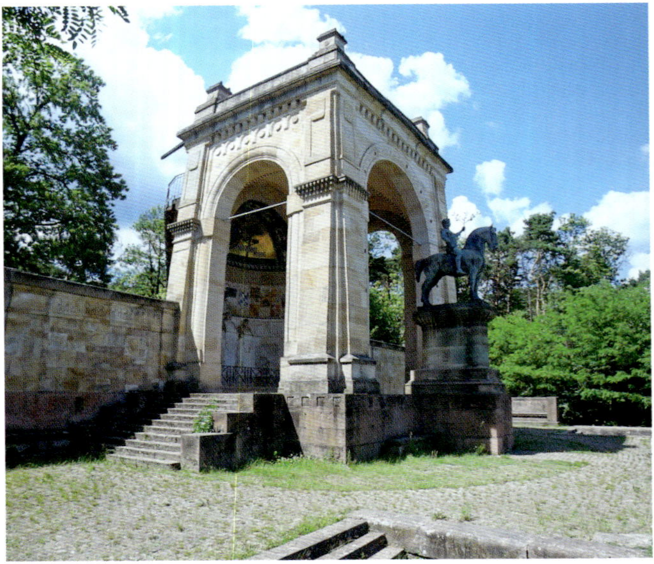

Am Friedensdenkmal

Wagen mit Weinfässern. Auf einem gepflasterten Weg wandern wir – an Reben entlang – hinab zu den Häusern, stoßen auf die Emserstraße und unseren Hinweg. Auf bekanntem Weg durch den Ort zurück zum **Consulat des Weines 01**.

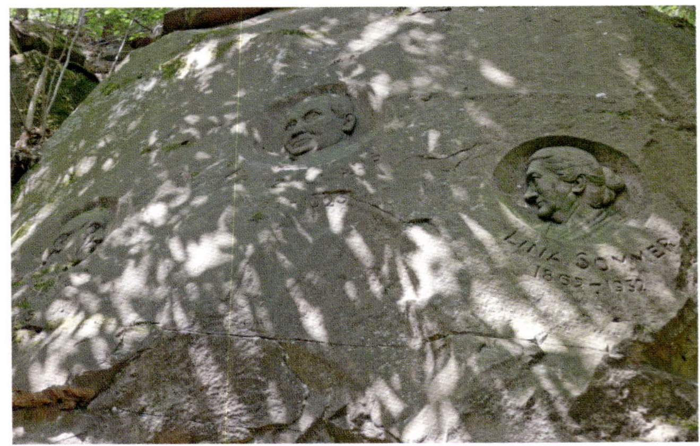

Die Felsgravuren am Dichterhain

RIETBURG – LUDWIGSTURM – SCHÄNZELTURM

Vom Schloss Ludwigshöhe zum höchstgelegenen Turm im Pfälzerwald

  17,3 km 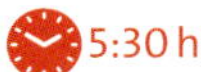 5:30 h 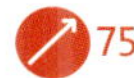 753 hm 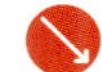 753 hm 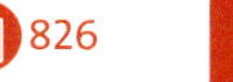 826

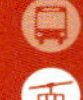

START | Edenkoben; Ludwigshöhe, Parken an der Villastraße, unterhalb der Sportschule
[GPS: UTM Zone 32 x: 433.760 m y: 5.458.980 m]
CHARAKTER | Breite Wald- und Forstwege; schmale, teils wurzelige Waldpfade mit steileren Passagen, kurze asphaltierte Abschnitte.

Wir starten an der **Villastraße** 01 auf der **Ludwigshöhe**, unterhalb der Sportschule, gehen in einem Rechtsbogen die Straße hoch, vorbei an den Sportstätten, passieren rechts die Vinification, den ehemaligen Kavaliersbau und wandern entlang der Straße hoch zum **Schloss Ludwigshöhe** 02. Hier endet der Asphalt, wir biegen rechts ab und gelangen zur Talstation der **Rietburgbahn** 03.

Links am Terrassencafe vorbei, steigen wir auf einem geschotterten Weg leicht ansteigend den Wald hoch (Blau-gelb-Markierung), unterqueren die Gondelbahn und halten uns nach einer Wegteilung scharf links auf einem

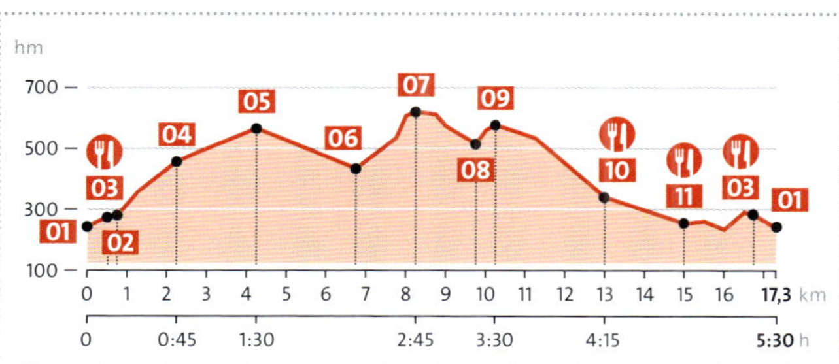

01 Ludwigshöhe, Villastraße, 268 m; 02 Schloss Ludwigshöhe, 300 m; 03 Rietburgbahn, Talstation, 307 m; 04 Rietburg, 490 m; 05 Ludwigsturm, 603 m; 06 Kohlplatz, 466 m; 07 Kesselberg, 660 m; 08 Benderplatz, 550 m; 09 Schänzelturm, 615 m; 10 Edenkobener Hütte am Hüttenbrunnen, 368 m; 11 Hilschweiher, 278 m

schmalen Pfad. Wir unterqueren erneut die Bahn und gelangen zur Aussichtsstelle Schöner Punkt. Ein paar Meter vor der Aussichtsstelle schwenkt der Pfad steiler bergauf, wieder unter der Bahn hindurch und weiter leicht ansteigend am Waldhang entlang. Nach einer deutlichen Linkskehre, unterqueren wir die Bahn erneut und steigen über Steinstufen hoch zu einer Mauer, an der entlang wir über Treppen und einer Holzbrücke zur **Rietburg** **04** gelangen.

Oberhalb der Burg folgen wir einem breiten Fahrweg in den Wald hinein, passieren rechts den Zugang zum Wildgehege und wandern entlang der unbefestigten Rietburgstraße. Der anfangs etwas steinige Weg wird flach, fällt teilweise leicht ab, und nach einem Linksschwenk geht es nur leicht ansteigend zum **Ludwigsturm** **05** auf dem Blättersberg. Über die recht enge Wendeltreppe im Turminnern gelangen wir zur Aussichtskanzel hoch, die eine fantastische Rundumsicht bietet, mit Blick zum Trifels und zum Hambacher Schloss.

Auf weichem Waldpfad wandern wir abwärts, am Waldhang entlang, und die blau-gelbe Markierung bringt uns, zuletzt über ein paar Stufen, hinab zum **Kohlplatz** **06**, einer größeren Wegkreuzung mit Rastbänken und Markierungstafeln. Wir halten uns links, weiter mit blau-gelb, es wird flach, und wir verlassen nach einem Rechtsschwenk den breiten Weg nach rechts und steigen auf dem schmalen Dr.-Sprater-Pfad in Spitzkehren den Waldhang hoch. Oben stoßen wir auf einen kreuzenden Pfad, der uns rechts zum **Elwetrische-Bad** und zu den keltischen Opferschalen auf dem **Kesselberg** **07** führt.

Zurück zur Abzweigung und geradeaus weiter. Zunächst flach, dann leicht abwärts, wandern wir auf dem waldigen Bergrücken durch pflanzenreiches Gelände. Zum Schluss geht es deutlich steiler bergab zu einer Unterstandshütte (Konrad-Reges-Hütte) am **Friedrich-Bender-Platz** **08**.

Auf breitem Kiesweg an der Hütte links hoch, dann biegen wir links auf einen wurzeligen Waldpfad (blau-gelb), der anfangs steiler ansteigt und dann flacher zum **Schänzelturm** **09** führt. Über eine zuerst außen, dann innen verlaufende Wendeltreppe besteigen wir den aussichtsreichen Turm. Am Turm vorbei folgen wir dem

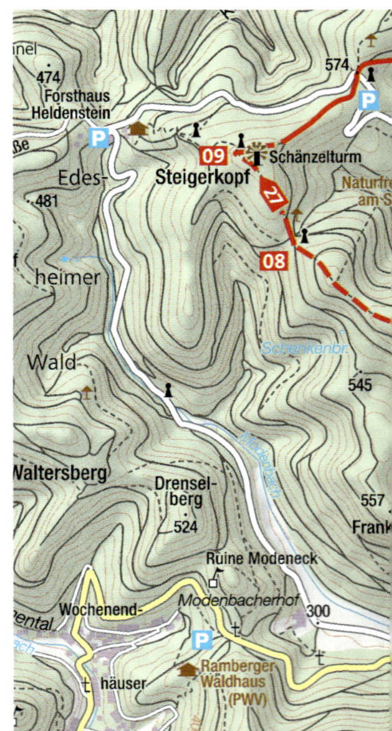

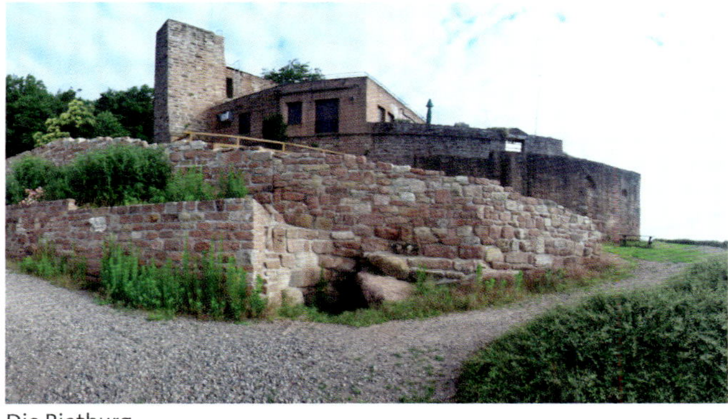

Die Rietburg

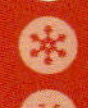

blau-gelb markierten Kiesweg, der uns zu einem Parkplatz, zur Straße und zu den **Fünf-Steine an der Lolosruhe** bringt. Wir überqueren die Straße und orientieren uns mit der Markierung „rotes Kreuz" nach rechts Richtung Edenkobener Tal. Auf schmalem Weg passieren wir eine Schutzhütte und folgen dem recht steinigen und

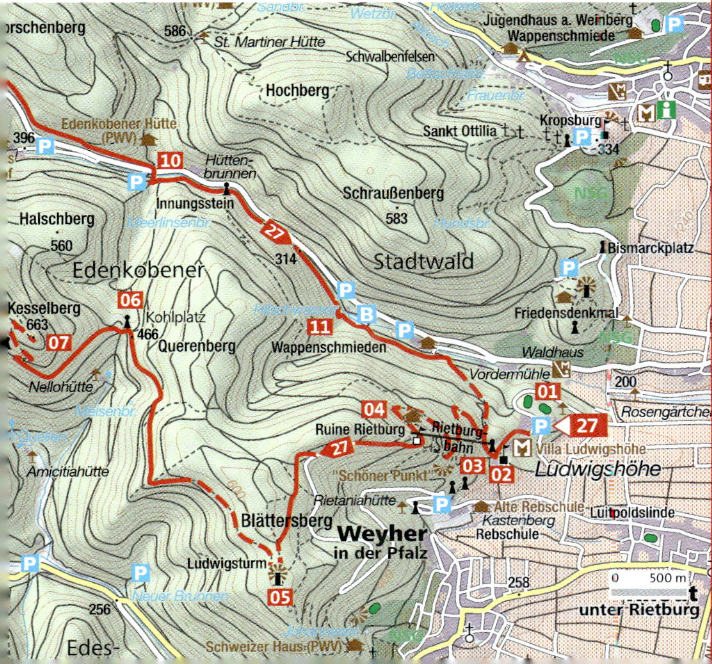

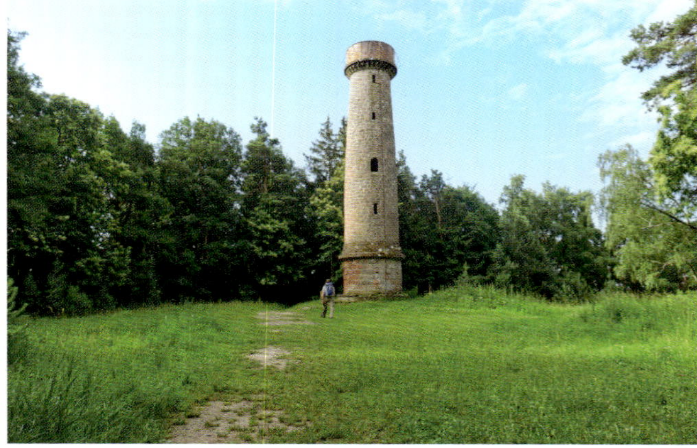

Der Ludwigsturm

wurzeligen und stetig abwärtsführenden Pfad. Rechts unten am Waldhang taucht eine Straße auf, wir traversieren oberhalb der Autostraße auf schmalem Hangpfad weiter bergab und gelangen zu einem Parkplatz neben der Straße und zur **Edenkobener Hütte am Hüttenbrunnen** 10. An

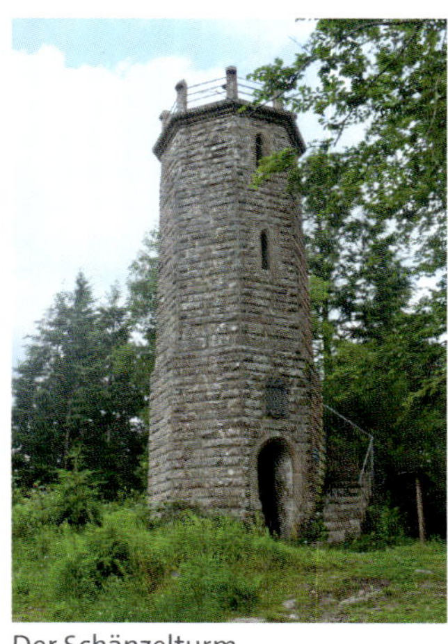

Der Schänzelturm

der Straße entlang, leicht bergab, überqueren wir den Bach und folgen dem Pfad rechts vom Bach (rotes Kreuz). Wir passieren den Innungsstein, kurz bevor wir den Bach wieder überqueren.

Es geht dann noch mehrfach über den Bach, bis wir zum **Hilschweiher** 11 stoßen, mit Einkehr, Parkplatz und Bootsverleih. Nach rechts hoch bietet sich ein kurzer Abstecher zu den Wasserfällen und zum Wichteltanzplatz an. Der Weiterweg verläuft am rechten Seeufer, entlang der Sterntalerwiese, und schwenkt am Seeende rechts ab auf einen ansteigenden Pfad. Wir folgen dem Weinsteigzeichen auf dem flacher werdenden Weg, der uns in einem Bogen leicht ansteigend über zwei kreuzende Forstwege und die letzten Meter abwärts zur **Rietburgbahn** 03 bringt.

Von der Talstation wählen wir den direkten Abstieg über Stufen hinab zur Straße, der wir links zurück zur **Villastraße** 01 folgen.

ORENSFELSEN – ORENSBERG – BURG NEUSCHARFENECK

Von keltischen Relikten zu mittelalterlichen Ruinen

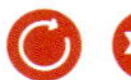  14 km 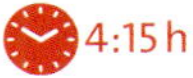 4:15 h 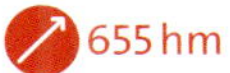 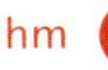 655 hm 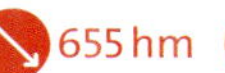 655 hm 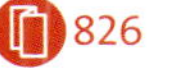 826

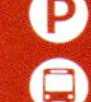
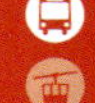

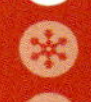

START | St. Johann, Parken am Ortseingang, an der Weinstraße (L 507); alternativ kleiner Parkplatz am Ende der Schlossstraße [GPS: UTM Zone 32 x: 430.050 m y: 5.452.720 m]
CHARAKTER | Breite Wald- und Forstwege; schmale, teils steilere Waldpfade, asphaltierte Sträßchen in St. Johann und Frankweiler.

Wir starten in **St. Johann** 01 in der Schlossstraße, passieren das **Schloss Löwenstein** 02, wandern zu den letzten Häusern hoch, hier endet der Asphalt und es gibt rechts am Weg einen **Parkplatz** 03. Wir biegen links auf einen schmalen Pfad Richtung Orensfelsen ab (auch als Pfälzer Hüttentour markiert). Der Weg verläuft ordentlich steil am Waldhang hoch, wir überqueren einen kreuzenden breiten Weg, treffen auf ein Asphaltsträßchen, dem wir kurz links folgen, um dann gleich, bei Sitzbänken, rechts auf einen mit Nr. 1 markierten Pfad abzubiegen. Schöner Blick links hinüber zur Trifels. Teils etwas ausgesetzt wandern wir über Felsplatten am Hang entlang, stoßen auf den Keschdeweg, verlassen den breiten Weg in einer Kurve und gehen geradeaus weiter (Nr. 1), leicht ansteigend. Bei einer Wegekreuzung biegen wir halbrechts

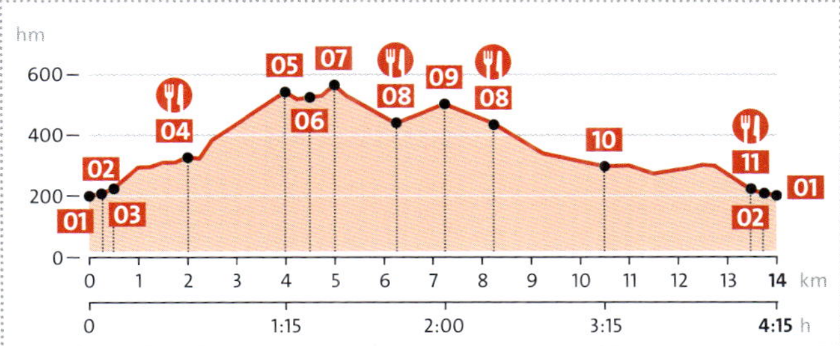

01 St. Johann, 200 m; 02 Schloss, 208 m; 03 Parkplatz, 225 m; 04 NFH Kiesbuckel, 332 m; 05 Orensfelsen, 556 m; 06 Fluggelände, 538 m; 07 Orensberg, 580 m; 08 Landauer Hütte, 448 m; 09 Burg Neuscharfeneck, 515 m; 10 Historische Walddusche, 300 m; 11 Berghof, 218 m

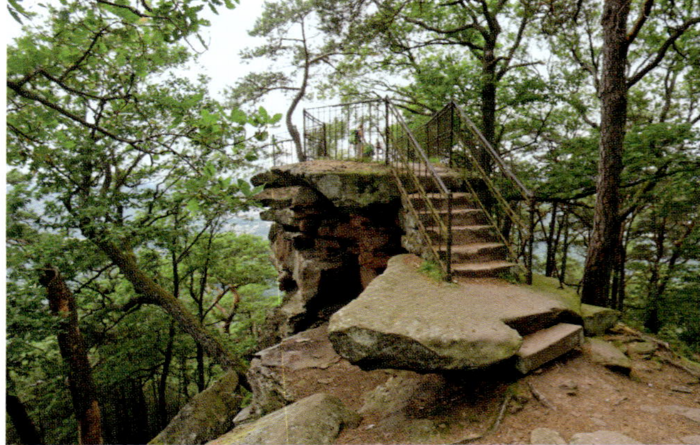
Aussichtskanzel am Orensfelsen

und folgen der Beschilderung Richtung Orensfelsen.

Wir erreichen das **Naturfreundehaus Kiesbuckel** 04 und folgen linksschwenkend einem ansteigenden Pfad in den Wald hoch. Über Stufen geht es steiler hoch, wir stoßen auf einen kreuzenden Pfad und halten uns rechts. Lange, leicht ansteigende Traverse am Waldhang entlang. Wir überqueren mehrere Forstwege, bis wir mit dem Weinsteig-Zeichen und dem schwarzen Punkt scharf links abknicken. Der breite Weg steigt an, Felsen tauchen am Weg auf, und über Stufen gelangen wir zum **Orensfelsen** 05, einer Geländer gesicherten Aussichtskanzel.

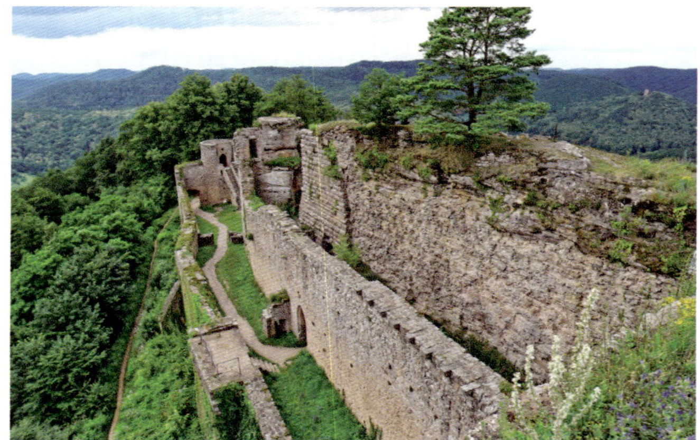
Blick vom Hauptturm über einen Teil der Burg Neuscharfeneck

Der Weiterweg verläuft vor dem Felsen rechts bergab, wir erreichen eine Lichtung mit Aussichtsliegen und toller Fernsicht, die auch als **Fluggelände** 06 markiert ist. Der breite Weg steigt wieder an, und auf dem Scheitelpunkt machen wir nach rechts einen Abstecher zum **Orensberg** 07 (Opferstein mit Blutrinne).

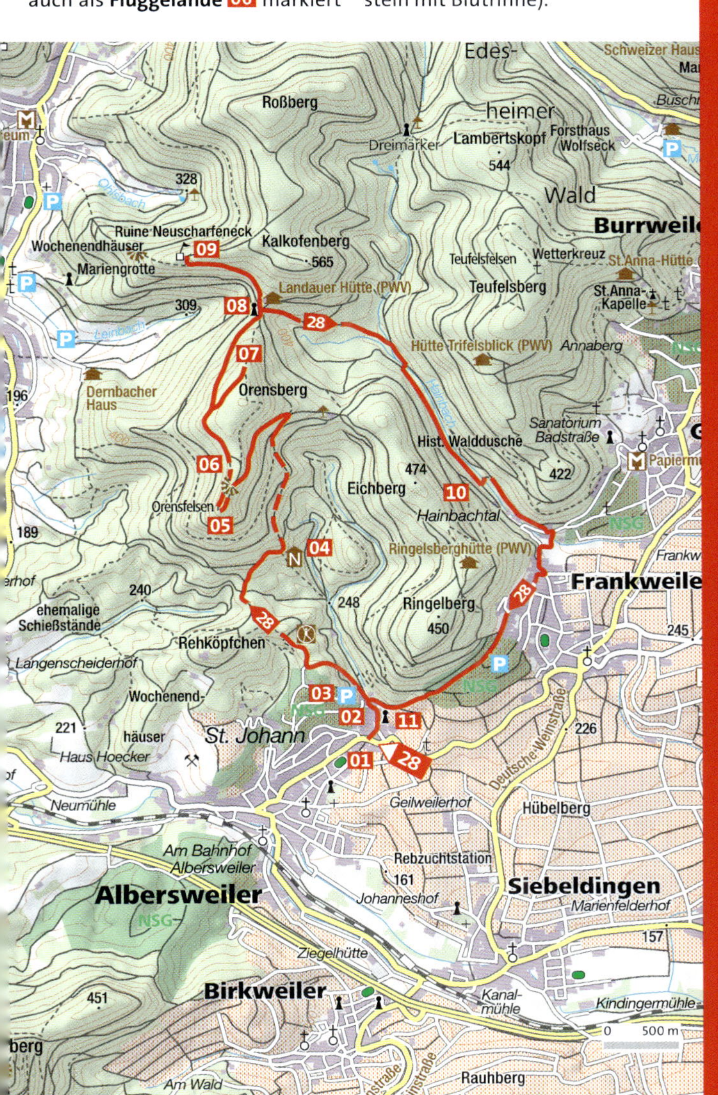

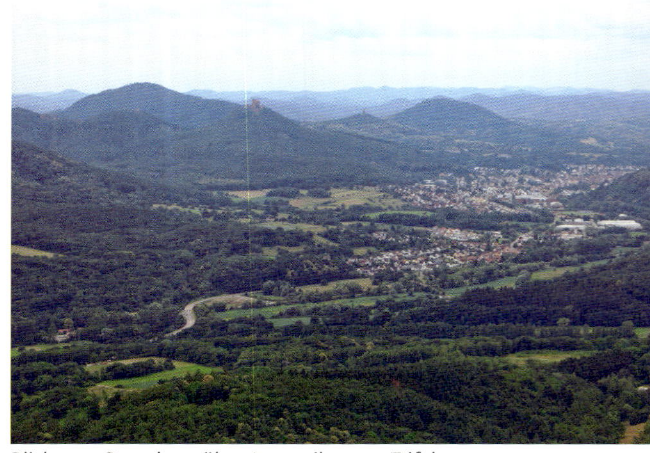

Blick vom Orensberg über Annweiler zum Trifels

Wieder zurück zur Abzweigung und rechts, bei der nächsten Wegteilung links und stetig bergab zum **Zimmerplatz**, mit Zimmerbrunnen und der **Landauer Hütte** 08. An der Hütte links vorbei führt ein breiter Forstweg in einer Viertelstunde zur nahen **Burg Neuscharfeneck** 09.

Wieder zurück zur Landauer Hütte, nehmen wir den zweiten Weg links, der anfangs etwas steiler durch den Wald bergab führt (Rot-weiß-Markierung). Wir überqueren einen kreuzenden Forstweg, unser Pfad wird breiter, führt weiter bergab. Wir passieren einen gefassten Brunnen, wandern an einem Bachlauf entlang und biegen dann links ab auf einen Pfad zur ausgeschilderten **Historischen Walddusche** 10. Wir gehen auf der linken Seite des Bachlaufs weiter auf leicht abfallendem Kiesweg, halten uns bei der nächsten Verzweigung links und gehen wieder leicht ansteigend am Landhaus Hainbach vorbei, stoßen auf ein Asphaltsträßchen, biegen scharf rechts ab, an einem Haus vorbei durch eine Senke, über den Hainbach und halten uns nach kurzem Anstieg links. Über die Steigerter Hof und die Ringelsbergstraße wandern wir am Waldrand entlang, links Rebengelände, in Richtung St. Johann. Der leicht abwärts führende Kiesweg macht eine scharfe Linkskehre, wir gehen auf einem Grasweg geradeaus weiter, zwischen Wald und Reben nun etwas steiler bergab.

Wir stoßen auf einen gepflasterten Weg, passieren das **Hotel Berghof** 11 und gelangen auf der asphaltierten Schlossstraße auf den Hinweg. Beim Hinabwandern zum **Ausgangspunkt** 01 machen wir links noch einen kurzen Abstecher zu den Grabungen bei der mittelalterlichen Kirche von St. Johann.

KRAPPENFELSEN – JUNG-PFALZ-HÜTTE – GRÄFENHAUSEN

Rundtour mit Aussicht auf die Annweiler Burgendreifaltigkeit

 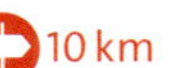 10 km 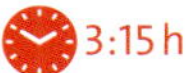 3:15 h 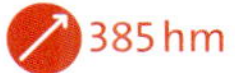 385 hm  385 hm  826

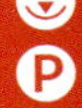

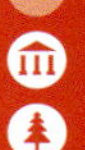

START | Annweiler, Bahnhofstraße, Parken am Bahnhof; alternativ Parkplätze an der K3, bei der Markwardanlage (Kurpark) [GPS: UTM Zone 32 x: 424.800 m y: 5.450.830 m]
CHARAKTER | Breite Wald- und Forstwege; schmale, teils steilere Waldpfade, asphaltierte Abschnitte in Annweiler, Gräfenhausen und im Bereich Mettenbacherhof.

Wir starten in **Annweiler** 01 am **Bahnhof**, gehen die Bahnhofstraße vor, schwenken rechts in die Turnerstraße ein und überqueren die Bahngleise. Anschließend halten wir uns auf schmalem Pfad rechts, am Waldrand entlang. Bei der nächsten Wegteilung scharf links und in steileren Kehren den Waldhang hoch. Oben stoßen wir auf Asphalt, passieren einen Fußballplatz und das **Turnerjugendheim** 02. Wir verlassen den breiten Weg und folgen dem markierten Grimmeisenpfad (Weinsteig-Zeichen).

Zunächst in Kehren steiler bergauf, dann stetig ansteigend am Waldhang entlang, auf schmalem Pfad. Wir stoßen auf eine Steintreppe und gelangen zum **Krappenfelsen** 03. Ein Stück weit rechts, dann folgen wir der Wein-

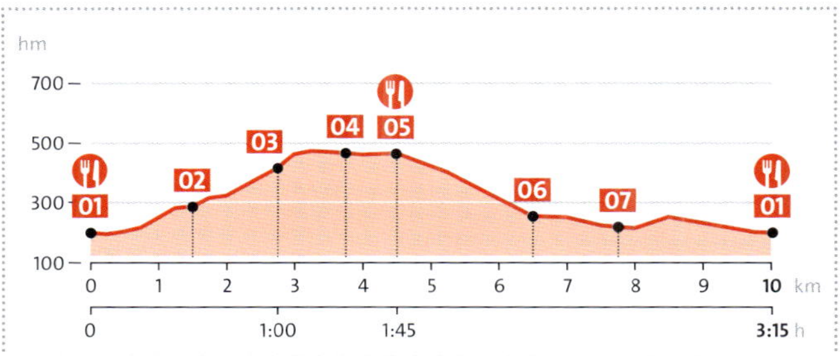

01 Annweiler, 180 m; 02 Turnerjugendheim, 270 m; 03 Krappenfelsen, 405 m; 04 Holderquelle, 458 m; 05 Jung-Pfalz-Hütte, 457 m; 06 Gräfenhausen, 237 m; 07 Mettenbacherhof, 200 m

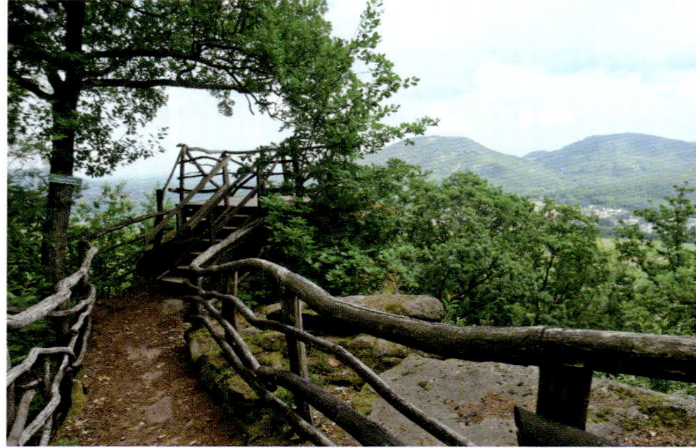

Aussicht vom Krappenfelsen

steig-Markierung links auf einen ansteigenden Pfad, biegen aber bald scharf rechts ab. Der Weg verbreitert sich, wird flacher und nach einer Linkskurve traversieren wir am Waldhang entlang. Leicht abwärts kommen wir zur **Holderquelle** 04 und zu einer Unterstandshütte, und wandern geradeaus weiter, vorbei an Infoschildern zum Thema Wald.

Der schmaler werdende Weg führt uns zur **Jung-Pfalz-Hütte** 05 (mit großem Kinderspielplatz). An der Hütte vorbei halten wir uns links und folgen dem von Felsen gesäumten Waldpfad (auch als Wildsauweg markiert), der in Kehren wieder leicht abwärts führt. Wir unterqueren eine Stromtrasse, passieren große Grenzsteine und schwenken bei einer Kreuzung scharf rechts Richtung Gräfenhausen. Der weiche Waldpfad verläuft wieder in Kehren recht steil bergab, und im Talgrund schwenken wir nach rechts und traversieren in leichtem Auf und Ab am Waldhang entlang. Über Treppenstufen links steiler hinab und rechts auf flachem, breitem Weg.

Links unten tauchen Häuser und der Sportplatz von **Gräfenhausen** 06 auf, wir gelangen zu einer Asphaltstraße (links zwei schöne Holzschnitzfiguren) und folgen dem Weinsteigzeichen hinab in den Ort (zur Holderquelle). Über die Hügelstraße und die Mettenbacher Straße verlassen wir Gräfenhausen, passieren den Friedhof (hier endet der Asphalt) und wandern links leicht abwärts zur Autostraße vor. Wir überqueren sie und folgen rechts dem straßenbegleitenden, asphaltierten Geh-/Radweg.

Kurz nach dem Ortsteil **Mettenbacherhof** 07, vor der Straßenkurve (rechts ein Gebäude), überqueren wir die Straße und schwenken rechts in einen Waldweg ein. Der ansteigende Weg verzweigt sich, wir halten uns links und folgen dem grasigen Pfad, der aus dem Wald heraus, aber nach einer Rechtskehre wieder in den Wald

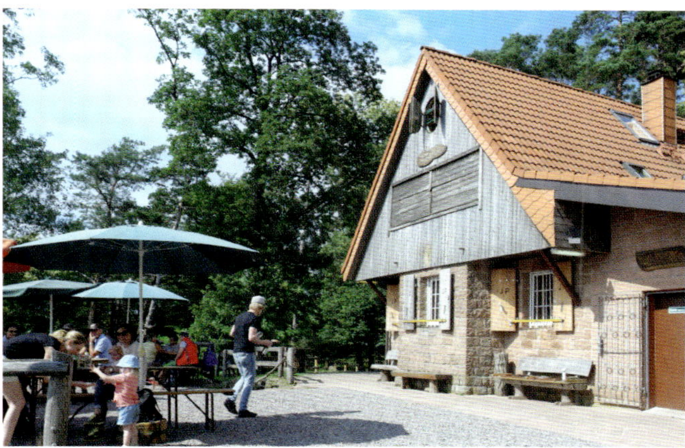

An der Jungpfalzhütte

hineinführt. Einer gelben Strichmarkierung folgend erreichen wir den Waldrand, der Weg wird breiter, fällt leicht ab und nach dem Sammelplatz beim Rettungsstollen Barbarossatunnel geht der Kiesweg in Asphalt über. Bei den ersten Häusern schwenken wir nach links, überqueren die Bahngleise und folgen der Bahnhofstraße in einem Rechtsschwenk zum Ausgangspunkt zurück. Nach rechts bietet sich ein Abstecher in den historisch sehenswerten Ortskern von **Annweiler** 01 an.

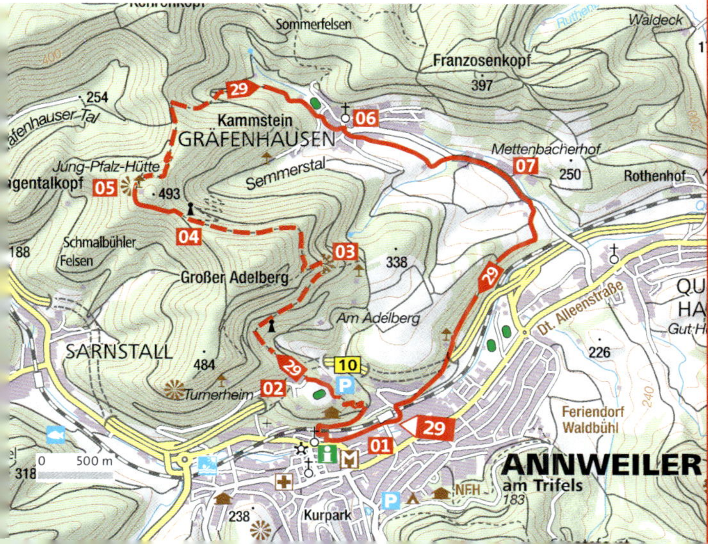

MÜNZ – ANEBOS – TRIFELS

Der Annweiler Burgenweg

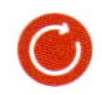 8,5 km 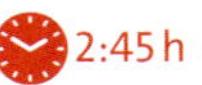 2:45 h 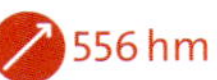 556 hm 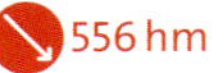 556 hm  826

START | Annweiler, an der Burgstraße, bei der Markwardanlage (Kurpark)
[GPS: UTM Zone 32 x: 424.860 m y: 5.450.210 m]
CHARAKTER | Breite Wald- und Forstwege; schmale Pfade und nur kurze Asphaltabschnitte.

Wir starten in **Annweiler** 01 am Anfang des **Kurparks**, gehen das Asphaltsträßchen leicht ansteigend hoch und in der Straßenlinkskurve weiter geradeaus (Blondelweg, Burg-Markierung), jetzt auf Kiesweg. Bei der nächsten Wegteilung rechts auf schmäler werdendem Naturweg, dann verlassen wir den Weg links auf einen schmalen, teils wurzeligen und steinigen Pfad (Burg-Mark.), der parallel zum breiteren Weg etwas oberhalb verläuft. Beide Wege vereinigen sich und es geht weiter im Wald ansteigend hoch. Wir passieren links zwei Steinbrüche und stoßen oben, bei der Pos. **Windhof** 02, auf Asphalt und eine Bushaltestelle. Links, an Sitzbänken vorbei, schlängelt sich der Pfad leicht ansteigend durch hochstämmigen Wald; es wird steiler und kehrenreicher, teils über Holzstufen, wir traversieren unterhalb eines Felsens, der rechts oben auftaucht, später sehen wir einen Turm, und nach einer spitzwinkligen Rechtskurve geht es ansteigend zu einem tollen Felsgebilde hoch. Wir beachten das Schild „Bitte nicht betreten,

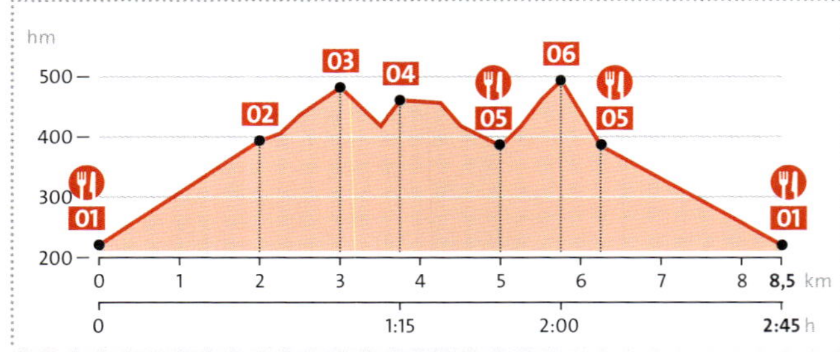

01 Annweiler, Kurpark, 210 m; 02 Windhof, 390 m;
03 Ruine Scharfenberg (Münz), 482 m; 04 Anebos, 460 m;
05 Ghs. Barbarossa, 380 m; 06 Trifels, 494 m

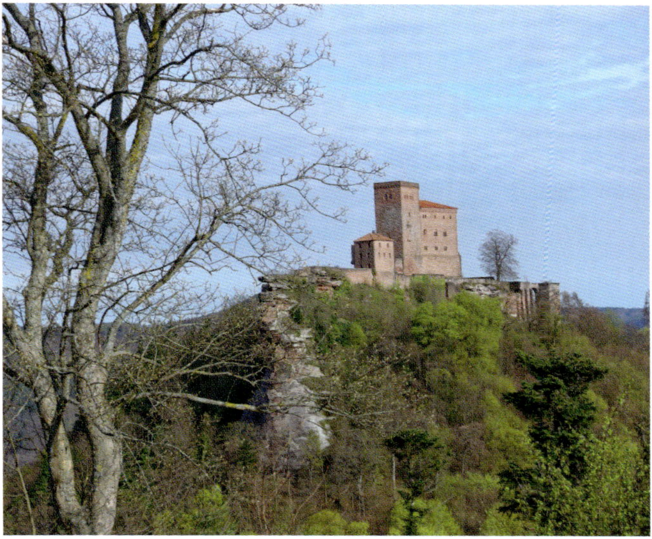

Bick von der Anebos hinüber zur Trifels

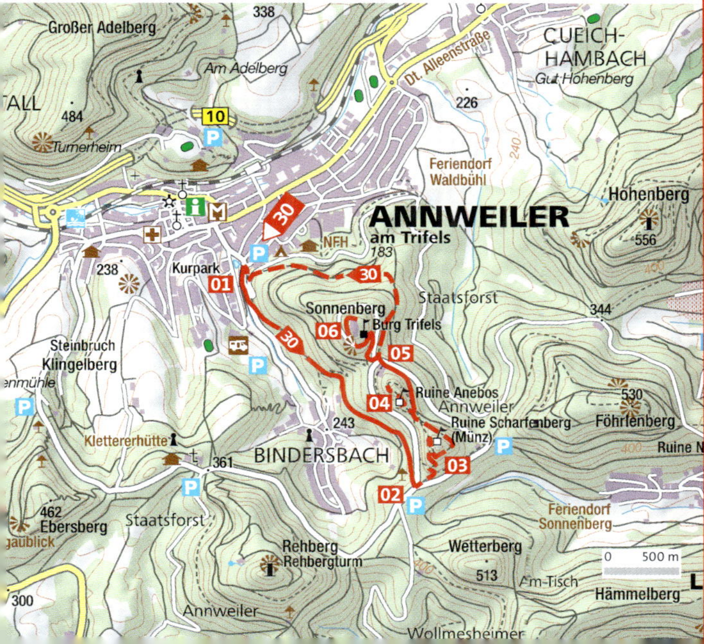

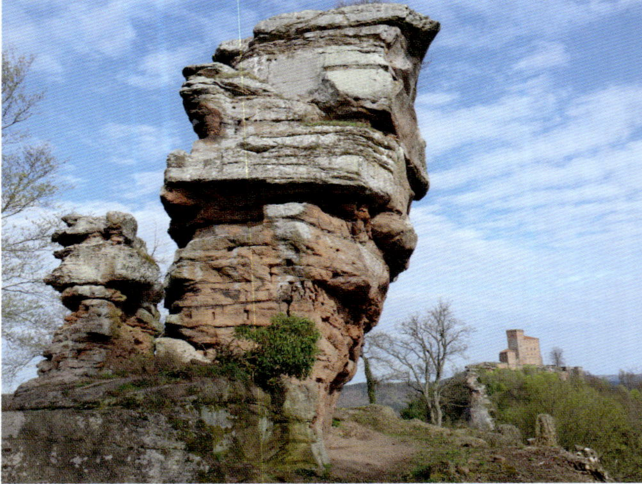

Felsenburg Anebos, im Hintergrund die Trifels

Artenschutz“ und folgen weiter der Burg-Markierung. Wir passieren rechts einen Geländer gesicherten Ausguck und umrunden auf markiertem Pfad den Burgberg, bis wir vor der **Ruine Scharfenberg** (**Münz** **03**) stehen. Der hohe Turm kann allerdings nicht bestiegen werden.

Wir gehen zurück zur Abzweigung, umrunden den Burgberg nach links, leicht abwärts, halten uns bei einer Verzweigung links und folgen dem Hangpfad. Wir gehen auf markante Felsen zu (Bindersbacher Turm), an Sitzbänken vorbei, zu einem Sattel. In Kehren steigen wir steiler zur Felsenburg **Anebos** **04** hoch, von der nur noch wenige Mauerreste existieren.

Zurück zum Sattel und links auf breitem Weg hinüber zur Autostraße und zum Gasthaus **Barbarossa** **05**. Über den Parkplatz folgen wir dem Gerhard-Weber-Weg ansteigend hoch, umrunden die Burg in einer Rechtskehre und gelangen zum Eingangstor der imposanten ehemaligen Reichsburg **Trifels** **06**, die besonders während der Stauferzeit im 12./13. Jahrhundert eine historisch bedeutende Rolle spielte.

Beim Abstieg von der Trifels kann man den Gerhard-Weber-Weg nach rechts abkürzen. Unten am Parkplatz beim **Gasthaus Barbarossa** **05** drehen wir nach links auf einen schmalen Pfad und steigen über Treppen bergab und folgen dem mit dem Weinsteig-Zeichen markierten Weg am Waldhang entlang abwärts. Wir überqueren kreuzende Wege, zum Schluss ein asphaltiertes Sträßlein und erreichen auf schmalem Pfad, nach einer Rechtskehre, den Ausgangspunkt am Waldende, gegenüber vom Schwanenweiher im **Kurpark** in **Annweiler** **01**.

DER RICHARD-LÖWENHERZ-WEG

Auf historischen Spuren über Asselstein und Rehberg

  12,8 km 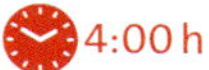 4:00 h 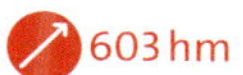 603 hm 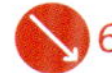 603 hm 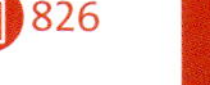 826

START | Annweiler, an der Burgstraße, bei der Markwardanlage (Kurpark)
[GPS: UTM Zone 32 x: 424.860 m y: 5.450.210 m]
CHARAKTER | Breite Wald- und Forstwege; schmale Pfade mit steileren Passagen bergauf und bergab, außer in Annweiler nur kurze Asphaltberührung.

Unsere geschichtsträchtige Wanderung beginnt in **Annweiler** 01 am **Kurpark**. Wir umrunden den **Schwanenweiher** nach links, durchwandern den sehenswerten Park, treffen am Ende auf die Straße und halten uns links Richtung Minigolfanlage. Wir verlassen den Asphalt und wandern auf einem Feldweg geradeaus. Nach links hat man einen schönen Trifelsblick. Wir kommen in Wald, der Weg steigt an und wir gelangen zum Hotel **Kurhaus Trifels** 02.

Nach dem Hotel biegen wir scharf rechts ab, markiert Richtung Klettererhütte. Der Waldweg zieht steiler den Waldhang hoch, dann wird der Pfad schmaler und wir steigen auf einem Zickzackweg bergan, passieren rechts eine Abzweigung zum **Jehlestein**. Von diesem Anstiegsweg kann man

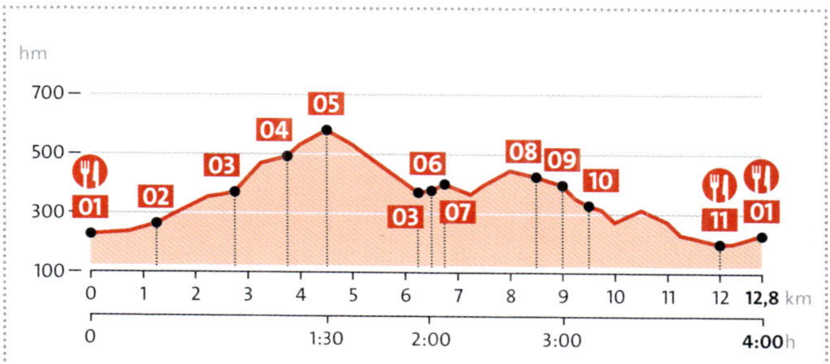

01 Annweiler, Kurpark, 210 m; 02 Kurhaus Trifels, 248 m; 03 Rehberg-Parkplatz, 359 m; 04 Rehbergquelle, 485 m; 05 Rehbergturm, 577 m; 06 Klettererhütte, 366 m; 07 NS-Denkmal/ Asselstein, 389 m; 08 Wasgaublick, 415 m; 09 Willi-Achtermann-Hütte, 386 m; 10 Prof.-Georg-Biundo-Brunnen, 315 m; 11 Gh. Am Wasserrad, 180 m

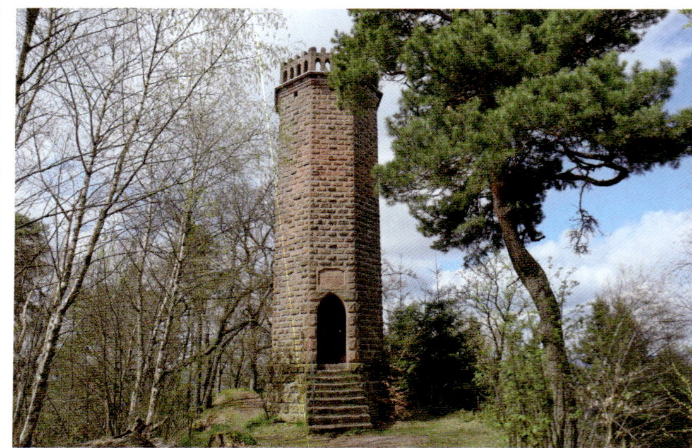

Der Rehbergturm

auf der Gegenseite durch die Bäume alle drei Annweiler Burgen sehen. Oben angekommen verlassen wir den Wald, rechts öffnet sich eine weite Lichtung und marschieren flach am Waldrand auf einen markanten Felsen zu. Bei der nächsten Verzweigung schwenken wir nach links (Löwenherz-Markierung), biegen aber kurz darauf rechts ab, überqueren auf dem ansteigenden Weg die Autostraße, und steigen links am **Rehberg-Parkplatz** 03 über Stufen steiler hoch.

An einem interessanten Felsen vorbei, erreichen wir nach einem Rechtsschwenk auf schmälerem Pfad die überdachte **Rehberg-**

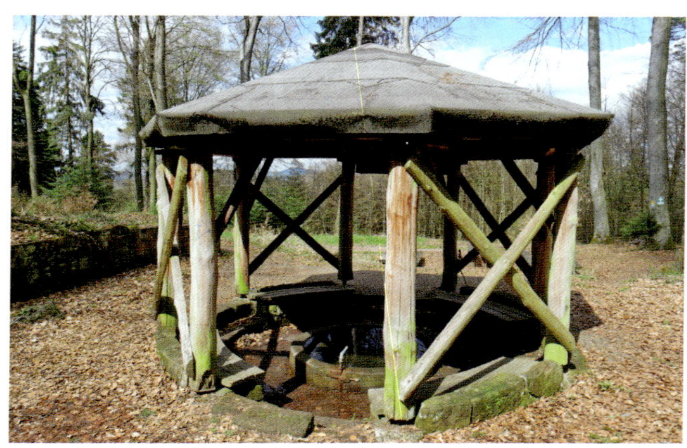

Die Rehbergquelle

quelle 04, einen freien Platz mit Sitzbänken. Der Weg wird breiter und steigt wieder leicht an, wir verlassen ihn nach links auf einen schmäleren Pfad der deutlich stärker ansteigt. Nach einem Rechtsbogen um den Bergrücken herum biegen wir scharf rechts ab und steigen in einem Linksschwenk zu einem Felsen und zum **Rehbergturm** 05 hoch. Über eine innere Wendeltreppe besteigen wir den aussichtsreichen Turm.

Wieder zurück zur Abzweigung schwenken wir rechts, folgen der Löwenherz-Markierung leicht bergab. Wir gelangen wieder zur Autostraße und zum **Rehberg-Parkplatz** 03 hinab, halten uns links, überqueren die Straße und erreichen kurz darauf die **Klettererhütte** 06. Hinter der Hütte gehen wir in Richtung Asselstein, schwenken kurz links bis zum Fuß des beliebten Kletterfelsens, vorbei am **NS-Denkmal** 07 für SPD-Widerstand.

Ein paar Meter zurück folgen wir dem breiten Forstweg, der uns wieder leicht abwärts zur Autostraße führt. Rechts versetzt überqueren wir sie und steigen einen schmalen Pfad in Serpentinen den Waldhang hoch. Vorbei an zwei markanten Felsblöcken erreichen wir zuletzt über Holzstufen einen

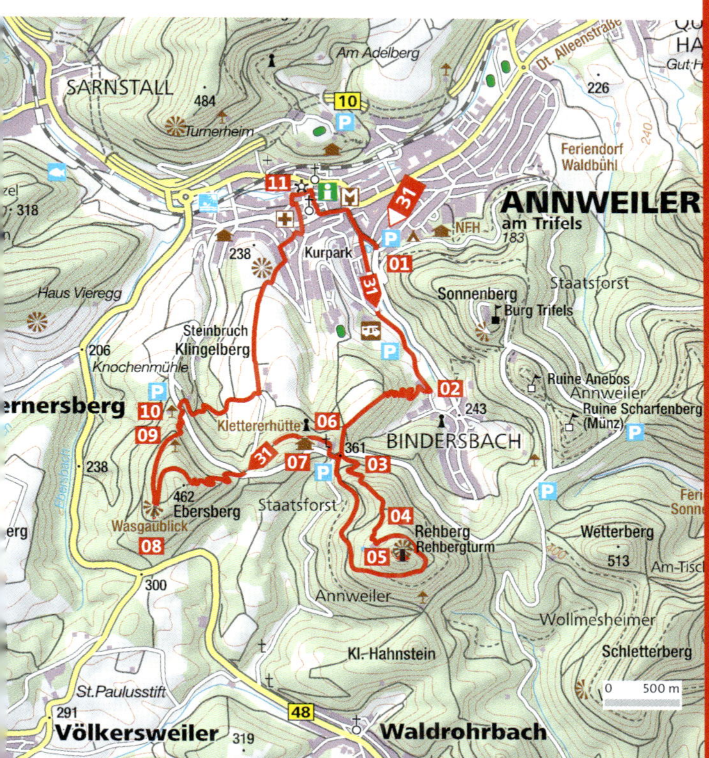

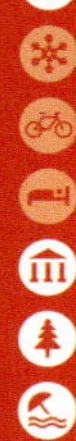

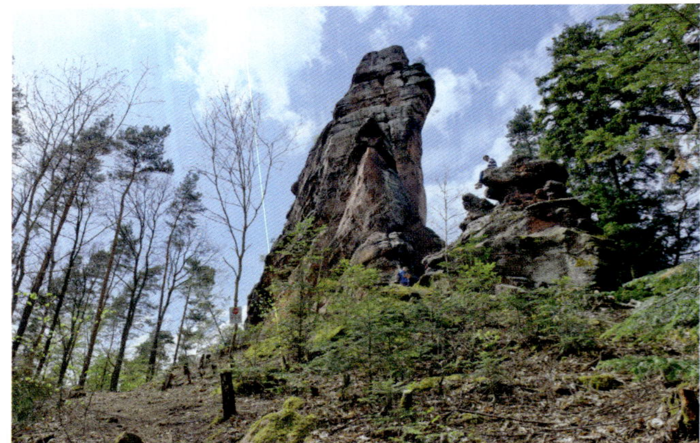

Der Asselstein

breiteren Weg, dem wir flach nach rechts folgen. Nach einer deutlichen Rechtskehre bei der Aussichtsstelle **Wasgaublick** 08 verlassen wir dann den wieder leicht abfallenden Weg und gehen auf einem Pfad, mit Geländer, zu einer kleinen Holzhütte und einem schönen Picknickplatz hoch. Von der **Willi-Achtermann-Hütte** 09 hat man wieder Blick auf alle drei Annweiler Burgruinen.

Es geht rechts am Geländer entlang bergab, dann mit der Löwenherz-Markierung scharf links auf schmalem Pfad am Waldhang entlang in Serpentinen abwärts zur Autostraße. Linker Hand passieren wir die Andachtsstätte Einsiedelei, ein überhängender Felsen mit Kreuz, und treffen kurz vor der Straße auf einen Friedwald und den **Prof.-Georg-Biundo-Brunnen** 10.

Wir überqueren die Autostraße, wandern leicht bergab durch den Friedwald, stoßen auf einen Parkplatz und schwenken nach rechts. Nur wenige Meter später biegen wir links ab und und steigen in engen Serpentinen recht steil bergab, teils über Stufen. Unten folgen wir einem breiteren Forstfahrweg nach rechts. Nach einer Linkskehre steigt der Weg wieder leicht an und wir verlassen wenig später den Wald. Nun fällt der Weg wieder ab, wir stoßen bald auf Asphalt, es geht stärker bergab, in einer Kehre verlassen wir den Asphalt und wandern auf einem Feldweg steiler hinab zu Häuser. Über die Straße Brunnenring schwenken wir rechts, halten uns beim Kindergarten links und gehen auf schmalem Fußpfad in die Spitalstraße und hinab zum **Gasthof am Alten Wasserrad** 11.

Rechts in die Gerbergasse, gehen wir an der Queich entlang, überqueren sie in die Mühlgasse und wandern zum Rathausplatz. Wir folgen der Hauptstraße in einem Linksschwenk und biegen dann rechts in die Burgstraße ein, die uns wieder zurück zum **Kurpark** in **Annweiler** 01 bringt.

DIE GEIERSTEINE-TOUR

Kammwanderung mit felsigen Aussichtspunkten

 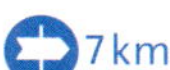 7 km  2:00 h 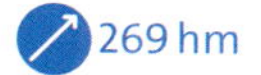 269 hm 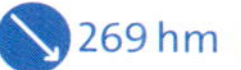 269 hm 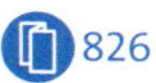 826

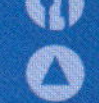

START | Lug, Hauensteiner Straße, Parken bei der Gemeindehalle [GPS: UTM Zone 32 x: 419.320 m y: 5.448.230 m]
CHARAKTER | Breite Wald- und Forstwege; schmale teils wurzelige Pfade, in Lug asphaltierte Nebensträßchen.

Vom Startpunkt an der Gemeindehalle in **Lug** 01 gehen wir die Hauensteiner Straße hinab, halten uns rechts, vorbei am Dorfbrunnen, überqueren die Hauptstraße und gehen rechts an der Kirche vorbei in die Mühlstraße. Wir biegen hinter der Kirche links ab in die leicht ansteigende Bergstraße. Der Asphalt endet und wenig später biegen wir scharf rechts ab (Geiersteine-Markierung). Geradeaus verläuft unser Rückweg. Der Forstweg flacht nach der Abbiegung zu einem schönen Waldweg ab, und steigt nach einer Linkskehre dann deutlich an. Er wird schmäler und wurzeliger, wir überschreiten einen Schotterweg und kommen zu einer Verzweigung; über uns tauchen imposante Felsen auf (**Hornstein** 02).

Unterhalb der Felsen geht es vom breiten Weg rechts ab auf einen schmalen Pfad, zunächst über Stufen, dann ansteigend den Wald hoch. Vor den Felsen halten wir uns links. Weitere Felsen tauchen auf, wir passieren eine Aussichtsbank und steigen auf kehrenreichem, schmalem Pfad weiter den Waldhang hinauf. Wir kommen erneut an einem mächtigen Felsen vorbei, der Pfad schlängelt sich in Kehren weiter bergauf.

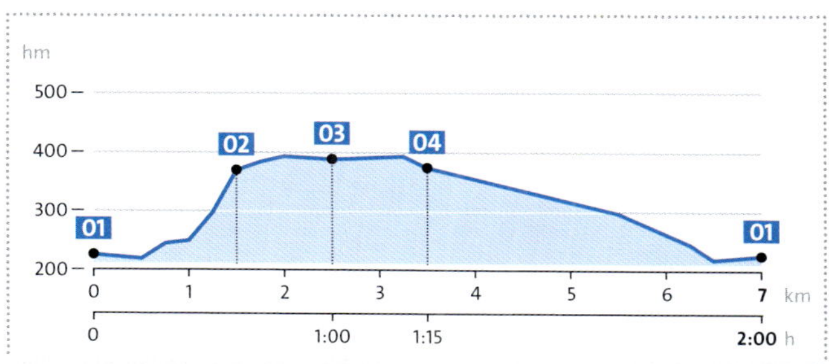

01 Lug, Gemeindehalle, 215 m; 02 Hornstein, 365 m; 03 Geierstein, 385 m; 04 Runder Hut, 370 m

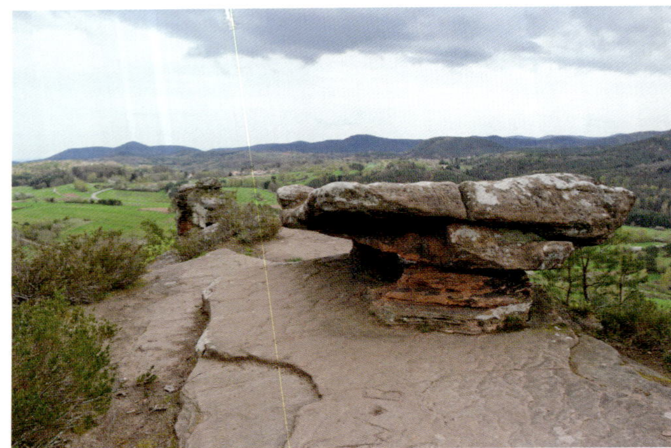
Herrlicher Geierstein-Aussichtspunkt

Wir erreichen eine Anhöhe, es wird flacher und wir traversieren an weiteren, teils sehr imposanten Felsen vorbei. Bei einer Verzweigung bleiben wir geradeaus, Richtung Geiersteine, und folgen einem orangen Zeichen ein paar Meter zu einem Aussichtspunkt (**Geierstein 03**).

Zurück zur Abzweigung schwenken wir rechts in Richtung „Runder Hut". Immer wieder verläuft der Weg direkt an Felsen vorbei. Nach

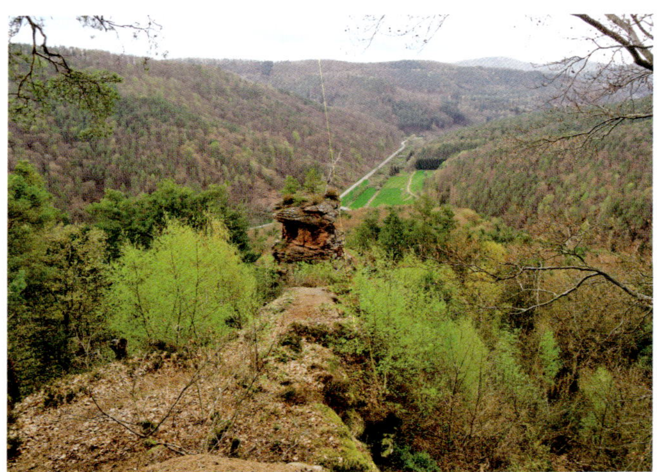
Weitblick vom Runden Hut

einer Bank, die unter einem Felsen platziert ist, reißen die Felswände ab, wir gehen fast eben auf einem Kamm, mit fantastischer Aussicht nach links. Wir stoßen auf einen alleinstehenden Felsklotz, bleiben unterhalb vom Grat rechts, queren den Berghang und kommen nach einer Linkskehre zu einer Verzweigung. Nach rechts machen wir den Abstecher zum Aussichtspunkt „**Runder Hut**“ 04. Wieder zurück zur Verzweigung und rechts mit dem Geierstein-Logo auf breitem Forstweg, leicht abwärts. Der Waldweg zieht gemächlich bergab und wir stoßen wieder auf die Verzweigung mit dem Hinweg. Wir halten uns jetzt rechts bergab, machen mit dem Waldweg eine deutliche Linkskehre, es geht stärker abwärts und wir stoßen erneut auf unseren Hinweg, dem wir auf bekanntem Weg Richtung **Lug** 01 und zurück zur Gemeindehalle folgen.

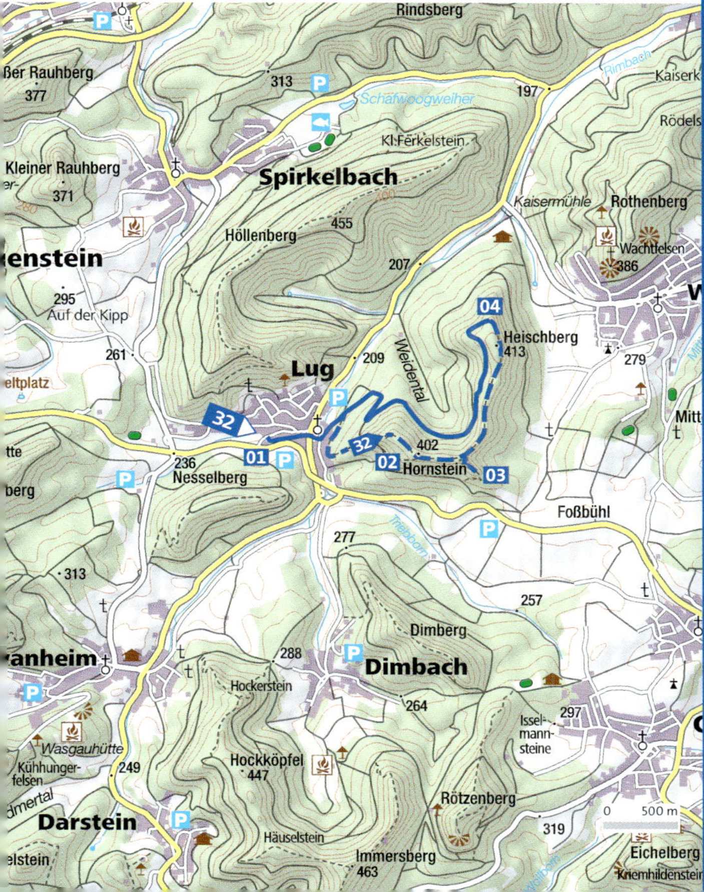

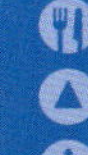
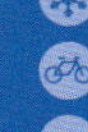

FALKENBURG – BREITENBERG

Rund um das Wilgartswiesener Naturschutzgebiet

 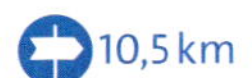 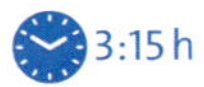 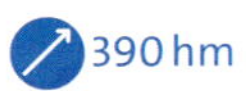 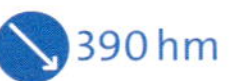 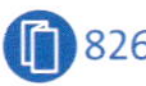

START | Wilgartswiesen, Bahnhof, Parken in der Nähe [GPS: UTM Zone 32 x: 418.750 m y: 5.451.390 m]
CHARAKTER | Rund um das Wilgartswiesener Naturschutzgebiet. Breite Wald- und Forstwege; schmale, stellenweise etwas steilere Pfade, asphaltierte Nebensträßchen.

In **Wilgartswiesen** 01 gehen wir die Bahnhofstraße abwärts Richtung Kirche und folgen der Markierung Burgentour nach links in die Schulstraße. Am Ende des Asphaltsträßchens biegen wir links in einen grob betonierten Weg, den Müllpfad, ein. Rechts oben am Waldhang zeigen sich mehrere Felstürme. Durch ein Zauntor verlassen wir den Betonweg links auf einem schmalen Fußpfad, gelangen auf den gepflasterten Falkenburgermühle-Weg. An der Vorfahrtsstraße halten wir uns rechts, überqueren einen Bach und die Hauptstraße und folgen der Tiergartenstraße. Vorbei an einer Infotafel zur Reichsfeste Falkenburg, schwenken wir nach links, es geht asphaltiert steiler bergauf und in den Wald hinein (Markierung F).

Wir überqueren mit dem schmalen, ansteigenden Waldpfad den Rundweg Falkenburg, folgen der Burgentour-Markierung und steigen nach einer scharfen Linkskehre nochmals ordentlich steil an. Wir gelangen zu Felsen, und steigen an außen angebrachten Treppenstufen hoch. Über Steinstufen gelangen wir ins Burginnere und

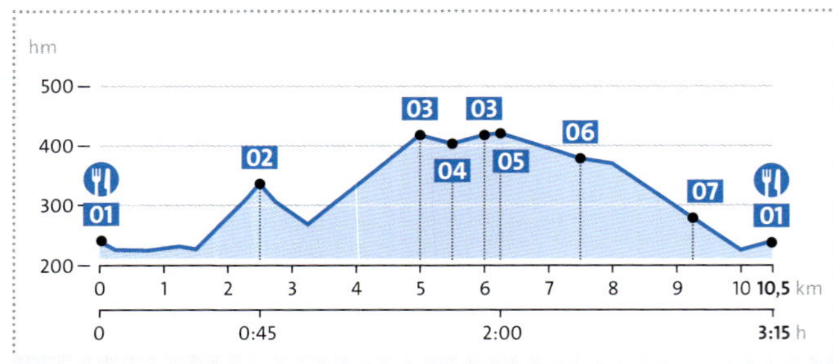

01 Wilgartswiesen, 230 m; 02 Ruine Falkenburg, 330 m; 03 Parkplatz, 415 m; 04 Altstraße, 400 m; 05 Wasgau-Blick, 418 m; 06 Breitenberg, 374 m; 07 Wolfsgrube, 270 m

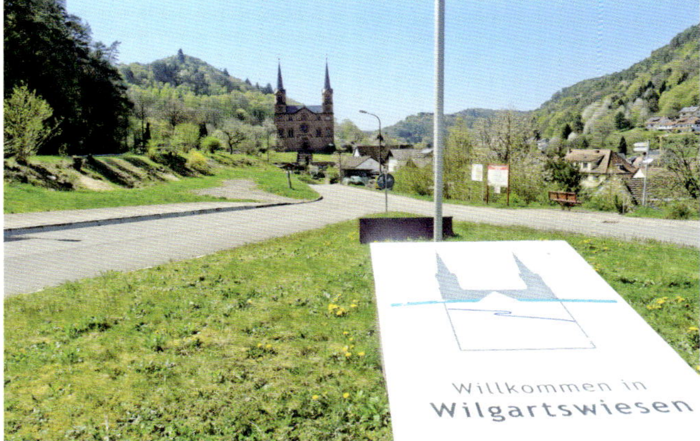

Wilgartswiesen, Ortseingang

hoch auf die aussichtsreiche **Ruine Falkenburg 02**.

Über die Treppen wieder bergab, an den Felsen entlang ein paar Meter zurück, und am Ende der Felsen biegen wir links ab (Burgentour-Markierung), wandern auf schottrigem Weg recht steil bergab. Nach einer Linkskehre folgen wir dem „F“ und der Beschilderung Richtung Wasgau-Blick. Wir verlassen den Wald und wandern über Wiesen, bis wir kurz vor der Autostraße rechts abbiegen und mit dem Schild „Breitenberg“

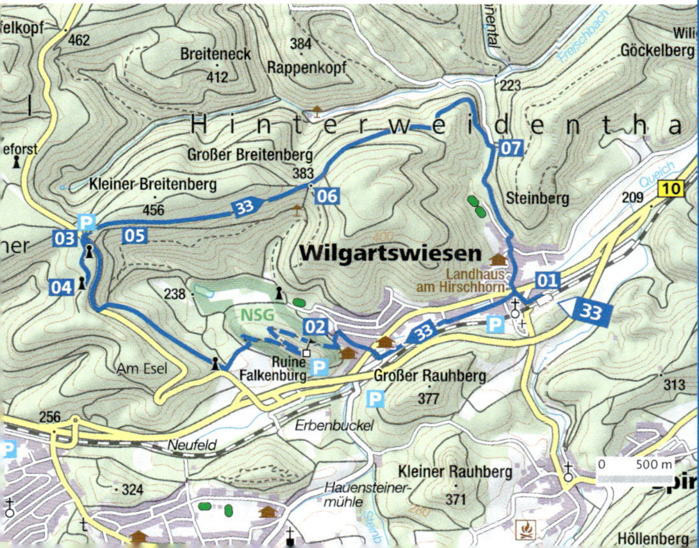

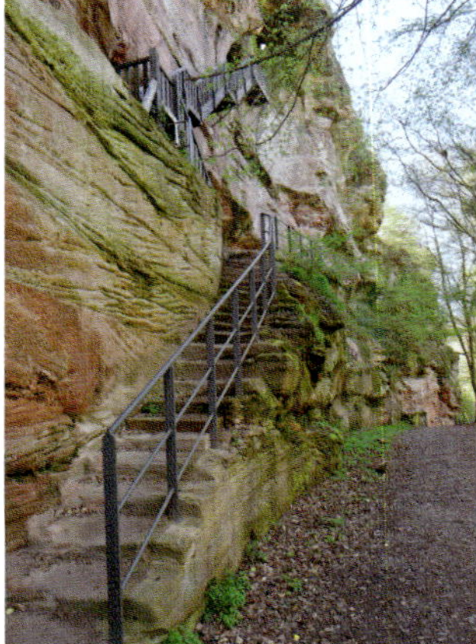

Interessante Leiterpassage hoch zur Ruine Falkenburg

wieder in den Wald eintreten. Der leicht ansteigende Pfad verläuft parallel unterhalb der links oben sichtbaren Autostraße, und nähert sich ihr stetig an (Pos. Pfad neben K 56). Wir erreichen sie schließlich bei einen **Parkplatz** 03 mit Infotafel. Von hier machen wir links über die Straße einen Abstecher zu ausgeschilderten historischen Gleisen, einer **Altstraße** 04 der Kelten, Römer und des Mittelalters, deren Spurrillen noch sichtbar sind. Bei einer Infotafel eröffnet sich wenige Meter entfernt am Waldrand oben ein grandioser Ausblick.

Zurück beim **Parkplatz** 03 wandern wir auf breitem Weg mit dem „F" weiter zum ausgeschilderten **Wasgau-Blick** 05 (schmaler Pfad rechts zu einer Aussichtsbank) und gelangen fast eben eine Viertelstunde später zur Schutzhütte **Breitenberg** 06. Wir halten uns links Richtung Wilgartswiesen („F") und erreichen leicht abwärtsgehend bei einem Wasserhäuschen Asphalt. Wenig später ist links, ein paar Meter vom Sträßchen entfernt, eine gemauerte **Wolfsgrube** 07 zu besichtigen (Schild).

Auf dem Asphaltsträßchen marschieren wir in Kehren weiter bergab, teils an kleineren Felsen vorbei, gehen oberhalb vom Sportplatz entlang hinab zu Häuser. Der Weg zurück ist als Helmut-Wölfl-Weg markiert. Über die Herrengasse gelangen wir zur Hauptstraße, und am Rathaus vorbei über die Bahnhofstraße zurück nach **Wilgartswiesen** 01.

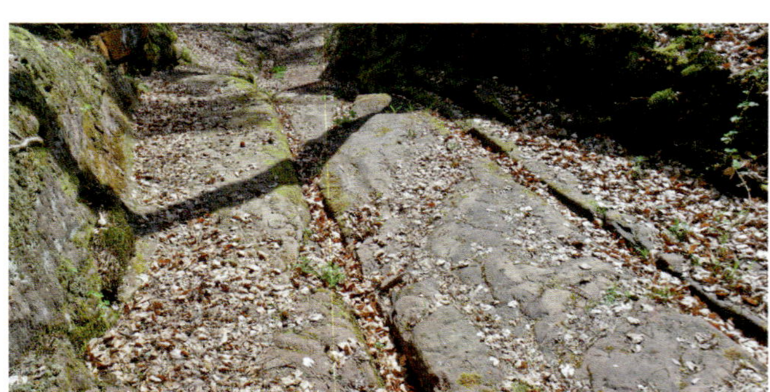

Spurrillen am historischen Altweg

RIMBACH-STEIG

Höhenwanderung über Immersberg, Nesselberg und Hühnerstein

 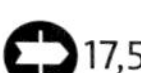 17,5 km  6:30 h  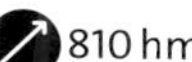 810 hm  810 hm  826

START | Darstein, Hauptstraße (L 490), gegenüber der Ringstraße [GPS: UTM Zone 32 x: 418.620 m y: 5.445.390 m]
CHARAKTER | Breite Wald- und Forstwege; schmale, auch steilere und kehrenreiche Pfade, stellenweise recht ausgesetzt, kurze Drahtseilpassage, nur wenig Asphaltberührung.

▶ In **Darstein 01** beginnt unsere anspruchsvolle Wanderung. An der Ringstraße folgen wir rechts der Beschilderung zum Häuselstein, der Asphalt endet nach ein paar Metern, und am Ende der Häuser stoßen wir ans Waldrandeck. Auf teils geteertem Weg gehen wir in den Wald, verlassen den Teerweg in einer Linkskurve und schwenken rechts flach ab. Kurz nach einer Verzweigung (links Häuselstein) endet der breite Weg und wir biegen links auf einen schmalen Pfad ab, der in Serpentinen am Waldhang hochführt.

10 Minuten später ist rechts ein erster Aussichtspunkt ausgeschildert (**Immersberg 02** 100 m). Am bewaldeten Hang entlang erreichen wir kurz darauf einen schönen Rastplatz (Plätzl am Dreilän-

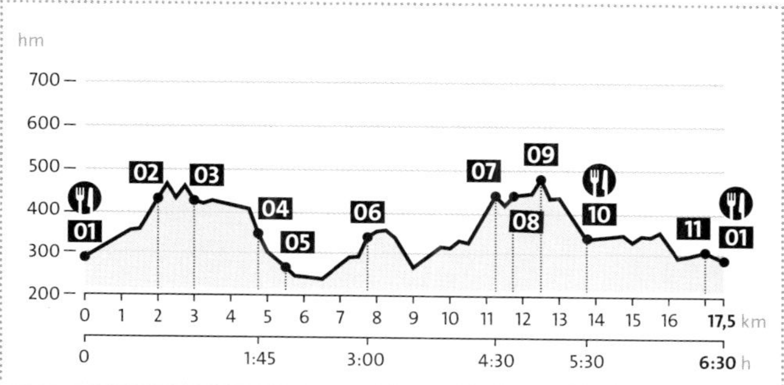

01 Darstein, 275 m; **02** Immersberg, 420 m; **03** Häuselstein, 415 m; **04** Hockerstein, 335 m; **05** Lourdesgrotte, 253 m; **06** Nesselbergfelsen, 328 m, **07** Hühnerstein, 430 m; **08** Hahnenstein, 430 m; **09** Wolfshorn, 470 m, **10** Wasgauhütte, 325 m; **11** Kochelsteinhütte, 295 m

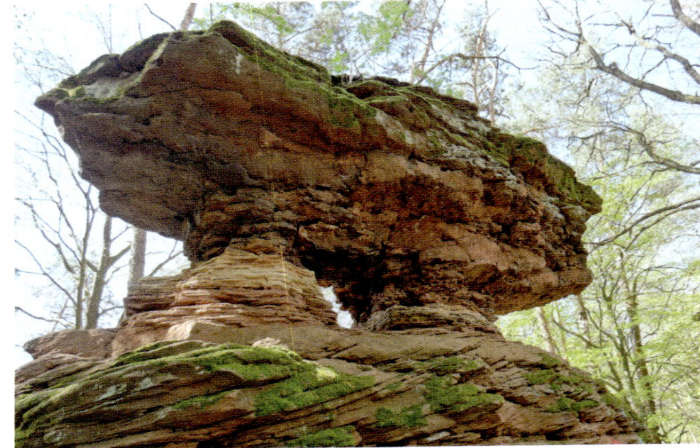

Tolle Felsformation am Rimbach-Steig

dereck) und wandern in Kehren abwärts, an eindrucksvollen Felsformationen vorbei.

Nach den Felsen geht es flacher, auf einer Art Grat zum Aussichtspunkt **Häuselstein 03**, den wir über einen schmalen Pfad, unterhalb von Felsen erreichen (Bank). Es geht rechts weiter, an einem Geländer entlang steil und in Kehren bergab zu einem breiteren Waldweg, dem wir rechts folgen. Bei einer Linkskehre verlassen wir den Weg nach rechts auf schmälerem Waldpfad und kommen zur Pos. Weimersberg. Der Rimbachweg zweigt links ab, verläuft abwärts, wieder an Felsen vorbei. Bei aufeinanderliegenden Felsen knicken wir links ab und steigen auf schmalem Pfad in Kehren den

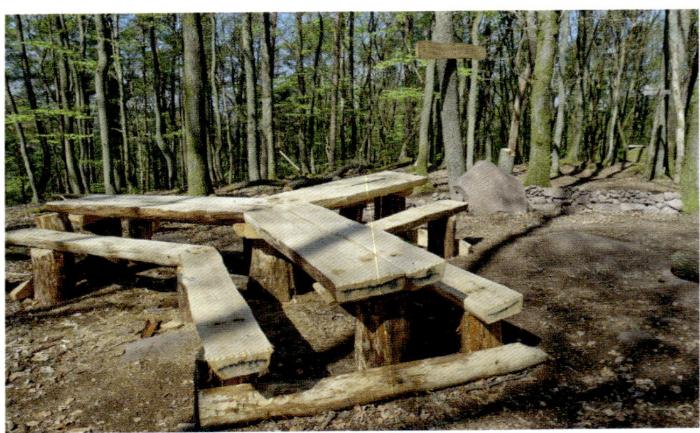

Das Platzl am Dreiländereck, ein schöner Rastplatz

steilen Waldhang hinab. Wir gelangen zum kreuzgeschmückten Aussichtspunkt **Hockerstein 04**; ein kurzer ausgesetzter Abschnitt ist mit Drahtseil gesichert.

Der Hauptweg geht weiter in engen Kehren ordentlich steil bergab, halten uns bei einem Felsen rechts und wandern hinab Richtung unten auftauchender Häuser und kommen zur Schwanheimer **Lourdesgrotte 05**.

Auf dem Stationenweg abwärts gelangen wir zur Ringstraße, schwenken rechts und verlassen den Ort über einen geteerten Landwirtschaftsweg. Vor einer Linkskurve verlassen wir den Asphalt und gehen links über die Wiese, überqueren den Rimbach über einen Holzsteg und steigen zur Straße hoch. Wir überqueren die Autostraße, folgen dem breiten Weg, der leicht ansteigt und in den Wald führt. Bald zweigen wir

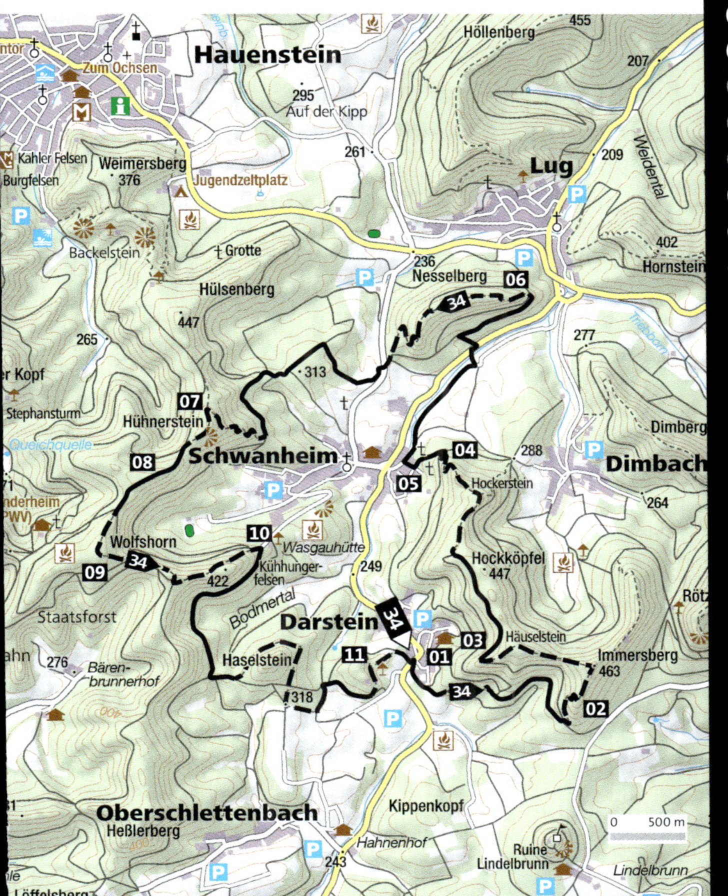

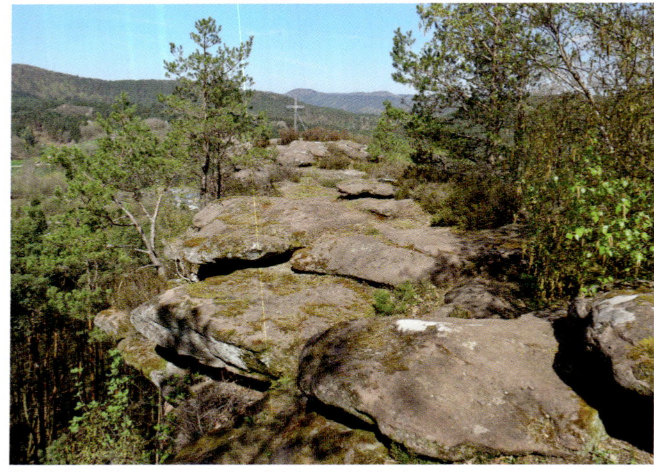

Der felsige Zugang zum Aussichtspunkt Hockerstein

rechts ab auf einen schmäleren Waldweg, traversieren zunächst flach am Waldhang entlang, bis wir nach einer scharfen Linkskehre in engen Kehren zu den **Nesselbergfelsen 06** hochsteigen. An den lang gezogenen Felsen vorbei hoch zum Kamm und auf teils recht ausgesetztem Hangweg zum Aussichtspunkt Nesselberg (Achtung! Absturzgefahr).

Vor dem Aussichtspunkt verläuft der Rimbachsteig rechts abwärts, bringt uns über eine Wiese zur Autostraße hinab. Über die Straße, an einer Schutthalde vorbei, folgen wir den ausgezeichneten Markierungen und biegen nach mehreren Richtungswechseln vor einer lichten Stromtrasse scharf rechts ab. Auf schmalem Waldpfad geht es wieder kehrenreich und ziemlich steil bergauf. Oben wird es flacher, wir halten uns rechts und umrunden einen markanten Felsen, den **Hühnerstein 07**, in einer Linkskehre, zuletzt wieder steiler ansteigend. Über eine sichere Metallleiter lässt sich der Aussichtsfels besteigen. Der Weiterweg verläuft an der alten Looch, einem alten Grenzzeichen vorbei, führt entlang mehrerer Grenzsteine über den **Hahnenstein 08** (Aussichtsbank) zum recht unspektakulären höchsten Punkt der Tour, dem **Wolfshorn 09** (470 m).

Kurz darauf verlassen wir den breiten Weg nach links auf schmalem Pfad, passieren die Abzweigung rechts zum Kühungerfelsen und wandern flott bergab zur **Wasgauhütte 10**. Wir traversieren weiter am Waldhang entlang, umrunden den Talschluss und später den Haselsteinfelsen. Vor uns taucht eine Wiesenlichtung auf, und wir gehen links, zunächst am Waldrand entlang, dann wieder durch Wald zur **Kochelsteinhütte 11**. Leicht bergab, bei einer Verzweigung rechts, wandern wir nach **Darstein 01** hinab und stoßen direkt zum Ausgangspunkt.

HAUENSTEINER SCHUSTERPFAD

Felsenweg um das traditionsreiche „Schuhdorf“

  17,5 km 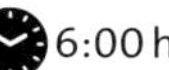 6:00 h 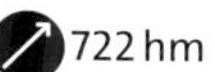 722 hm 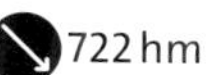 722 hm  826

START | Hauenstein, Turnstraße, Parken am Deutschen Schuhmuseum
[GPS: UTM Zone 32 x: 416.610 m y: 5.449.160 m]
CHARAKTER | Breite Wald- und Forstwege; schmale, auch steilere und felsigere Pfade, stellenweise etwas ausgesetzt, nur wenig Asphaltberührung.

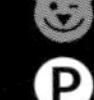

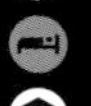

Am Deutschen Schuhmuseum in **Hauenstein 01** beginnt unsere abwechslungsreiche, recht lange Rundtour. Wir wandern rechts die Hornstraße hoch, schwenken in die Straße Am Weimersberg und gehen vor zur Weißenburger Straße. Rechtshaltend kommen wir zu den Sitzbänken beim Ankerskreuz und folgen – mit der Markierung Schusterpfad – einem in Kehren ansteigenden Pfad hoch zum Aussichtspunkt **Kreuzfelsen 02**.

Ein paar Meter später machen wir nach rechts den Abstecher (20 m) zur Pos. Kahler Felsen und passieren anschließend die Abzweigung zum Dörreinfelsen. Der nächste Abstecher nach rechts (240 m) ist

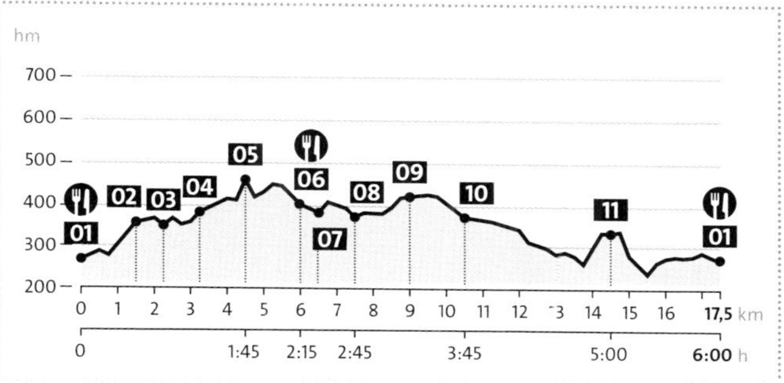

01 Hauenstein, Schuhmuseum, 255 m; **02** Kreuzfelsen, 345 m; **03** Fliehburg Backelstein, 338 m; **04** Schutzhütte Weimersborn, 370 m; **05** Hühnerstein, 450 m; **06** Wanderheim Dicke Eiche, 390 m; **07** Naturdenkmal Dicke Eiche, 370 m; **08** Winterkirchl, 360 m; **09** Jungwald-Schutzhütte, 410 m; **10** An den Vier Buchen, 360 m; **11** Nedingfelsen, 322 m

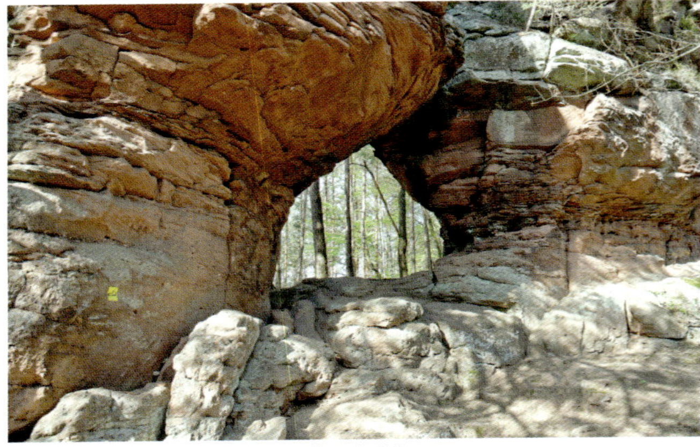

Das Felsentor am Weg zum Nedinggipfel

die **Fliehburg Backelstein 03**, eine eingezäunte Aussichtsplattform, die wir an Felsen vorbei, über eine Holzbrücke und steile Stufen entlang der Felswand hoch, erreichen.

Zurück bei der Abzweigung halten wir uns rechts und folgen dem auf- und abführenden Pfad in einem Rechtsbogen an Felsen vorbei, zuletzt auf breiter werdendem Waldweg zur kleinen **Schutzhütte Weimersborn 04**.

Etwa 10 Minuten später verlassen wir den breiten Weg nach links und folgen einem steinigeren, und immer wieder ansteigenden Weg hoch zum Aussichtsfelsen **Hühnerstein 05**, der über eine Sicherheitsleiter bestiegen werden kann. Auf dem Weiterweg pas-

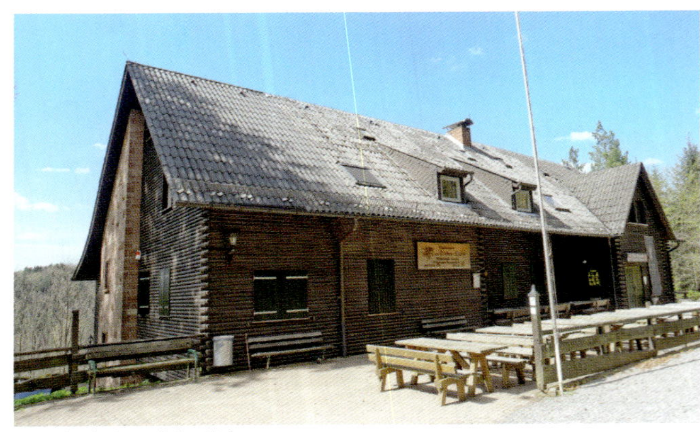

Wanderheim Dicke Eiche

sieren wir das Grenzzeichen Altes Looch (Hasenteller) und stoßen auf die Verbindung mit dem Rimbachsteig. Wir bleiben rechts auf dem breiten Forstweg, und biegen dann rechts ab zur sichtbaren **Wanderhütte Dicke Eiche 06**. Vor der Hütte schwenkt der Schusterpfad nach links, und in einem Rechtsbogen gelangen wir zu einem freien Platz mit dem **Naturdenkmal Dicke Eiche 07**. In leichtem Auf und Ab schlängelt sich der hervorragend markierte Pfad am Waldhang entlang, fällt nach einem kreuzenden Weg, dem wir rechts folgen, leicht ab und bringt uns zum herrlich im Wald gelegenen **Winterkirchl 08**.

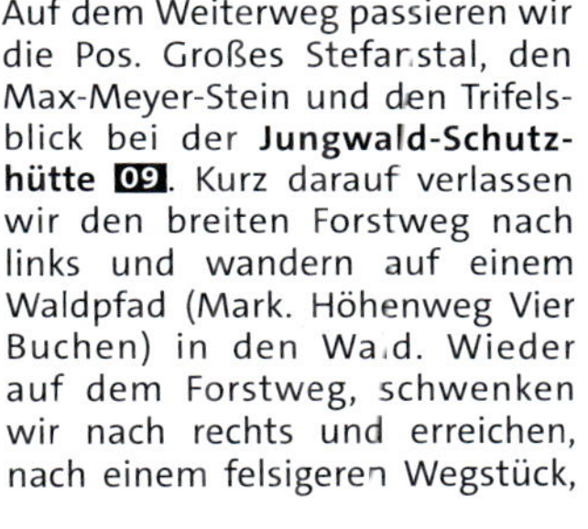

Auf dem Weiterweg passieren wir die Pos. Großes Stefanstal, den Max-Meyer-Stein und den Trifelsblick bei der **Jungwald-Schutzhütte 09**. Kurz darauf verlassen wir den breiten Forstweg nach links und wandern auf einem Waldpfad (Mark. Höhenweg Vier Buchen) in den Wald. Wieder auf dem Forstweg, schwenken wir nach rechts und erreichen, nach einem felsigeren Wegstück,

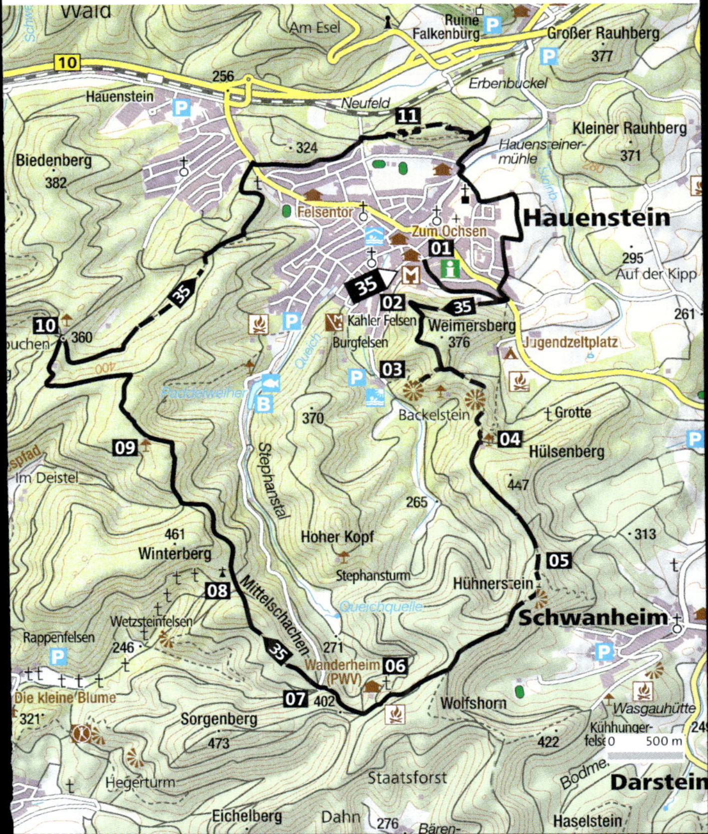

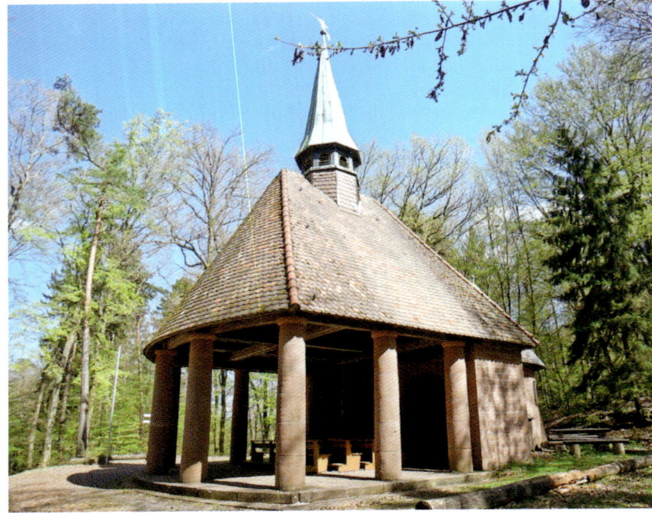

Das Winterkirchl

leicht bergab die Wegespinne **An den Vier Buchen 10**, mit kleiner Schutzhütte.

Der Schusterpfad geht nach rechts, vorbei an einem Brunnen mit frischem Wasser, und nach einer Linkskehre ab vom breiten Weg auf einen schmalen Pfad am Waldhang entlang. Vorbei an einem Hochbehälter führt uns der markierte Pfad leicht abwärts; wir machen rechts einen Abstecher zu einem Aussichtsfelsen und steigen bergab zur Autostraße. Auf der anderen Straßenseite geht es über Stufen hoch, und der Pfad führt mit herrlicher Sicht über Hauenstein oben am Waldrand und an Felsen entlang. Erneut geht es abwärts zur Straße und wir kommen zum Einstieg am Neding. Es geht in Serpentinen bergauf, Felsen tauchen auf, wir passieren das Felsentor, erreichen oben den Grat, und gelangen linkshaltend zum kreuzgeschmückten **Nedingfelsen 11**.

Wieder ein paar Meter zurück und geradeaus auf dem flachen Gratrücken, biegen aber bald rechts auf einen in Serpentinen abwärtsführenden Pfad ab. Bei einer Kreuzung schwenken wir nach rechts hinab zu Häuser, überqueren die Landauer Straße und folgen dem wieder bergaufführenden Pfad zunächst in einer Linksdrehung an Häuser vorbei, dann über freies Feld. Bei einer Bank knicken wir rechts ab, an einem Straußengehege vorbei und in einer Rechtskurve zurück zu Häuser. Wir stoßen auf Asphalt (An der Vogelhege), folgen ihr links vor zur Weißenburger Straße, halten uns kurz rechts, stoßen auf den Hinweg, und gelangen über die Straße Am Weimersberg zurück nach **Hauenstein 01** zum Deutschen Schuhmuseum.

WASGAU-FELSENWEG

Von Lindelbrunn zu den Felstürmen um Vorderweidenthal und Oberschlettenbach

 23,5 km  7:30 h 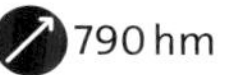 790 hm  790 hm 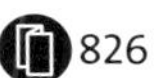 826

START | Vorderweidenthal, Lindelbrunn, Waldparkplatz an der K 10; alternativ kleiner Parkplatz am Ende der Straße beim Cramerhaus, unterhalb der Ruine Lindelbrunn
[GPS: UTM Zone 32 x: 420.070 m y: 5.443.720 m]
CHARAKTER | Breite Wald- und Forstwege; schmale, auch steilere und felsigere Pfade, bei den Buhlsteinfelsen stellenweise ausgesetzt, kurze Asphaltabschnitte in Oberschlettenbach, Vorderweidenthal und vor Lindelbrunn.

Wir starten diese lange und anspruchsvolle Tour am **Wanderparkplatz** vor **Lindelbrunn** **01** und gehen auf einem Asphaltsträßchen Richtung sichtbarer Ruine. Vorbei an der Waldgaststätte **Cramerhaus** **02** gelangen wir zu einem kleinen Parkplatz, hier endet der Asphalt. Wir folgen dem Wasgau-Felsenweg nach rechts in den Wald, auf breitem Forstweg, und schwenken bei der nächsten Verzweigung nach links, leicht abwärts. Mit mehreren Richtungs-

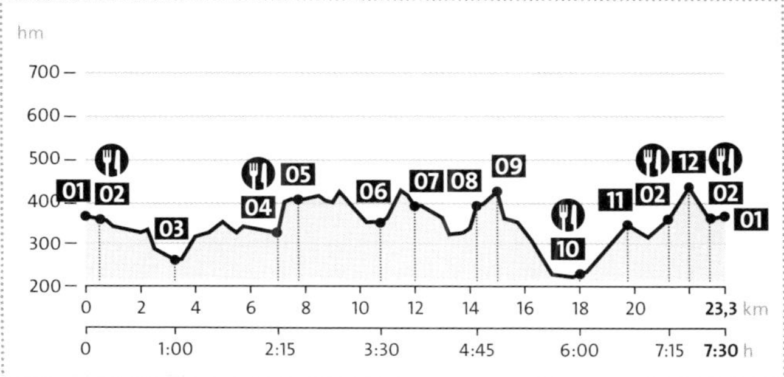

01 WP Lindelbrunn, 355 m; **02** Cramerhaus, 348 m; **03** Hahnenhof, 248 m; **04** Wasgauhütte, 314 m; **05** Kühhungerfelsen, 395 m; **06** Abzweig Bühlhof, 339 m; **07** Löffelsberg, 379 m; **08** Buhlsteinfelsen, 380 m; **09** Buhlsteinpfeiler, 415 m; **10** Vorderweidenthal, 214 m; **11** Rödelstein, 334 m; **12** Ruine Lindelbrunn, 425 m

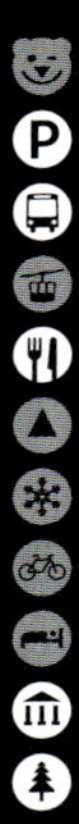

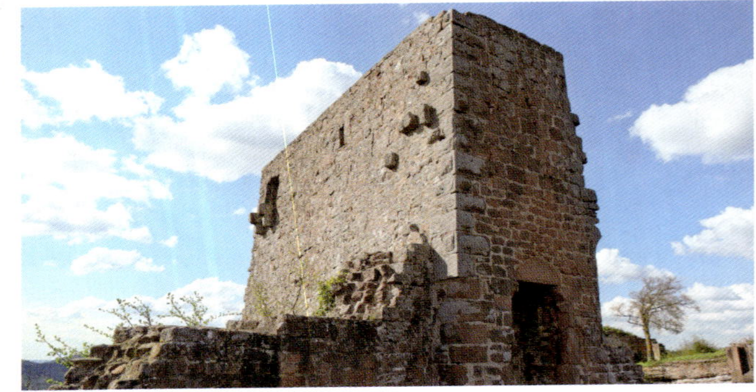

Ruine Lindelbrunn

wechseln, über freies Wiesen- und Ackergelände und durch Wald kommen wir, stetig leicht bergabgehend, in ein breite, grüne Tallichtung, der wir rechts zum **Hahnenhof** **03** folgen.

Wir überqueren die Autostraße, marschieren auf dem Asphaltsträßchen geradeaus weiter und biegen vor dem Ortsschild Oberschlettenbach scharf rechts ab. Auf Asphalt geht es hoch, in einer Linkskehre um den Friedhof herum, und halten uns oben links. Der Weg steigt wieder an und wir gehen, jetzt nicht mehr asphaltiert, in Richtung eines markanten Felsen. Über einen kreuzenden Forstweg und links auf schmalem Pfad umrunden wir den Haselstein. Es geht leicht abwärts, wir halten uns bei einer Wegteilung rechts und traversieren in einer flachen Rechtskehre am Waldhang entlang zur rechts am Weg liegenden **Wasgauhütte** **04**. Der Wasgau-Felsenweg verläuft vor der Hütte links auf schmalem Waldpfad, der wieder deutlich ansteigt. Oben ist nach links der Abstecher zum herrlichen Aussichtspunkt **Kühhungerfelsen** **05** ausgeschildert.

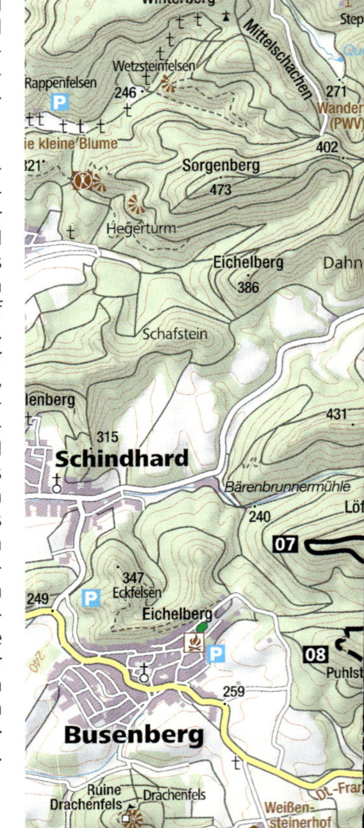

Wieder zurück, an der Abzweigung zum Wanderheim Dicke Eiche vorbei, schlängelt sich der weiche Pfad in leichtem Auf und Ab durch den Wald. Wir wandern wieder an Felsen entlang, stellenweise leicht abwärts, halten uns bei einem kreuzenden Forstfahrweg links, passieren die Pos. **Abzweig Bühlhof 06**, und gelangen zu einem Scheitelpunkt. Hier biegen wir rechts ab, steigen in steilen Serpentinen an Steinmännchen vorbei den Waldhang zu einem Grat hoch. An dessen Ende, ein paar Meter steiler abwärts, stoßen wir auf eine Forststraße und erreichen den Geländer gesicherten Aussichtspunkt **Löffelsberg 07**.

Auf dem breiten Forstweg geht es moderat hinab, bis wir wieder zum Scheitelpunkt kommen. Folgen nun rechts einem schmalen Pfad in Kehren bergab. Wir überqueren eine freie Wiesenlichtung, halten uns rechts, und verlassen bei der nächsten Verzweigung den breiten Weg auf einem steil ansteigenden Serpentinenpfad, der uns hoch zu Felsen führt. Der tra-

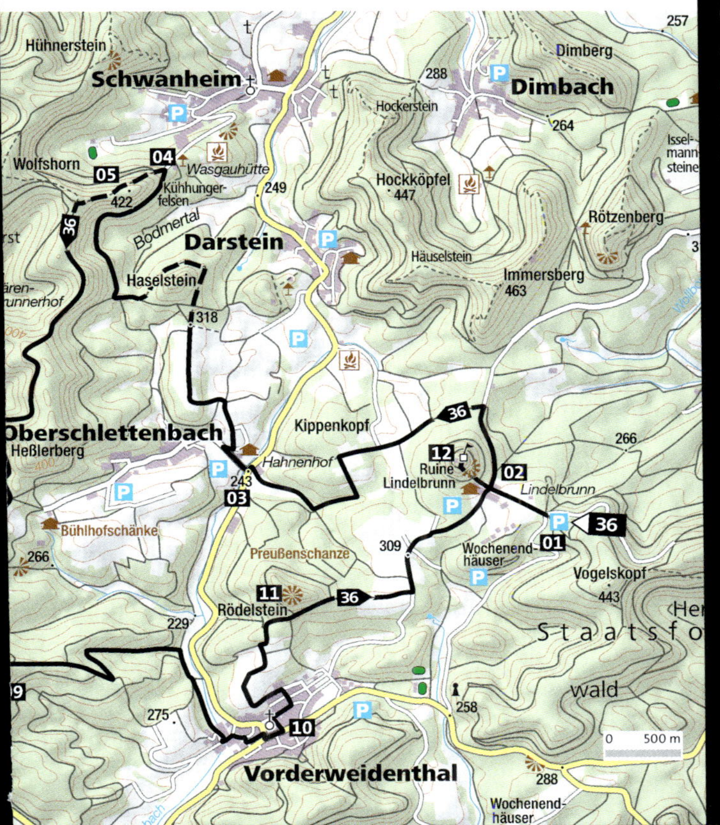

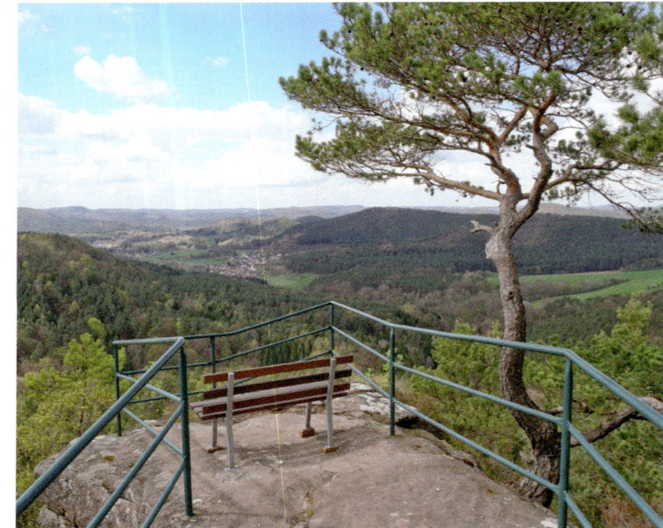

Aussichtspunkt am Löffelsberg

versierende Hangpfad unterhalb der lang gezogenen **Buhlsteinfelsen 08** ist teils recht ausgesetzt, mit Stufen und engen Kehren.

Wenig später ist rechts hoch der Geländer gesicherte **Buhlsteinpfeiler 09** erreicht, der eine fantastische Aussicht bietet. Der Abstieg verläuft in engen, steilen, teils ausgesetzen Kehren den Waldhang hinab, dann weist der Wasgau-Felsenweg scharf links Richtung Vorderweidenthal. Auf breitem Waldweg folgen wir der Markierung abwärts, teils etwas steiler, erreichen das Waldende und gehen hinab, zum Schluss über Wiesen und einen Bach nach **Vorderweidenthal 10**. Über die Berwartstraße und die Wiesenstraße zur Hauptstraße vor. An der Kirche vorbei links in die Kirchstraße, und über Thalstraße und Schulstraße wieder leicht ansteigend aus dem Dorf hinaus. Nach ein paar Treppenstufen halten wir uns links, gehen oberhalb der Häuser auf Asphalt, machen eine Rechtskehre und wandern über freies Gelände in großen Kehren Richtung Wald. Wieder ansteigend geht es in einem Rechtsschwenk am Abzweig zum **Rödelstein 11** vorbei, und auf freiem Gelände geht der Wasgau-Weg in Asphalt über. Wir stoßen auf ein kreuzendes Asphaltsträßchen, dem wir links folgen, und das uns nach Lindelbrunn und zum kleinen Parkplatz bringt. Der Auf- und Abstieg zur **Ruine Lindelbrunn 12** verläuft über einen gemütlich ansteigenden Weg, der sich um den Burgberg herumschlängelt.

Am Cramerhaus vorbei gehen wir auf dem Asphaltsträßchen zurück zum Ausgangspunkt beim Wanderparkplatz vor **Lindelbrunn 01**.

DIE HAHNFELS-TOUR

Berg- und Talwanderung von Erfweiler zur Altdahner Burgengruppe

 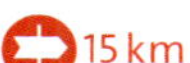 15 km 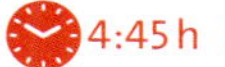 4:45 h 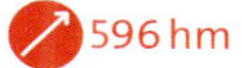 596 hm 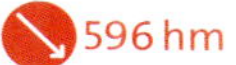 596 hm  826

START | Erfweiler, Belmontplatz, Schulstraße
[GPS: UTM Zone 32 x: 413.400 m y:5.445.800 m]
CHARAKTER | Breite Wald- und Forstwege; schmale und teils steilere (Hang-)Pfade.

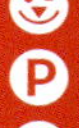

Vom **Erfweiler Belmontplatz** 01 gehen wir über die Winterbergstraße, vor der Kirche über Treppen hoch zum Hohlweg. Wir schwenken links, biegen aber gleich rechts ab auf einen Waldweg. In aufwärtsführenden Kehren gelangen wir zum Hahnfels und über eine Drahtgitterbrücke zur Aussichtsstelle **Felslandblick** 02.

Weiter am Hang entlang führt der Pfad durch Wald, am eingezäunten „Dorfblick“ (Aussichtsbank) vorbei und weiter über Felsen zum **Hahnberg** 03 hoch. Auf dem flachen, breiten Kammrücken durch den Wald, nach einer Rechtskehre bergab, zunehmend steiler und in engen Kehren. Wir stoßen auf einen Forstweg, dem wir flach nach rechts folgen. Durch Wald und Lichtungen fällt der Weg dann wieder ab und bringt uns zu einem breiten Fahrweg. Rechts sind die Häuser von Erfweiler zu sehen. Wir halten uns links und

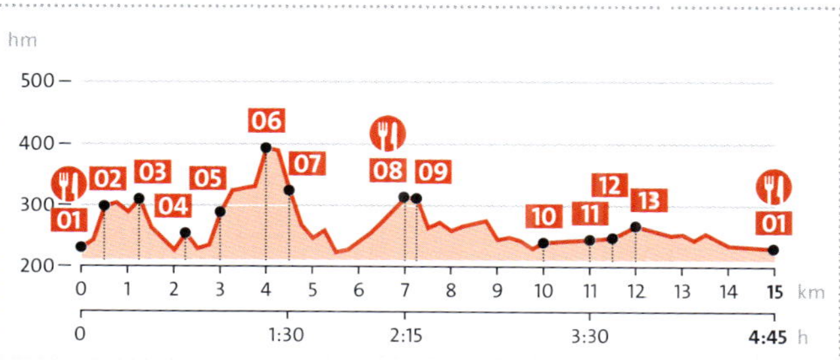

01 Erfweiler, Belmontplatz, 220 m; 02 Felslandblick, 291 m; 03 Hahnberg, 303 m; 04 Hegerturm, 245 m; 05 Schafsfelsen, 281 m; 06 Kahlenberg, 390 m; 07 Wasgaublick, 318 m; 08 Altdahner Burgengruppe, 306 m; 09 Löfelsfelsen, 305 m; 10 Köhlerhütte, 230 m; 11 Landschaftsweiher Bottental, 235 m; 12 Eibachquelle, 238 m; 13 Erfweiler Wasserfall, 258 m

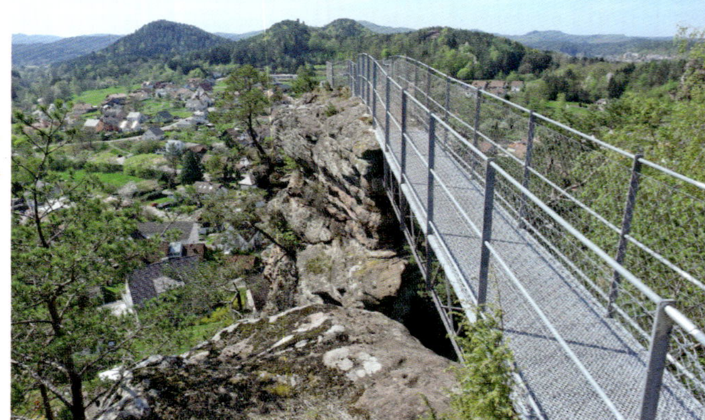

Der gut gesicherte Felslandblick über Erfweiler

steigen dann über einen Waldpfad hoch zum links liegenden **Hegerturm** 04.

Zurück zur Verzweigung und bergab. Wir stoßen auf ein Asphaltsträßchen, passieren die Breitenbachquellen am Hegerturm, und verlassen nach einem Linksbogen den Asphalt. Am **Schafsfelsen** 05 vorbei und rechts steiler hoch zu zwei imposanten Felstürmen. An Kletterwänden entlang und wieder rechts bergauf, folgen wir dem flacher werdenden Hangweg. Achtung! Den schmalen Pfad nicht verpassen, der links hoch zum Kahlenberg-Sattel abzweigt. Kurz darauf steigen wir über Metallstufen zu einem fantastischen Aussichtspunkt am **Kahlenberg** 06 hinauf. Am Ende des Kammrückens gehen wir in Kehren links bergab, unterhalb von Felsen, und erreichen rechts den umzäunten **Wasgaublick** 07. In Kehren weiter abwärts gelangen wir an der Abzweigung zum Dorfblick vorbei, in einem Rechtsknick zum Sportplatz. Kurz hoch in den Wald, dann wieder leicht abwärts, geht es zuletzt über Wiesen zur Autostraße vor. Wir überqueren sie und folgen dem markierten Weg leicht ansteigend hoch zum Parkplatz unterhalb der Ruinen (große Infotafel). Rechtshaltend ist nach wenigen asphaltierten Metern die beeindruckende **Altdahner Burgengruppe** 08 erreicht, die eine ausgiebige Besichtigung lohnt. Am Ende des Zufahrtsweges, links von der Burganlage, halten wir uns rechts, passieren den **Löfelsfelsen** 09 und die große **Felshöhle** am Zimmerberg. In Kehren geht es bergab und beim Erfweiler Sportplatz wieder links auf einen ansteigenden Waldweg, dann scharf links hoch auf einen schmalen Pfad und am Waldrand in einem Rechtsschwenk hinab zur Autostraße. Wir folgen dem Weg neben der Straße links hoch, an einer lustigen Wetterstation vorbei bis zum Waldrand. Ein Stück geradeaus, dann rechts in den

Wald, Richtung Landschaftsweiher Bottental. Bei einem großen Felsblock (Dahn-Erfweiler eingraviert) gehen wir auf dem breiten Forstweg geradeaus weiter, jetzt leicht bergab. Der Wald öffnet sich, wir gehen auf Häuser zu und schwenken vor einer Asphaltstraße links auf einen Forstweg. Vorbei an einer Abzweigung zum Aussichtsfelsen Am Wölmersberg (15 Min.) geht es steiler hinab, wir schwenken vor einem Bach nach links, passieren die **Köhlerhütte** **10** und knicken bei der nächsten Verzweigung rechts ab. Durch lichten Wald, dann am Waldrand entlang wandern wir zum **Landschaftsweiher Bottental** **11**.

Das Hahnfels-Zeichen führt uns durch das recht urtümliche flache Tal, kommen an der **Eibach-Quelle** **12** vorbei und folgen im

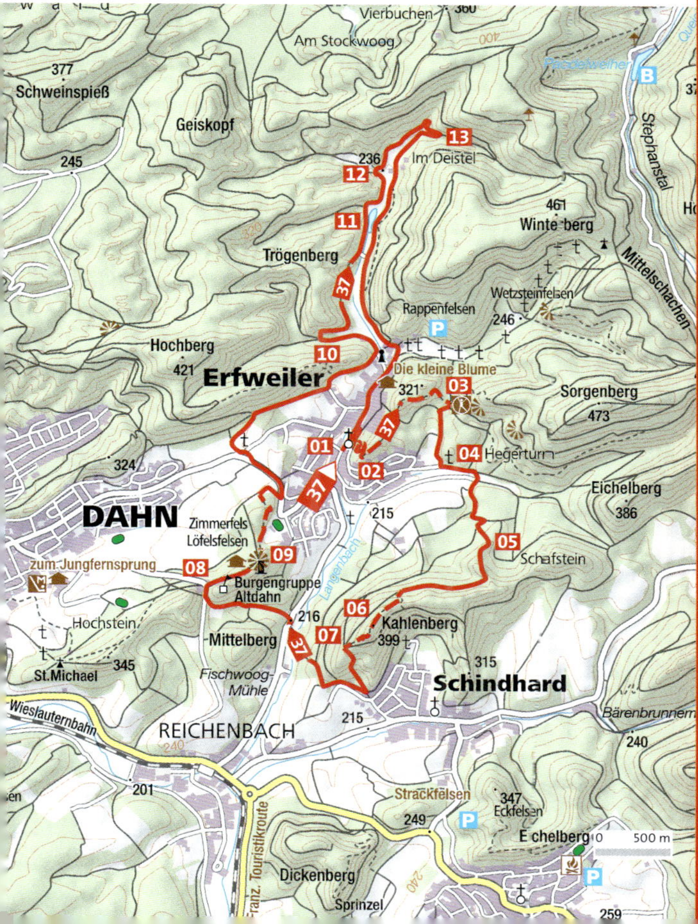

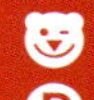

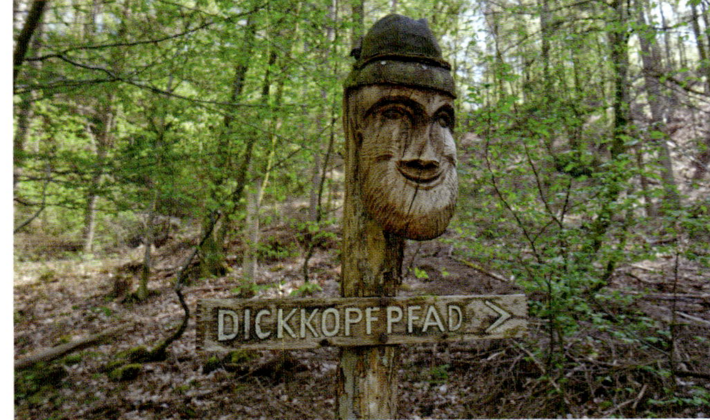

Am Beginn des Dickkopfpfads

Talschluss dem hier ausgeschilderten **Liebespfad**, der in einer scharfen Rechtskehre den Bach überquert und zum **Erfweiler Wasserfall** 13 führt. Auf der anderen Bachseite zurück und in einer Linkskehre auf breitem Weg am Waldrand entlang wieder dem schmalen Tal folgen. Nach einem kleinen Häuschen verlassen wir den breiten Weg und folgen links dem markierten **Dickkopfweg** (Holzskulptur). Etwas erhöht am Waldrand traversieren wir in leichten Auf und Ab bis ans Ende des Dickkopfweges (Pos. Eiwiesen), stoßen auf Asphalt und folgen der Winterbergstraße. Vorbei an der Elwetritsch-Geburtsstätte gelangen wir bei der Kirche zurück zum **Erfweiler Belmontplatz** 01.

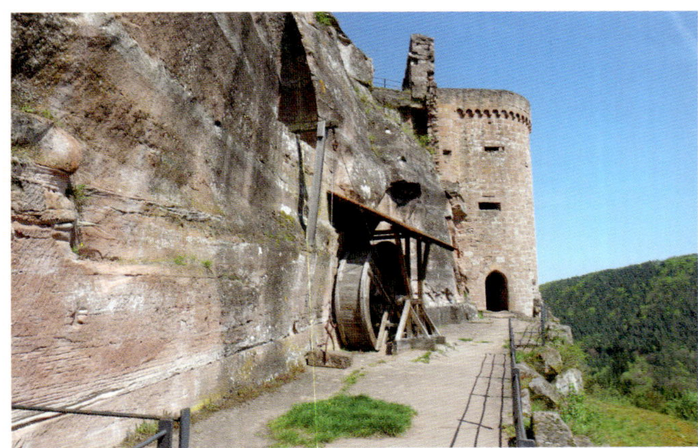
Ein Teil der Burganlage Altdahn

DAHNER FELSENPFAD

Beeindruckende Felsformationen – grandiose Aussichtsgalerien

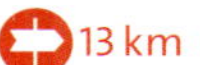

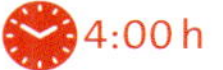

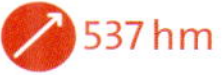

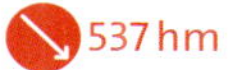

START | Dahn, Büttelwoog, Parken beim Campingplatz [GPS: UTM Zone 32 x: 410.110 m y: 5.444.200 m]
CHARAKTER | Breite Waldwege, schmale Pfade, mit steilen, wurzeligen und felsigen Passagen, teils Geländer gesichert.

Vom Campingplatz Büttelwoog in **Dahn** 01 gehen wir am Hotel Felsenland vorbei links die Hasenbergstraße hoch zu den markanten Felstürmen **„Braut und Bräutigam“** 02. Vor ihnen biegen wir rechts in die Straße Am Wachtfelsen, schwenken aber gleich rechts über den Parkplatz der Jugendherberge und folgen dem ansteigenden Waldpfad zum **Wachtfelsen** 03 hoch. Über Metallleitern steigen wir hoch zur geländergesicherten Aussichtsplattform.

Nach den Felsen durch lichten Wald, dann rechts in Kehren bergab zu einem breiten Landwirtschaftsweg. Nach ein paar Metern schwenken wir links, wandern über Wiesen und halten uns vor einem Bächlein wieder links. Bei der Pos. Im Kaltenbächl,

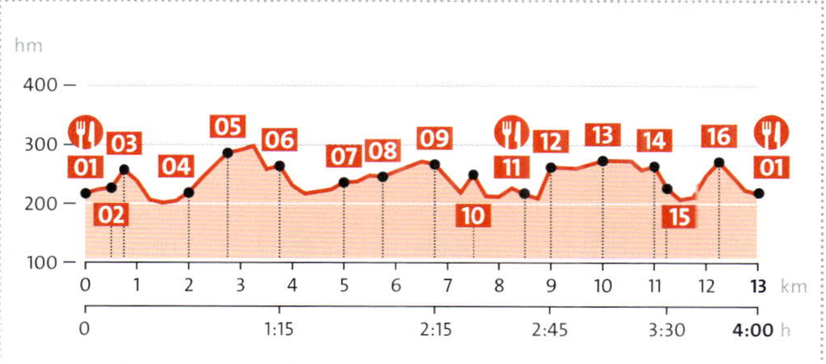

01 Dahn, Büttelwoog, 218 m; 02 Braut und Bräutigam, 228 m; 03 Wachtfelsen, 260 m; 04 Lämmerteich, 220 m; 05 Lämmerfelsen, 290 m; 06 Büttelfels, 267 m; 07 Ungeheuerfels, 238 m; 08 Rothsteig-Brunnen, 248 m; 09 Steinhohl, 270 m; 10 Mooskopf, 252 m; 11 Dahner Hütte; 217 m; 12 Elwetritsche-Felsen, 265 m; 13 Weihers Ebene, 277 m; 14 Schwalbenfelsen, 267 m; 15 Schillerfelsen, 228 m; 16 Pfaffenfelsen, 275 m

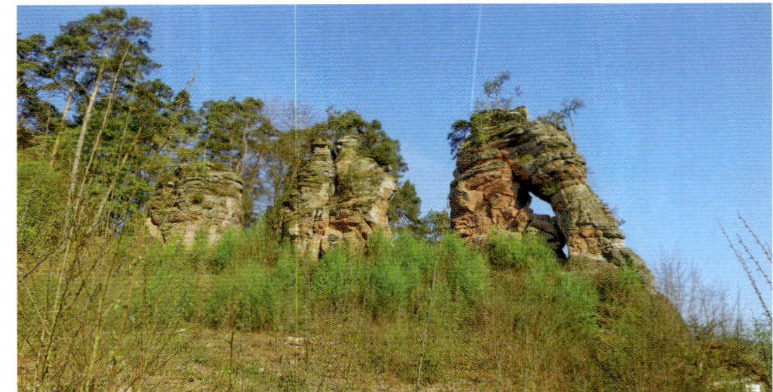

Der markante Schillerfelsen

Wieslautertal folgen wir dem Asphaltsträßchen nach rechts, biegen aber bei nächster Gelegenheit links ab zur Pos. **Lämmerteich** 04. Erneut links haltend geht es auf schmalem Pfad zu markanten Felsen hoch, an denen wir in einem Rechtsschwenk entlang gehen. Wir machen links hoch einen markierten Abstecher zu den **Lämmerfelsen** 05 und zur Albert-Eisel-Bank.

Der Weiterweg verläuft entlang der Felsen, dann auf dem Kamm (mit Blick jetzt auch links ins Tal) und bringt uns in einem Rechtsbogen – an weiteren Felstürmen vorbei – stetig bergab zum **Büttelfelsen** 06. Der Felsenpfad führt durch eine Felsspalte hindurch und rechter Hand taucht die Anstiegsleiter zur Büttelfels-Aussicht auf. Der wurzelige Pfad verläuft in einer Linkskehre abwärts und quert oberhalb vom Hotel Eyberg und Tennisplätzen am Waldhang entlang. Über mehrere Wiesenlichtungen gelangen wir auf gut markiertem Fostweg, zum Schluss wieder auf einem Waldpfad, zum **Ungeheuerfelsen** 07. An einer mächtigen, langgezogenen Felswand vorbei passieren wir in einer Rechtskehre den **Rothsteig-Brunnen** 08 und wandern leicht ansteigend zur Wegteilung an der Pos. **Steinhohl** 09.

Der Felsenpfad führt nach links weiter, an einem Meer von Steinmännchen vorbei, und auf geländergesichertem Steig ordentlich ansteigend hoch. Wir passieren den Rosskegel- und den Schlangenfels und erreichen, wieder abwärts gehend, die auffällig grüne Rastbank vor dem **Mooskopf** 10. Vorbei an weiteren Felsen (Schusterbänkel und Hirschfelsen) steigen wir in Kehren an Holzgeländern entlang bergab und gelangen nach einem Rechtsschwenk zu einem breiten Forstweg und zur Pos. Kühwoog. Wir überqueren den Seibertsbach und wandern in einer Rechtskurve ansteigend hoch zur **Dahner Hütte** 11 (Infotafeln zum NSG Moosbachtal). Über den Zufahrtsweg erreichen wir die Pos. Seibertsbach und steigen wieder steil in Kehren und über Stufen hoch zum **Elwetritsche-Felsen** 12 (Aussichtsbank). Noch etwas ansteigend, dann relativ flach kommen wir nach einem Rechts-Linksschwenk zur Pos. Schwalbenhalde, **Weihers Ebene** 13. Auf zunächst breitem, flachem Waldweg stoßen wir rechts auf die nächste Felsarena (Pfaffdellfels), die wir steil abwärts über einen wurzeligen Pfad in einem Linksbogen umrunden. Wenig später sind wir beim **Schwalbenfelsen** 14 und steigen durch einen Felsdurchschlupf hoch zur Aussichtsbank.

Vorbei am markanten **Schillerfelsen** 15 geht es in einer Rechtskurve hinab und dann flach Richtung Sportplatz. Am Fußballplatz vorbei und steiler in einer Rechtskehre berghoch, zuletzt über Stufen (mit Seilgeländer) zur herrlichen Aussicht am **Pfaffenfelsen** 16. Nach den Felsen fällt der Pfad ab, auf einer Kuppe biegen wir scharf

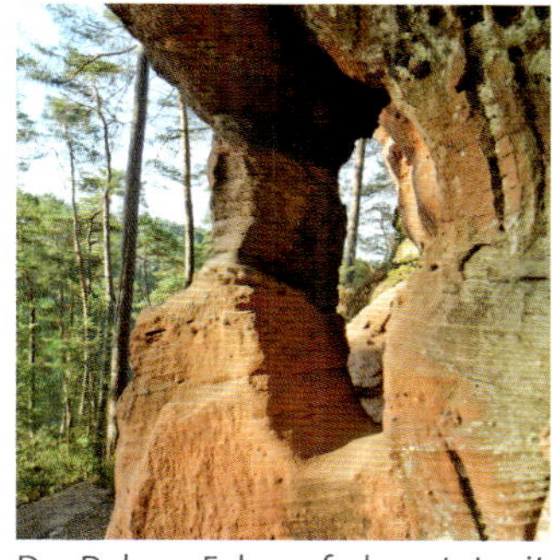

Der Dahner Felsenpfad wartet mit spektakulären Felsgebilden auf

links ab und wandern weiter abwärts, bis wir am Waldrand auf den Campingplatz Büttelwoog stoßen und nach wenigen Schritten unseren **Ausgangspunkt** 01 erreichen.

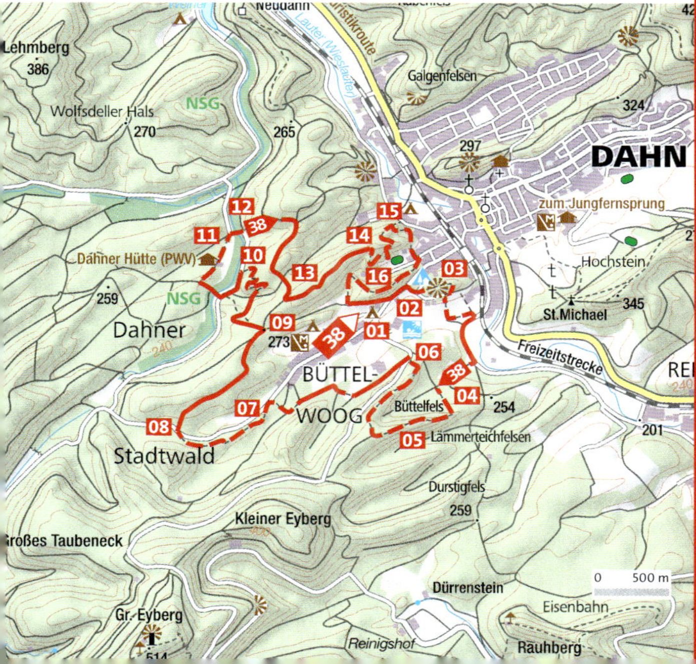

39 DAHNER RUNDWANDERWEG

Große Felsenrunde – zwischen Altdahn und Neudahn, Dahner Hütte und Römerfelsen

 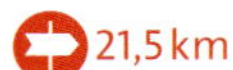 21,5 km  7:00 h 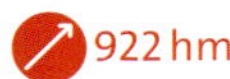 922 hm 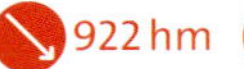 922 hm  826

START | Dahn, Büttelwoog, Parken beim Campingplatz [GPS: UTM Zone 32 x: 410.110 m y: 5.444.200 m]
CHARAKTER | Breite Waldwege, schmale Pfade, mit steilen, wurzeligen und felsigen Passagen, teils Geländer gesichert. Für den Neudahner Burgturm sollte man eine Taschenlampe dabei haben.

Vom Campingplatz **Büttelwoog** in **Dahn** 01 gehen wir am Hotel Felsenland vorbei links die Hasenbergstraße hoch zu den markanten Felstürmen „**Braut und Bräutigam**" 02. Vor ihnen biegen wir rechts in die Straße Am Wachtfelsen, schwenken aber gleich rechts über den Parkplatz der Jugendherberge und folgen dem ansteigenden Waldpfad zum **Wachtfelsen** 03 hoch. Über Metallleitern steigen wir hoch zur Geländer gesicherten Aussichtsplattform.

Nach den Felsen durch lichten Wald, dann rechts in Kehren berg-

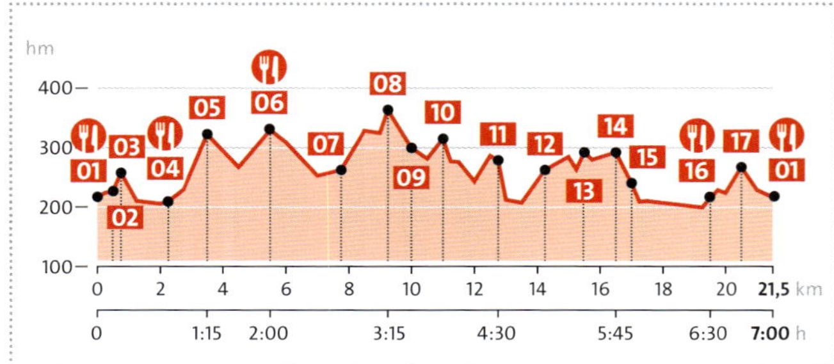

01 Dahn, Büttelwoog, 218 m; 02 Braut und Bräutigam, 228 m; 03 Wachtfelsen, 260 m; 04 Haus des Gastes, 210 m; 05 Soldatenhütte, 328 m; 06 Altdahner Burgengruppe, 335 m; 07 Schwalbenhalde, 265 m; 08 Römerfelsen, 370 m; 09 Burgenblick, 304 m; 10 Lachbergblick, 320 m; 11 Jungfernsprung, 282 m; 12 Sängerfelsen, 265 m; 13 Hexenpilz, 296 m; 14 Ruine Neudahn, 296 m; 15 Felsentor, 242 m; 16 Dahner Hütte, 17 Steinhohl, 270 m

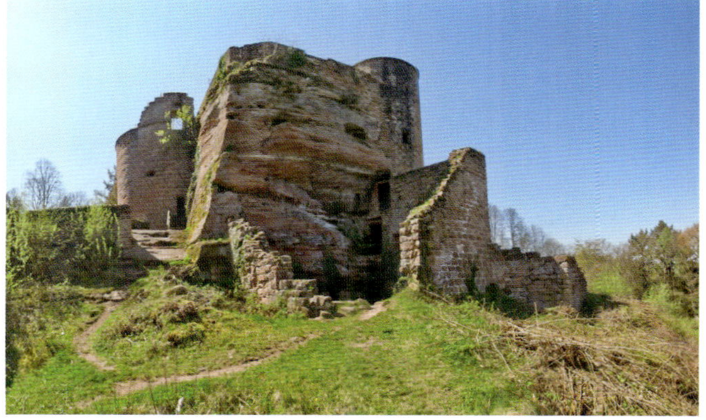

Ruine Neudahn

ab zu einem breiten Landwirtschaftsweg. Nach ein paar Metern schwenken wir links, wandern über Wiesen und halten uns vor einem Bächlein wieder links. Wir stoßen auf ein Asphaltsträßchen, folgen ihm links, überqueren die Bahn und gehen vor bis zur Pos. Wieslauter/Im Kaltenbächel. Über eine Brücke und das Betriebsgelände der SBK bis zum Kreisverkehr und dann in den **Kurpark** hinein.

Vorbei am **Haus des Gastes** **04** schwenken wir rechts hoch, auf dem Elwetritsche Lehrpfad (Infotafeln) entlang. Wir verlassen

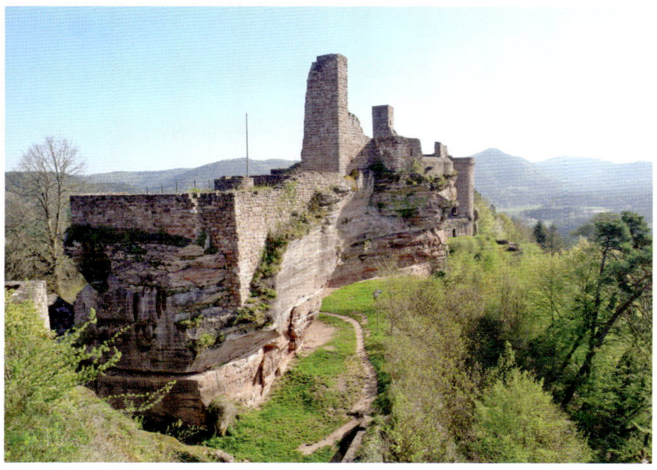

Burgruine Altdahn

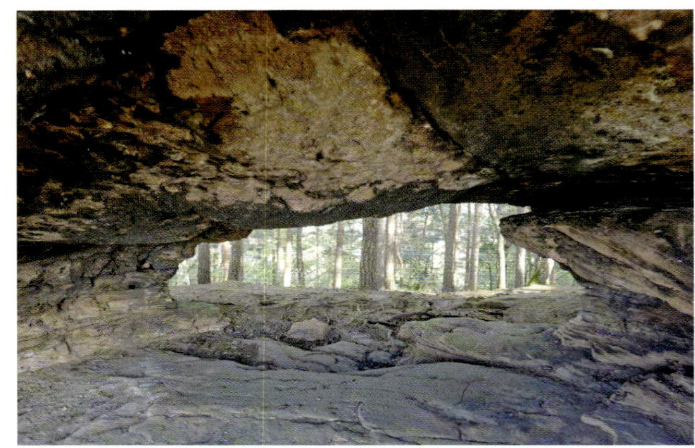

An der spektakulären Soldatenhütte

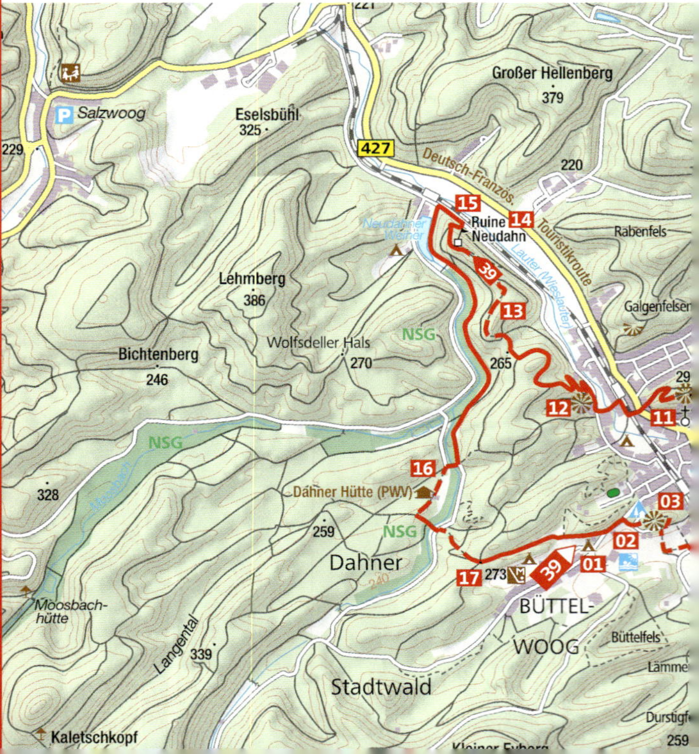

221
Großer Hellenberg
379
Salzwoog
Eselsbühl
325
229
427
Deutsch-Französ. Touristikroute
220
15
Ruine Neudahn
14
Rabenfels
Neudahner Weiher
Lauter (Wieslauter)
39
Lehmberg
386
13
Galgenfelsen
Wolfsdeller Hals
270
NSG
Bichtenberg
246
265
29
12
11
NSG
Moosbach
16
328
Dahner Hütte (PWV)
03
259
NSG
02
Dahner
17
273
39
01
240
Moosbach-hütte
BÜTTEL-WOOG
Büttelfels
Langental
339
Lämme
Stadtwald
Durstigf
Kaletschkopf
259
Kleiner Eyberg

den Lehrpfad nach rechts und wandern auf markante Felsen zu. Am Waldrand steigt der Weg an, schlängelt sich in Kehren hoch zum Soldatenfriedhof und in einer Linkskurve gelangen wir zur Abzweigung, die uns rechts hoch zur spektakulären **Soldatenhütte** 05 bringt.

Zurück zur Abzweigung, und unter mächtigen Felsen abwärts am Waldhang entlang, gelangen wir zum Endpunkt der Autostraße unterhalb der **Altdahner Burgengruppe** 06. Über einen asphaltierten Weg wandern wir hoch zu den drei Burgen Altdahn, Grafendahn und Tannstein. An der Burgschänke und der letzten Burg vorbei halten wir uns links und folgen dem Rundwanderweg. Der schottrige Pfad führt bergab zum Waldrand, an dem wir nach rechts entlang und zur Autostraße hinabgehen.

Wir wandern am Sträßchen entlang aufwärts, wieder in den Wald und halten uns rechts. Bei der **Pos. Schwalbenhalde** 07 biegen wir links ab, steigen am Waldhang entlang bergan, überschreiten einen breiten Forstweg, es wird flacher und kurviger und linkshaltend gelangen wir zum markanten **Römerfelsen** 08, den wir über eine sehr schmale Leiter besteigen.

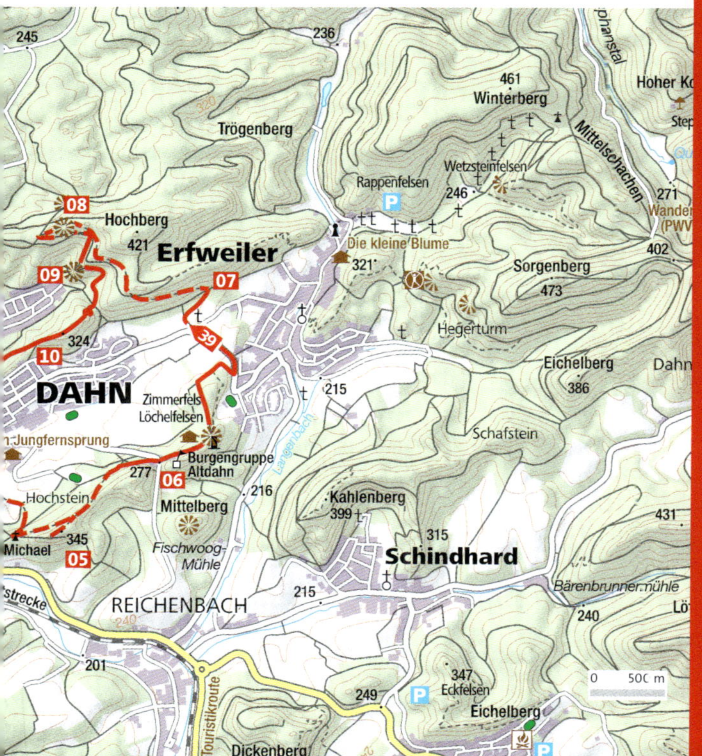

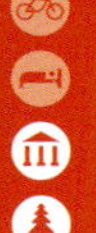

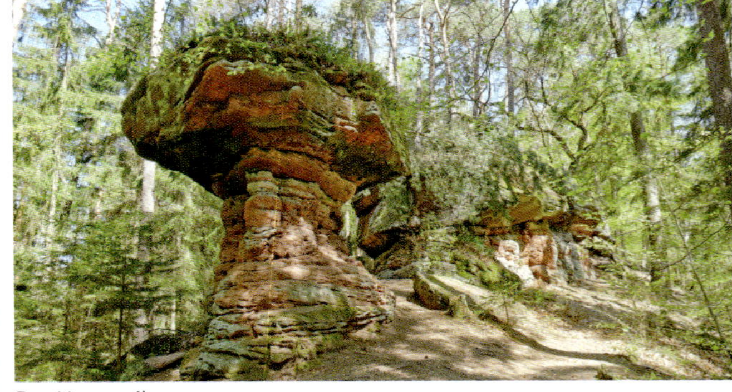

Der Hexenpilz

Wir verlassen den Römerfelsen nach links und wandern leicht abwärts am Hang entlang zur Aussichtsstelle **Burgenblick** 09, mit einem schönen Sandsteintisch. Gemütlich bergabgehend, immer wieder an tollen Felsformationen vorbei, kommen wir zu einer Lichtung, halten uns rechts und steigen wieder steiler den Waldhang hoch zur Pos. Lachberg. Steile Kehren bringen uns hoch auf den Bergrücken und zum **Lachbergblick** 10.

Es geht wieder leicht bergab und an tollen Felswänden (mit eingebohrten Kletterrouten) vorbei zu einem Kamm, mit Blick nach rechts und links hinab. Der Weg führt in Kehren bergab zu einem Asphaltsträßchen, das wir in einer Kurve verlassen und auf einem Pfad in Kehren zu mächtigen Felsen hochsteigen. Oben auf dem Kammweg kommen wir zum **Jungfernsprung** 11.

Über Stufen und in großen Kehren geht es dann hinab zur Pirmasenser Straße, kurz links, dann über die Straße, über die Bahngleise und rechts. Auf einem schmalen Pfad biegen wir links ab, überqueren die Wieslauter und folgen der Schillerstraße ein paar Meter nach rechts. Auf schmalem Waldpfad, zunächst über Stufen steigen wir in Kehren hoch in den Wald, passieren die Aussicht **Sängerfelsen** 12.

Vor den Felsen rechts hoch führt der Pfad zum Grat hoch und in Kurven, zum Schluss wieder abwärts, zur Pos. Großtaler Hals. Wieder aufwärts und vorbei an den Felsen Satansbrocken, **Hexenpilz** 13 und Kauertfelsen geht es auf dem bewaldeten Bergrücken zur **Ruine Neudahn** 14. Ein steiniger, wurzeliger Pfad führt hinab zum markanten **Felsentor** 15 und zum Asphaltsträßchen. Links an den Bahngleisen entlang marschieren wir zum Campingplatz und zum Neudahner Weiher im Naturschutzgebiet Moosbachtal.

Der flache, urwüchsige Weg bringt uns, vorbei am Elwetrischefelsen, zur **Dahner Hütte** 16 und zur Pos. **Steinhohl** 17. Nach links erreichen wir in wenigen Minuten den Campingplatz Büttelwoog in **Dahn** 01.

BURGRUINE DRACHENFELS

Felsen, Burgen und ein aussichtsreicher Gasthof

  11,5 km 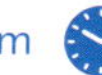 3:15 h 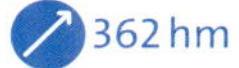 362 hm 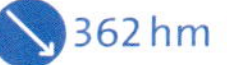 362 hm  826

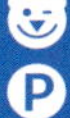
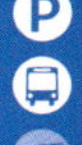

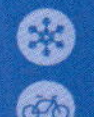
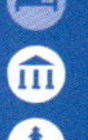

START | Bruchweiler-Bärenbach, am Friedhof, Wanderparkplatz Im Wahrzeichen
[GPS: UTM Zone 32 x: 413.300 m y: 5.440.380 m]
CHARAKTER | Breite Waldwege, schmale Pfade, verkehrsarme Nebensträßchen.

Vom **Wanderparkplatz Im Wahrzeichen** 01, beim Friedhof von Bruchweiler-Bärenbach folgen wir der roten Raute leicht ansteigend Richtung **Kastellfelsen** 02 und treffen gut 10 Minuten später auf den markanten Felsturm. Auf flachem breitem Forstweg passieren wir bald die Schutzhütte am Jüngstberg, treffen auf eine Wegeteilung (Pos. östl. Jüngstberg) und bleiben rechts, weiter mit der roten Raute. Am Waldrand entlang, immer wieder durch Lichtungen unterbrochen, erreichen wir eine Wegteilung, halten uns links und gelangen unter einer Stromtrasse hindurch zu einem Asphaltsträßchen, das uns zum **Weißensteiner Hof** 03 bringt. Am Landgasthof schwenken wir nach links, zunächst auf Asphalt auf einen markanten Felsen zu, der über den Baumwipfeln auftaucht, dann biegen wir links ab auf einen schmalen Pfad.

Kurz darauf taucht die **Drachenfelshütte** 04 vor uns auf. Wenige Schritte später sind wir oben an der **Burgruine Drachenfels** 05. Am hinteren Ende der Burg geht

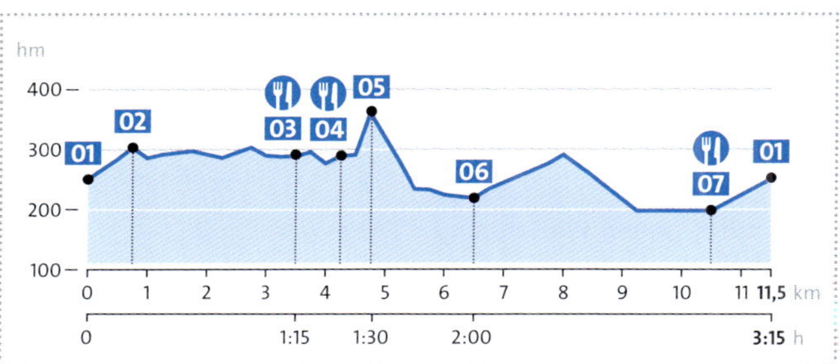

01 WP Im Wahrzeichen, 245 m; 02 Kastellfelsen, 300 m; 03 Weißensteiner Hof, 292 m; 04 Drachenfelshütte, 287 m; 05 Burgruine Drachenfels, 360 m; 06 Ungerteich, 228 m; 07 Bruchweiler-Bärenbach, 190 m

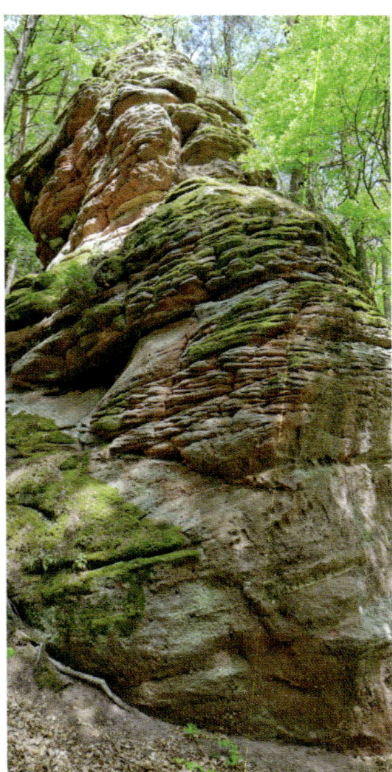

Kastellfelsen

es über Stufen bergab, wir halten uns links und folgen dann einem sichtbaren Waldpfad (am Baum Nr. 1 angebracht), der direkt bergab führt. Unten am Waldrand ein paar Meter über die Wiese und mit dem Bärensteigzeichen scharf links. Wir gelangen zu einem Teich, gehen auf Asphalt geradeaus weiter, leicht abwärts. Rechts in der Talsohle mäandriert der schmale Geiersteinbach, links zieht ein schöner Wiesenhang zum Wald hoch.

In einer deutliche Straßenkurve verlassen wir den Asphalt, folgen links dem Holzschuhpfad-Logo und gelangen bei der Pos. **Ungerteich** **06** auf einen breiteren Forstfahrweg. Wir schwenken nach links, wandern leicht ansteigend in den Wald hoch und bleiben bei den nächsten Wegteilungen stets rechts und gelangen zum gewaltigen Felsmassiv des Geiersteins. Wir umrunden den Felsen und gehen auf breitem Forstweg bergab. Wir gelangen zur Autostraße, überqueren diese, gleich darauf auch die Bahnlinie und gehen nach links, auf Asphalt in Richtung **Bruchweiler-Bärenbach** **07**.

Von rechts stößt die Wieslauter ein Stück weit an unseren Weg, dann tauchen rechts die ersten Häuser auf. Am Bahnhof vorbei machen wir dann einen kurzen Abstecher nach rechts in die Dorfstraße zu einem historischen Mühlrad bei der Brücke über die Wieslauter. An der Hauptstraße bis zur Straße Am Röderberg vor-

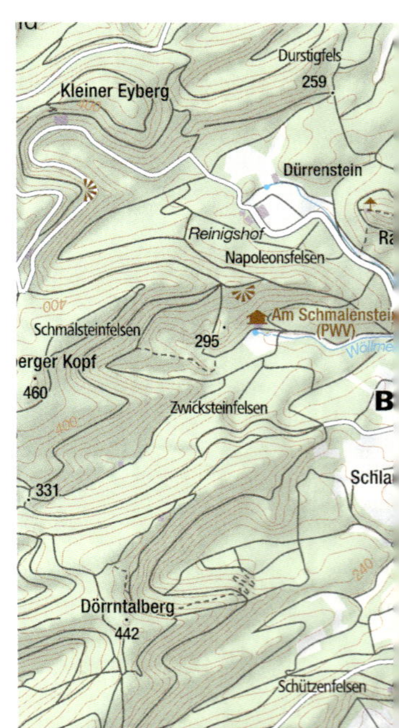

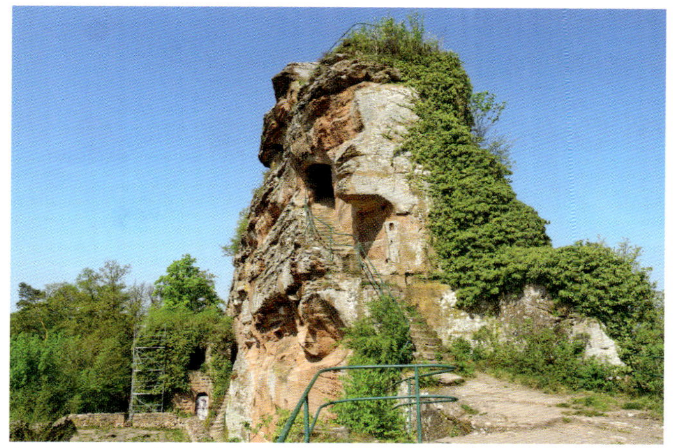

An der Drachenfels-Ruine

gehen, und ihr in einem Linksbogen leicht ansteigend folgen. Über die Straße Im Wahrzeichen verlassen wir das Dorf und wandern hoch zum Friedhof und zurück zum **Ausgangspunkt 01**.

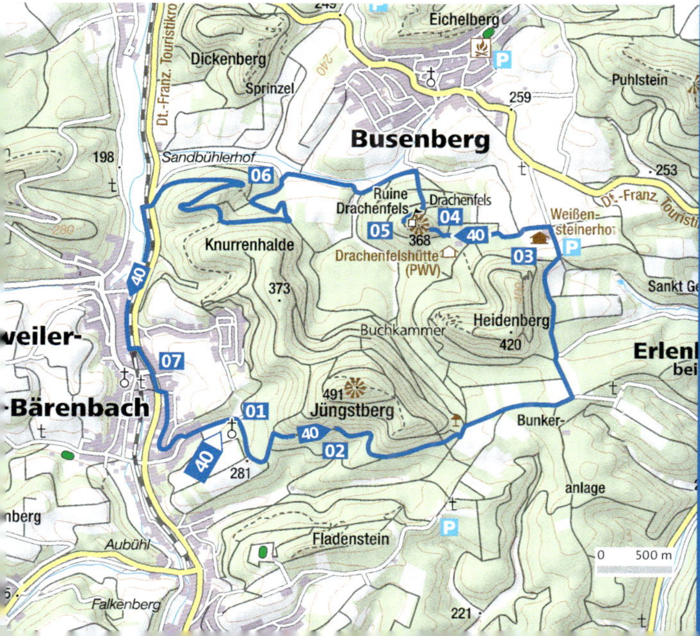

BÄRENSTEIG

Über die Jüngstbergkanzel zum Drachenfels

 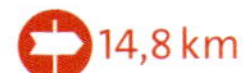 14,8 km 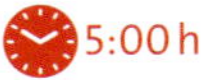 5:00 h 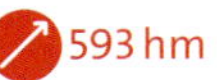 593 hm  593 hm  826

START | Bruchweiler-Bärenbach, am Friedhof, Wanderparkplatz Im Wahrzeichen
[GPS: UTM Zone 32 x: 413.300 m y: 5.440.380 m]
CHARAKTER | Breite Waldwege, schmale Pfade, mit steileren und felsigen Abschnitten, nur kurze Asphaltberührung.

Vom **Wanderparkplatz Im Wahrzeichen** 01, beim Friedhof von Bruchweiler-Bärenbach geht es links leicht ansteigend in den Wald und zur Wegteilung bei der Pos. **Leimbüschel** 02. Wir halten uns rechts, und folgen dem breiten Forstfahrweg, der sich am Hang entlang leicht hochschlängelt.

Bei der Verzweigung am **Drei-Eichen-Plätzl** 03 kreuzt ein Forstfahrweg, auf den wir leicht ansteigend scharf rechts einbiegen. Wir passieren eine Sitzbank, schwenken nach links, ignorieren einen abzweigenden Jüngstberg-Tour-Weg und wandern ziemlich flach zum Aussichtspunkt **Drachenfelsblick** 04, der mit 100 m links vom Weg ausgeschildert ist.

Der Weiterweg führt scharf rechts in den Wald hoch, der Pfad kreuzt einen Forstweg, kurz links,

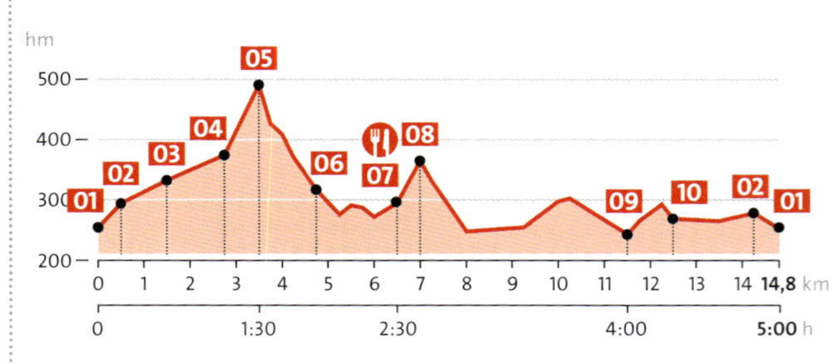

01 WP Im Wahrzeichen, 245 m; 02 Leimbüschel, 286 m; 03 Drei-Eichen-Plätzl, 326 m; 04 Drachenfelsblick, 370 m; 05 Jüngstberg, Aussichtsturm, 491 m; 06 Schutzhütte Jüngstberg, 310 m; 07 Drachenfelshütte, 287 m; 08 Burgruine Drachenfels, 360 m; 09 Ungerteich, 233 m; 10 Lourdesgrotte, 260 m

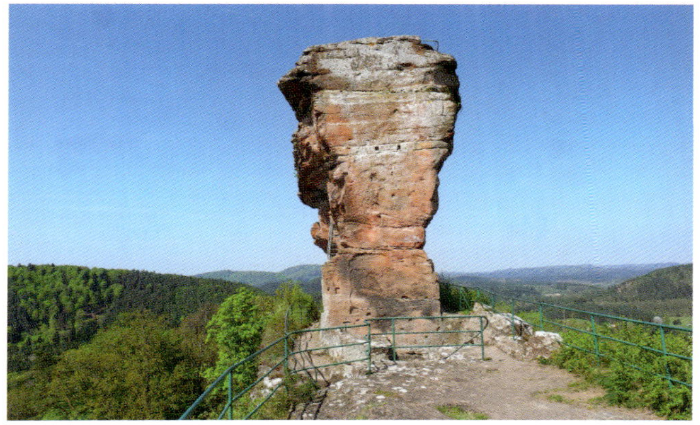

Toller Aussichtsturm auf der Ruine Drachenfels

dann steigen wir rechts, zunehmend steiler hoch, machen einen Rechtsschwenk und stehen unter den Felsen. Links unter den Felsen entlang erreichen wir den **Aussichtsturm** am **Jüngstberg** **05** und besteigen ihn über eine Eisenleiter. Der Bärensteig verläuft links an weiteren Felsen vorbei, fällt nach dem letzten Felsen steiler ab und führt uns in einer Kurve zu einem freien Platz mit Aussichtsliege. Weiter auf breitem Waldweg links am Hang entlang. Wir erreichen die **Schutzhütte** am **Jüngstberg** **06**, schwenken nach links

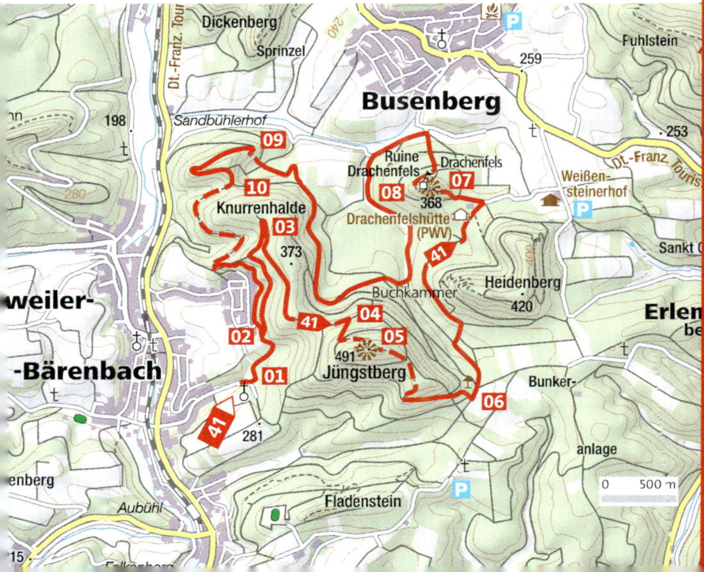

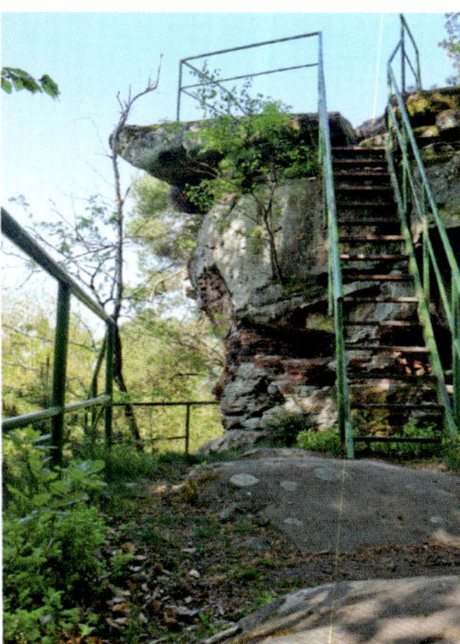
Aussichtsturm am Jüngstberg

und folgen dem Bärensteig-Logo. Der anfangs wurzelige Pfad steigt im Wald an, trifft auf einen Forstfahrweg, auf dem wir geradeaus zu einem Parkplatz und zur **Drachenfelshütte** 07 gelangen. Auf dem Asphaltsträßchen links, dann auf einem Waldpfad rechts hoch zur imposanten **Burgruine Drachenfels** 08.

Am Ende der Burganlage geht es über Steinstufen bergab, in einem Rechtsschwenk an Kletterfelsen vorbei und auf schönem Waldpfad abwärts. Bei einem von links einmündenden Pfad halten wir uns rechts und folgen kurz darauf einer Abzweigung nach links. Auf schmalem Waldpfad gelangen wir unten im Talboden ans Waldende (Pos. Talstraße) und folgen dem Asphaltsträßchen nach rechts. Wir passieren einen Weiher, verlassen den Asphalt und schwenken nach links. Vorbei an Fischteichen, entlang einer Wiesenlichtung (man kann auf beiden Seiten der Lichtung gehen), kommen wir zu einer Kreuzung, biegen nach rechts ab, auf einen breiteren Weg, der leicht ansteigt. Nach einem Linksschwenk gelangen wir zur Pos. Knorrenhalde und wandern in einer großen Rechtskehre – mit tollem Blick zur Ruine hinüber – auf dem zum Schluss leicht fallenden Forstweg zur Pos. **Ungerteich** 09.

Kurz danach links, auf einen in Kehren den Wald hoch ansteigenden Pfad. Oben folgen wir einer Umleitungs-Beschilderung des Bärensteigs aus Artenschutzgründen, umrunden den Felsen und gehen rechts an ihm vorbei. Kurz nach dem Zusammentreffen mit dem Originalsteig kommen wir zu einem freien Platz und gehen rechts zu einem Felsen mit Sitzbank. Auf der anderen Seite spitzwinklig an den Felsen entlang zurück, machen wir einen Rechtsschwenk und steigen steiler durch den Wald bergab. Vorbei an der Pos. Engenteich geht es zu einen Sattel, und wir machen einen kurzen Abstecher nach links zur **Lourdesgrotte** 10 (ca. 100 m).

Der Bärensteig geht vom Sattel aus nach rechts, auf schmalem Pfad abwärts am Waldhang entlang. Bei der Pos. Heidenbühl zweigt scharf links ein schmaler Pfad ab, der in einer Spitzkehre nach oben führt und zunehmend steiler wird. Nach einer weiteren scharfen Wegkurve, geht es zunächst leicht bergab, an einem Felsen (Schuhfels) vorbei, stoßen auf einen breiten Forstweg und folgen ihm links. Rechts unten tauchen Häuser auf, wir steigen nochmals leicht an und gelangen bei der Pos. **Leimbüschel** 02 wieder auf den Hinweg. Kurz darauf sind wir zurück am **Wanderparkplatz Im Wahrzeichen** 01.

NAPOLEON-STEIG

Auf Naturpfaden durch eine fantastische Felsenlandschaft

 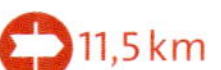 11,5 km 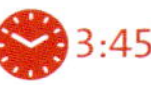 3:45 h 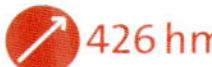 426 hm 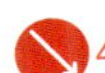 426 hm  826

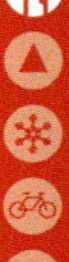

START | Bruchweiler-Bärenbach, Fabrikstraße, am Ende der Straße, hinter dem Däumlingswerk großer Wanderparkplatz [GPS: UTM Zone 32 x: 412.080 m y: 5.441.480 m]
CHARAKTER | Wald- und Forstwege, schmale, teils steilere und kehrenreiche Waldpfade, stellenweise auch felsig; nur kurze Asphaltabschnitte.

Vom großen **Wanderparkplatz** am **Däumlingswerk** in **Bruchweiler-Bärenbach** 01 gehen wir rechts auf schmalem Waldpfad in den Wald hinein, stoßen auf einen kreuzenden Forstweg, dem wir scharf rechts folgen. Nach einer Linkskehre und zwei steileren Abschnitten kommen wir zur Pos. Wöllmersberg, überqueren einen kreuzenden Forstweg und stehen direkt vor dem beeindruckenden **Retschelfelsen** 02.

Auf schönem Pfad unter dem Felsen entlang, vorbei an einer zweiten, recht langen Felswand (mit Kletterhaken), in leichtem Auf und Ab. Nach einer Spitzkehre stoßen wir oben bei einer Bank auf einen kleinen Felskopf, der nur auf wenigen Pfeilern steht. Auf dem Gratrücken schwenken wir flach nach rechts und wandern unter einem ausladenden Felsdach und einem Felsenfenster an einer lang gezogenen Felsmauer,

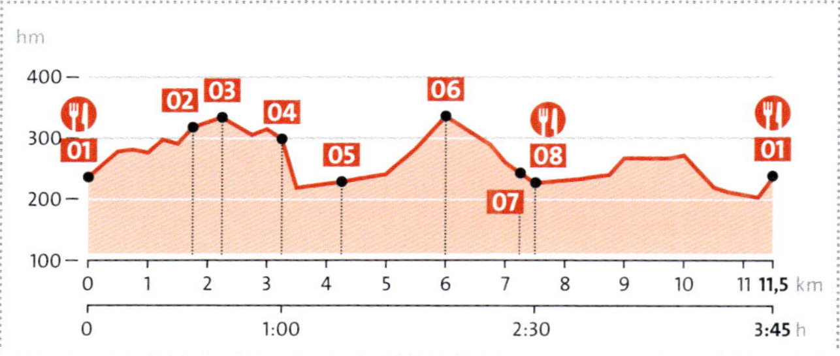

01 WP Bruchweiler-Bärenbach, 230 m; 02 Retschelfelsen, 315 m; 03 Eisenbahnzug, 332 m; 04 Kaiserslauterer Hütte, 295 m; 05 Reinigshofquelle, 222 m; 06 Napoleonsfelsen, 334 m; 07 Dretschbergfelsen, 237 m; 08 Pfälzerwaldhütte, 220 m

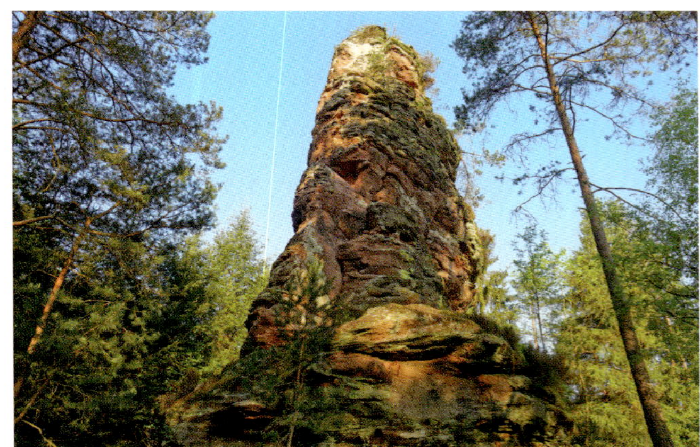
Retschelfelsen

dem **Eisenbahnzug** 03, entlang. Auf der anderen Seite der markanten Felswand geht es dann wieder zurück zur Verzweigung und in einer Rechtskehre leicht abwärts, an weiteren Felsen vorbei – wo oft geklettert wird – zur **Kaiserlauterer Hütte** 04 hinab, die rechts unterhalb des Napoleon-Steigs auftaucht. Links an der Hütte und einem Felsen vorbei, dann scharf links über teils felsige Stufen in Kehren bergab, vorbei an einem kleinen Felsenfenster.

Im Talgrund stoßen wir auf einen Forstweg, auf dem wir nach rechts am Waldrand entlang weitergehen. Links taucht eine große Lichtung auf, wir kommen zu einem Wegekreuz, halten uns links und wandern weiter am Waldrand entlang. Bei einem kleinen grünen Häuschen schwenken wir nach links, gehen über Wiesen und einen kleinen Holzsteg zur Pos. **Reinigshofquelle** 05. Scharf rechts, wieder am Waldrand entlang, biegen wir am Ende der Lichtung rechts ab, stoßen auf eine Wegespinne (Pos. Fällmersbachhalde), orientieren uns nach links und steigen bald etwas steiler den Waldhang hoch, zunächst auf breitem Weg, dann folgen wir einem markierten schmäleren Pfad.

Oben, kurz vor einer Kuppe biegen wir rechts ab und gelangen über einen schmalen, anfangs steileren Pfad zu einer Verzweigung (Bank mit schöner Aussicht). Nach links führt ein kurzer Abstecher zum markanten, bereits sichtbaren **Napoleonsfelsen** 06. Der nur leicht abfallende Weg macht eine scharfe Linkskehre und bringt uns, etwas stärker abwärtsführend, zu den **Dretschbergfelsen** 07.

Zwischen den Felsen hindurch geht es auf einem Pfad in Kehren den Waldhang hinab, wir stoßen auf einen flachen Forstweg, dem wir nach rechts zur **Pfälzerwaldhütte** 08 folgen. Wir umrunden in einem Rechtsschwenk eine große Lichtung, schwenken zunächst links, der Weg wird steiler,

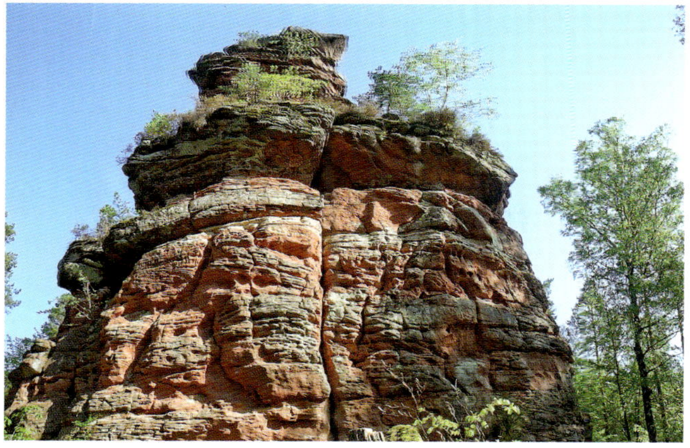
Napoleonsfelsen

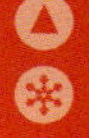
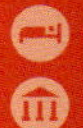

und führt zur Pos. Käskammer/ Kiesbuckel hoch. Auf einem teils schlecht asphaltierten Fahrsträßchen kommen wir aus dem Wald, wandern über aussichtsreiche Wiesen über eine Kuppe, biegen links ab und wandern auf einem Feldweg, an Büschen und Bäumen entlang, am Schluss steil abwärts zu einem kleinen Waldstück. Nach einer Links-rechts-Kehre überqueren wir einen Bach und stoßen auf die Asphaltstraße, der wir nach rechts folgen. Rechts begleitet uns der Wöllmersbach, und das Wiesengelände ist als Brutgebiet ausgewiesen. Nach dem Ortsschild Bruchweiler-Bärenbach und den ersten Häusern verlassen wir die Asphaltstraße und steigen links einen Pfad am Hang entlang hoch. In einer Linkskehre gelangen wir zur Fabrikstraße und zurück zum **Ausgangspunkt 01**.

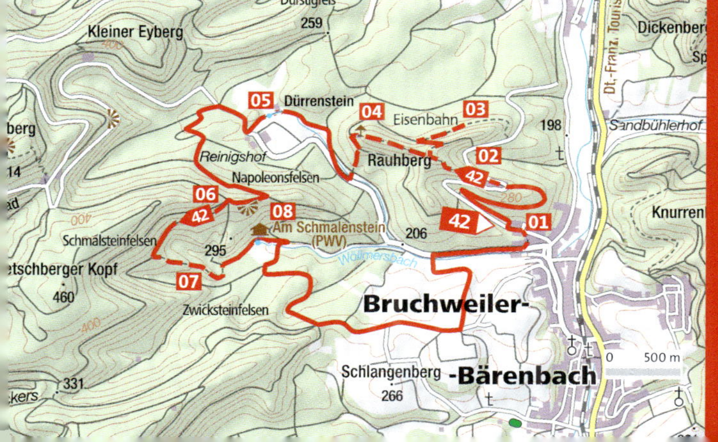

HINTERWEIDENTHALER TEUFELSTISCH-TOUR

Zwischen Erlebnispark und Schwammbornquelle

  12,5 km  4:00 h  439 hm 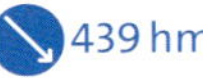 439 hm 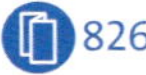 826

START | Hinterweidenthal, Im Handschuhteich, Parken beim Erlebnispark
[GPS: UTM Zone 32 x: 408.670 m y: 5.449.970 m]
CHARAKTER | Breite Wald- und Forstwege, schmale Waldpfade, mit kurzen steileren und kehrenreichen Passagen.

Vom großen **Parkplatz** beim **Erlebnispark** 01 in **Hinterweidenthal** steigen wir hoch zum gut sichtbaren Teufelstischfelsen, der hoch oben über den Bäumen thront. Schon nach wenigen ansteigenden Metern geht es über Holztreppen nach links hoch zum **Teufelstisch** 02, einem beeindruckenden Felsgebilde.

Der zunächst weiter ansteigende, wurzelige Pfad verläuft dann oben auf dem Kamm ziemlich flach, wir machen rechts einen Abstecher zur ausgeschilderten **Teufelsküche** 03, einem Buntsandsteinhaufen und stoßen auf einen weiteren interessanten Felsen, die sogenannte **Teufelsschmiede**. Wir biegen rechts ab, wandern auf einem Waldweg bergab, stoßen auf einen breiten Forstweg (Mark. Nr. 6) und folgen ihm links. Nach einer deutlichen Linkskurve schwenken wir links, unterqueren eine Stromtrasse und folgen einem schmäleren

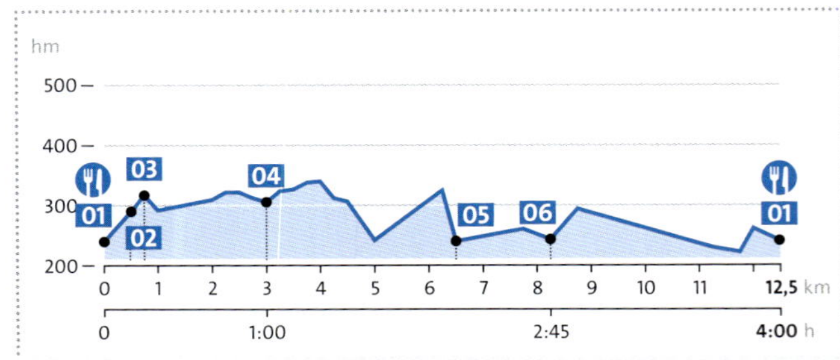

01 Erlebnispark, 230 m; 02 Teufelstisch, 282 m; 03 Teufelsküche, 310 m; 04 Schöne Aussicht, 298 m; 05 Schwammbornquelle, 230 m; 06 Salzwoog, 233 m

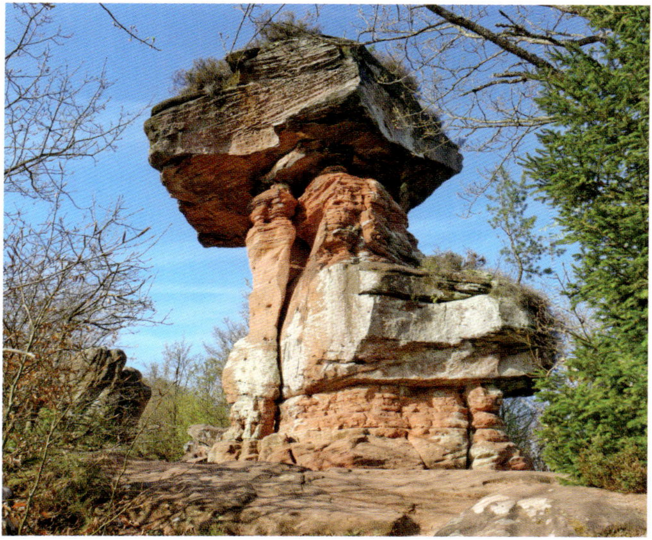

Der imposante Teufelstisch

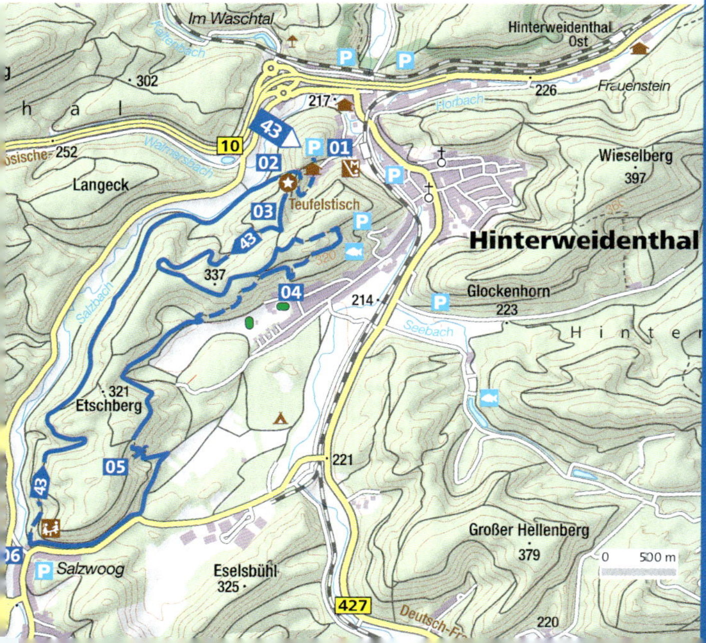

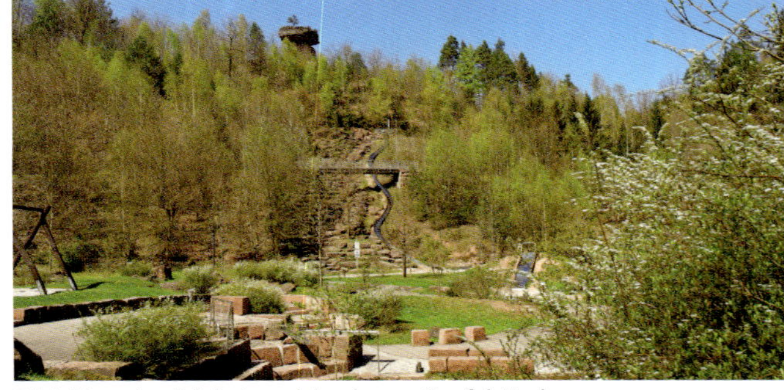

Blick über den Erlebnispark hoch zum Teufelstisch

Waldpfad zu einem eingezäunten Aussichtspunkt, der **Schönen Aussicht** 04. In einem großen Linksbogen geht es leicht auf und ab durch hochstämmigen Wald zurück zum Schnittpunkt mit unserem Hinweg. Wir stoßen auf die Teufelstisch-Markierung, folgen ihr in den Wald und traversieren leicht bergab, teils in Kehren am Waldhang entlang. Im Talgrund stoßen wir auf einen breiten Forstweg, folgen ihm bei einer Rastbank nach rechts, wieder leicht ansteigend. Etwas später verlassen wir den breiten Weg und gehen links auf schmalem Waldpfad, wieder in Kehren – und zum Schluss ordentlich steil – den Waldhang hinab.

Bei der **Schwammbornquelle** 05, einem Brunnen mit Sitzbank und einem Gedenkstein (Oberförster Otto Groß), gelangen wir zu einem breiteren Forstweg, den wir aber schon nach wenigen Metern rechts verlassen. Kurz vor der Autostraße halten wir uns rechts und bleiben auf schmalem Pfad, der etwas erhöht, parallel zur Straße verläuft. Nach einem kleinen Friedhof jenseits der Straße, in Höhe des Ortsschilds **Salzwoog** 06, gelangen wir bei der Straßenkurve zu einem Picknickplatz. Hier wenden wir uns rechts hoch in den Wald, zunächst steiler über Stufen, dann auf schmälerem Pfad kontinuierlich ansteigend. Ein steileres Wegstück bringt uns zur Pos. Etschberg und nach einer deutlichen Linkskehre stoßen wir bei der Pos. Forstweg oberhalb Salzbachtal auf die Verzweigung mit dem Weg Nr. 6. Wir folgen aber weiter links dem flachen Teufelstischweg. Eine Viertelstunde später fällt der Weg wieder leicht ab, wir machen eine Rechtskehre und gehen parallel zum links unten fließenden Salzbach. Bei der nächsten Verzweigung (Pos. Salzbach-Brücke) verlassen wir den breiten Weg und steigen auf schmalem Waldpfad den Hang hoch. Wir erreichen die Abzweigung zum Teufelstisch, gehen kurz geradeaus und biegen dann rechts ab. Am Parkordnungs-Schild vorbei geht es über eine Brücke, an der Riesenrutsche vorbei, auf geplätteltem Weg leicht bergab durch den schön angelegten Erlebnispark Teufelstisch. Ein Tunneldurchgang bringt uns zurück zum Parkplatz beim **Erlebnispark** 01.

GRAF-HEINRICH-WEG

Von der Ruine Lemberg über Maiblumenfels, Ruppertstein und Rabenfelsen

  14 km 4:30 h  439 hm 439 hm  826

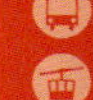

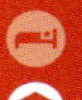

START | Lemberg, Landgrafenstraße, Wanderparkplatz unterhalb der Ruine Lemberg
[GPS: UTM Zone 32 x: 402.540 m y: 5.447.620 m]
CHARAKTER | Breite Wald- und Forstwege, schmale, teils felsige Waldpfade, mit kurzen steileren und kehrenreichen, stellenweise auch ausgesetzteren Passagen.

Vom **Lemberger Wanderparkplatz** 01 an der Landgrafenstraße wandern wir auf Asphalt in einer Linkskehre hoch zur **Ruine Lemberg** 02, die sich hinter Bäumen versteckt hält. Auf der Burg dient ein moderner holzverkleideter Anbau als Burgen-Informationszentrum, außerdem gibt es eine Burgschänke.

Wir gehen zurück zur Wegverzweigung und folgen rechts dem Graf-Heinrich-Weg. Der Asphalt endet und wir wandern auf einem leicht abwärtsführenden Forstweg, der auch als Vogellehrpfad markiert und mit Infotafeln ausgestattet ist. Vorbei an der Abzweigung Klosterbrunnen über Jakobssteige gehen wir geradeaus auf eine Unterstandshütte zu, halten uns vor der Hütte rechts und steigen auf einem bald flacher werdenden Pfad bergauf. Nach rechts machen wir einen

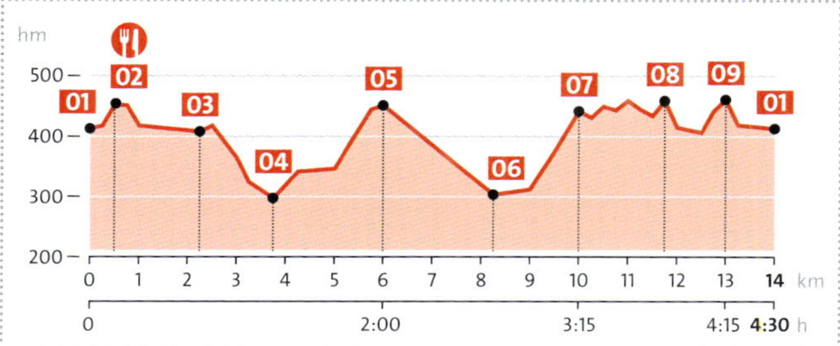

01 WP Lemberg, 410 m; 02 Ruine Lemberg, 451 m; 03 Hermannsruh/Langmühl, 405 m; 04 Klosterbrunnenhütte/-quelle, 290 m; 05 Maiblumenfelsen, 450 m; 06 Bunkerstraße, 296 m; 07 Ruppertstein, 440 m; 08 Ringstein, 458 m; 09 Rabenfelsen, 460 m

Vor der Burgruine Lemberg

kurzen Abstecher zur aussichtsreichen **Hermannsruh**, nach links kommen wir zur **Langmühl-Aussicht** 03. Vorsicht bei den ungesicherten Felsaussichtspunkten.

Auf wurzeligem Pfad geht es weg vom Hang stärker in den Wald hinein und zu einer Wegteilung, wir folgen scharf rechts dem schmalen Pfad, der leicht abwärts führt. Wir überqueren zwei kreuzende Forststraßen, folgen der dritten nach links (Markierung) und erreichen über einen wieder breiteren Fahrweg die **Klosterbrunnenhütte** mit der **Klosterbrunnenquelle** 04. Bei der Hütte scharf links

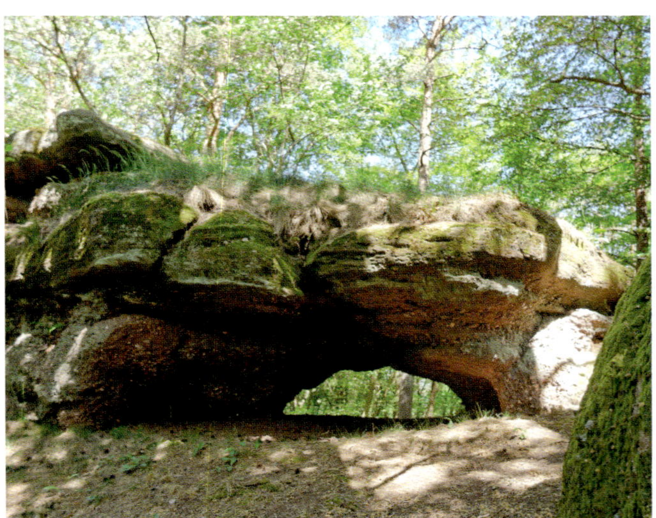

Felsentor am Weg zum Rabenstein

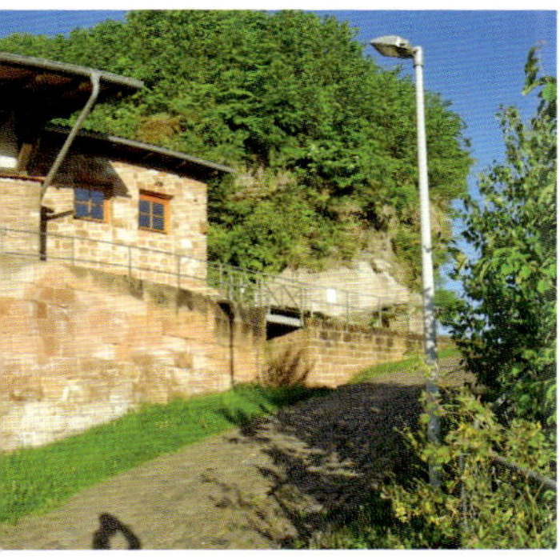

in den Wald, auf zunächst leicht ansteigendem Pfad, der wieder in einen breiteren Weg einmündet. Wir verlassen ihn dann nach links, überschreiten einen weiteren Waldweg und nach einer ausgeprägten Linkskehre gelangen wir weiter ansteigend in felsigeres Gebiet, auf einen lang gezogenen Grat mit mehreren Aussichtspunkten und zum **Maiblumenfelsen** **05**.

Zurück zur Verzweigung hinab und weiter flach unterhalb vom Grat am Waldhang entlang, teilweise etwas ausgesetzt. Wir passieren eine Unterstandshütte bei einer Kreuzung und gehen auf geschottertem Kiesweg leicht bergab. Einer kreuzenden Forststraße folgen wir links, zunächst leicht, dann stärker bergab und stoßen auf einen Asphaltweg, nach rechts als **Bunkerstraße** **06** ausgeschildert.

Wir schwenken aber links und gehen geradeaus, nach einem kreuzenden Asphaltsträßchen auf flachem Waldweg. Kurz darauf schwenken wir mit dem breiten Weg nach rechts. Der Weg wird schmäler und nach einem leichten Anstieg biegen wir rechts

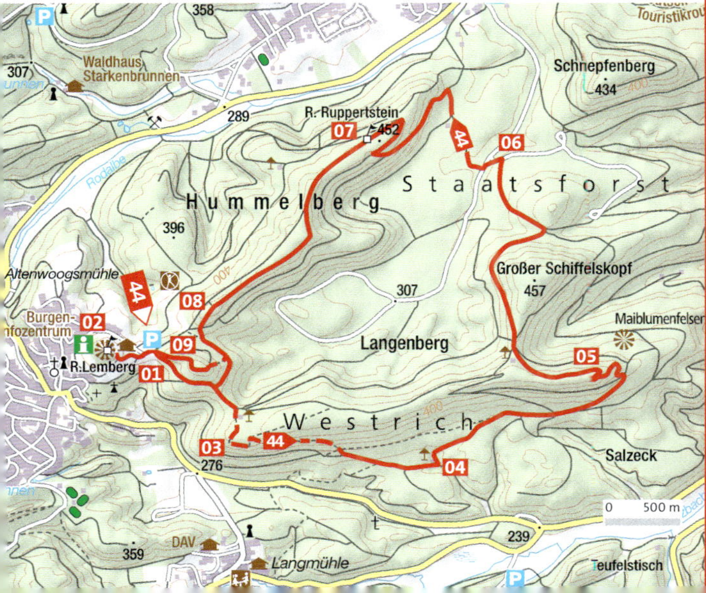

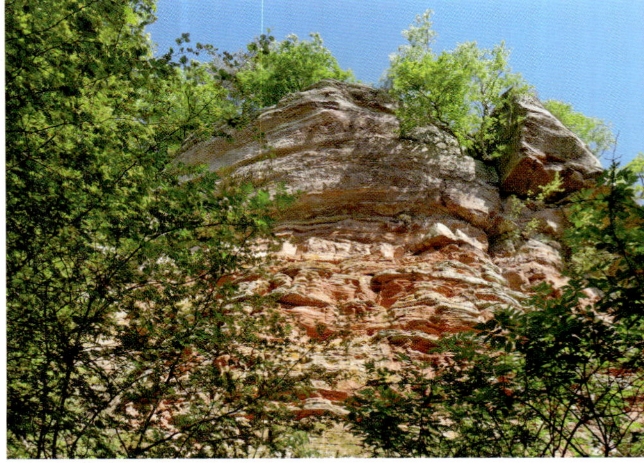

Unterhalb des Ruppertsteins

ab. Wenig später rechts über ein paar Steinstufen hoch und diagonal am Waldhang entlang. Nach Überqueren eines Forstfahrweges schwenken wir kurz darauf rechts auf einen Pfad, der uns hoch zu den rötlichen schimmernden Felsen des **Ruppertstein** 07 bringt. Diese ehemalige Festung kann man über eine Leiter und Stufen besteigen, der Zugang oben ist aber aus Naturschutzgründen gesperrt.

Der Weiterweg führt zu einer Senke hinab, dann steigt der Pfad wieder an und führt mit leichtem Auf und Ab auf einem Grat an beeindruckenden Felsen entlang, unter Felsdächern hindurch und zuletzt an einer wunderbaren Felshöhle mit Sitzbank vorbei. Nochmals ansteigend erreichen wir den Geländer gesicherten Aussichtspunkt **Ringstein** 08. Vor dem Ringstein geht es rechts in engen, steilen Kehren bergab, über eine Eisenleiter und Steinstufen, bis wir einem kreuzenden Forstweg nach rechts folgen. Kurz darauf stoßen wir auf eine etwas ungünstig markierte Abzweigung. Nach links führt ein anfangs ziemlich zugewachsener Pfad hinauf zum Rabenfelsen, während geradeaus weiter eine Abkürzung zum breiten Hinweg führt, über den wir rechts in wenigen Minuten zurück beim Ausgangspunkt sind. Wir biegen links in den Wald ein – die Markierung taucht nach einigen Metern erst auf – und steigen auf dem schmalen Pfad recht steil und in Kehren den Hang hoch. An Felsen und Felsdächern vorbei erreichen wir Steinstufen, über die wir hoch zum **Rabenfelsen** 09 gelangen. Der Abstieg verläuft unterhalb des Rabenfelsens nach links, wir folgen dem Graf-Heinrich-Schild Richtung Parkplatz den Waldhang hinab. Nach den letzten etwas steileren Metern erreichen wir den Hinweg und wandern rechtshaltend ans Waldende und auf der Straße zurück zum **Lemberger Wanderparkplatz** 01.

FELSENWALDTOUR

Traumtour vor den Toren Pirmasens

 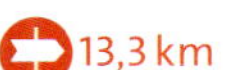 13,3 km 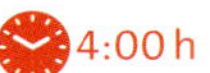 4:00 h 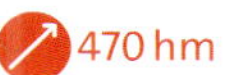 470 hm  470 hm 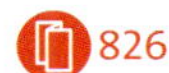 826

START | Wanderparkplatz Starkenbrunnen, an der K 36, zwischen Lemberg und Ruppertsweiler
[GPS: UTM Zone 32 x: 402.490 m y: 5.449.170 m]
CHARAKTER | Breite Wald- und Forstwege; schmale Pfade, mit steileren und kehrenreichen Abschnitten.

Wir beginnen unsere Wandertour am **Parkplatz Starkenbrunnen** 01, direkt neben der K 33 (Infotafel zum Felsenwanderweg). Wir gehen rechts auf einen schmalen Pfad, überqueren einen Schotterweg und wandern auf breitem Waldpfad geradeaus. Rechts taucht in einer Wiesenlichtung das **Waldhaus Starkenbrunnen** 02 auf. Der Weg wird zunehmend schmaler und steigt auch etwas stärker an. Bei einer asphaltierten Straße stoßen wir rechts auf das riesige Areal des **Beckenhofs** 03. Rechts am Hauptgebäude vorbei, dann links, folgen wir einem schmalem Waldpfad. Bei einer Kreuzung links auf einen breiteren Kiesweg, dann dreht der Weg rechts und steigt leicht an. Bei der nächsten Wegteilung halten wir uns links und gelangen auf weiter ansteigendem Pfad zum **Felsentor** 04. Nach dem spektakulären Felsgebilde scharf links und weiter hoch bis zu einer kreuzenden Forststraße, der wir links folgen.

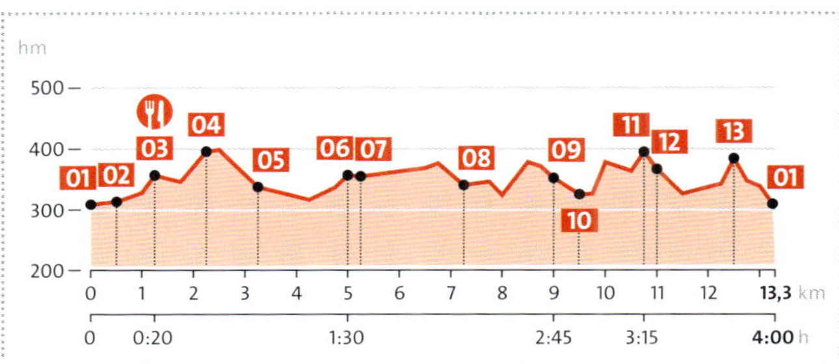

01 Parkplatz Starkenbrunnen, 310 m; 02 Waldhaus Starkenbrunnen, 315 m; 03 Beckenhof, 360 m; 04 Felsentor, 400 m; 05 Glastalquelle, 340 m; 06 Schillerwand, 360 m; 07 Gebrochene Felsen, 358 m; 08 Gebetbuch, 343 m; 09 Kugelfelsen, 355 m; 10 Eisweiher, 327 m; 11 Platte, 399 m; 12 Geisenfelsen, 370 m; 13 Kanzelfelsen, 388 m

Wenig später schwenken wir rechts auf einen leicht abwärtsführenden Waldweg ab. Weiter rechtshaltend umrunden wir den Talschluss zuletzt in einer Linkskehre und gelangen zu zwei kleineren Wasserbecken bei der **Glastalquelle** 05. Entlang einer Lichtung, die wir überqueren, schwenken wir dann nach links, der Weg steigt an und wir biegen in einer scharfen Linkskehre ab zu den Felsen der **Schillerwand** 06.

Auf schönem Pfad passieren wir an Felswänden und -dächern vorbei, durchqueren die **Gebrochenen Felsen** 07 und kurven in leichtem Auf und Ab am Hang entlang. Nach einer deutlichen Rechtsdrehung geht leicht abwärts zum **Gebetbuch** 08, einem gekippten Felsen, der einem aufgeschlagenen Buch ähnelt.

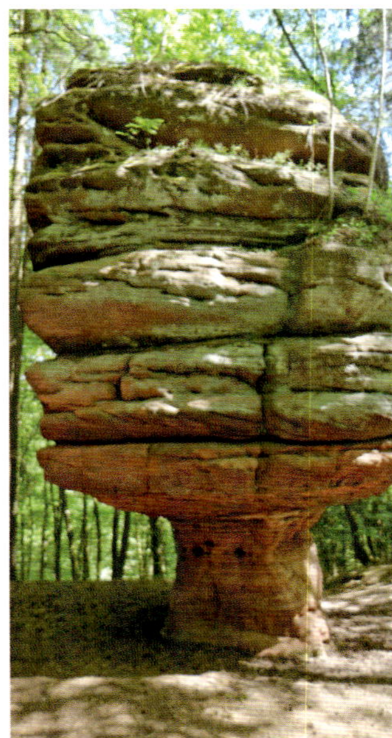

Am Kanzelfelsen

Ein paar Meter zurück zur Verzweigung und rechts am Waldhang entlang. Bei der nächsten Verzweigung scharf rechts abbiegen (Markierung) und zunächst deutlich bergab gehen. Dann wird es flacher, steigt nochmals an und zuletzt schlängelt sich der Pfad wieder bergab zum **Kugelfelsen** 09. Der Felsenpfad geht vor dem Kugelfelsen scharf rechts in engen Kehren weiter den Waldhang hinab und bringt uns nach einer Linkskehre hinab zum **Eisweiher** 10.

Links am Ufer entlang und am Weiherende links hoch in den Wald. Vorbei an Felsen geht es mit kleineren Richtungswechseln zunächst bergauf, dann fällt der Weg ab und steigt nach einem kreuzenden Waldweg wieder an. Zwischen kleineren Felsen hindurch steigen wir das Mordloch hoch, treffen oben auf einen breiten Forstweg, dem wir rechts folgen. Über ein Asphaltsträßchen passieren wir die Bushaltestelle **Platte** 11 und wandern auf einem Kiesweg wieder leicht bergab, in den Wald und zum **Geisenfelsen** 12. Wir folgen den Markierungen, und gelangen, nach einer deutlichen Rechts-Links-Kehre und wieder stärker ansteigend, zum **Kanzelfelsen** 13.

Der Weiterweg verläuft vor dem Felsen links abwärts, und über einen grasigen Waldweg, der sich zu einem schmaleren Pfad verengt und zum Schluss nochmals stärker abfällt. Nach ein paar Minuten erreichen wir unseren Ausgangspunkt, den **Parkplatz Starkenbrunnen** 01.

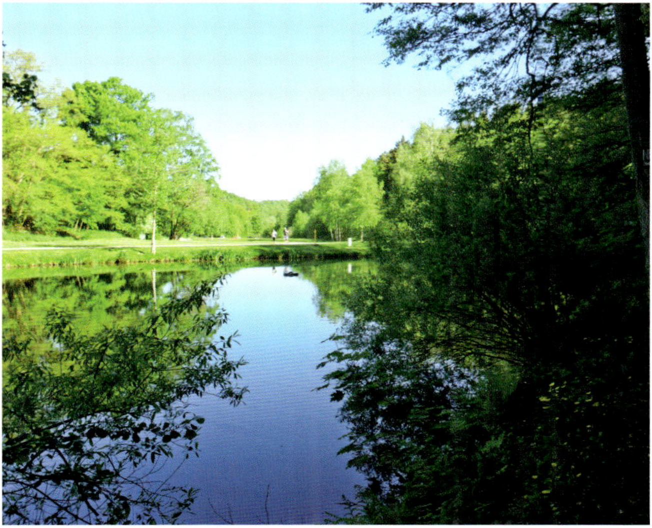

Der Eisweiher

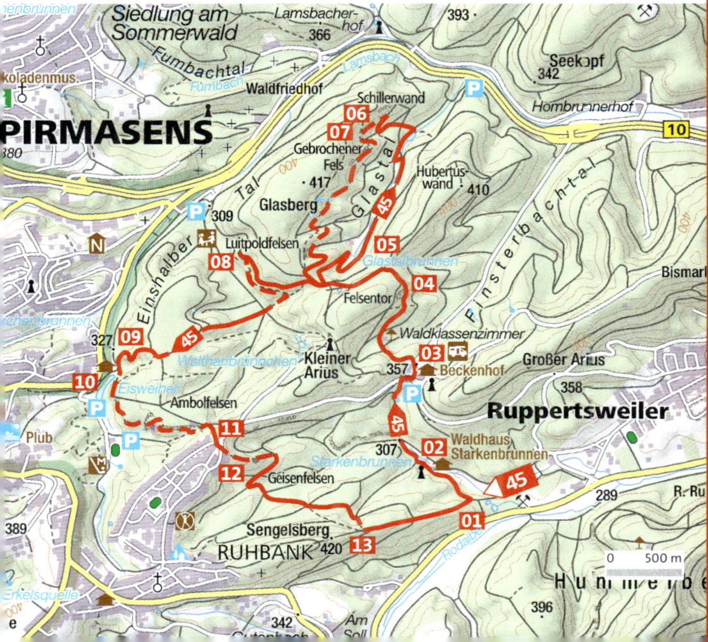

SAUFELSEN – KUHFELSEN – KARL-MAY-FELSEN

Felsenwanderung im Osten von Rodalben

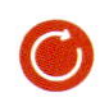  20 km  6:15 h 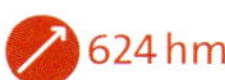 624 hm  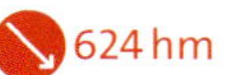 624 hm  826

START | Rodalben, Bahnhofstraße, Parken am Bahnhof [GPS: UTM Zone 32 x: 400.520 m y: 5.454.960 m]
CHARAKTER | Breite Wald- und Forstwege; schmale Pfade, mit steileren und teilweise auch etwas abschüssigen Abschnitten.

Am Bahnhof in **Rodalben** 01 gehen wir rechts die Bahnhofstraße, an den Bahngleisen entlang, überqueren nach links die Brücke und den Bach, passieren einen Parkplatz (hier ist eine Infotafel zum Felsenwanderweg), überqueren die Hauptstraße und gehen geradeaus hoch zur Brücke. Nach der Brücke links in die Ringstraße und ihr in einem Rechtsbogen folgen. In Höhe der Hausnummer 47 biegen wir links ab und steigen über Treppenstufen hoch, über die Straße Am Hilschberg und bei der nächsten Straße (Fichtenstraße) kurz rechts, dann wieder links über Treppen hoch zum Wald und zum **Hilschberghaus** 02.

Unterhalb des Hauses nach rechts passieren wir gleich die **Krappen-**

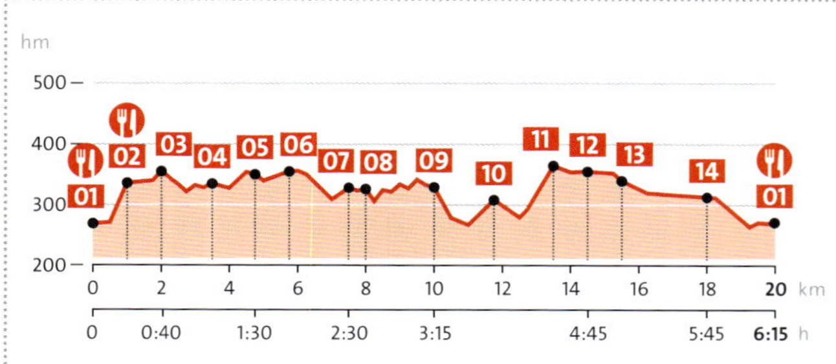

01 Rodalben, Bhf., 260 m; 02 Hilschberghaus, 330 m; 03 Saufelsen, 350 m; 04 Hinterer Rappenkopf, 329 m; 05 Gipfelstürmerhütte, 345 m; 06 Zigeunerbrunnen, 350 m; 07 Kuhfelsen, 322 m; 08 Eisenbörnchen, 320 m; 09 Fuchsfelsen, 323 m; 10 Hanauisches Eck, 391 m; 11 Hoher Kopf, 360 m; 12 Karl-May-Felsen, 350 m; 13 Hungerpfuhlfelsen, 334 m; 14 Geisbühlfelsen, 306 m

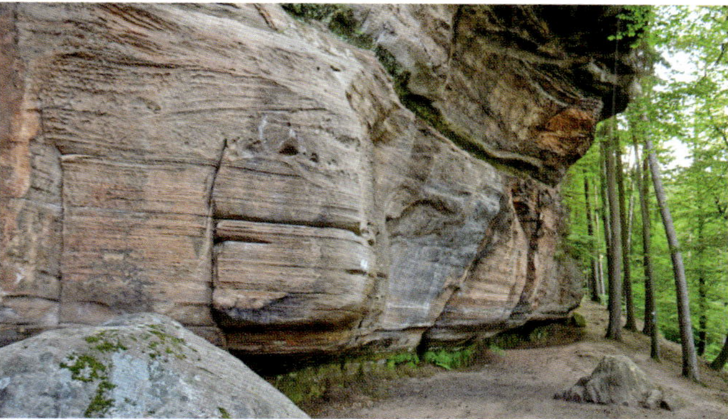

Der beeindruckende Saufelsen

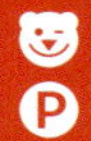

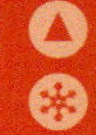

felsen und wenig später die beeindruckende Wand der **Hilschbergfelsen**. Es folgt eine Rechtskurve, wo es über Holzstufen zum Aussichtspunkt **Saufelsen** 03 hochgeht.

Zurück zur Abzweigung und unterhalb der Saufelsen weiter auf einem Weg, der sich verzweigt. Wir wandern rechts, auf dem unteren Pfad an den **Rappenteichfelsen** vorbei und gelangen, zuletzt in Kehren etwas deutlicher abwärts zum **Vorderen Rappenkopffelsen**. Stoßen auf einen breiteren Weg, dem wir ein Stück weit folgen, dann biegen wir mit dem Felsenwanderweg rechts ab und kommen zum **Hinteren Rappenkopf** 04. Nach einem riesigen Felsdach schwenken wir links und folgen dem als Zigeunerpfad ausgeschilderten, teils abschüssigen Hangpfad, der uns direkt zur 2012 erbauten **Gipfelstürmerhütte** 05 führt.

Vor der Hütte scharf links, leicht abwärts, und kurz nach einer Aussichtsstelle mit Sitzbank erreichen wir den **Zigeunerbrunnen** 06. Der Pfad mündet in einen Forstweg, dem wir kurz links folgen, dann wieder rechts auf schmalem Pfad. Bei einer Sitzbank in einer Rechtskehre fällt der Weg stärker ab und wir gelangen, an Felsen vorbei, in den Talgrund hinab, wo wir vor einer Wiesenlichtung links am Waldrand entlang zum **Kuhfelsen** 07 wandern.

Kurz danach scharf rechts, über einen kleinen Bach, und auf der anderen Seite der Lichtung wieder auf schmalem Pfad ansteigen. Wir passieren die lang gezogene **Eisenbörnchen-Felswand** 08, drehen kurz darauf wieder rechts, gehen abwärts und überqueren den Bach und die Talwiese. Wieder ansteigend in den Wald hoch, geht es an den Klausfelsen vorbei, und nach einer deutlichen Rechtskehre im Talschluss erreichen wir wieder einen mächtigen Felsen, den **Fuchsfelsen** 09.

Es geht jetzt steiler bergab, wir halten uns rechts, wenn rechts unten ein Bächlein auftaucht, schwenken wir links und folgen dem breiten Forstweg zum Park-

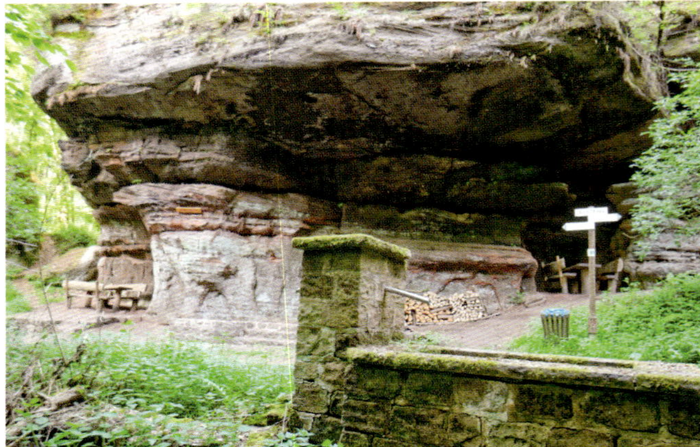

Beliebter Rastplatz, der Kuhfelsen

platz und zur Autostraße (Pos. Hirschbrunnen). Wir unterqueren die Straße am Bach entlang (bei Überflutung nehmen wir den Weg über die Straße!), steigen in Kehren hoch, passieren die Pos. **Hanauisches Eck** 10 und wandern am Waldhang entlang. Nach einem flacheren Stück geht es nach links wieder leicht hoch und wir überqueren eine Autostraße. Unterhalb der rechts sichtbaren Häuser gehen wir in einem Rechtsschwenk wieder in den Wald. Der schmäler werdende Pfad steigt stetig an, bei einem Wegweiser knicken wir rechts ab und gelangen, an Felsen vorbei,

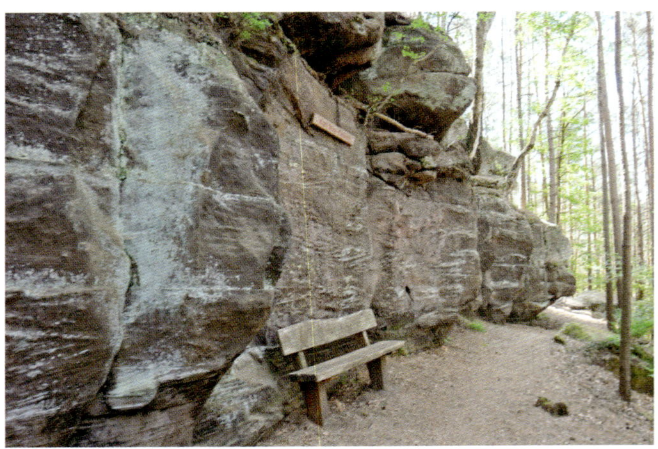

An den Karl-May-Felsen

zum **Hohen Kopf** 11. Wenig später erreichen wir dann das Felslabyrinth der **Karl-May-Felsen** 12. Wir folgen dem Felsenwanderweg weiter rechtshaltend, passieren die **Hungerpfuhlfelsen** 13, kurven leicht bergab, am Germersbrunnen vorbei, und kommen nach einer Linkskehre zu den **Geißbühlfelsen** 14. Ein paar Minuten später gelangen wir zu einer Kiesstraße, knicken scharf rechts ab und folgen ihr Richtung Stadtmitte. Nach einer deutlichen Linkskehre, stetig bergab, erreichen wir die ersten Häuser und Asphalt. Entlang der Pirmasenser Straße unterqueren wir die Umgehungsstraße, überqueren anschließend die Bahnlinie, schwenken links zurück in die Bahnhofstraße und gehen zurück zum **Bahnhof** in **Rodalben** 01.

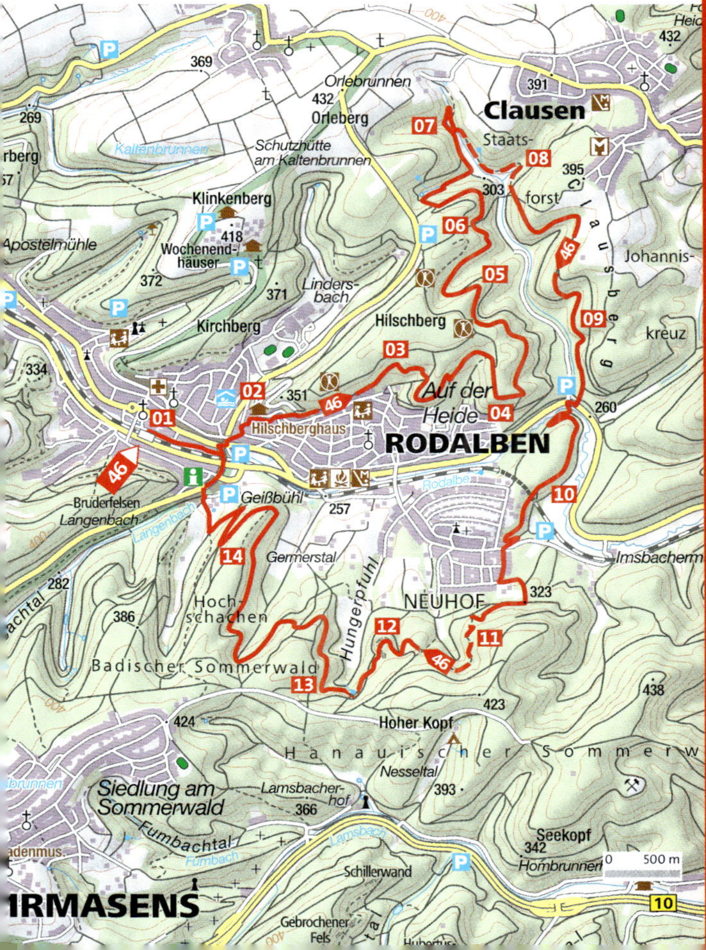

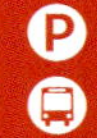

ALTER BIERKELLER – ALTE BURG – KANZEL

Auf der 1. Etappe des Rodalber Felsenweges

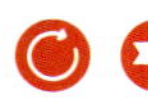 19,3 km  6:00 h 653 hm 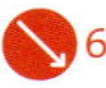 653 hm 826

START | Rodalben, Bahnhofstraße, Parken am Bahnhof [GPS: UTM Zone 32 x: 400.520 m y: 5.454.960 m]
CHARAKTER | Breite Wald- und Forstwege; schmale, stellenweise wurzelige und felsige Pfade mit etwas abschüssigen Abschnitten und kürzeren steileren Passagen.

Am Bahnhof in **Rodalben** 01 gehen wir links zur Brücke, unter der Brücke eine Wendeltreppe hoch und überqueren sie. Wir halten uns rechts und biegen dann in die Bergstraße ein, die steiler ansteigt und uns in den Wald hochführt.

Der Asphalt endet und auf einem Waldweg erreichen wir den **Alten Bierkeller** 02. Vorbei am Schlangenbrunnen folgen wir dem Felsenwanderweg auf schmalem, teils etwas ausgesetztem Pfad in einer großen Rechtskehre am Waldhang entlang. Links am Weg tauchen Felsen auf, der Weg fällt leicht ab, und wir passieren ein kleineres Felsdach bei den **Kiesfelsen** 03. In Kehren geht es bergab, wir schwenken vor einem breiteren Weg links und gelangen zum interessanten **Felsenbunker** 04 am Köpfel (Infotafel).

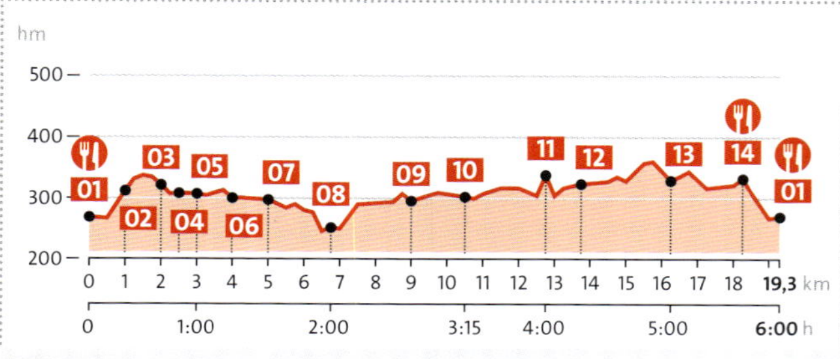

01 Rodalben, Bhf., 260 m; 02 Alter Bierkeller, 305 m; 03 Kiesfelsen, 315 m; 04 Felsenbunker, 301 m; 05 Alte Burg, 300 m; 06 Hettersbachfelsen, 293 m; 07 Horbergfelsen, 290 m; 08 Horbergbrücke, 242 m; 09 Zigeunerfelsen, 288 m; 10 Maibrunnenfelsen, 295 m, 11 Kanzel, 332 m; 12 Schweinefelsen, 317 m; 13 Lindersbachfelsen, 323 m; 14 Hilschberghaus, 326 m

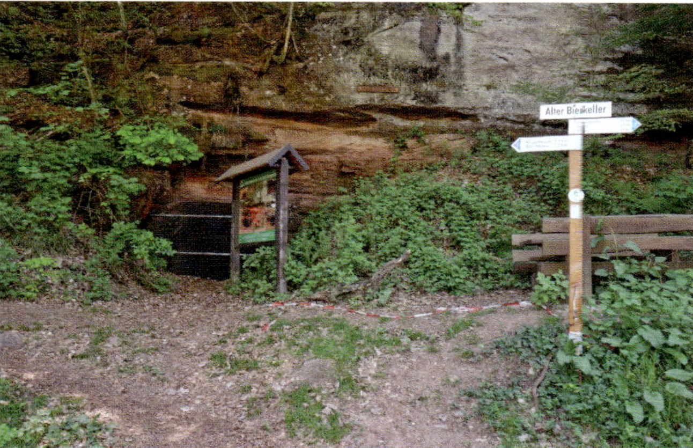

Vor dem Alten Bierkeller

Wenig später leitet uns der Pfad zur **Alten Burg 05**, einem mächtigen Felsklotz, hier öffnet sich nach rechts ein toller Blick über Rodalben. Wir umrunden den Burgberg, passieren den Vorwall der Befestigungsanlage Alte Burg und wandern leicht abwärts am Waldhang entlang. Nach einer großen Rechtskehre im Talschluss kommen wir wieder zu einer mächtigen Felsformation, den **Hettersbachfelsen 06**.

Der Blick nach rechts wird frei, wir passieren die Entensteinfelsen und stoßen in einer deutlichen Linkskehre zu den **Horbergfelsen 07** und folgen dem Pfad leicht abwärts und nach rechts zu einer Forststraße. Wir folgen dem F-Zeichen leicht ansteigend den

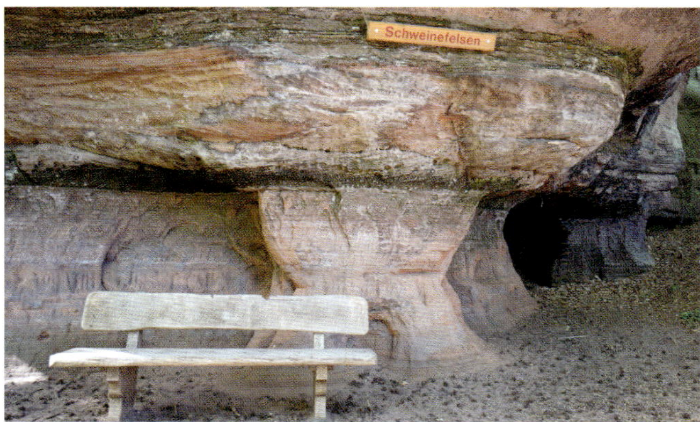

Schöner Rastplatz am Schweinefelsen

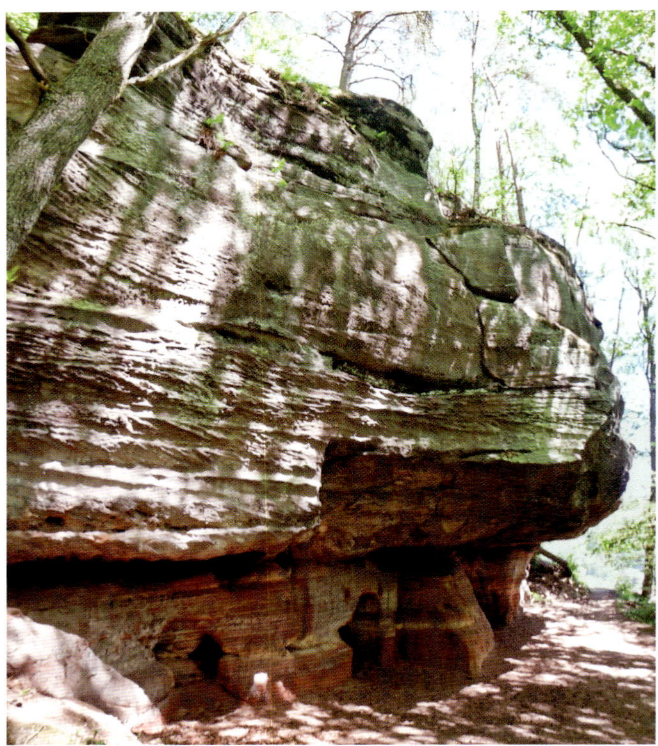

Die Alte Burg, ein mächtiger Felsklotz

Wald hoch und traversieren nach einer Rechtskehre zunächst leicht abwärts, dann flach oberhalb der Häuser. In Kehren geht es hinab zu Häuser und auf Asphalt. Über den Petersberger Weg gelangen wir zur **Horbergbrücke** 08, überqueren sie und gehen links den Eischweilerer Weg hoch. Vorbei am Jugendheim Mühlkopf, hier endet der Asphalt, gehen wir ein Stück weiter hoch in den Wald und biegen dann scharf rechts ab. Am Waldhang entlang passieren wir erneut Felsen, stoßen auf einen Asphaltweg, dem wir links ansteigend ein paar Meter folgen, dann schwenken wir rechts ab und gelangen leicht abwärtsgehend zum imposanten **Zigeunerfelsen** 09, einer lang gezogenen Felswand mit einer beeindruckenden überdachten Höhle. Der Felsenweg mündet in einen breiteren Forstweg und wir kommen leicht aufwärts zu einer scharfen Rechtskurve. Links unten befindet sich eine Kneippanlage mit Hütte und der Osterbrunnen.

Auf schmälerem Pfad gelangen wir zur nächsten Felsengruppe, den **Maibrunnenfelsen** 10. Wir passieren die Abzweigung rechts zum Friedhof, gehen leicht ansteigend am Waldrand entlang weiter, machen eine scharfe Rechtskehre und folgen dem Felsenwanderweg leicht bergab. Der Friedhof taucht jetzt rechts unten auf, und nach Überqueren der Autostraße geht es in Kehren hoch zu einer Verzweigung. Hier machen wir einen Abstecher zur aussichtsreichen **Kanzel** 11.

An der Verzweigung schwenken wir links und oberhalb von Häuser wandern wir auf dem Felsenweg mit leichten Auf und Ab zu den **Schweinefelsen** 12. Rechts unten ist der Fußballplatz zu sehen. Am Waldhang entlang passieren wir die **Geißendelle**, halten uns rechts, an weiteren Felsen vorbei. Der teils steinige und wurzelige Pfad fällt leicht ab, kurvt am Hang entlang und bringt uns wieder leicht ansteigend zu den **Lindersbachfelsen** 13. In einer Rechtskehre umrunden wir das unten liegende Schützenhaus und wandern auf schmalem Waldpfad hoch zur Autostraße. Wir überqueren sie und erreichen gut 10 Minuten später das **Hilschberghaus** 14.

Auf geplätteltem Weg an ihm vorbei, über Treppenstufen bergab, erreichen wir die Ringstraße, biegen nach rechts ab und gehen über die Lohnbrücke und die Bahnhofstraße zurück zum **Bahnhof** in **Rodalben** 01.

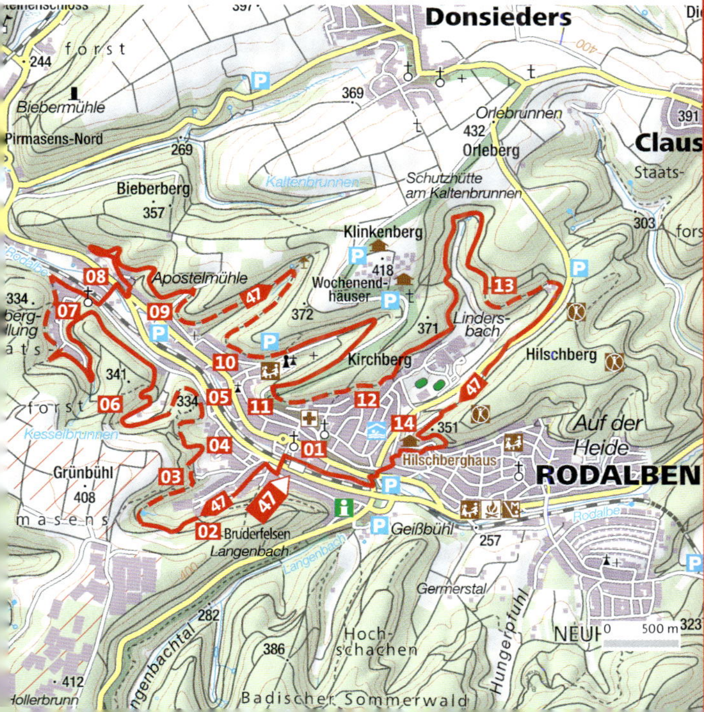

48

BÄRENHÖHLE – BRUDERFELSEN

Zur größten Natursandsteinhöhle der Pfalz

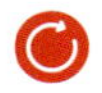 11,8 km 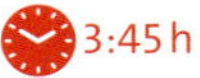 3:45 h 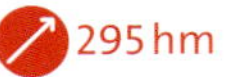 295 hm 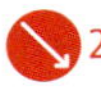 295 hm  826

START | Rodalben, Bahnhofstraße, Parken am Bahnhof [GPS: UTM Zone 32 x: 400.520 m y: 5.454.910 m]
CHARAKTER | Breite Wald- und Forstwege; schmale, stellenweise wurzelige und felsige, manchmal auch etwas ausgesetzte Pfade.

▶ Vom Bahnhof in **Rodalben** 01 gehen wir die Bahnhofstraße entlang, biegen rechts in die Pirmasenser Straße ein, überqueren die Bahn, unterqueren die Straßenbrücke, steigen leicht an und biegen links in die Geißbühl-Straße (Markierung Parkplatz Bärenhöhle) ein. Kurz darauf endet der Asphalt und wir wandern leicht ansteigend am Waldrand entlang, schwenken links in den Wald, steigen weiter leicht an und nach einer scharfen Rechtskehre geht es mit wenig Höhenunterschied, stellenweise etwas ausgesetzt, auf schönem Pfad durch den Wald. Bei der nächsten Rechskehre stoßen wir auf die feucht-grünen **Seibelsbachfelsen** 02.

Leicht abwärts kommen wir zur **Dekan-Ehling-Hütte** 03, gehen links an der Hütte vorbei und in Spitzkehren abwärts zu einem breiteren Weg. Bei den **Steigertfelsen** 04 verlassen wir in einer Linkskehre den Weg und wandern rechts auf dem markierten Felsenweg zu den **Wüstlangenbachfelsen** (mit neuer Sitzbank unter einem Felsdach). Im Talschluss

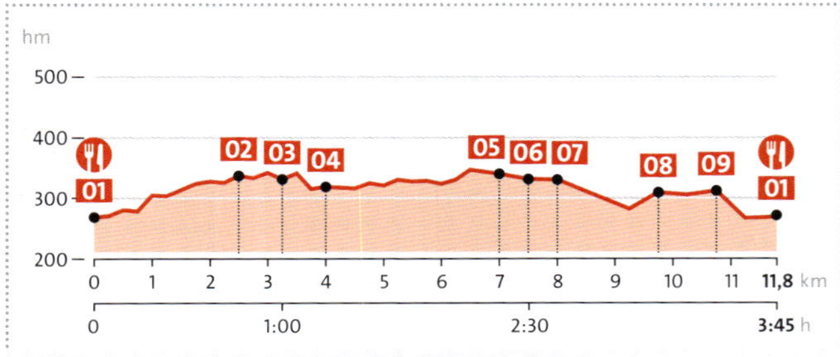

01 Rodalben, Bhf., 260 m; 02 Seibelsbachfelsen, 331 m; 03 Dekan-Ehling-Hütte, 325 m; 04 Steigertfelsen, 312 m; 05 Langenbachfelsen, 334; 06 Bärenhöhle, 325 m; 07 Bärenfelsen, 324 m; 08 Bruderfelsen, 302 m, 09 Alter Bierkeller, 305 m

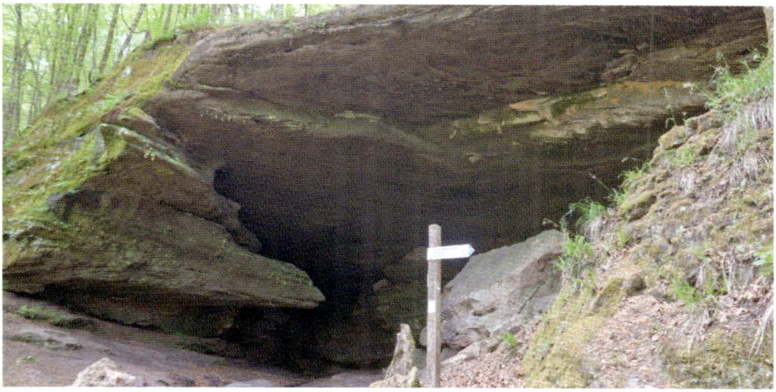

Eingang zur Oberen Bärenhöhle

überqueren wir in einem scharfen Rechtsschwenk einen Bach, halten uns bei der nächsten Wegteilung links und folgen dem markierten Felsenweg. Nach einer erneuten Rechtskehre tauchen die mächtigen **Langenbachfelsen** 05 auf und wenig später stehen wir vor der imposanten Oberen **Bärenhöhle** 06, der mit 40 m Tiefe größten natürlichen Sandsteinhöhle in der Pfalz. Rechts, über Stufen, geht es hinab zur Unteren Bärenhöhle.

An der Oberen Höhle vorbei, ein paar Steinstufen hoch, folgen wir

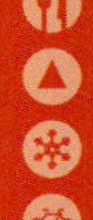

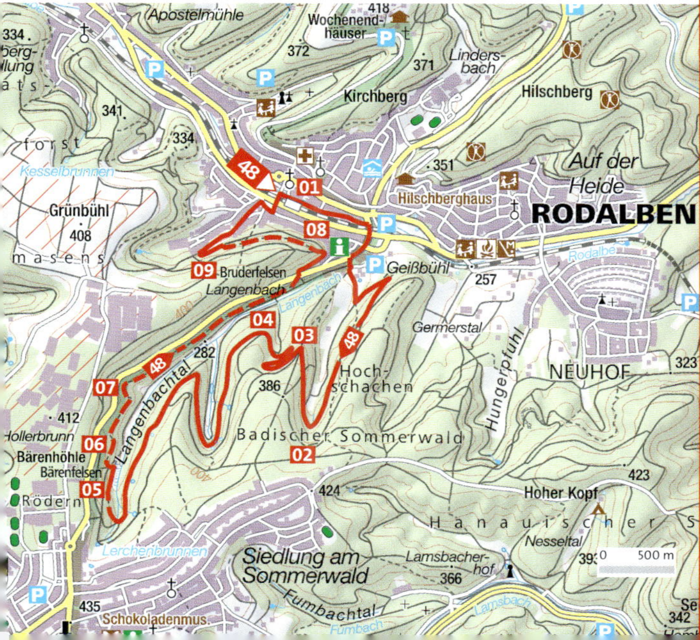

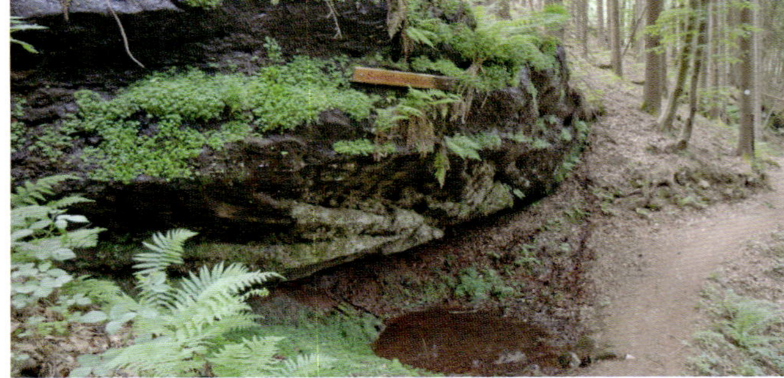

Die feuchten Seibelsbachfelsen

dem Hangweg an den **Bärenfelsen** 07 und weiteren meist recht feuchten Felsen vorbei, zweimal über einen Brettersteg bzw. eine Bretterbrücke. Links oberhalb verläuft die Autostraße, rechts unten im Tal ein Bach und ein breiterer Fahrweg. Wir stoßen auf Asphalt, halten uns links, überqueren die Autostraße und steigen auf einem schottrigen Waldweg in einem Linksschwenk hoch zu einer Verzweigung; nach rechts öffnet sich der Wald und bietet Ausblick über die Häuser von Rodalben. Nach links zweigt ein Pfad ab und führt als kurzer Abstecher zum **Bruderfelsen** 08 (Aussichtspunkt) hoch.

Weiter auf dem Felsenwanderweg passieren wir die Baumbuschfelsen und gelangen nach einer weiten Linkskehre zum **Alten Bierkeller** 09. Rechts abwärts, bald auf Asphalt, gehen wir über die Bergstraße rechts in die Baumbuschstraße und biegen in die Kirchstraße links ab. Mitten auf der Marienbrücke steigen wir über eine Wendeltreppe hinab und sind wenig später beim **Bahnhof** in **Rodalben** 01.

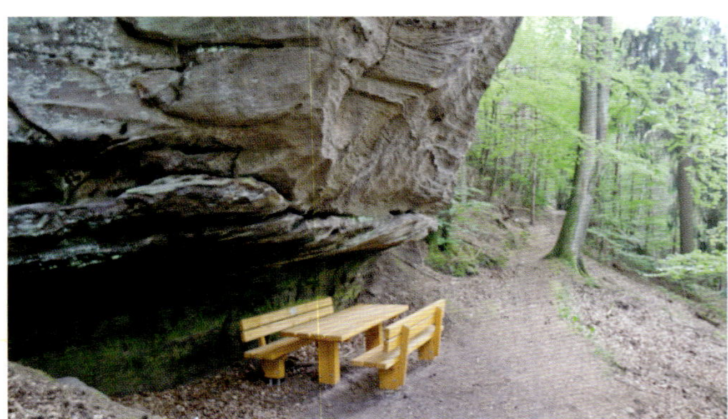

Sitzbank unter dem Felsdach an den Wüstlangenbachfelsen

LEMBERGER ROTHENBERG-WEG

Abwechslung garantiert – Sandsteinfelsen, Wanderheim, Rodalbtal

 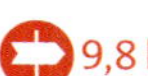 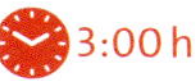 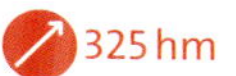  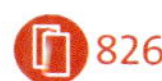

9,8 km | 3:00 h | 325 hm | 325 hm | 826

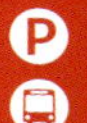

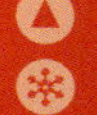

START | Lemberg, Laubbrunnerstraße, Parken beim Sportgelände [GPS: UTM Zone 32 x: 402.040 m y: 5.446.710 m]
CHARAKTER | Breite Wald- und Forstwege; schmale Pfade, stellenweise wurzelig und steinig.

Vom Parkplatz am **Sportgelände** in **Lemberg** 01 (Infotafel) folgen wir der Markierung Rothenberg-Weg auf einem Pfad in den Wald hoch. Nach einer Rechtskehre teilt sich der Weg, wir bleiben rechts, auf einem schmäleren, leicht ansteigenden Pfad. Wenig später erreichen wir eine imposante Felswand, und der Pfad schlängelt sich am Waldhang entlang, vorbei an weiteren, interessanten Felsgebilden direkt am Weg und weiter oben am Waldhang. Wir stoßen auf einen breiteren Forstweg, folgen ihm rechts und bleiben bei einer Wegteilung links. Bei einer Unterstandshütte überschreiten wir einen kreuzenden Forstweg und erreichen nach einem Linksschwenk das große hölzerne **Keimskreuz** 02.

Nach dem Kreuz rechts auf einen schmalen und wurzeliger werdenden Pfad, der steiler ansteigt. Oben auf dem breiten Gratrücken verläuft der markierte Pfad zwischen kleinere Felsen hindurch und durch lichten Wald, zuletzt kurvt er wieder leicht abwärts zum **Wanderheim Drei-Buchen** 03.

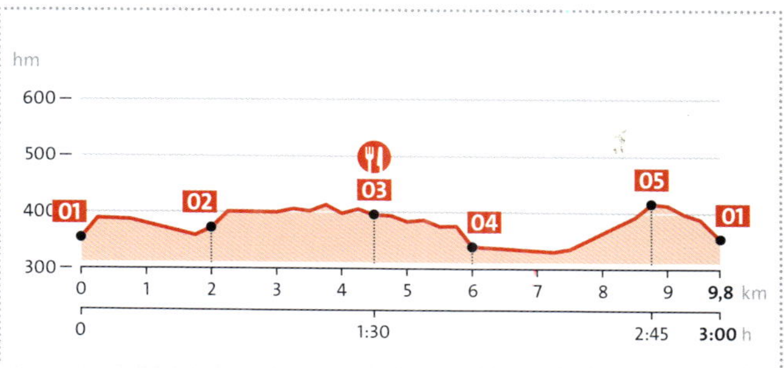

01 Lemberg, Sportgelände, 345 m; 02 Keimskreuz, 364 m; 03 Wanderheim Drei-Buchen, 387 m; 04 Rodalbtal, 329 m; 05 Gottfriedsruhe, 410 m

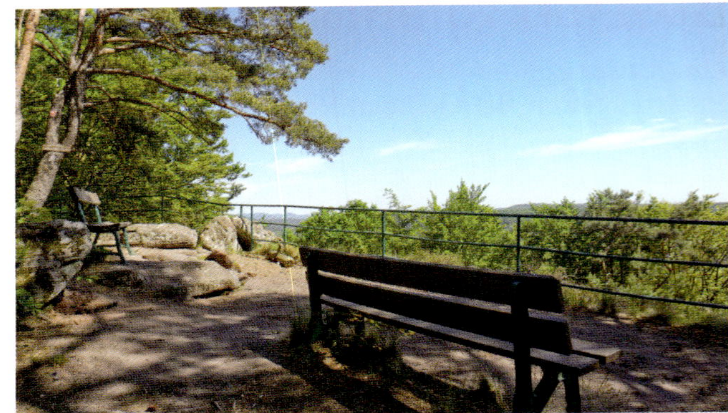

Aussicht von der Gottfriedsruhe

Vor der Hütte rechts und bei der nächsten Wegkreuzung rechts Richtung Rodalbtal. Kurz darauf die Abzweigung nach links auf einen schmalen Pfad nicht verpassen; links am Weg tauchen wieder Felsen auf. Der schmale Hangweg schlängelt sich zunächst ziemlich eben durch den Wald, zuletzt wieder leicht abwärts auf eine breite Forststraße zu. Links öffnet sich eine weite Wiesenlichtung im **Tal der Rodalbe** **04**.

Wir folgen dem Forstweg rechts und wandern am Waldrand und der Lichtung entlang flach geradeaus, bis wir nach einem Vogel-Infoschild die Lichtung überqueren, auf Asphalt stoßen und nach rechts weitergehen; die Lichtung jetzt rechter Hand. Bei der Info-

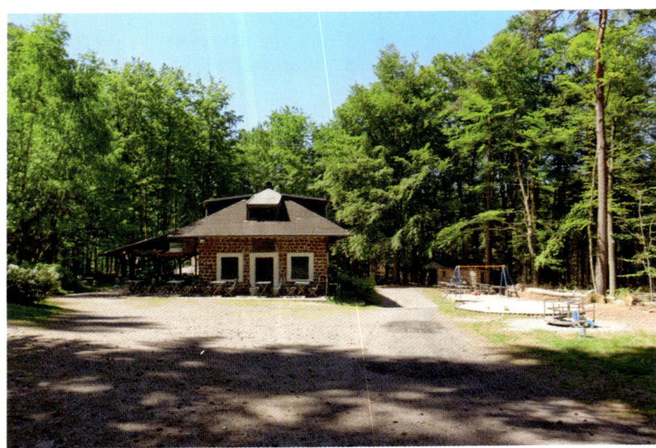

Wanderheim Drei-Buchen

tafel „Geheimnisse im Kleingewässer" verlassen wir den Asphalt und schwenken rechts auf einen schmalen Pfad. In Sichtweite eines Gewässers überqueren wir einen Bachlauf und biegen am Waldrand rechts ab. Leicht ansteigend folgen wir dem Rothenberg-Logo durch den Wald hoch, bis wir bei Steinstufen scharf rechts abknicken und nach einer Hangtraverse wieder über Stufen scharf links abbiegen und auf den felsigen Grat hoch gelangen. Zwischen Felsen hindurch geht es auf dem Gratrücken zum Aussichtspunkt **Gottfriedsruhe** **05**. Durch lichten Wald, zwischen weiteren Felsüberhängen hindurch und an Höhlen vorbei, kommen wir zum links ausgeschilderten **Lemberg-Blick**, der eine wunderbare Aussicht über den Ort bietet. Zurück zur Abzweigung und links weiter auf schmalem Pfad. Wir umrunden den letzten Felsen, gehen über Steinstufen bergab, gelangen rechtshaltend bei einem mächtigen Felsdach auf den Hinweg und sind ein paar Minuten später wieder zurück am Parkplatz in **Lemberg** **01**.

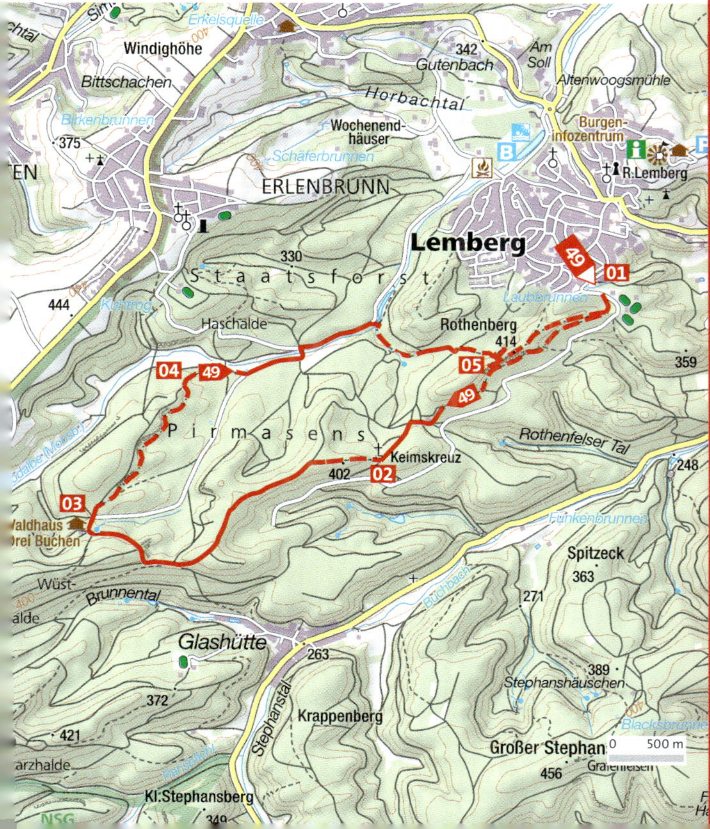

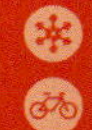

ALTSCHLOSSPFAD

Zum längsten Buntsandsteingebilde in Rheinland-Pfalz

 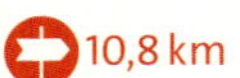 10,8 km 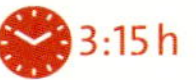 3:15 h 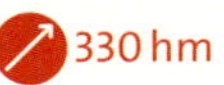 330 hm  330 hm  826

START | Eppenbrunn, Parkplatz an der Ecke Himbaumstraße/ Neudorferstraße
[GPS: UTM Zone 32 x: 394.480 m y: 5.441.270 m]
CHARAKTER | Breite Wald- und Forstwege; schmale Pfade, stellenweise felsig; am Anfang und Ende der Tour kurze Asphaltpassage.

Vom **Parkplatz** in **Eppenbrunn** 01 wandern wir die Himbaumstraße hoch, biegen beim Hotel Kupper rechts ab und unterhalb des Hotels gehen wir zum Wald; hier endet der Asphalt. Rechts unten in der Talsohle fließt der Eppenbrunner Bach, 100 m weiter rechts die Autostraße. Der breite Waldweg bringt uns zu einer kleinen **Holzbrücke** 02, die wir überqueren. Danach schwenken wir links, auf einen schmäleren Pfad, der zunächst ganz leicht ansteigt.

Bald tauchen erste Felsen auf, wir stoßen auf einen breiteren Waldweg, dem wir links folgen. Wir gelangen zu einer Lichtung, kreuzen ein Sträßchen und gehen rechts auf grasigem Weg am Waldrand entlang. Eine feuchte Stelle ist mit Bretterbohlen ausgelegt. Am Ende der Wiesenlichtung kurven wir auf dem Waldpfad leicht ansteigend hoch, in einer Art Hohlweg, mit größeren Steinen rechts und links des Weges. Ein paar Meter bergab, dann flach, auf Holzbrücken über kleinere Bäche, und wir

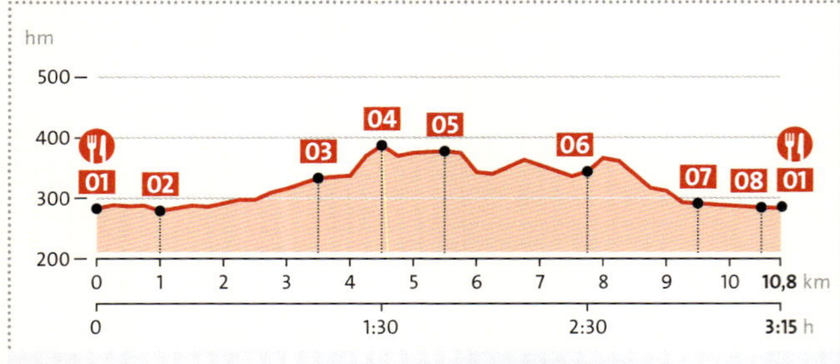

01 Eppenbrunn, 275 m; 02 Holzbrücke, 271 m; 03 Abzw. Rocher de Diane, 327 m; 04 Aussichtspunkte, 383 m; 05 Felsentor, 373 m; 06 Hohler Fels, 338 m; 07 Mühlweiher, 283 m; 08 Freizeitpark, 276 m

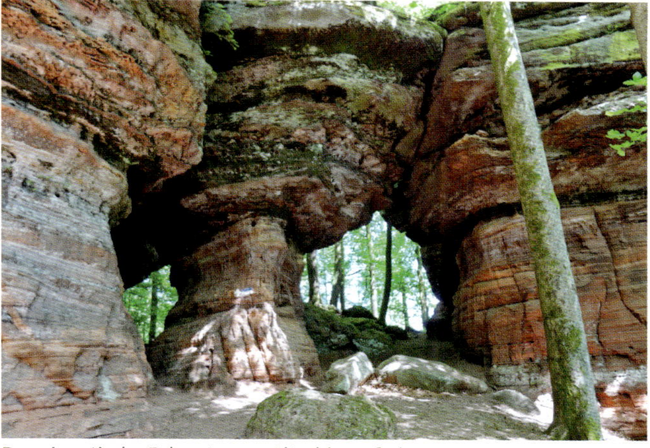

Das gigantische Felsentor am Altschlosspfad

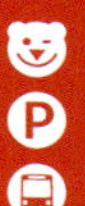

erreichen die **Abzweigung** rechts zum **Rocher de Diane** 03.

Wir halten uns aber links und folgen einem recht sandigen Waldweg, der zum Schluss hin stärker ansteigt, deutlich felsiger wird und uns zu einer scharfen Linkskehre führt. Wir steigen zu Felsen hoch und machen einen Abstecher zu interessanten **Aussichtspunkten** 04. Der Altschloss-

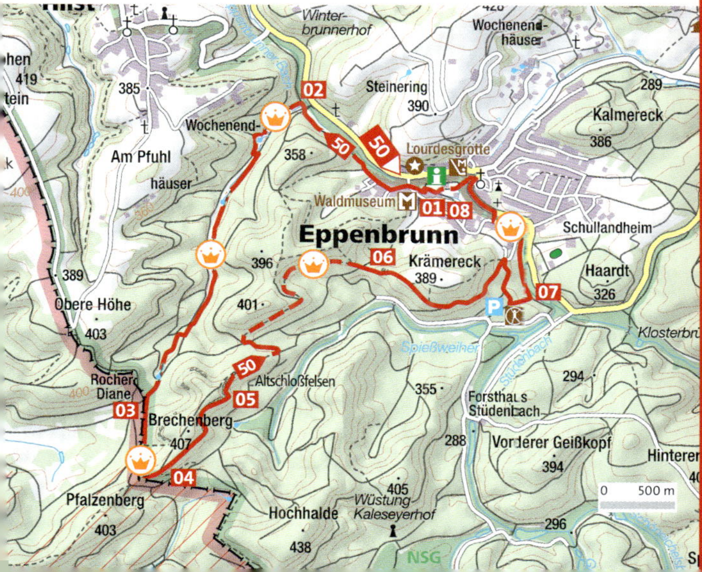

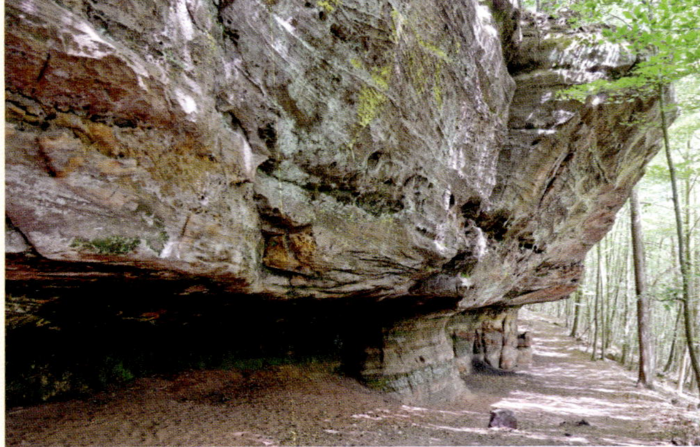

Gigantische Felsdächer flankieren den Altschlosspfad

pfad geht rechts unterhalb der Felsen weiter, entlang an gigantischen Felswänden und -türmen, unter riesigen Dächern hindurch und vorbei an großen Felshöhlen. Eine halbe Stunde wandern wir an dieser gigantischen Felskulisse entlang, dann schwenken wir in einer Links-rechts-Kehre leicht ansteigend hoch und traversieren weiter am Waldhang entlang. Es tauchen erneut Felsen auf, wir gehen links durch ein riesiges **Felsentor** 05 und traversieren wieder an beeindruckenden Felswänden und mächtigen Felstürmen entlang.

Am Ende dieser Felsengalerie geht es leicht abwärts, wir stoßen auf einen kreuzenden Fahrweg und schwenken mit dem Altschlosspfad nach links. Über einen freien Platz (Infotafel zum Altschlosspfad) und einer Kreuzung gehen wir wieder in den Wald und folgen einem breiteren Forstfahrweg nach rechts. In einer Linkskehre leicht bergab und weiter rechtshaltend zu einer Wegteilung. Wir nehmen die linke, markierte Variante und erreichen wieder Felsen (**Hohler Fels** 06). Wir steigen leicht bergauf und wandern dann flach auf einem bewachsenen Grat, links durch die Bäume ist eine Wiesenlichtung zu sehen. Auf grasigem Weg stetig bergab kommen wir ans Waldende und stoßen auf eine Asphaltstraße und ein Haus. Der Altschlosspfad knickt vor dem Haus scharf rechts auf einen Forstweg ab, den wir bald nach links verlassen und auf einem schmalen Waldpfad weiter abwärtsgehen. Wir treffen oberhalb eines kleinen Baches auf einen Forstweg, halten uns scharf links in Richtung **Mühlweiher** 07 und wandern etwas oberhalb vom Seeufer zu einem Asphaltsträßchen vor. An der Vita Natura Klinik vorbei und rechts zur Weiherstraße.

Nach wenigen Schritten schwenken wir links über ein paar Steinstufen zum **Freizeitpark** 08 hinab und gehen, am Haus des Gastes vorbei, zurück zum **Parkplatz** 01 an der Himbaumstraße.

RUMBERGSTEIG

Zu den Rumbergfelsen und über den Guckenbühl zum Rössels- und Sägmühlweiher

 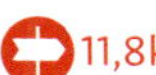 11,8 km  4:00 h 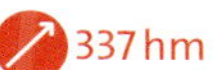 337 hm  337 hm  826

START | Ludwigswinkel, Landgrafenstraße, Parken am Dorfplatz [GPS: UTM Zone 32 x: 402.600 m y: 5.436.910 m]
CHARAKTER | Breite Wald- und Forstwege; schmale Pfade, im Bereich Rumbergfelsen und Guckenbühl mit steileren Abschnitten; kürzere Asphaltpassagen.

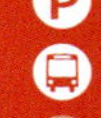

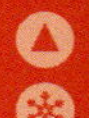

Wir starten in **Ludwigswinkel** 01, gegenüber vom Gasthaus Zum Landgrafen, bei einem Brunnen mit Infotafel. Kurz links die Landgrafenstraße entlang, dann biegen wir beim Rathaus, dem ehemaligen Alten Schulhaus, rechts ab. Der Asphalt endet und wir gehen auf Kies durch Wiesengelände, folgen rechts ein Stück weit dem Barfußpfad und schwenken dann links auf den geplättelten Brunnenweg. Wir überqueren eine Autostraße, wandern auf einem schmalen Pfad an Hecken entlang zur Fabrikstraße und gelangen am Ende der Häuser in den Wald. Bei der nächsten Wegteilung bleiben wir geradeaus, folgen dem flachen Forstweg, gelangen an den Waldrand und über eine Kreuzung zu den Gebäuden der **Area 1** 02, einem denkmalgeschützten, ehemaligen Atomwaffenlager, das heute als Ausstellungsgelände fungiert. Nach der Besichtigung folgen wir rechts dem leicht an-

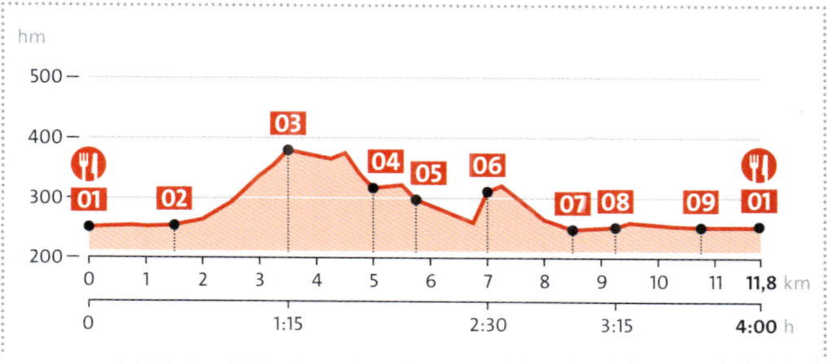

01 Ludwigswinkel, 242 m; 02 Area 1, 245 m; 03 Rumberg, 375 m; 04 Rumbergfelsen, 310 m; 05 Spitzer Fels, 290 m; 06 Guckenbühlfelsen, 304 m; 07 Rösselsweiher, 238 m; 08 Rösselsquelle, 242 m; 09 Sägmühlweiher, 242 m

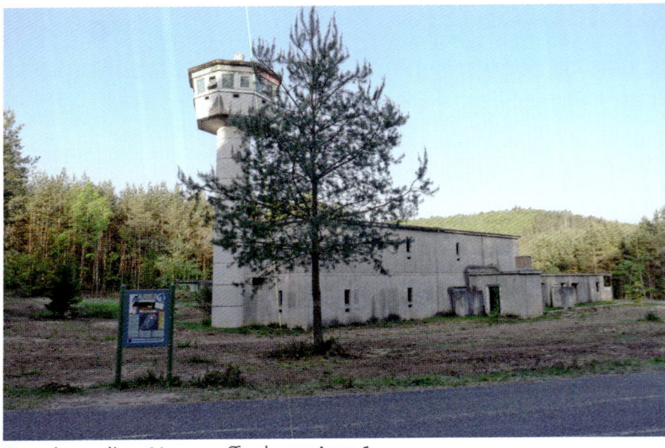

Das ehemalige Atomwaffenlager Area 1

steigenden Asphaltsträßchen, biegen kurz darauf rechts in ein weiteres Asphaltsträßchen ein, dem wir zu einer Lichtung hoch folgen. Kurz bevor der Asphalt endet, schwenken wir links auf einen Forstweg ab und steigen an einer Tannenschonung entlang weiter an, zu einer Wegkreuzung auf einem Sattel. Wir biegen rechts ab, auf den unteren von zwei Wegen, verlassen diesen aber kurz darauf wieder nach rechts und steigen in einer steilen Kehre den Waldrand hoch. Es folgt eine lange, ansteigende Hangtraverse, die zum Schluss in engeren Kehren steil zu einem Grat hochführt.

Einer der fünf Rumbergtürme

Linkshaltend erreichen wir bei der Pos. **Rumberg** 03 eine freie Fläche mit Aussichtsbank, gehen zunächst geradeaus, umrunden in einer Linkskehre Felsen und stoßen auf einen kreuzenden Forstweg, dem wir rechts folgen. Es geht etwas steiler bergab, wir schwenken auf einen schmaleren Pfad nach links und gelangen nach einer Rechtskehre zu einem auffälligen Felsturm. Wir passieren die spektakulären fünf **Rumbergfelsen** 04, wechseln vor dem letzten Turm auf die linke Seite und folgen dem abwärtsführenden Pfad in Kehren in eine Senke hinab.

Auf flachem Weg umrunden wir die Felsen am Waldhang entlang und erreichen nach einer weiten Linkskurve den **Spitzen Fels** **05**. Auf schmalem Waldpfad leicht bergab stoßen wir auf einen breite Forstweg, dem wir nach rechts flach folgen. Wir kommen zu einem asphaltierten Sträßchen, halten uns links und zweigen wenig später (Pos. Guckenbühl-Süd) rechts auf einen schmalen Pfad ab, der uns in steilen Kehren den Waldhang hoch zum **Guckenbühlfelsen** **06** und wieder abwärts zur Pos. Guckenbühl-Nord leitet.

Hier knicken wir links ab, überqueren ein Asphaltsträßchen und wandern weiter abwärts zum **Rösselsweiher** **07**. Wir umrunden den See in einem Linksbogen, gehen am Waldrand entlang, bis wir links einen kurzen Abstecher zur markierten **Rösselsquelle** **08** machen. Über die Wiese zu einem Asphaltsträßchen, bei der Pos. Ritterstein.

Das Sträßchen verlassen wir bald wieder nach rechts und folgen einem Feldweg durch den Wald. Bei einem eingezäunten Waldstück halten wir uns rechts, überqueren einen Bach und eine Forststraße, schwenken dann nach links und gehen ein paar Meter zum nahen **Sägmühlweiher** **09** hinab. Am See entlang stoßen wir auf die Autostraße, gehen ein paar Meter links, überqueren die Straße und folgen rechts der Beschilderung Freizeitpark, Barfußpfad. Über eine Wiese stoßen wir auf unseren Hinweg und wandern über den Barfußpfad zurück nach **Ludwigswinkel** **01**.

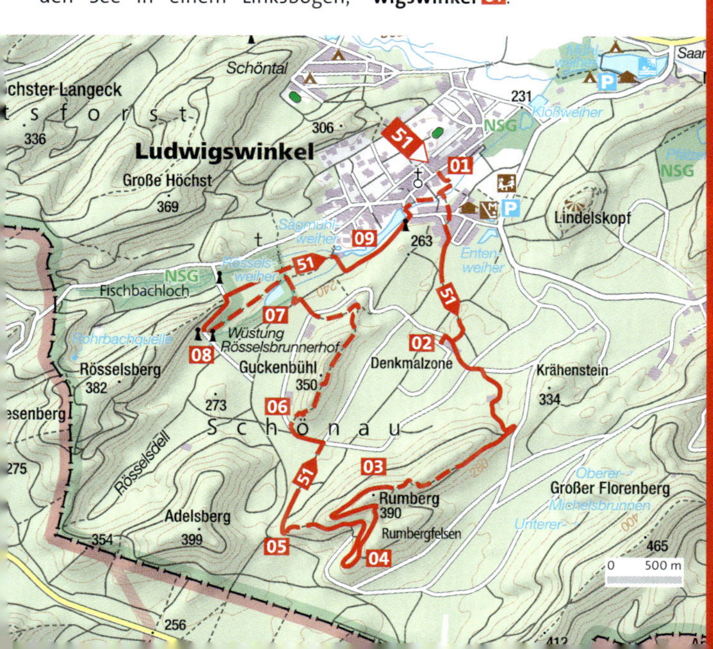

WASGAU-SEEN-TOUR

Wasser- und Erlebniswanderung zwischen Fischbach und Ludwigswinkel

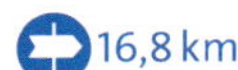

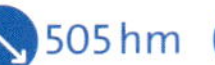

START | Fischbach bei Dahn, an der L 478, Parken beim Biosphärenhaus
[GPS: UTM Zone 32 x: 406.850 m y: 5.437.900 m]
CHARAKTER | Problemlose Wiesen-, Wald- und Forstwege; schmaler und etwas felsiger Pfad im Bereich Lindelskopf; kürzere Asphaltpassagen in den Orten und asphaltierter, straßenbegleitender Geh-/Radweg vom Mühlweiher nach Fischbach.

Wir starten beim **Biosphärenhaus** 01 in Fischbach bei Dahn, gehen zur L 478 hinab und folgen auf dem Gehweg der Wasgau-Seen-Tour-Beschilderung nach rechts. Bei der Pos. Fischbach-Hauptstraße biegen wir links ab, überschreiten den Saarbach und folgen dem Wassererlebnisweg am Bachlauf entlang nach rechts. In einem großen Rechtsbogen, der uns kurz zum Waldrand führt, geht es über einen kleinen Bach und die Autostraße hinüber wieder zum Saarbach. In Höhe einer Brücke schwenken wir nach links, stoßen auf ein Asphaltsträßchen und auf eine **Infotafel** 02 zur

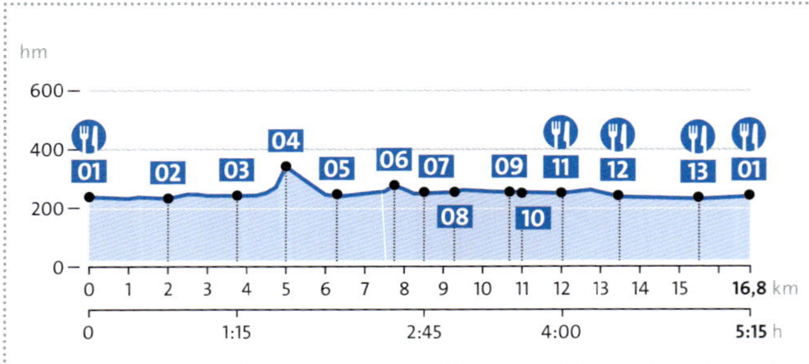

01 Biosphärenhaus, 226 m; 02 Weiße-Madonna-Info, 220 m; 03 Pfälzerwoog, 230 m; 04 Lindelskopf, 333 m; 05 Entenweiher, 232 m; 06 Aussichtsfelsen 265 m; 07 Rösselsweiher, 238 m; 08 Rösselsquelle, 242 m; 09 Sägmühlweiher, 242 m; 10 Landgrafendenkmal, 242 m; 11 Barfußpark-Eingang, 238 m; 12 Mühlweiher, 225 m; 13 Fischbach, 218 m

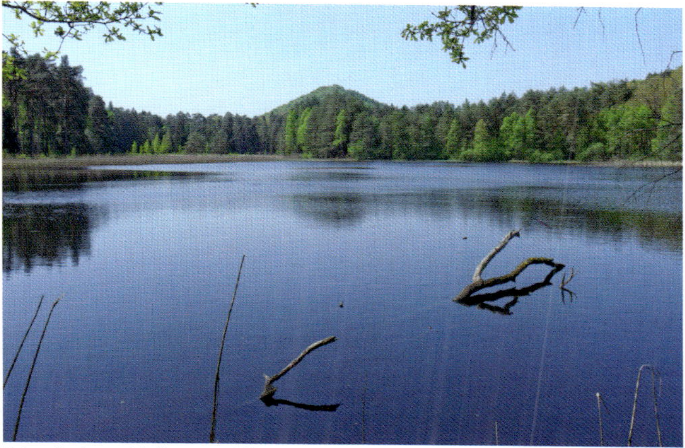

Wunderbare Idylle am Pfälzerwoog

Weißen Madonna (die man von hier aus jenseits der Wiese auf einem bewaldeten Felsen erkennen kann).

Wir halten uns rechts bis ans Ende des Teersträßchens, gehen in den Wald und folgen dem Wasgau-Seen-Weg zur **Pfälzerwoog** 03. Am Seeufer entlang umrunden wir den See in einer Linkskurve, der breite Forstweg geht in einen leicht ansteigenden Waldweg über, den wir dann nach rechts verlassen und auf schmalem Pfad in etlichen Kehren zur Pos. Abzweig Lindelskopf gelangen. Der Abstecher führt über eine Eisenleiter und Steinstufen zur Geländer gesicherten Aussichtsstelle **Lindelskopf** 04 hoch.

Zurück zum Abzweig traversieren wir am Waldhang entlang abwärts und kommen nach einem Rechts-links-Schwenk beim Ortsschild Ludwigswinkel zur Autostraße. Geradeaus am kleinen **Entenweiher** 05 vorbei wandern wir auf der Petersbächler Straße durch die Häuser, knicken mit dem Brunnenweg links Richtung Rösselsweiher ab und gehen an Buschhecken entlang auf schmalem Pfad zur Fabrikstraße vor. Wir verlassen den Ort, überqueren eine Asphaltstraße und halten uns gleich danach rechts, auf einem schmäleren und stärker ansteigenden Waldpfad. Oben machen wir rechts einen kurzen Abstecher zu einem **Aussichtsfelsen** 06 (Pos. Guckenbühl-Nord) und folgen dem jetzt abwärtsführenden Weg Richtung Rösselsweiher. Wir überqueren erneut die Asphaltstraße und folgen dem wurzeligen Waldpfad bergab zum **Rösselsweiher** 07.

Am Seeende links und auf flachem Weg zur **Rösselsquelle** 08. Über die Wiese zum Ritterstein und auf asphaltiertem Weg rechts. Der Asphalt geht in einen Forstweg über und bringt uns zu einem eingezäunten Waldstück. Rechts über den Rösselsbach und in einer Linkskehre zum **Sägmühlweiher** 09. Am Ufer entlang zurück nach Ludwigswinkel.

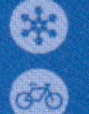

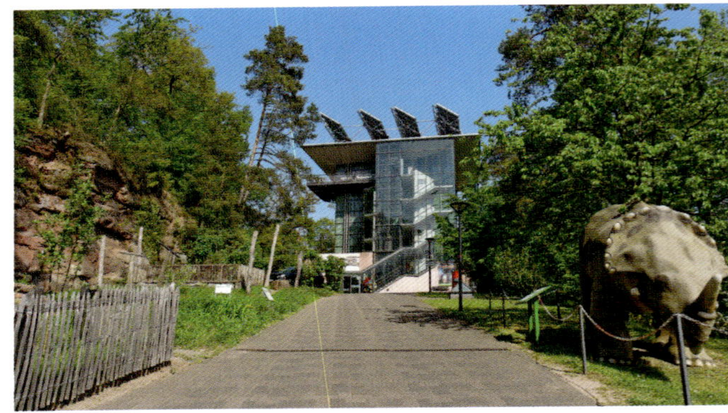

Eingang zum Biosphärenhaus

Beim **Landgrafendenkmal** **10** kurz links, dann überqueren wir die Petersbächler Straße und schwenken rechts auf den Barfußweg. Durch Wiesengelände führt uns der Barfußpfad zum **Eingang** des **Freizeitparks** **11**, mit Gaststätte und Kiosk.

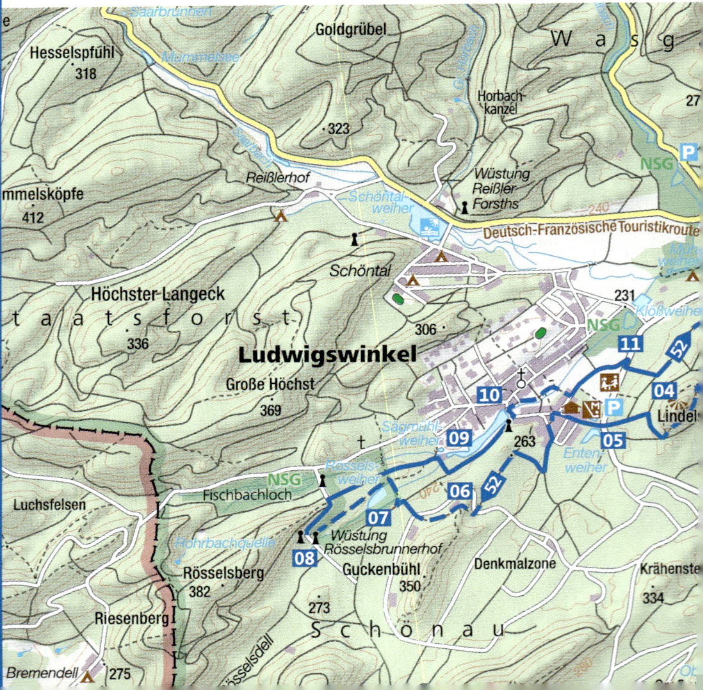

Wir überqueren die Autostraße und biegen rechts in den beschilderten Skulpturen- und Erlebnisparcours ab. Leicht ansteigend durch den Wald, bis kurz nach der Pos. Mühlberg unsere Markierung nach links zeigt und wir leicht abwärtsgehend auf die Autostraße stoßen. Rechts, entlang der Straße, passieren wir das Schild Sarbacherhammer, den Landgasthof Zwickmühle, und wandern am **Mühlweiher** 12 entlang vor zur L 478. Auf dem straßenbegleitenden Geh- und Radweg gehen wir nun flach in Richtung **Fischbach** 13, durchqueren den lang gezogenen Ort in einem Schwenk an Rathaus und Touristinfo vorbei und gelangen nach dem Ortsende wieder auf unseren Hinweg und wenig später zum Ausgangspunkt beim **Biosphärenhaus** 01 in Fischbach bei Dahn.

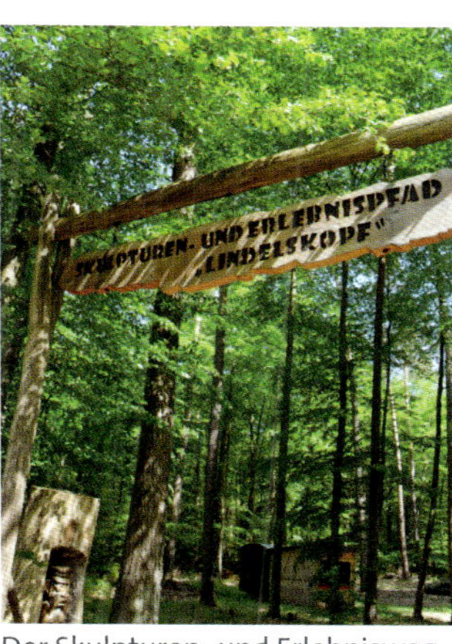

Der Skulpturen- und Erlebnisweg

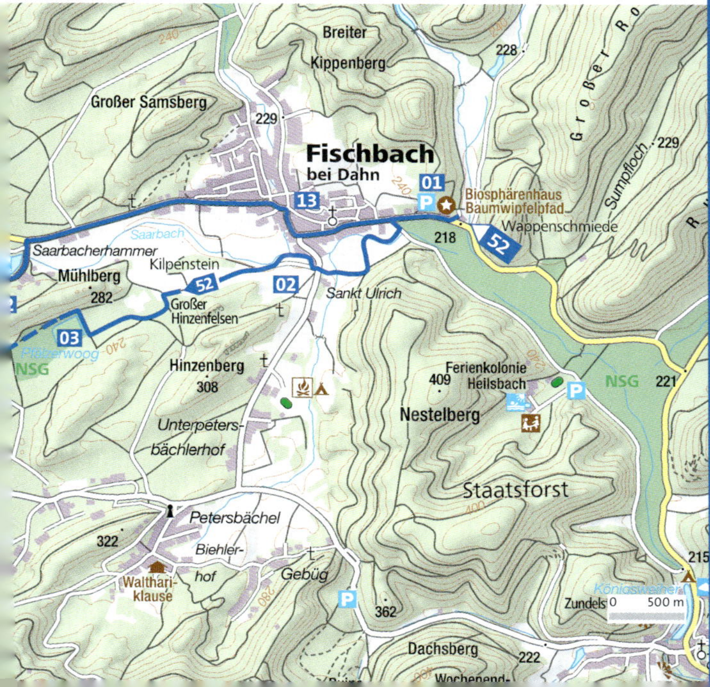

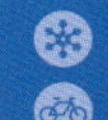
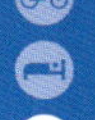

53

BRUNNEN- UND QUELLENWEG

Erlebniswege und Naturdenkmäler

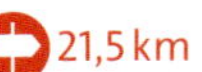

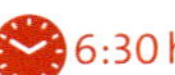

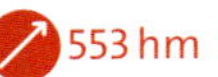

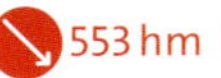

START | Fischbach bei Dahn, an der L 478, Parken beim Biosphärenhaus
[GPS: UTM Zone 32 x: 406.850 m y: 5.437.900 m]
CHARAKTER | Breite Wald- und Forstwege; schmälere Wald- und Wiesenpfade, im Bereich Hohle Felsen teils abschüssig; nur kurze Asphaltberührungen.

Wir starten am **Biosphärenhaus**v **01** in Fischbach bei Dahn, gehen zur L478 hinab und folgen auf dem Gehweg der Wasgau-Seen-Tour-Beschilderung nach rechts. Bei der Pos. Fischbach-Hauptstraße biegen wir links ab, überschreiten den Saarbach und folgen dem Wassererlebnisweg am Bachlauf entlang nach rechts. In einem großen Rechtsbogen, der uns kurz zum Waldrand führt, geht es über einen kleinen Bach und die Autostraße hinüber wieder zum Saarbach.
In Höhe einer Brücke schwenken wir nach links, stoßen auf ein Asphaltsträßchen und auf eine **Infotafel 02** zur **Weißen Madonna** (die man von hier aus jenseits der Wiese auf einem bewaldeten Felsen erkennen kann). Wir halten uns rechts, verlassen wenig später den Asphalt nach rechts

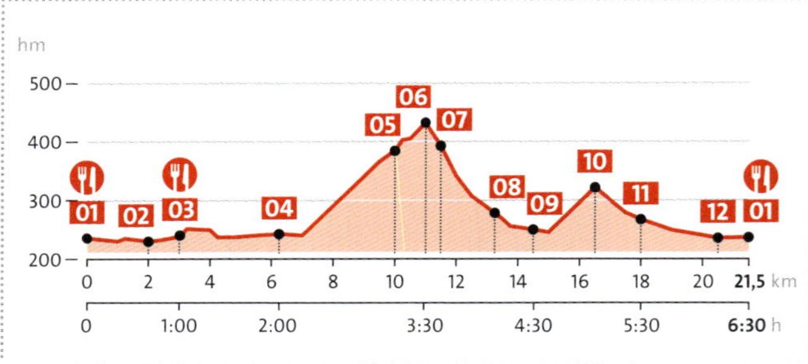

01 Biosphärenhaus, 226 m; **02** Weiße Madonna-Info, 220 m; **03** Fischbach bei Dahn, 228 m; **04** Wolfsägertal, 233 m; **05** Mückenspinne, 380 m; **06** Hohle Felsen, 430 m; **07** Mückenplätzel, 389 m; **08** Rossbrunnen, 270 m; **09** Schnoogeweiher, 240 m; **10** Dahner Hals, 315 m; **11** Iltisbrunnen, 258 m; **12** Aussichtspavillon, 223 m

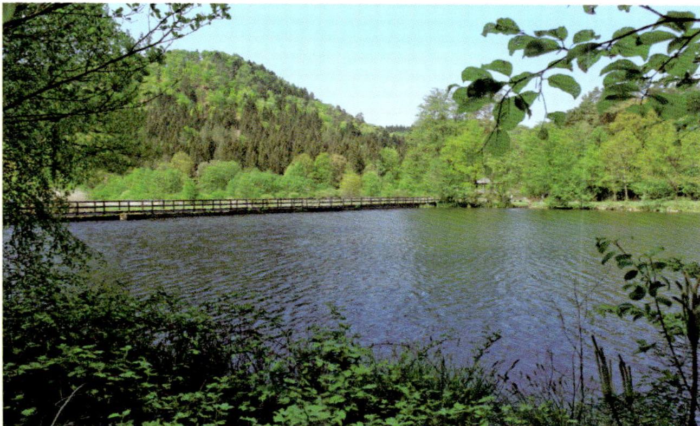

Der Klosterweiher, im Hintergrund die Holzbrücke zum Aussichtspavillon

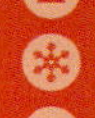

und gehen auf einem Wiesenweg zum Bach, den wir über ein kleines Wehr überqueren. Über offenes Gelände, an einer interessanten hölzernen Mönchsskulptur vorbei, wandern wir rechts hinüber zu den Häusern von **Fischbach bei Dahn** 03. An der Autostraße halten wir uns links, bis uns der Brunnenweg nach rechts weist. Nach wenigen Metern verlassen wir den Asphalt und betreten Wald. Wir schwenken nach links auf einen ansteigenden Pfad, stoßen auf einen breiteren Weg und folgen ihm rechts. Rechts unten tauchen Häuser auf und es geht in einem Linksbogen, leicht abwärts, am Waldrand entlang; rechts unten im Talboden beglei-

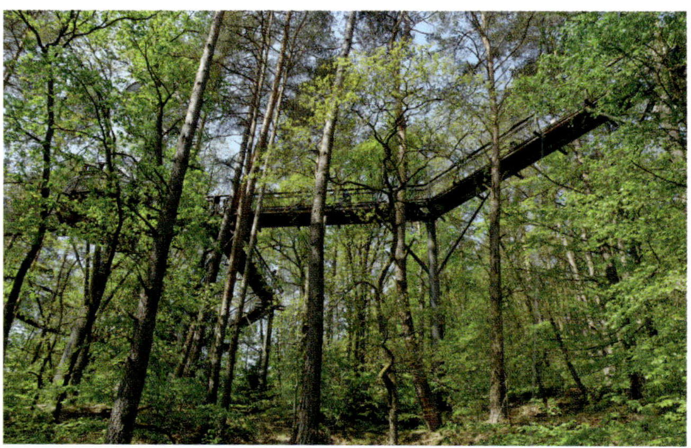

Der Baumwipfelpfad unmittelbar beim Biosphärenhaus

tet uns eine Wiesenlichtung mit dem Fischbach. Vorbei an der Pos. Schweinedell, gehen wir in Richtung eines kleinen Sees, erreichen die Pos. **Wolfsägertal** 04 und schwenken scharf rechts zu einem Asphaltsträßchen. Auf der anderen Seite des Wolfsägertals geht es zurück bis zum Anfang des Sees, dort biegen wir scharf links ab und gehen wieder in den Wald. In Kurven wandern wir ansteigend durch den hochstämmigen Wald, passieren die Pos. Mückentaler Hals und gelangen zur Schutzhütte **Mückenspinne** 05.

Vor der Hütte rechts weiter und nicht den schmalen Fußpfad übersehen, der kurz darauf links vom Weg abzweigt und bergauf führt. Wir stoßen auf ein Asphaltsträßchen, gehen ein paar Meter auf ihm abwärts und verlassen es in einer Linkskurve. Ein schmaler Hangpfad führt uns zu den **Hohlen Felsen** 06.

An mächtigen Felsdächern vorbei bringt uns der leicht abfallende Pfad zur Pos. **Am Mückenplätzel** 07 und führt rechts als wurzeliger und schmaler Pfad in Kehren bergab zur Unterstandshütte Am Hinterstell. Bei der nächsten Verzweigung bleiben wir rechts, und gelangen, an einer größeren Lichtung vorbei, zum **Rossbrunnen** 08.

Relativ flach führt uns der Forstweg an einer weiteren Lichtung entlang zum **Schnoogeweiher** 09. Bei der Pos. Wegekreuzung südlich des Schnoogeweihers knicken wir scharf links ab, der Weg steigt stetig leicht an und bringt uns zur Pos. **Dahner Hals** 10. Nun geht es in Kurven kontinuierlich durch den Wald bergab zu einer Forststraße, die uns flach nach rechts zur Pos. **Iltisbrunnen** 11 leitet.

Wir folgen dem Schild Deckenborn, entlang eines eingezäunten Bachlaufs, passieren links Rodungsflächen, und gehen auf ein Gewässer zu, biegen scharf links ab und gelangen zur Pos. Großes Hausdell, Fischteiche. Wir passieren wenig später rechts die markierte Abzweigung zum Vogelsbrunnen und erreichen den Klosterweiher. Über eine Holzbrücke gehen wir rechts hinüber zu

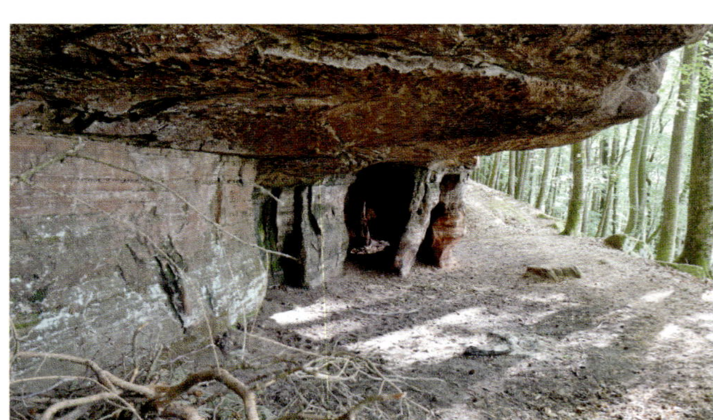

Mächtige Felsdächer bei den Hohlen Felsen

einem **Aussichtspavillon** 12 bei einem Tiergehege (Pos. Spießbachtal). Nach links wandern wir auf dem Biosphären-Erlebnisweg, vorbei an Infotafeln und einem meist gut frequentierten Baumwipfelpfad zurück zum **Biosphärenhaus** 01 in Fischbach bei Dahn.

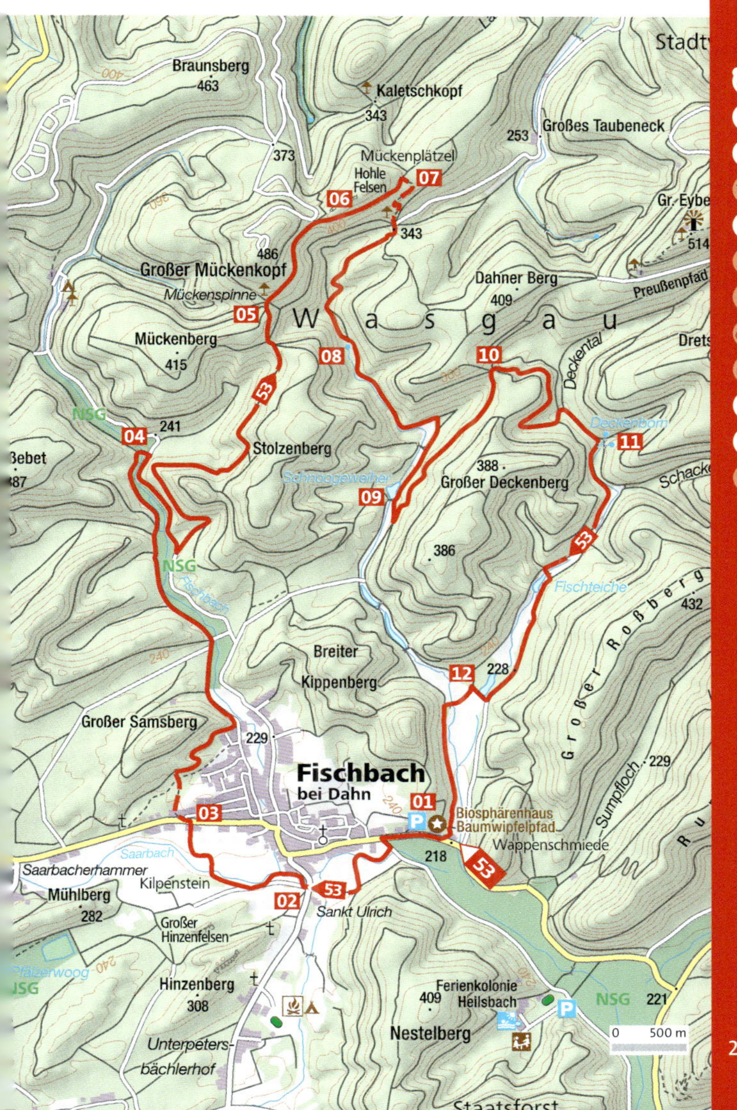

BLUMENSTEIN – MAIMONT – BAYERISCH WINDSTEIN – WASIGENSTEIN

Der westliche Teil des Großen deutsch-französischen Burgenweges

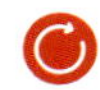  19 km 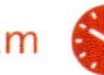 6:30 h  835 hm  835 hm  826

START | Schönau, Ortsmitte, Parken an der Hauptstraße (L 488) [GPS: UTM Zone 32 x: 408.500 m y: 5. 434.920 m]
CHARAKTER | Breite Wald- und Forstwege; schmälere Waldpfade, stellenweise auch steil und wurzelig; kaum Asphaltberührungen.

Vom großen Parkplatz gegenüber der Feuerwache in **Schönau** 01 gehen wir links über die Gebüger Straße und die Wengelsbacher Straße in den Birkenweg, wo beim letzten Haus der Asphalt endet. Auf steiler ansteigendem schmalem Waldweg stoßen wir auf einen breiteren Weg, den wir kurze Zeit später nach rechts verlassen.

Der schmälere Pfad fällt ab und bringt uns im Talgrund zum **Wanderparkplatz Wengelsbach** 02. Wir überqueren ein Asphaltsträßchen und einen Bachlauf und folgen linkshaltend dem flachen

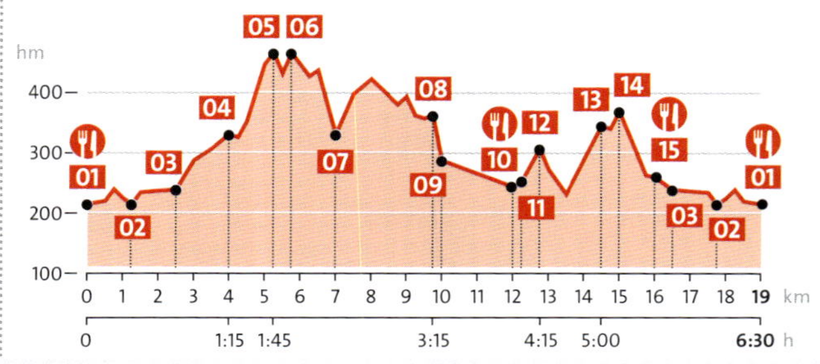

01 Schönau, 215 m; 02 Wanderparkplatz Wengelsbach, 215 m; 03 Wegteilung, 240 m; 04 Ruine Blumenstein, 335 m; 05 Maimont, 475 m; 06 Friedenskreuz, 475 m; 07 Zollstock, 335 m; 08 Bayerisch Windstein, 368 m; 09 Windsteinerfels, 290 m; 10 Obersteinbach, 245 m; 11 Wachtfelsen, 255 m; 12 Burg Petit Arnsbourg, 310 m; 13 Ruine Wasigenstein, 350 m; 14 Klingelfelsen, 375 m; 15 Kapelle, 262 m

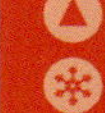

Weg in den Wald. Kurz nachdem wir links unten einen kleinen See passiert haben biegen wir bei einer **Wegteilung** 03 rechts ab auf einen schmalen, leicht ansteigenden Pfad, der sich in Kehren den Wald hochschlängelt.

Über die Wegespinne bei der Pos. Wengelsbacher Hals halblinks hinweg, geht es steiler hoch, und auf einem Forstfahrweg wandern wir flach direkt auf die wenigen erhaltenen Überreste der **Ruine Blumenstein** 04 zu. Über steile Stufen geht es hoch auf den aussichtsreichen Turm.

Wir folgen dem weiter ansteigenden Weg, schwenken links auf einen schmalen Pfad und biegen beim Wegekreuz wieder links auf einen Pfad Richtung Maimont. Der ordentlich bergaufführende Waldhangpfad bringt uns zu einer Wegegabelung. Nach links machen wir einen Abstecher (200 m) zur ausgeschilderten Opferschale auf dem **Maimont** 05.

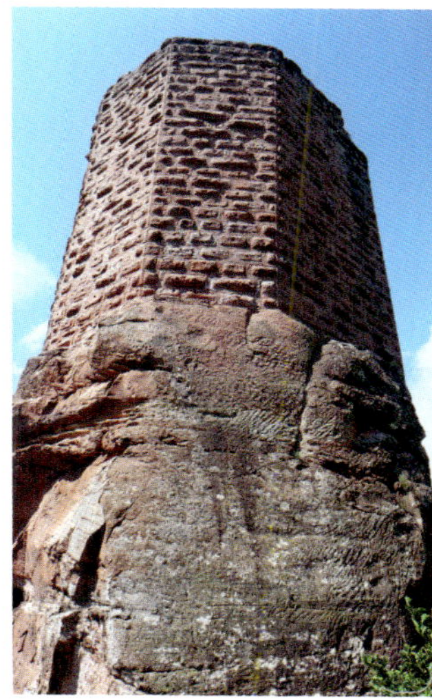

Der mächtige Turm der Ruine Wasigenstein

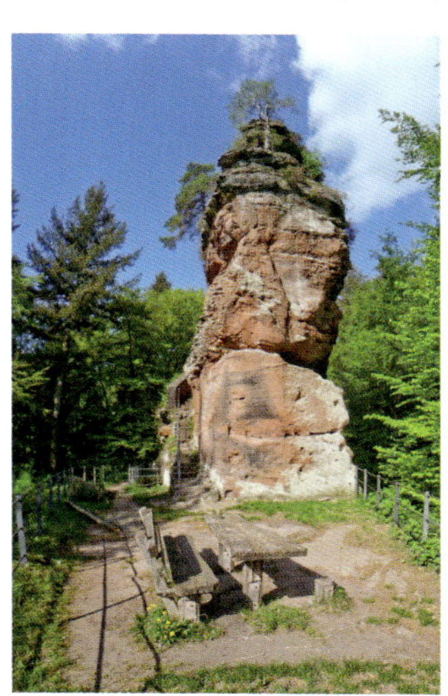

Ruine Blumenstein

Zurück zur Verzweigung und spitzwinklig nach links, traversieren wir leicht ansteigend ans Waldrandende und gelangen zum großen, hölzernen **Friedenskreuz** 06. Zunächst flach auf dem Gratrücken, an Steinmännchen vorbei, geht es dann bald recht steil in engen Kehren durch den Wald hinab zur Pos. **Zollstock** 07, wo viele Wege zusammenlaufen. Über ein paar Stufen hoch, an einer Bank vorbei, folgen wir einem schmalen Pfad in Richtung Bayerisch Windstein.

Anfangs leicht steigend zur Pos. Großer Florensberg, fällt der Waldweg dann wieder ab, verläuft an Felsen vorbei und bringt uns zum Aussichtsfelsen am **Bayerisch Windstein** 08, der uns ein

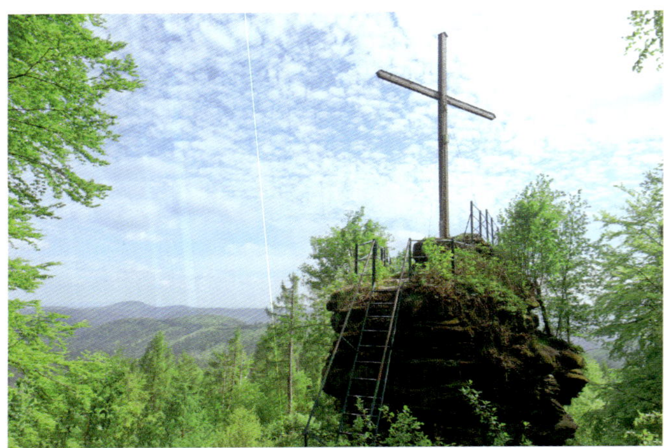

Das auf einem Felsen stehende Friedenskreuz

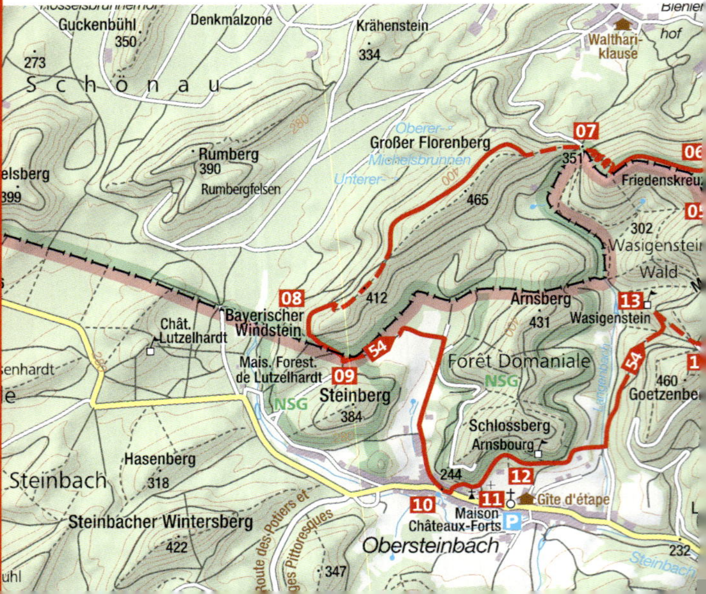

tolles Panorama in die waldreichen Nordvogesen bietet. Nach links gelangen wir auf steilem Pfad bergab zu einem markanten Grenzturm, dem **Windsteinerfels** 09. Wir halten uns links, Richtung Obersteinbach, es geht weiter abwärts, am Waldrand entlang. Die ersten Wiesenflächen tauchen auf, wir schwenken rechts, überqueren eine große Lichtung und wandern teils am Waldrand, teils über freies Feld zu den Häusern von **Obersteinbach** **10**. An der Autostraße links, vorbei am Restaurant Au Wachtfels, dann links hoch zu einem Weg, der uns direkt unter den markanten **Wachtfelsen** **11** führt.

Wenn wir rechts über den Bäumen das nächste Ziel sehen, verlassen wir den breiten Weg, gehen über Stufen steil links den Waldhang hoch, und queren auf dem Burgenweg zur **Burg Petit Arnsbourg** **12**.

Am Waldhang entlang weiter zum **Rocher du Wolfsfelsen**, dann leicht bergab und in einer Linkskehre über den Langenbach. Der Forstweg steigt wieder an, wir folgen dem schmäler, wurzeliger und steiniger werdenden Weg zur **Ruine Wasigenstein** **13**. Über sehr steile Stufen gelangen wir auf den aussichtsreichen Turm hoch. Von der Ruine folgen wir der Markierung Richtung Zigeunerfelsen links hoch, traversieren am Waldhang entlang zu einer breiten Forstfahrstraße, überqueren sie und erreichen aufwärts gehend den **Klingelfelsen** **14**, direkt vor der Autostraßenkurve. Wir gehen vor der Kurve links, folgen der Markierung rotes Kreuz leicht bergab, passieren einzelne Felsen, und treffen bei den Häusern von **Wengelsbach** auf Asphalt.

In einem Linksschwenk durch das Dorf, am Friedhof und einer kleinen **Kapelle** **15** vorbei. Der Asphalt hört auf, der Feldweg führt leicht fallend in die Talsohle hinab. Es tauchen erneut Felsen auf und wir stoßen wenig später bei einer Verzweigung auf unseren Hinweg. Auf bekanntem Weg wandern wir zurück nach **Schönau** **01**.

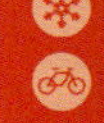

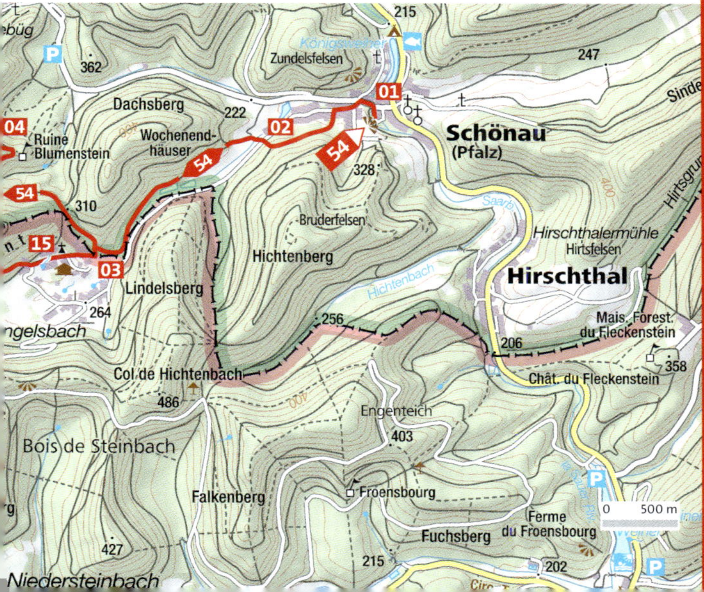

KLINGELFELSEN – COL DE HICHTENBACH – FRÖNSBURG – BRUDERFELSEN

Der östliche Teil des Großen deutsch-französischen Burgenweges

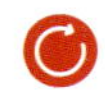 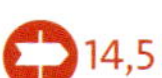 14,5 km 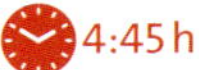 4:45 h 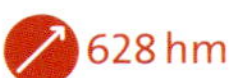 628 hm 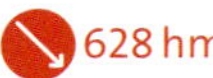 628 hm  826

START | Schönau, Ortsmitte, Parken an der Hauptstraße (L 488) [GPS: UTM Zone 32 x: 408.500 m y: 5. 434.920 m]
CHARAKTER | Breite Wald- und Forstwege; schmälere Waldpfade, stellenweise auch steil und wurzelig; kaum Asphaltberührungen.

Vom großen Parkplatz gegenüber der Feuerwache in **Schönau** 01 gehen wir links über die Gebüger Straße und die Wengelsbacher Straße in den Birkenweg, wo beim letzten Haus der Asphalt endet. Auf steiler ansteigendem schmalem Waldweg stoßen wir auf einen breiteren Weg, den wir kurze Zeit später nach rechts verlassen. Der schmälere Pfad fällt ab und bringt uns im Talgrund zum **Wanderparkplatz Wengelsbach** 02.

Wir überqueren ein Asphaltsträßchen und einen Bachlauf und folgen linkshaltend dem flachen Weg in den Wald. Kurz nachdem wir links unten einen kleinen See passiert haben, halten wir uns bei einer **Wegteilung** geradeaus und wandern leicht ansteigend nach **Wengelsbach** hoch. Vorbei an **Ka-**

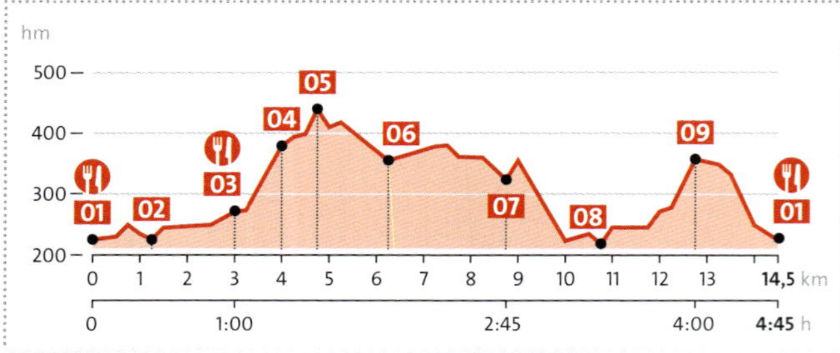

01 Schönau, 215 m; 02 Wanderparkplatz Wengelsbach, 215 m; 03 Kapelle, 262 m; 04 Klingelfelsen, 375 m; 05 Zigeunerfelsen, 438 m; 06 Col de Hichtenbach, 350 m; 07 Ruine Frönsburg, 317 m; 08 Zehntkeller, 208 m; 09 Bruderfelsen, 352 m

pelle 03, Friedhof und der Einkehr Au Wasigenstein, schwenken wir rechts und steigen auf schmalem Pfad durch den Wald hoch zum **Klingelfelsen** 04, direkt bei der scharfen Straßenkurve. Wir folgen rechts oberhalb der Straße auf einem anfangs steiler ansteigenden Pfad dem Burgenweg-Logo, überqueren in einem Linksschwenk die Straße und anschließend kreuzende Forstwege und gelangen wenige Minuten später zu den **Zigeunerfelsen** 05, die man über eine Leiter besteigen kann.

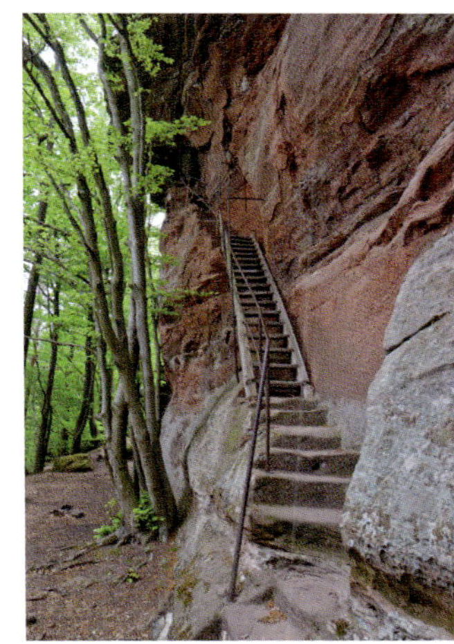
Beim Zigeunerfelsen

Bei der nächsten Wegekreuzung bleiben wir rechts, stoßen auf einen breiteren Weg und schwenken nach links, Richtung Frönsburg. Bei einer Unterstandshütte erreichen wir, zum Schluss wieder abwärts, die Wegespinne am **Col de Hichtenbach** 06, folgen dem etwas höher verlaufenden Weg nach rechts, und verlassen ihn bald wieder nach links auf einen ansteigenden, schmalen und teils felsigen Pfad. Ein kurzes Stück wieder auf breiterem Weg, dann erneut auf einem stellenweise etwas ausgesetzen Hangpfad ge-

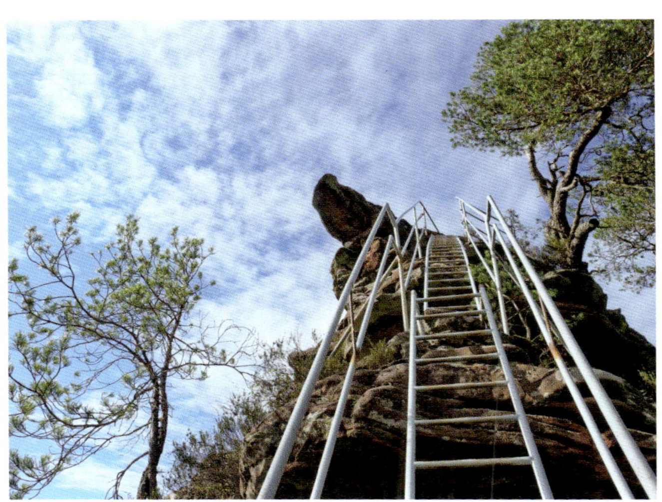
Aufstiegsleiter zum Pfaffenfelsen

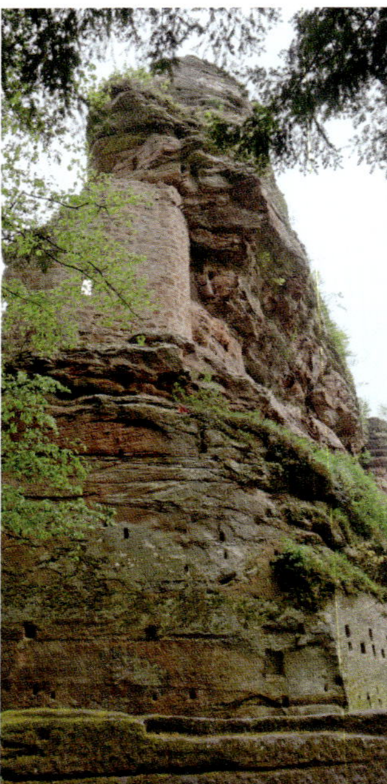

Ruine Frönsburg

langen wir zur bereits sichtbaren **Ruine Frönsburg 07**.

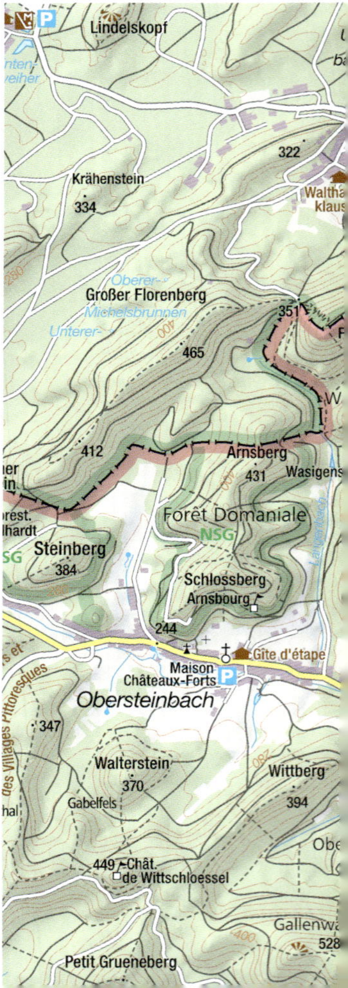

Ansteigend folgen wir der Beschilderung nach Hirschthal, passieren eine Unterstandshütte, und wandern durch den Wald bergab, bis wir auf eine breite Forststraße treffen, der wir nach links folgen. Rechts von uns fließt der Saarbach, dahinter verläuft die Autostraße. Wir halten uns jetzt an das Gespenst des Felsenland-Sagenweg-Logos und erreichen die Häuser von **Hirschthal**. Auf einem geplätteltem Weg gehen wir am **Zehntkeller 08** und historischen Figuren vorbei, der Weg steigt ordentlich an, und knickt bei einem Sendemasten scharf links ab. Wir überqueren den Hichtenbach, wandern am Waldrand entlang zur Pos. Hichtenbach. Hier biegen wir rechts ab und steigen steiler auf schmalem Pfad den Wald hoch. In Kurven gelangen wir hoch zu den **Bruderfelsen 09** und machen einen kurzen Abstecher zum Aussichtspunkt. Auf steinig-felsigem Pfad, der zum Schluss abfällt, erreichen wir den aussichtsreichen **Pfaffenfelsen**, der einen herrlichen Blick hinab nach Schönau bietet.

In steileren Kehren, teils über Steinstufen, folgen wir dem Sagenweg-Logo bergab, stoßen auf die ersten Häuser und die Pfaffenfelsstraße, und halten uns rechts. Bei einem Schafstall biegen wir links ab, steigen über Holzstufen abwärts und gehen mit dem Graf-Zeppelin-Zeichen über einen grasigen Pfad hinab nach **Schönau** **01** und rechts zurück zum Ausgangspunkt.

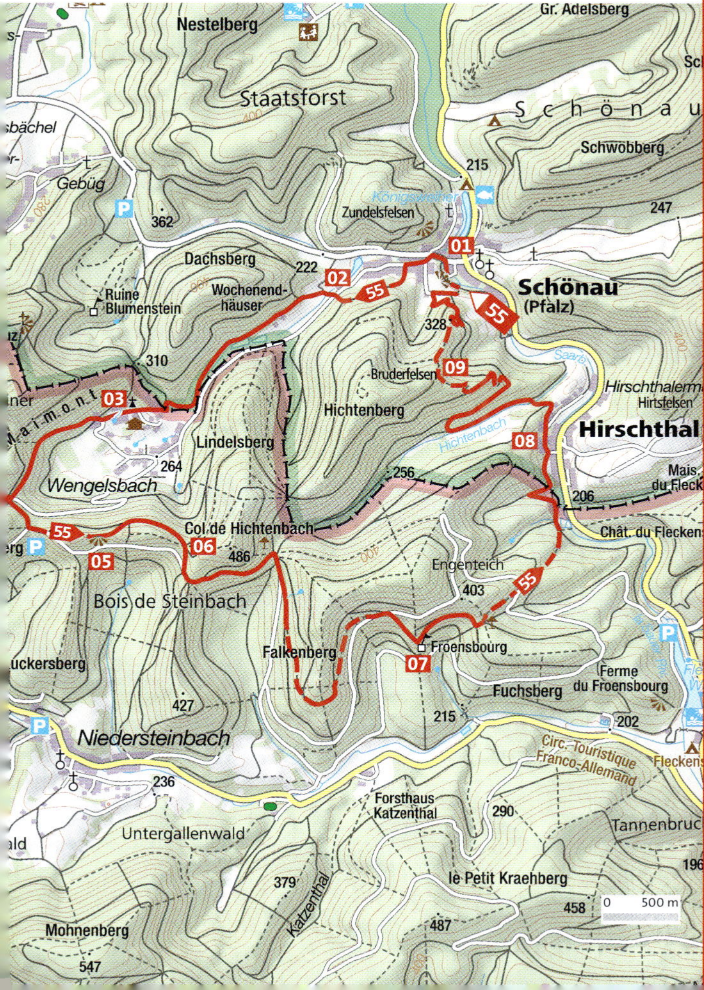

SCHLÜSSELFELSEN – WEGELNBURG – HOHENBOURG – SINDELSBERG

Burgentour an der deutsch-französischen Grenze

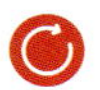  12 km  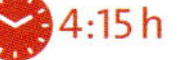 4:15 h 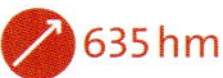 635 hm  635 hm 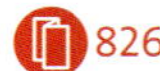 826

START | Schönau, Ortsmitte, Parken an der Hauptstraße (L 488) [GPS: UTM Zone 32 x: 408.500 m y: 5. 434.920 m]
CHARAKTER | Breite Wald- und Forstwege; schmälere Waldpfade, stellenweise auch steil und wurzelig; nur in Schönau Asphaltberührung.

Vom großen Parkplatz gegenüber der Feuerwache in **Schönau** 01 gehen wir rechts in die Gebüger Straße, überqueren die Hauptstraße, folgen der Wegelnburger Straße geradeaus, bis nach links der Burgenweg abzweigt. Über die Straße Am Köpfel verlassen wir den Ort und den Asphalt, knicken nach rechts ab und steigen ordentlich steil in Kehren den Waldhang hoch. Wir überqueren einen Forstweg, der felsiger werdende Pfad steilt sich nochmals auf, dem nächsten Forstweg folgen wir ein Stück weit rechts und biegen dann wieder links auf einen sehr schmalen Pfad ab. Vorbei an der Pos. Schwobberg und zwei weiteren Kehren wird es flacher und wir gelangen auf einem Gratrücken zum **Schlüsselfelsen** 02.

Wieder bergabgehend sind wir kurz darauf bei der Pos. Schlüsselfelsen und rechts nach wenigen Schritten bei einer Unterstandshütte. Wir folgen dem Burgenweg

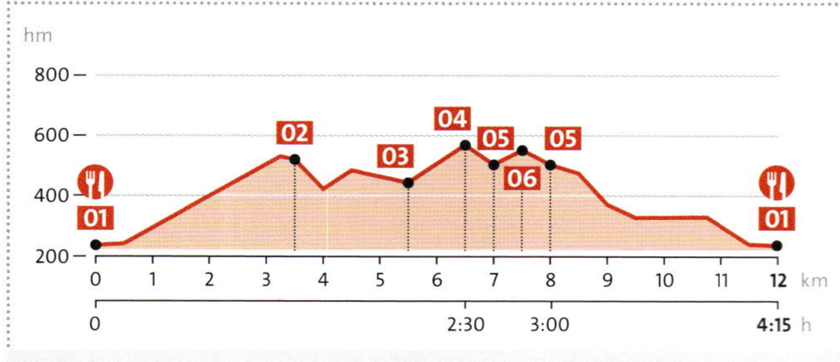

01 Schönau, 215 m; 02 Schlüsselfelsen, 510 m; 03 Langer Fels/Zeppelinhalde, 430 m; 04 Ruine Wegelnburg, 560 m; 05 Kaiser-Wilhelm-Stein, 492 m; 06 Ruine Hohenbourg, 542 m

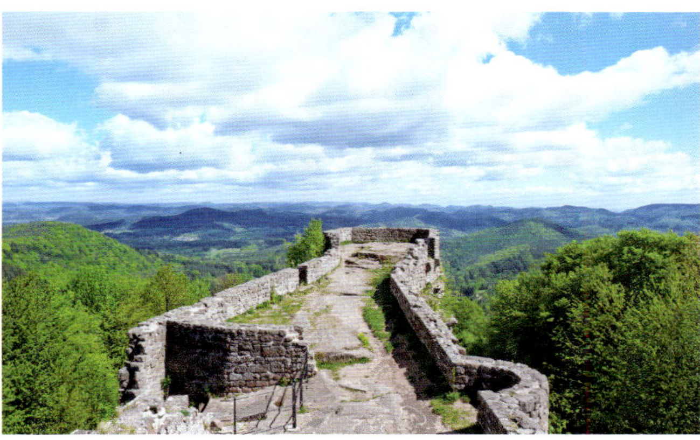

Grandiose Aussicht von der Wegelnburg

geradeaus und gelangen, wieder über ordentlich steile Kehren zur Pos. Abzweig Kuhnenkopf (mit 300 m ausgeschildert). Wir gehen links weiter, machen eine 90-Grad-Kurve und wandern leicht abwärts. Wir passieren wieder mehrere Felsen und erreichen die **Pos. Langer Fels, Zeppelinhalde 03**.

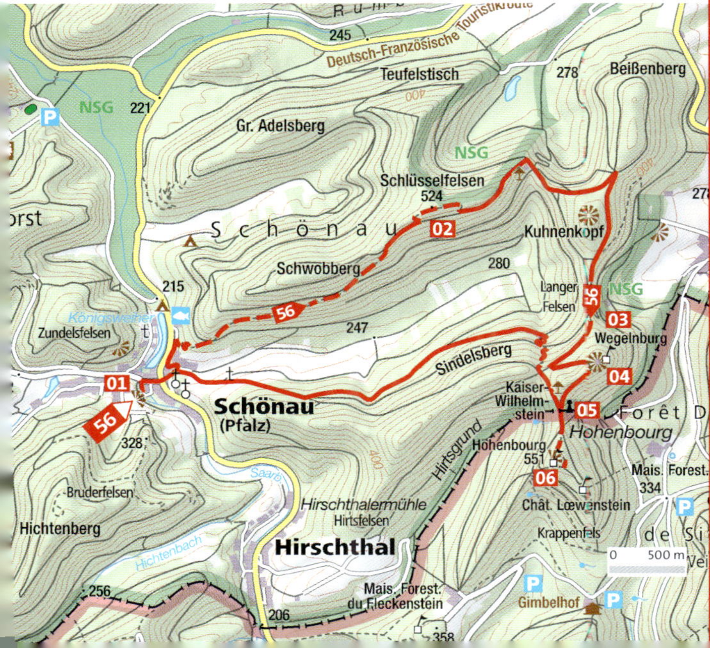

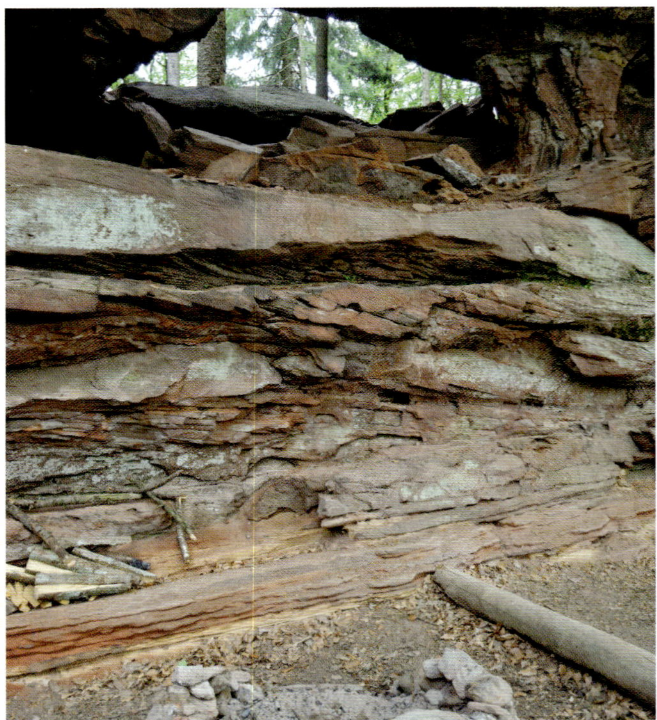

Felsenfenster bei den Schlüsselfelsen

Wir folgen der Markierung Richtung Wegelnburg und steigen in Kehren hoch zur **Ruine Wegelnburg** 04. Vor der Burg führt rechts ein breiter Forstfahrweg leicht bergab, an Felsen vorbei, zur einer Schutzhütte und zum **Kaiser-Wilhelm-Stein** 05. Geradeaus ist der Abstecher zur **Ruine Hohenbourg** 06 markiert.

Vorbei an der Quelle Maidenbrunnen ist die Ruine nach 10 Minuten erreicht. Wieder zurück zur Schutzhütte und zum **Kaiser-Wilhelm-Stein** 05, halten wir uns links und folgen dem breiten Weg in den Wald hinab. Wir stoßen auf die Pos. Sindelsberg, verlassen den breiten Weg und wandern auf schmalem Pfad in Kehren weiter bergab. Wir orientieren uns an einem MTB-Schild und folgen einem breiteren Forstweg nach links, weiter leicht abwärts. Der Weg geht in Asphalt über, wir nähern uns dem Waldrand, und an einem Kreuz mit Aussichtsbank vorbei wandern wir auf Betonplatten hinab zu den Häusern. Wir stoßen bei der Wegelnburger Straße auf unseren Hinweg und folgen ihm zurück nach **Schönau** 01 zum Ausgangspunkt.

WEGELNBURG – HOHENBOURG – LÖWENSTEIN – FLECKENSTEIN

Die Nothweiler Vier-Burgen-Rundtour

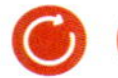  10,5 km  3:15 h  540 hm  540 hm  826

START | Nothweiler, Kirchplatz
[GPS: UTM Zone 32 x: 412.280 m y: 5. 435.770 m]
CHARAKTER | Breite Wald- und Forstwege; schmälere Waldpfade, stellenweise auch steil und wurzelig; der Felsenpfad ist für trittsichere Kinder durchaus machbar.

Wir beginnen unsere Burgentour in **Nothweiler 01**, gehen auf der Graf-Zeppelin-Straße aus dem Ort und Richtung Wald. Ein paar Meter in den Wald, biegen wir links ab und folgen dem wurzeligen und ansteigenden Waldpfad. Bei der Pos. Zeppelinhalde bleiben wir rechts (Rot-gelb-rot-Markierung), gehen auf Felsen zu, passieren die Pos. Langer Fels, und erreichen die Abzweigung zur Ruine Wegelnburg. Wir folgen dem Pfad in Kehren hoch zur **Ruine Wegelnburg 02**. Auf breitem Forstweg geht es abwärts, an Felsen vorbei, zu einer Schutzhütte und zum **Kaiser-Wilhelm-Stein 03**.

Geradeaus weiter, vorbei an der Maidenbrunnen-Quelle, erreichen wir wenig später die **Ruine Hohenbourg 04**. Von der Hohenbourg gelangen wir in 5 Minuten zur nahen **Ruine Löwenstein 05**. Wir folgen der Rot-weiß-rot-Markierung rechts hinab, wandern auf schmalem Hangpfad durch lichten Wald

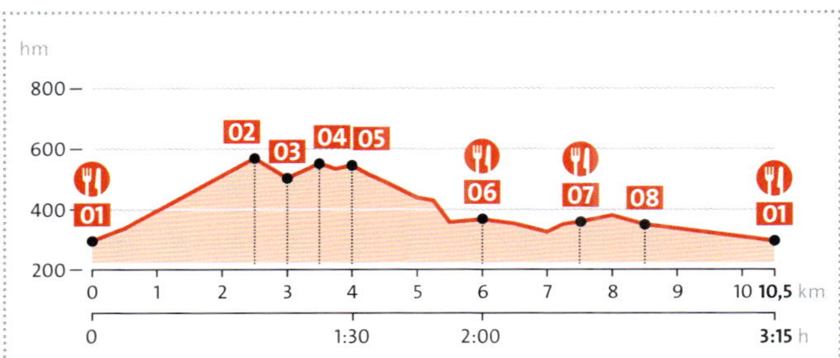

01 Nothweiler, 275 m; **02** Wegelnburg, 560 m; **03** Kaiser-Wilhelm-Stein, 492 m; **04** Ruine Hohenbourg, 542 m; **05** Ruine Löwenstein, 536 m; **06** Burg Fleckenstein, 350 m; **07** Gimbelhof, 341 m; **08** Col du Litschhof, 332 m

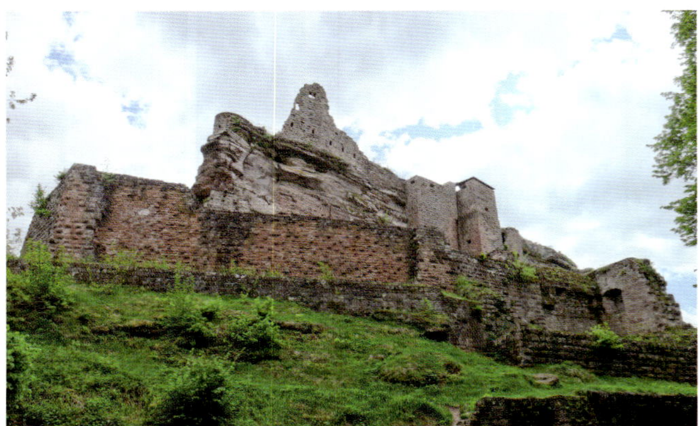

Burg Fleckenstein

bergab zum **Col de Hohenbourg**. Gleich darauf verzweigt sich der Weg, rechts der Normalweg, links der Felsenpfad (das „Für Kinder nicht geeignet“-Schild gilt allerdings nur für wirklich unerfahrene oder unsichere Kinder). Der felsig-wurzelige Pfad schlängelt sich durch die Felsen bergab und endet bei einem mächtigen Felsen. Vor uns erhebt sich schon die Ruine Fleckenstein. In schmalen Kehren, teils über Treppenstufen gelangen wir hinab zu den Info- und Ausstellungsgebäuden unterhalb der Burg (mit Kasse und Cafe). An Holzskulpturen und dem Köhlerplatz vorbei sind wir in wenigen Minuten auf der viel besuchten **Burg Fleckenstein 06**.

Zurück bei den Infogebäuden, am Ende der Zufahrtsstraße, folgen wir der Markierung Richtung Gimbelhof nach links. Ein oberhalb der Autostraße verlaufender Waldweg, führt als Weg der Köhler an Infotafeln und Relikten des Köhlerbaus vorbei zum großen Parkplatz hinab. Wir halten uns links und wandern in einem Rechtsbogen an den Waldrand und geradeaus weiter zum **Gimbelhof 07**.

Am Gimbelhof schwenken wir nach links, es geht leicht ansteigend, vorbei an einem Spielplatz mit Ritterfiguren, wieder in den Wald hoch. Beim **Col du Litschhof 08** stoßen wir auf die Autostraße und schwenken links auf einen mit blauem Punkt markierten schmalen Pfad. Kurz darauf wechseln wir links auf den begleitenden breiten und asphaltierten Forstfahrweg, der uns zum **Forsthaus Litschhof** bringt. Über Wiesengelände kommen wir wieder in den Wald und gehen leicht abwärts, der blaue Punkt leitet uns hinab zu einem breiten Forstweg und auf Asphalt. Rechts passieren wir einen Parkplatz mit einer Infotafel zum Grenzgängerweg und einem Hinweis auf das **Besucherbergwerk Eisenerzgrube Nothweiler** (1,5 km).

Weiter auf der Lembacher Straße sind wir nach wenigen Minuten wieder an unserem Ausgangspunkt in **Nothweiler 01**.

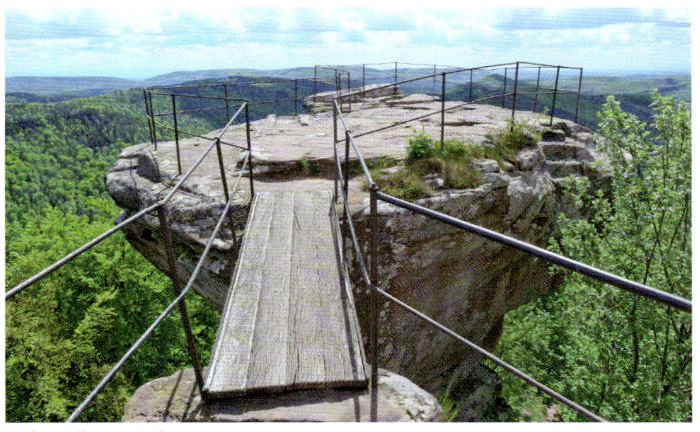

Ruine Löwenstein

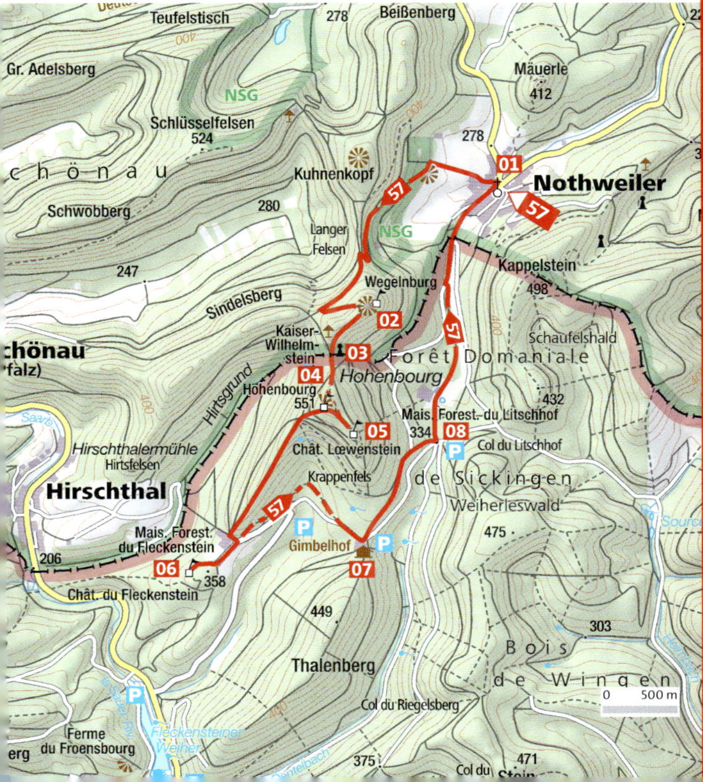

Teufelstisch
278
Beißenberg
Gr. Adelsberg
Mäuerle
412
NSG
Schlüsselfelsen
524
278
Kuhnenkopf
01
Nothweiler
chönau
Schwobberg
280
Langer Felsen
NSG
Kappelstein
498
247
Wegelnburg
Sindelsberg
02
Schaufelshald
Kaiser-Wilhelm-stein
03
Forêt Domaniale
chönau
falz)
04
Hohenbourg
Hirtsgrund
Hohenbourg
551
432
Mais. Forest. du Litschhof
334
05
08
Hirschthalermühle
Hirtsfelsen
Chât. Lœwenstein
Col du Litschhof
Krappenfels
de Sickingen
Hirschthal
Weiherleswald
Source
Mais. Forest. du Fleckenstein
Gimbelhof
475
206
06
358
07
Chât. du Fleckenstein
449
303
Bois
Thalenberg
de Wingen
0 500 m
Col du Riegelsberg
Ferme du Froensbourg
Fleckensteiner Weiher
375
471
Col du

HIRZECKHAUS – BURG BERWARTSTEIN

Zu einer der am höchsten gelegenen Ruinen des Pfälzerwaldes

 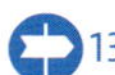 13 km  4:30 h  380 hm  380 hm 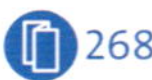 268

START | Niederschlettenbach, Parken am Ortsrand, an der Weißenburger Straße (L 478) in Richtung Bobenthal; alternativ: Parkplatz 07 an der L 490 aus Richtung Erlenbach
UTM Zone 32 x: 416.190 m y: 5.473.370 m]
CHARAKTER | Breite Wald- und Forstwege; schmälere Waldpfade, der Abstecher zum Hirzeckhaus etwas wurzelig und steinig.

Wir parken am Waldrand, kurz nach dem Ortsausgang (in Richtung Bobenthal) von **Niederschlettenbach** 01, wo der Pfälzer Waldpfad und die Rot-gelb-Markierung in den Wald weisen. Der breite Forstweg führt rechts bergauf, wir bleiben bei der nächsten Wegteilung rechts, leicht bergab, dann machen wir flach am Waldhang entlang ein weite Linkskehre. Rechts unter uns ein Bachlauf und ein breiter Weg, den wir überqueren, und über Steinstufen hinab zu einem weiteren Forstweg gelangen, dem wir nach links folgen. Zwanzig Meter später biegen wir rechts ab, gehen beim **Hedwigsbrunnen** 02 auf einer Holzbrücke über den Portzbach und steigen ein paar Meter hoch zu einem Asphaltsträßchen. Wir schwenken links und folgen dem rotem Punkt Richtung Hirzeckhaus. Das

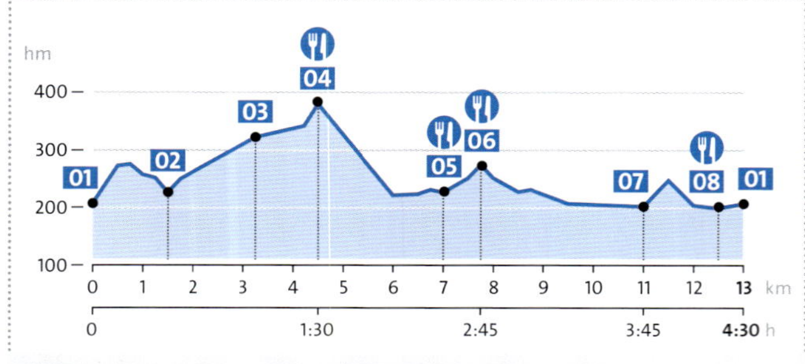

01 Niederschlettenbach, 200 m; 02 Hedwigsbrunnen, 220 m; 03 Finsterbachbrunnen, 320 m; 04 Hirzeckhaus, 380 m; 05 Seehofweiher, 220 m; 06 Burg Berwartstein, 270 m; 07 Parkplatz, 195 m; 08 Gh. Altes Schulhaus, 192 m

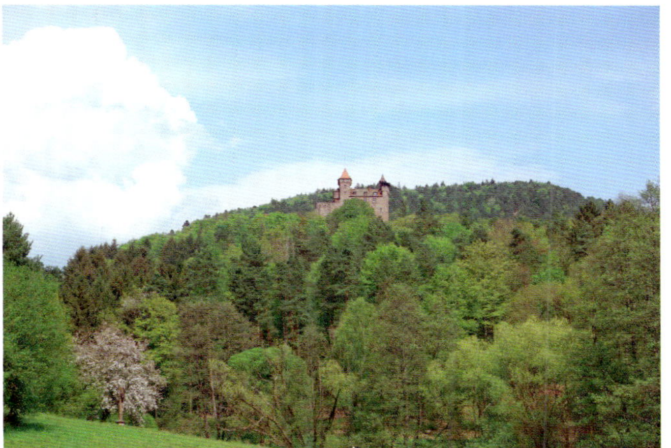
Burg Berwartstein

Asphaltsträßchen steigt leicht an, links begleitet uns der Portzbach. An der nächsten Verzweigung halten wir uns rechts (roter Punkt), jetzt am Glasbach entlang. Bei der Pos. Glasbach überqueren wir den Bachlauf und folgen dem roten Punkt Richtung Hirzeckhaus. Der breite, gleichmäßig leicht ansteigende Forstweg bringt uns zu einer deutlichen Linkskehre beim **Finsterbachbrunnen** **03**, ein schöner, schattiger Rastplatz.

Bald darauf tauchen die ersten kleineren Felsen am Weg auf und wir erreichen nach einer weiten Rechtskehre die Abzweigung zum Hirzeckhaus. Scharf rechts knickt ein etwas steiniger und wurzeliger Pfad ab (gelber Punkt), der direkt hoch zum meist gut besuch-

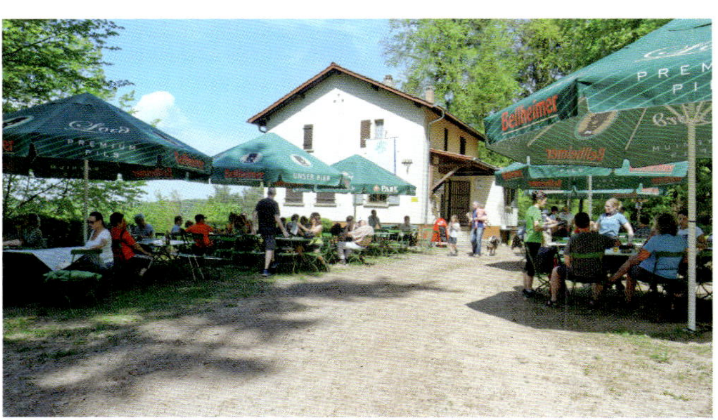

Das beliebte Hirzeckhaus

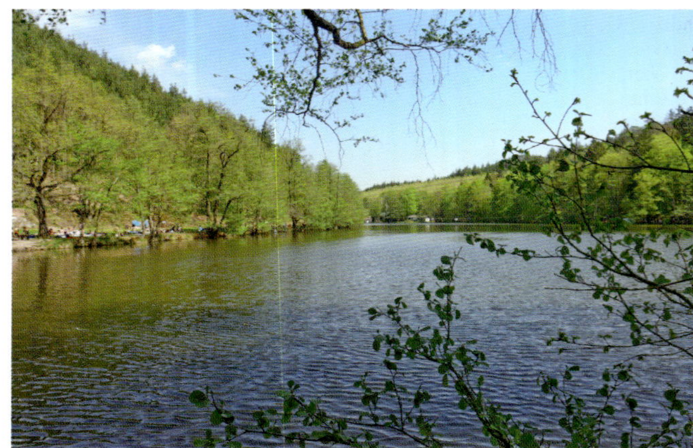

Am Seehofweiher

ten **Hirzeckhaus** 04 führt. Wieder zurück zur Abzweigung hinab, überqueren wir den breiten Weg und folgen einem schmalen Pfad weiter bergab in Richtung Berwartstein. Bei einer kreuzenden Forststraße halten wir uns links, leicht abwärts, verlassen den breiten Weg aber wieder nach rechts auf einen schmalen Waldpfad, der anfangs recht steil, dann moderat fallend in Kehren am Waldhang entlang verläuft. Wir stoßen unten auf einen Fahrweg, schwenken rechts Richtung Seehof Erlenbach (gelber Punkt). Links begleitet uns wieder der Portzbach. Bei der Pos. Am Bleiwerk überqueren wir den Bachlauf und schwenken gleich wieder rechts.

Über eine kleine Kuppe gelangen wir zum **Seehofweiher** 05 und zum Kiosk am Seehof (mit großer Liegewiese). Linkshaltend am Waldrand und einem Parkplatz vorbei, jetzt auf Asphalt, geht es leicht hoch, und nach einem Linksschwenk erreichen wir den Parkplatz unterhalb der Burg. Über die Wendeschleife hinüber gelangt man auf einem kurzen Fußpfad auf die zur Ruine hochführende Straße. **Burg Berwartstein** 06 beherbergt ein Restaurant, einen Kiosk und bietet Schlossführungen an. Wir folgen dem Sträßchen wieder abwärts, halten uns links und verlassen die Straße bei der ersten Feldwegabzweigung nach links (vor der Straßenkurve, bei einem großen Baum mit Bank). Vorbei an einem alten Wegekreuz wandern wir leicht abwärts, mit schönem Blick rechts hinab nach Erlenbach. Wir münden in einen Asphaltweg ein (in Höhe des Ortsendeschilds) und folgen dem für den öffentlichen Verkehr gesperrten Asphaltsträßchen am Waldrand entlang. Rechts parallel begleitet uns der Erlenbach und etwas weiter entfernt die Autostraße.

Wir stoßen auf einen **Parkplatz** 07 (der sich als alternativer Ausgangspunkt anbietet), schwenken links auf einen Feldweg ab und gehen leicht ansteigend in den Wald hoch. Wir passieren eine Hütte, kurven rechts weiter hoch und knicken dann nach einer Linkskehre scharf rechts ab (nach links ist der Bubenfelsen ausgeschildert). Der breite Forstweg fällt ab, bringt uns unten zu einem Asphaltsträßchen und geradeaus weiter zur Autostraße, beim Ortsschild Niederschlettenbach. Entlang der Hauptstraße, vorbei an der Kirche, biegen wir links in die Weißenburger Straße, passieren das **Gasthaus Altes Schulhaus** **08** und überqueren den Erlenbach. Entlang der Weißenburger Straße ans Ortsende und auf einem Graspfad neben der Autostraße aus dem Ort und zurück zum nahen Ausgangspunkt in **Niederschlettenbach** **01**.

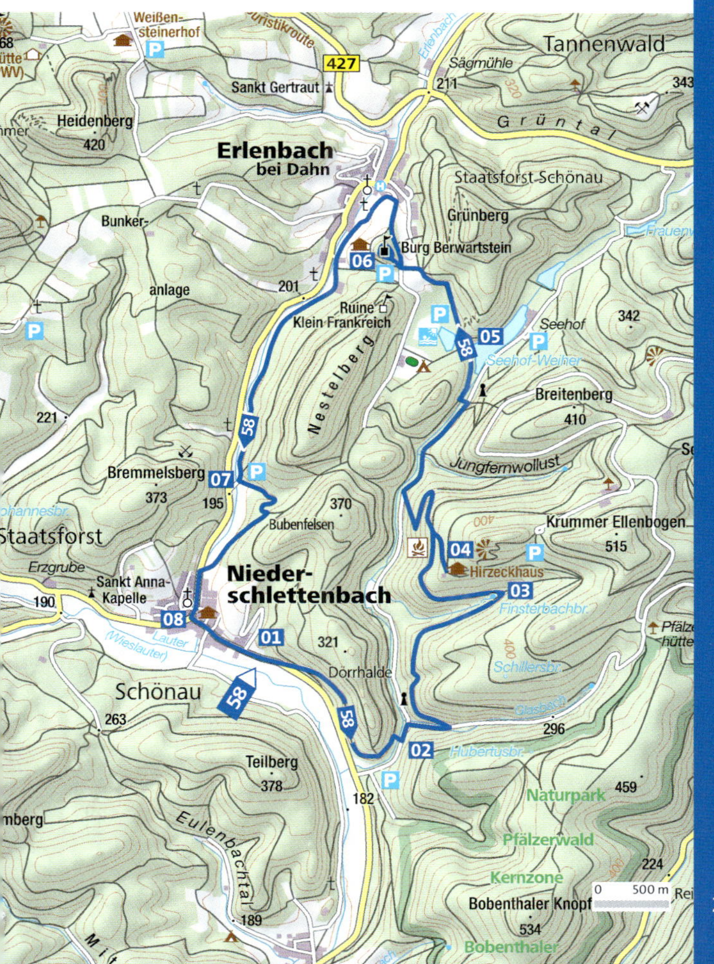

59

HOHE DERST – RUINE GUTTENBERG

Zu einer der am höchsten gelegenen Ruinen des Pfälzerwaldes

  19 km  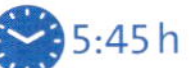 5:45 h  552 hm  552 hm 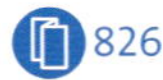 826

START | St. Germanshof
[GPS: UTM Zone 32 x: 419.610 m y: 5.433.310 m]
CHARAKTER | Breite Wald- und Forstwege; schmälere Wald- und Wiesenpfade, mit kurzen steileren und kehrenreichen Passagen.

Wir starten in **St. Germanshof** 01 beim **Gasthaus Germanshof**, steigen einen schmalen Pfad hoch zu einer Verzweigung (St. Germanshof-Nord) und rechts weiter auf einem Wiesenweg. Vorbei an einem Mundat-Schild gehts auf einem Wiesenpfad zu einer Kreuzung, dort biegen wir links auf einen mit Nr. 1 markierten Weg ab. Am Waldrand entlang folgen wir dem breiten Weg in den Wald, zweigen rechts auf einen Pfad ab, passieren das **Felsenbrünnele** 02 und kürzen so den breiten Weg ab. Wir überqueren ein asphaltiertes Sträßchen und folgen scharf links dem leicht ansteigenden Forstfahrweg. Nach mehreren, teils deutlichen Richtungsänderungen gelangen wir auf dem moderat ansteigenden Weg zu einer Kuppe im Wald, es wird flacher und rechts ist auf einem Stein der kurze Abstecher (ca. 30 m) zu einer **Hirschtränke** 03 markiert. Wenig später erreichen wir eine Unterstandshütte.

Der wieder etwas ansteigende Weg flacht dann wieder ab und nach rechts öffnet sich der

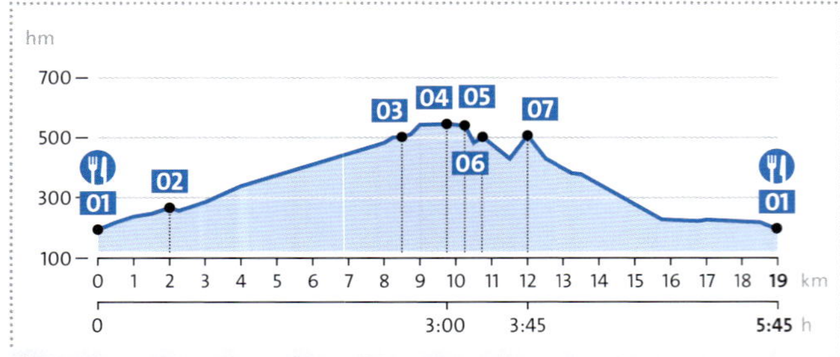

01 St. Germanshof, 175 m; 02 Felsenbrünnele, 250 m; 03 Hirschtränke, 495 m; 04 Hohe Derst, 540 m; 05 Steinerner Tisch, 535 m; 06 Pos. Kanzelberg, 495 m; 07 Ruine Guttenberg, 500 m

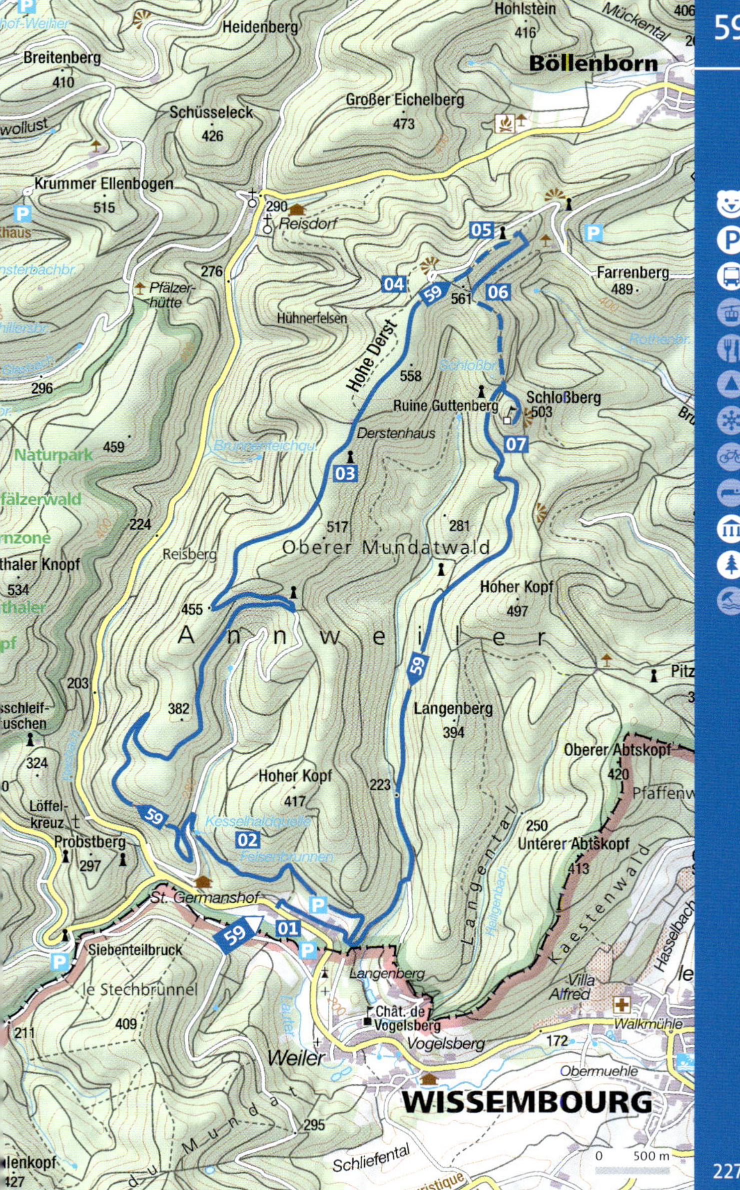

Seehof
Breitenberg
410
Heidenberg
Hohlstein
416
Böllenborn
Großer Eichelberg
473
Schüsseleck
426
Krummer Ellenbogen
515
Reisdorf
Pfälzer-
hütte
Hühnerfelsen
Hohe Derst
Farrenberg
489
Schloßberg
503
Ruine Guttenberg
Derstenhaus
Naturpark
Oberer Mundatwald
Hoher Kopf
497
Reisberg
A n n w e i l e r
Langenberg
394
Hoher Kopf
417
Oberer Abtskopf
420
Unterer Abtskopf
413
Kesselhaldquelle
Felsenbrunnen
St. Germanshof
Siebenteilbruck
le Stechbrünnel
Probstberg
297
Löffel-
kreuz
Langenberg
Chât. de
Vogelsberg
Vogelsberg
Weiler
Walkmühle
Obermuehle
Villa
Alfred
Kaestenwald
Langental
WISSEMBOURG
Schliefental
Circ. Touristique
Franco-Allemand
0 500 m

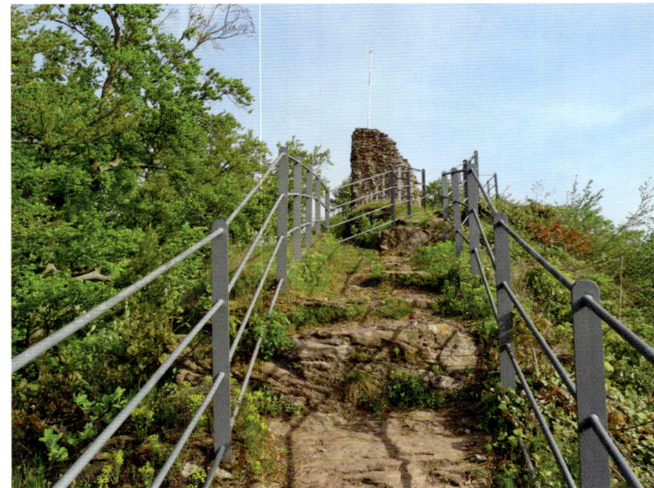
Oben auf der Ruine Guttenberg

Ausblick Richtung Rheinebene. Wir passieren erneut ein Mundat-Schild und ein eingezäuntes Gebäude mit Sendeturm, Pos. **Hohe Derst** 04.

Wir gehen geradeaus weiter und gelangen auf dem schmalen Waldpfad zum **Steinernen Tisch** 05, kurz vorher ist rechts eine schöne Aussichtsbank. Der schmale Pfad verläuft auf einem Gratrücken leicht abwärts und biegt dann recht steil und in Kehren rechts am Waldhang hinab. Wir stoßen unten auf einen breiteren Forstweg, folgen ihm rechts, wieder auf ordentlich steilen Kehren bergab, und treffen auf den Dornröschenweg. Wir halten uns rechts, wandern auf schmalem Pfad hoch, passieren die **Pos. Kanzelberg** 06 und folgen der Markierung Richtung Guttenberg. Wir kommen – wieder leicht abwärts – zu einem größeren Platz (Pos. Schlossberg-Nord). Nach links führt ein steiniger Weg hoch zur **Ruine Guttenberg** 07. Über Treppen steigen wir zur Geländer gesicherten Aussichtsloge hinauf, mit herrlichem Blick hinüber zum Stäffelsberg und in die Rheinebene.

Zurück zur Wegespinne folgen wir einem mit blauem Kreuz markierten breiten Forstweg bergab. Wir passieren die Pos. Hoher Kopf-West, münden in einen weiteren Forstweg ein und wandern weiter geradeaus, an der Pos. Buchbach vorbei in Richtung St. Germanshof. Wir verlassen dann den breiten, flacher werdenden Weg nach rechts auf einen Pfad (blaues Kreuz). Nach einer scharfen Rechtskurve öffnet sich der Wald und wir wandern auf einem Wiesenweg auf Häuser zu. Bei der Pos. St. Germanshof-Nord stoßen wir auf den Hinweg und sind kurz darauf zurück in **St. Germanshof** 01, unserem Ausgangspunkt.

STÄFFELSBERG – RUINE GUTTENBERG

60

Märchenfiguren und Westwall-Relikte

  13 km 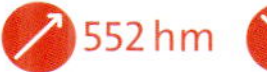 4:15 h 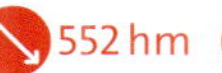 552 hm  552 hm 826

START | Dörrenbach, Wanderparkplatz am Ortseingang; alternativ der kleine Wanderparkplatz Altes Bild
[GPS: UTM Zone 32 x: 424.470 m y: 5.437.950 m]
CHARAKTER | Breite Wald- und Forstwege; schmälere Wald- und Wiesenpfade, mit kurzen steileren und kehrenreichen Passagen.

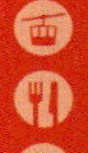

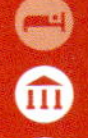

Vom Parkplatz am Ortseingang von **Dörrenbach 01** durchqueren wir den Ort, vorbei an Kirche und Rathaus. Über die Weetburggasse und die Guttenbergstraße wandern wir hinauf zum kleinen Wanderparkplatz **Altes Bild 02**, der am Einstieg zum Dornröschenweg liegt. Die Schneewittchenfigur rechts ist die dritte Station des Dörrenbacher Gebrüder-Grimm-Märchenwegs.

Wir folgen dem breiten Forstweg halbrechts durch eine Schranke und leicht ansteigend in den Wald in Richtung Stäffelsberg. Der Dornröschenweg verlässt nach etwa 10 Minuten den breiten Feldweg nach rechts auf einen stetig ansteigenden schmalen Waldweg. Vorbei an der Märchenstation Rapunzel münden wir in den Turmweg ein und steigen wieder steiler an. Kurz darauf stehen wir auf einem freien Platz mit Sitzbänken und einer Unterstandshütte und vor dem **Stäffelsbergturm 03**. Grandiose Fernsicht vom Aussichtsturm. Vorbei an der Schutzhütte steigen wir hinab zu einer Verzweigung (Pos. Stäffels-

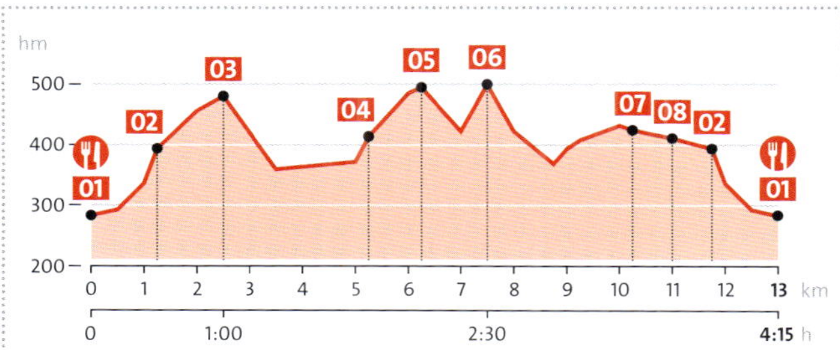

01 Dörrenbach, 275 m; **02** Altes Bild, 390 m; **03** Stäffelsberg, 480 m; **04** Drei-Eichen, 411 m; **05** Kanzelberg, 495 m; **06** Ruine Guttenberg, 500 m; **07** Bunker, 422 m; **08** Vord. Drei-Eichen, 408 m

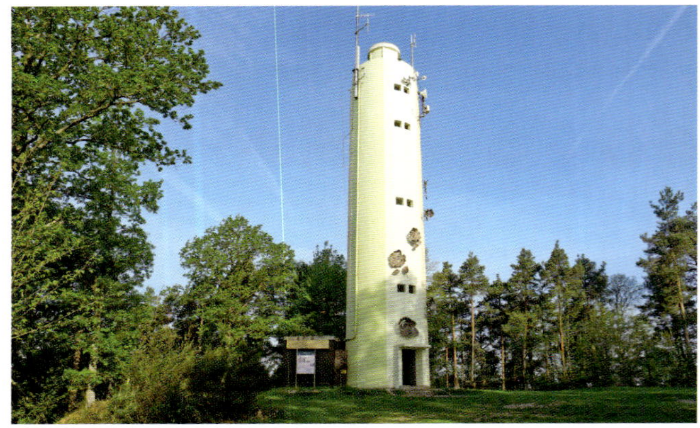

Der Stäffelsbergturm

berg) und schwenken mit dem Dornröschenweg-Zeichen nach links. Abwärts durch den Wald, zunächst an einem Holzgeländer und einer Felswand entlang, stoßen wir auf die Märchenpositionen Tischlein-deck-Dich, Hänsel und Gretel und – nach weiteren Kehren – Sterntaler. Bei der Pos. Wegekreuz am Rödelstal stoßen wir auf einen breiten Weg und folgen ihm links, leicht abfallend. Bei der Pos. Eulenplatz halten wir uns links. Kurz darauf biegen wir auf einen schmalen Pfad ab, der am Waldhang entlang hochführt.

Nach einer scharfen Linkskehre erreichen wir die Pos. **Drei-Eichen-Ost** **04**, und den Drei-Eichen-Platz mit Unterstandshütte und Infotafeln zur Westwall-Geschichte. An der Unterstandshütte links vorbei, führt der Dornröschenweg rechts hoch, ein wunderbarer Waldhangpfad. Mehrfach Forstwege überquerend bringt uns der schmale Pfad zur Pos. **Kanzelberg** **05**; nach rechts ist der Steinerne Tisch und die Hohe Derst ausgeschildert. Wir halten uns links Richtung Ruine Guttenberg, der Weg fällt leicht ab und wir gelangen zu einer Wegespinne mit Sitzbank (Pos. Schlossberg-Nord). Links hoch ist über einen steinigen Weg in wenigen Minuten die **Ruine Guttenberg** **06** erreichbar. Vom Geländer gesicherten Burgturm hat man eine grandiose Aussicht in die Rheinebene und hinüber zum Stäffelsbergturm.

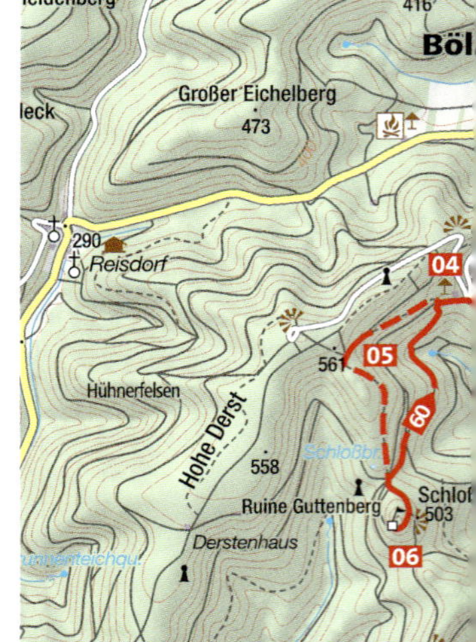

Zurück zur Verzweigung folgen wir rechts dem Dornröschenweg (Schild: Oberrotterbach), ein breiter, leicht bergabführender Waldweg. Nach kurvenreichem Abstieg erreichen wir die Pos. Grünloch, halten uns links und steigen am Waldhang entlang hoch. Es wird flacher, wir stoßen auf die Pos. Farrenberg-West, links ist der Parkplatz Drei-Eichen und die Unterstandshütte zu sehen. Wir folgen dem breiten Forstfahrweg geradeaus in Richtung Vordere Drei-Eichen, passieren Infotafeln zu Minen und Westwall-Propaganda-Material – wir wandern hier auf dem Westwallweg. Vorbei an einem **Ein-Mann-Bunker** und an gesprengten **Bunkern** 07, biegen wir mit dem Dornröschenweg vom breiten Weg ab und gehen auf schmälerem Waldweg rechts weiter. Wir passieren einen weiteren zerstörten **Bunker**, kommen zur Pos. **Vordere Drei-Eichen** 08 und schwenken nach links. 10 Minuten später sind wir zurück am **Wanderparkplatz Altes Bild** 02. Auf dem Hinweg wandern wir hinab nach **Dörrenbach** 01 und durch die schönen schmalen Gässchen zurück zum Ausgangspunkt.

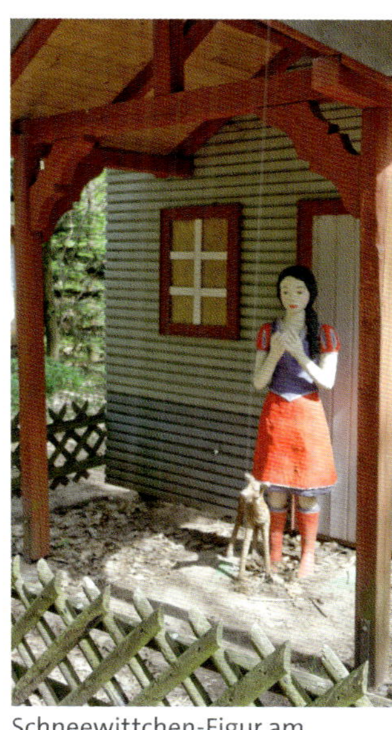

Schneewittchen-Figur am Märchenpfad

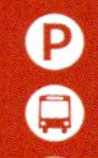

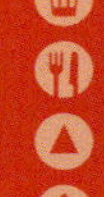

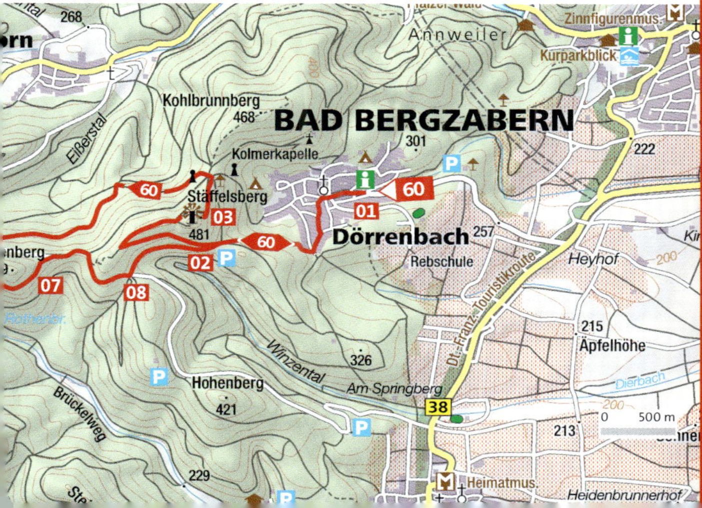

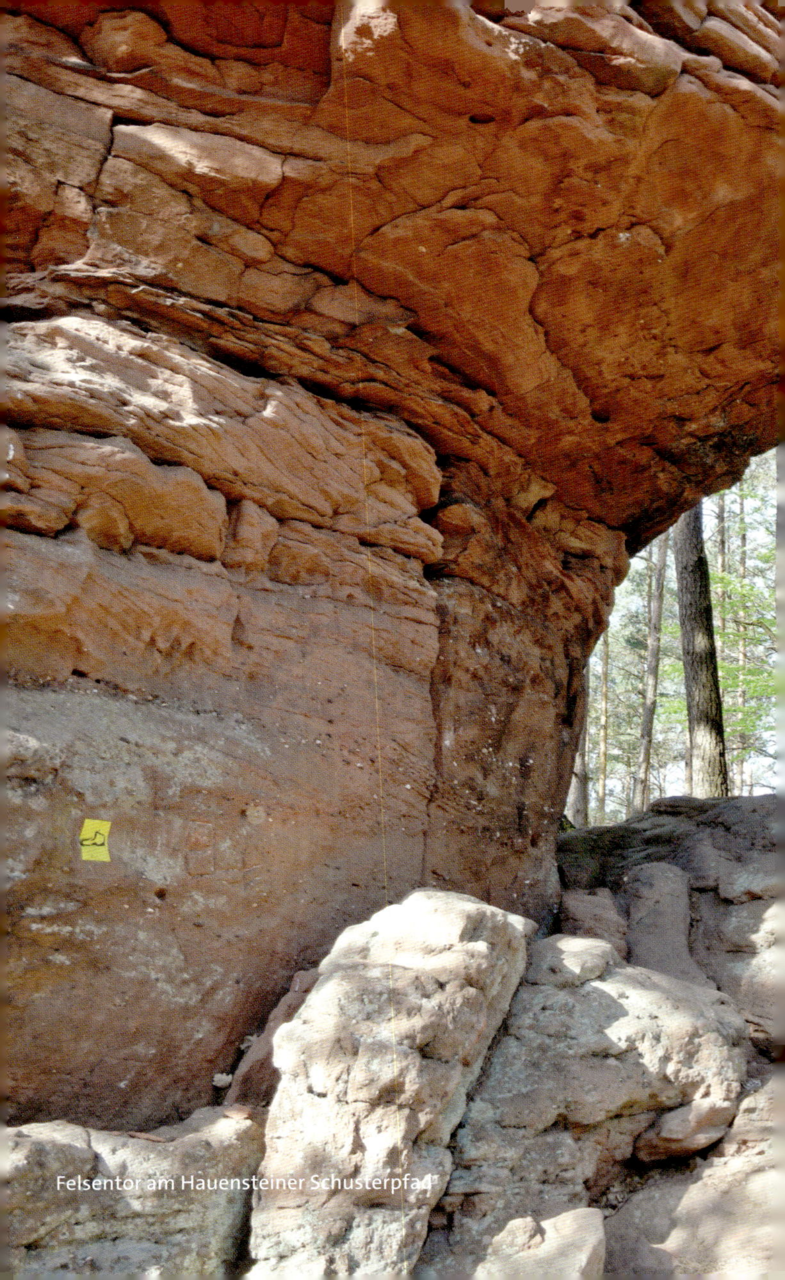

Felsentor am Hauensteiner Schusterpfad

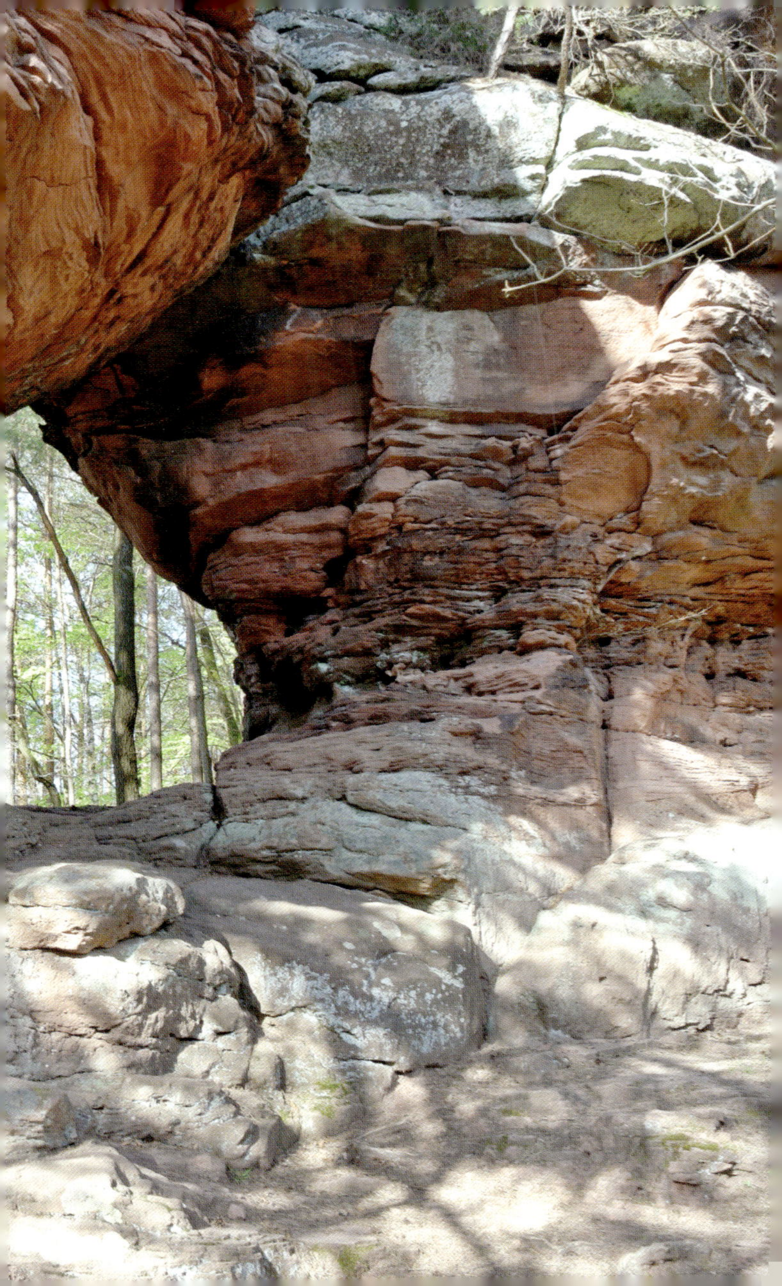

ALLES AUSSER WANDERN

Leicht erreichbare Ausflugsziele für KULTURINTERESSIERTE

Burg Berwartstein
Die durch Blitzschlag zerstörte Burg wurde erst Ende des 19 Jhs. wieder aufgebaut und ist die einzige im Wasgau noch bewohnte Burg. Der Rittersaal wird als Restaurant genutzt und ist frei zugänglich. Führungen informieren über die in den Sandstein gehauene Felsenburg, die neben Waffen- und Folterkammern auch über ein interessantes Höhlen- und Gängesystem verfügt. Großer Parkplatz unterhalb der Burg.

Burgengruppe Altdahn
Das aus Altdahn, Grafendahn und Tanstein bestehende Burgen-Dreigestirn liegt östlich von Dahn und ist ein beliebtes Ausflugsziel mit einem informativen Burgmuseum und einem Kiosk. Parkmöglichkeiten gibt es knapp unterhalb der Burganlage.

Deutsches Schuhmuseum in Hauenstein
Das beim Europäischen Museumswettbewerb ausgezeichnete Schuhmuseum zeigt auf vier Stockwerken nicht nur die gesamte Entwicklungsgeschichte der technischen Schuhproduktion, sondern auch die vielfältigen sozialen und Alltagsaspekte zum Thema Schuhindustrie. Im 1. Obergeschoss kann man das größte Schuhpaar der Welt (Schuhgröße 180) bewundern.

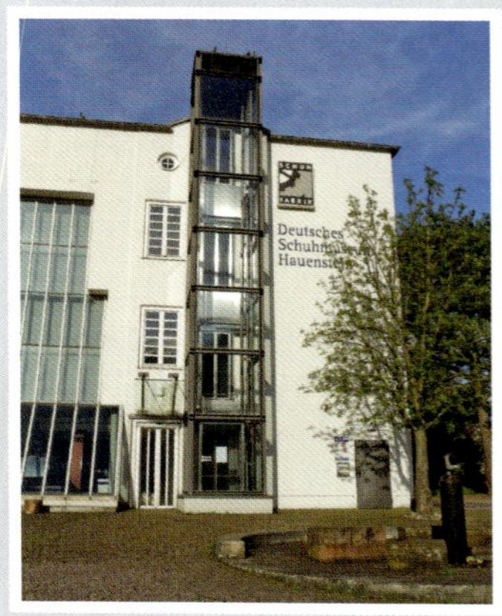

Das Deutsche Schuhmuseum in Hauenstein

Hambacher Schloss
Die Ruine der ehemaligen Salierburg wurde 1832 durch die als Volksfest getarnte Protestveranstaltung gegen bayerische Repressionen zum Symbol der Demokratiebewegung in Deutschland. Das im 19. Jahrhundert wieder aufgebaute und im 20. Jahrhundert renovierte Schloss zählt seit 2015 zum Europäischen Kulturerbe und ist Museum und Tagungsstätte mit ganzjährigen Veranstaltungen. Das „Restaurant 1832“ mit seiner Panoramaterrasse ist ein Besuch wert. Parkplatz beim Schloss.

Klosterruine Limburg
Die Ruinen des ehemaligen Benediktinerklosters, die eindrucksvoll hoch über Bad Dürkheim thronen, sind eines der größten und bedeutendsten Denkmäler der frühsalischen Baukunst. Eine Steinpyramide mit Gedenktafel für Eduard Jost weist darauf hin, dass hier auch das berühmte Pfälzerlied entstanden sein soll. Das Ruinengelände wird heute als Veranstaltungsort (von Opernaufführungen bis zu Open Air Kino)genutzt. Seit 2020 ist die Klosterschänke unter dem Namen

"Konrad2" wieder eröffnet. Mit dem PKW erreichbar.

Rietburg
Die um 1200 erbaute und im 30-jährigen Krieg zerstörte Rietburg liegt aussichtsreich oberhalb von Schloss Villa Ludwigshöhe. Die Burggaststätte bietet einen grandiosen Panoramablick in die Rheinebene. Sie befindet sich nur wenige Meter von der Bergstation der Rietburgbahn entfernt. Ein Sessellift führt seit 1954 zur Rietburg hoch. Die Talstation ist mit dem Auto erreichbar.

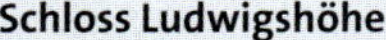

Schloss Ludwigshöhe
Die ehemalige Sommerresidenz von König Ludwig I. von Bayern erinnert an die Zugehörigkeit der Pfalz zu Bayern. Das kleine Schloss ist in der Sommersaison geöffnet (außer montags) und bietet stündliche Führungen an. Eine Max-Slevogt-Galerie sowie eine umfangreiche Keramik-Sammlung sind zu besichtigen. Am Wochenende bietet ein Freiluftcafé schönste Ausblicke in die Rheinebene. Mit dem PKW erreichbar.
www.biosphaerenhaus.de

Trifels
Die Felsenburg Trifels war zur Zeit der Salier, Staufer und Wittelsbacher ein Zentrum der deutschen Adelsgeschichte. Im Hochmittelalter besaß sie zwischen 1113 und 1310 den Rang einer Reichsburg; Nachbildungen der Reichskleinodien können besichtigt werden. Bekannt ist das weithin sichtbare Pfälzer Wahrzeichen auch, weil hier im Jahre 1193 der englische König Richard Löwenherz gefangen gehalten wurde. Ein Parkplatz ist nur wenige Schritte von der Burg entfernt.

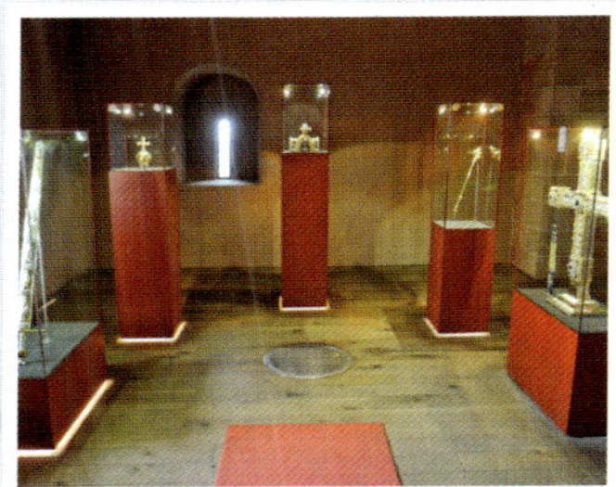

Historische Relikte in der ehemaligen Reichsburg Trifels

NATURINTERESSIERTE

Biosphärenhaus mit Baumwipfelpfad in Fischbach bei Dahn
Anlässlich der Weltausstellung EXPO 2000 in Hannover als dezentrales Informationszentrum angelegt, entwickelte sich das Biosphärenhaus in den letzten Jahren zu einem Naturerlebniszentrum, das neben Multimedia-Ausstellungen einen interaktiven Rundweg, einen Baumwipfelpfad und einen Wasser-Erlebnis-Weg aufzuweisen hat. Parkplätze direkt beim Haus.

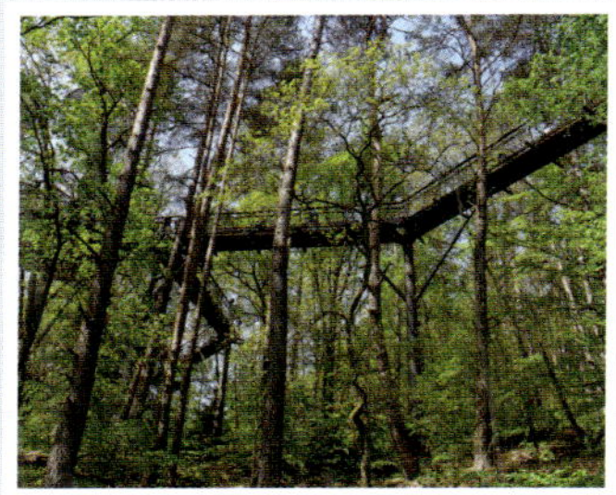

Der Baumwipfelpfad beim Biosphärenhaus in Fischbach bei Dahn

Badegewässer im Pfälzerwald

- nahe Ludwigswinkel: Badesee Saarbacherhammer
- nahe Ludwigswinkel: Schöntalweiher
- nahe Dahn: Neudahner Weiher
- nahe Hinterweidenthal: Rohrwoog
- nahe Erlenbach b. Dahn: Seehofweiher
- nahe Leimen: Clausensee
- nahe Trippstadt: Sägmühlweiher
- nahe Helmbach: Helmbachweiher
- nahe Hochspeyerbach: Weidenthaler Weiher
- nahe Kaiserslautern: Gelterswoog
- nahe Landstuhl: Bärenlochweiher
- nahe Otterberg: Naturfreibad Otterberg
- nahe Bad Dürkheim: Badeweiher auf dem Knaus

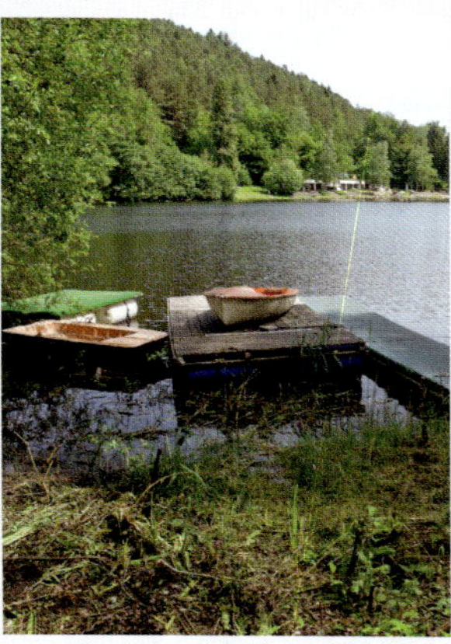

Badesee Gelterswoog

Haus der Nachhaltigkeit
Das aus heimischem Holz und Lehm errichtete moderne Gebäude ist ein Informationszentrum inmitten des Biosphärenreservats Pfälzerwald-Vosges du Nord, das die Nachhaltigkeit als wichtiges Konzept für Wohnen und Bauen vermittelt und durch vielfältige, ganzjährige Ausstellungen und Veranstaltungen Orientierung für einen ökologisch nachhaltigen Lebensstil geben will. Großer Parkplatz beim nahen Johanniskreuz. (www.hdn-pfalz.de)

FAMILIEN und KINDER

Bad Dürkheimer Wurstmarkt
Das am zweiten und dritten Septemberwochenende auf dem Wurstmarkt stattfindende Weinfest gilt mit seinen über 600.000 Besuchern als das größte Weinfest der Welt. An der Westseite des Marktgeländes steht das Dürkheimer Riesenfass, das größte Fass der Welt, das heute ein Restaurant beherbergt. Auf der anderen Seite liegt das Gradierwerk, 333 m lang und 18 m hoch, wo über rund 250.000 Reisigbündel Salzwasser aus einer Heilquelle rieselt und eine wohltuende Freiluftinhalation ermöglicht.

Bajasseum
In Alsenborn, der „Heimat der Seiltänzer" bietet die in Epochen gegliederte Ausstellung in der Rosenhofstraße 87 einen interessanten Einblick in die Artisten- und Zirkuswelt. Das kleine Museum ist täglich von 9 bis 18 Uhr geöffnet, bei freiem Eintritt.

Barfußpfad in Ludwigswinkel
Der rund 1,6 km lange Barfußpfad in der Ludwigswinkler Talaue verläuft über 10 Stationen und bietet vom

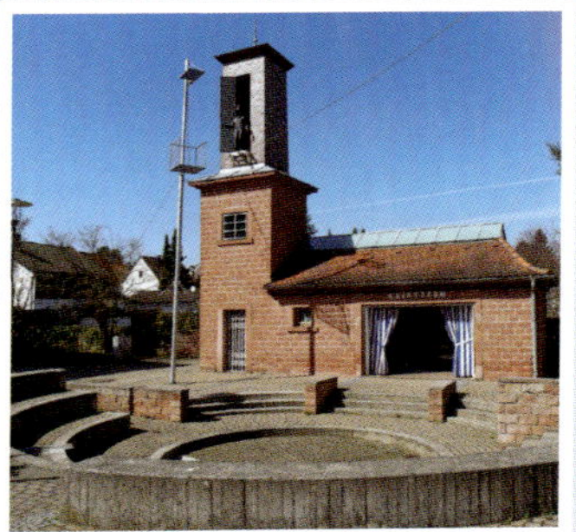

Das Bajasseum in Alsenborn

Waldboden über gemähte Wiesen bis zum Bachkiesbett ein besonders sinnliches „Geh"-Gefühl. Der angrenzende Freizeitpark Birkenfeld ergänzt mit Spielplätzen, Schaukeln, Seilrutschen und einem Kiosk das Erlebnisangebot.

Erlebnispark Teufelstisch in Hinterweidenthal
Unterhalb vom spektakulären Teufelstisch (in ca. 20 Min. erreichbar) erstreckt sich ein weitgehend barrierefreies Erlebnisgelände mit in die Landschaft eingebetteter Felsenrutsche, einem Felsenmeer und einem Labyrinth mit Glockenturm sowie einer Seilbahn, Minigolfanlage und einem Wasserspielplatz. Direkt neben dem Parkgelände befindet sich der Landgasthof am Teufelstisch. Großer Parkplatz vorhanden.

Kinder Spiel & Spaß Fabrik in Kaiserslautern
Der größte In- und Outdoor Spielpark im Umkreis von 100 km liegt in der Entersweilerstraße 54 in Kaiserslautern und ist ein Familienpark mit einem riesigen Angebot für Groß und Klein.

PFÄLZER FERN- UND PRÄDIKATSWANDERWEGE

Drei große Pfälzer Fernwanderwege

Pfälzer Höhenweg
(von Winnweiler bis Wolfstein, 7 Etappen, 114 km)

Pfälzer Waldpfad
(von Kaiserslautern bis Schweigen-Rechtenbach, 9 Etappen, 143 km)

Pfälzer Weinsteig
(von Bockenheim bis Schweigen-Rechtenbach, 11 Etpapen, 172 km)

Von den folgenden **Prädikatswanderwegen** sind die kursiv gesetzten in diesem Wanderführer beschrieben:
Altschlosspfad
Bärensteig
Annweiler Burgenweg
Biosphärenpfad
Brunnen- und Quellenweg
Busenberger Holzschuhpfad
Dahner Felsenpfadweg
Dahner Rundwanderweg
Deutsch-Französischer Burgenweg
Deutschritter-Tour
Dimbacher Buntsandstein Höhenweg
Felsenland Sagenweg
Felsenwald
Geiersteine-Tour
Graf-Heinrich-Weg
Grenzgängerweg
Hahnfels-Tour
Hauensteiner Schusterpfad
Herzog-Karl-II.-August-Pfad
Hexenklamm
Leininger Burgenweg

Napoleon-Steig
Paradiesgartenweg
Pfälzer Hüttentour
Richard-Löwenherz-Weg
Rimbach-Steig
Rothenberg-Weg
Rumberg-Steig
Spirkelbacher Höllenbergtour
Teufelstischtour
Wasgau-Seen-Tour

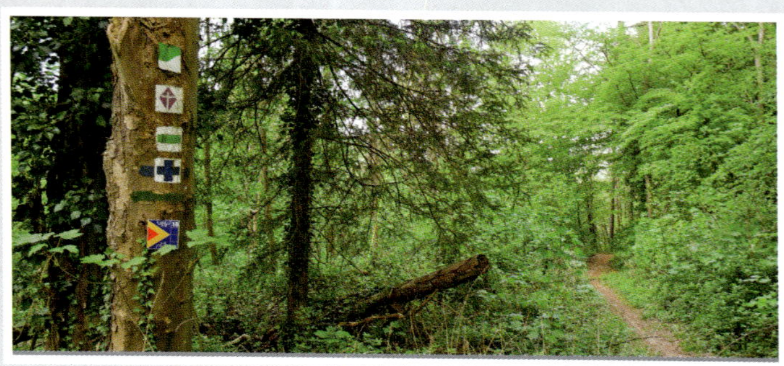

Gut markierte Wege – und immer wieder trifft man auf einen der drei großen Fernwege

ÜBERNACHTUNGSVERZEICHNIS

● unter 30 EUR ●● 30 – 60 EUR ●●● über 60 EUR
(pro Pers/DZ/incl. Frühstück)

Annweiler **PLZ: 76855, Tel. +49 (0) 6346**

Hotel Scharfeneck (●●), Altenstr. 17, Tel. 8392, www.hotel-scharfeneck.de
Hotel zum alten Wasserrad (●●), Am Storchentor 8, Tel. 93344, www.zum-alten-wasserrad.de
Pension Bergterrasse (●●), Trifelsstr. 8, Tel. 7219, www.pension-bergterrasse.de
Gasthof Zum Kurtal (●●), Anebosstr. 15, Tel. 7104, www.pension-restaurant-kurtal.de
Campingplatz Naturfreunde (●), Viktor-von-Scheffel-Str. 18, Tel. 3870, www.naturfreunde-annweiler.de

Bad Dürkheim **PLZ: 67098, Tel. +49 (0) 6322**

Hotel Annaberg (●●), Annabergstr. 1, Tel. 94000, www.hotel-annaberg.com
Hotel An den Salinen (●●), Salinenstr. 40, Tel. 94040, www.hotel-an-den-salinen.de
Gartenhotel Heusser (●●●), Seebacher Str. 50-52, Tel. 9300, www.hotel-heusser.de
Hotel Landhaus Fluch (●●), Seebacher Str. 95-97, Tel. 2488, www.landhaus-fluch.de
Hotel Weingarten Garni (●●), Triftweg 11a-13, Tel. 94010, www.hotelweingarten.de
Hotel Sinneo am Park (●●), Kurgartenstr. 17, Tel. 6020, www.sinneo.de
Mercure Hotel (●●), Kurbrunnenstr. 30, Tel. 6010, www.accorhotels.com

Bruchweiler-Bärenbach **PLZ: 76891, Tel. +49 (0) 6394**

Landhaus Felsengarten (€€), Gartenstraße 78, Tel. 1661, www.gaestehaus-felsengarten.de
Pension Gästehaus Sonnenhöhe (€€), Am Finkenschlag 1, Tel. 705, www.haus-sonnenhoehe.de

Dahn **PLZ: 66994, Tel. +49 (0) 6391**

Hotel Felsenland (€€-€€€), Im Büttelwoog 2, Tel. 92370, www.hotel-felsenland.de
Hotel Pfalzblick (€€€), Goethestr. 1, Tel. 4040, www.pfalzblick.de
Felsenland- Jugendh. (€), Am Wachtfelsen 1, Tel. 1769, www.diejugendherbergen.de
Campingplatz Neudahner Weiher (€), Neudahner Weiher 3-5, Tel. 1326, www.neudahner-weiher.de
Pension Burgenland (€), Am Griesböhl 13, Tel. 5641, www.hausburgenland.de

Deidesheim **PLZ: 67146, Tel. +49 (0) 6326**

Hotel Deidesheimer Hof (€€€), Am Marktplatz, Tel. 96870, www.deidesheimerhof.de
Winzerhof und Pension Wiesenhof (€-€€), Hauptstr. 33, Tel. 8857
Steigenberger Hotel (€€), Am Paradiesgarten 1, Tel. 9700, www.steigenberger.com
Gästehaus Hebinger (€€), Bahnhofstr. 21, Tel. 965270, www.weingut-hebinger.de

Eppenbrunn **PLZ: 66957, Tel. +49 (0) 6335**

Hotel Haus Waldesruh (€€), Neudorfstr. 4, Tel. 859960, www.hotel-hauswaldesruh.de
Hotel Kupper (€€), Himbaumstr. 22, Tel. 9130, www.hotelkupper.de

Fischbach bei Dahn **PLZ: 66996, Tel. +49 (0) 6393**

Hotel Landhaus Tausendschön (€€), Bitscherstr. 7A, Tel. 5718, www.landhaustausendschoen.de

Hauenstein **PLZ: 76846, Tel. +49 (0) 6392**

Hotel Felsentor (€€€), Bahnhofstr. 38, Tel. 4050, www.hotel-felsentor.de
Landhotel Wasgau (€€), Speyerstr. 4-6, Tel. 9190, www.landhotel-wasgau.de
Hotel Zum Ochsen (€€), Marktplatz 15, Tel. 571, www.zum-ochsen-hauenstein.de
Gasthaus Waldesruh (€€), Alte Bundesstr. 7, Tel. 1610, www.gasthaus-waldesruh.de
Hotel am Schuhmuseum (€€), Burgstr. 18, Tel. 409597, www.hotel-hauenstein.de

Hinterweidenthal **PLZ: 66999, Tel. +49 (0) 6396**

Hotel Frauenstein (€€), Kaltenbach 12, Tel. 245, www.hinterweidenthal.de
Pension „Zum Pfälzerwald" (€€), Hauptstr. 50, Tel. 92120, www.zum-pfaelzerwald.de
Gasthof Am Teufelstisch (€€), Handschuhteich 29, Tel. 369, www.am-teufelstisch.de

Hofstätten **PLZ: 76848, Tel. +49 (0) 6397**

Zur Scheune (€€), Ortsstraße 33, Tel. 360, www.zurscheune.de
Marion Müller (€€), Ortsstr. 12, Tel. 933188, www.muellerslust.de

Neustadt an der Weinstraße **PLZ: 67433, Tel. +49 (0) 6321**

Steinhäuser Hof (€€), Rathausstr. 6, Tel. 489060, www.steinhaeuserhof.de
RAMADA Hotel Neustadt (€€), Exterstr. 2, Tel. 8980, www.ramada.de
Hotel Tenner (€€), Mandelring 216, Tel. 9660, www.hotel-tenner.de
HOTEL PALATINA (€€), Gartenstr. 8, Tel. 924000, www.hotel-palatina.com

Hotel Müller-Preßler (€€), Mandelring 112, Tel. 6287, www.hotel-mueller-pressler.de
Hotel Haardter Herzel (€€), Eichkehle 58, Tel. 6421, www.hotel-haardter-herzel.de
Hotel Restaurant Mandelhof (€€), Mandelring 11, Tel. 88220, www.mandelhof.de

Nothweiler **PLZ: 76891, Tel. +49 (0) 6394**
Hotel Landgasthaus Wegelnburg (€€), Hauptstr. 15, Tel. 284, www.zur-wegelnburg.de
Pension C. Müller (€-€€), Wiesenstr. 13, Tel. 476, www.pension-christa-mueller.de
Ernst Buchhardt (€), Graf-Zeppelin-Str. 2, Tel. 256, www.buchhardt.de

Rodalben **PLZ: 66976, Tel. +49 (0) 6331**
Bold, Zum grünen Kranz (€€), Hauptstr. 210, Tel. 23170, www.boldskranz.de
Villa Bruderfels Hotel (€€), Baumbuschstr. 58, Tel. 23350, www.villa-bruderfels.de
Zum Schokoladengießer (€€), Hauptstr. 108, Tel. 17123, www.schokoladengiesser.de
K-P. Edrich (€), Lindersbachstr. 17, Tel. 16314, www.rodalben.de
Haus Annemie (€), Baumbuschstr. 18, Tel. 17775, www.haus-annemie.de
Hilschberghaus (PWV) (€), Hilschberg, Tel. 10669, www.pwvhilschberghaus.de

Schönau **PLZ: 66996, Tel. +49 (0) 6393**
Hotel Zur Wegelnburg (€€), Hauptstr. 8, Tel. 92120, www.hotel-wegelnburg.de
Hubertushof (€€), Blumensteinstr. 9, Tel. 993737, www.longhornranchpfalz.de
Gästehaus Vogel (€), Wengelsbacher Str. 20, Tel. 375, www.vogel.schoenau-pfalz.de

St. Martin **PLZ: 67487, Tel. +49 (0) 6323**
Pension Haus Bergel (€€), Talstraße 5, Tel. 4122, www.haus-bergel.de
Pension Helmut Schreieck (€€), Friedhofstraße 8, Tel. 5415, www.schreieck-wein.de

ORTE/TOURISMUSBÜROS

Alsenborn
Tourismusbüro
Hauptstraße 18
67677 Enkenbach-Alsenborn
Tel. 06303 913-168 /-120 /-147

Annweiler
Tourismusbüro
76855 Annweiler, Tel. 06346 2200
www.annweiler.de

Bad Bergzabern
Tourismusbüro in der Südpfalz Therme
Kurtalstraße 27
76887 Bad Bergzabern
Tel. 06343 989660
www.bad-bergzabernerland.de

Bad Dürkheim
Touristinformation
Kurbrunnenstraße 14
67098 Bad Dürkheimer
Tel. 06322 935140
www.bad-duerkheim.de

Bruchweiler-Bärenbach
Tourist-Info/Heimatverein
Hauptstraße 50
76891 Bruchweiler-Bärenbach
Tel. 06394 5264
www.bruchweiler-baerenbach.de

Dahn
Verkehrsverein Dahn
Schulstraße 29

66994 Dahn
Tel. 06391 5188
www.verkehrsverein-dahn.de
(Touristinformation Dahner Felsenland
Tel. 06391 919600))

Edenkoben
I-Punkt
Weinstraße 81
67480 Edenkoben
Tel. 06323 9897858
www.edenkoben.de
(Büro für Tourismus
Poststraße 23
Tel. 06323 959222)

Fischbach bei Dahn
Kultur- u. Verkehrsverein
Hauptstraße 37
Tel. 06393 204
www.fischbach-bei-dahn.de

Göllheim
Tourismus&Kultur
Freiherr-vom-Stein-Str. 1-3
67307 Göllheim
Tel. 06351 490918
www.vg-goellheim.de

Hauenstein
Tourist-Info-Zentrum Pfälzerwald
Schuhmeile 1
76846 Hauenstein
Tel. 06392 9233380
www.urlaubsregion-hauenstein.de

Kaiserslautern
Tourist Information
Fruchthallstraße 14
67655 Kaiserslautern
Tel. 0631 3652317 / 3652723
www.kaiserslautern.de

Lambrecht
Touristinformation
Sommerbergstraße 3
67466 Lambrecht (Pfalz)
Tel. 06325 181110
www.vg-lambrecht.de

Neustadt a. d. Weinstraße
Tourist-Information
Hetzelplatz 1
67433 Neustadt a. d. Weinstraße
Tel. 06321 926892
www.neustadt.eu

Pirmasens
Touristinfo im Rheinberger
Fröhnstraße 8
66954 Pirmasens
Tel. 06331 2394321
(Bürger-Service-Center
Exerzierplatz 3
Tel. 06331 84-2911 bis -2916)
www.pirmasens.de

Rodalben
Tourist-Info Gräfensteiner Land
Am Rathaus 9, 66976 Rodalben
Tel. 06331 234180
www.rodalben.de

Schönau
Fremdenverkehrsverein
Gebüger Straße 2
66996 Schönau
Tel. 06393 1425
www.schoenau-pfalz.de

St. Martin
Tourist-Info
Kellereistraße
67487 St. Martin
Tel. 06323 5300
www.sankt-martin.de

Trippstadt
Tourist Info
Hauptstraße 26
67705 Trippstadt
Tel. 06306 341
www.trippstadt.de

Waldfischbach-Burgalben
Tourist-Information
Friedhofstraße 3
67714 Waldfischbach-Burgalben
Tel. 06333 925160
www.vgwaldfischbach-burgalben.de

REGISTER

A
Alsenborn • 30, 32, 236, 237, 240
Altdahner Burgengruppe • 149, 150, 156, 159, 234
Alter Bierkeller • 184, 188, 190
Altschlosspfad • 15, 194, 195, 196, 237
Anebos • 124, 126
Annweiler • 13, 100, 104, 121, 123, 124, 127, 128, 130, 237, 238, 240
Annweiler Forsthaus • 100
Asselstein • 127, 129

B
Bad Bergzabern • 240
Bad Dürkheim • 41, 42, 43, 44, 45, 234, 236, 238, 240
Bärenfelsen • 188, 190
Bärenhöhle • 188, 189
Bayerisch Windstein • 208, 209
Beckenhof • 177
Bellachini-Weiher • 105, 109
Benderplatz • 113
Bergstein • 55, 56, 59, 60
Biedenbacherwoog • 14, 33, 34
Bismarckhöhle • 48, 50
Bismarckturm • 41
Biundo-Brunnen • 127, 130
Breite Loog • 63, 64
Breitenberg • 134, 135, 136
Bruchweiler-Bärenbach • 161, 162, 164, 167, 169, 239, 240
Bruderfelsen • 188, 190, 212, 214
Buhlsteinfelsen • 145, 148
Burgalbweiher • 95
Burg Altleiningen • 36, 37
Burg Battenberg • 36, 40
Burg Berwartstein • 222, 224, 234
Burg Diemerstein • 30, 32
Burg Fleckenstein • 219, 220
Burg Hohenecken • 77, 78
Burg Kropsburg • 109, 111
Burg Neuleiningen • 36, 40
Burg Neuscharfeneck • 117, 120
Burgruine Drachenfels • 161, 164, 166
Burg Spangenberg • 67, 68
Burg Stauf • 24
Büttelfels • 153

C
Col de Hichtenbach • 212, 213
Cramerhaus • 145, 148

D
Dahn • 151, 153, 156, 200, 204, 234, 236, 239, 240, 241
Dahner Hals • 204, 206
Dahner Hütte • 153, 156, 160
Dansenberg • 77, 79
Darstein • 137, 140
Deidesheim • 48, 50, 239
Deidesheimer Tempel • 55
Dekan-Ehling-Hütte • 188
Dichterhain • 109, 110
Dicker Stein • 63
Diemerstein • 30, 31, 32
Dörrenbach • 229, 231
Drachenfels • 51, 52, 54, 161, 164, 166
Drachenfelsblick • 164
Drachenfelshütte • 161, 164, 166
Dreibrunnental • 51, 54
Drei-Eichen • 45, 164, 229, 230, 231
Drei-Eichen-Hütte • 45
Drei-Eichen-Plätzl • 164
Dreiherrenstein • 100, 101
Dreikantstein • 67, 68
Dreilinden • 33
Dretschbergfelsen • 167, 168

E
Edenkoben • 113, 241
Edenkobener Hütte • 113, 116
Eibachquelle • 149
Eisenbörnchen • 180, 181
Eisweiher • 177, 178
Elmstein • 70, 72
Entenweiher • 200, 201
Eppenbrunn • 15, 194, 239
Erfenstein • 67, 68
Erfweiler • 149, 150, 151, 152
Erfweiler Wasserfall • 149, 152
Erlenbach • 97, 98, 222, 224, 225, 236
Eschkopf • 97

F
Falkenburg • 134, 135
Felsenbrünnele • 226
Finsterbachbrunnen • 222, 223
Fischbach bei Dahn • 14, 200, 203, 204, 205, 207, 235, 239, 241
Fleckenstein • 219, 220
Fliehburg Backelstein • 141, 142
Forsthaus Annweiler • 100, 104
Forsthaus Benjental • 55, 57
Forsthaus Schorlenberg • 30, 32
Frankenstein • 33, 34
Fronbaum-Hütte • 105, 106
Fuchsfelsen • 180, 181

G
Gebetbuch • 177, 178
Geierstein • 131, 132, 133
Geisbühlfelsen • 180
Geisenfelsen • 177, 178
Geldlochhütte • 30, 32
Gelterswoog • 77, 78, 80, 81, 236
Gimbelhof • 219, 220
Gipfelstürmerhütte • 180, 181
Glastalquelle • 177, 178
Göllheim • 20, 21, 22, 26, 241
Göllheimer Häuschen • 21
Göllheimer Königskreuz • 22
Gottfriedsruhe • 191, 193
Gräfenhausen • 121, 122
Guckenbühl • 197, 199, 201
Guckenbühlfelsen • 197, 199

H
Habichtfelsen • 88, 91
Hahnberg • 149
Hahnenhof • 145, 146
Hahnenstein • 137, 140
Hambacher Schloss • 13, 18, 56, 59, 60, 62, 108, 114, 234
Hanauisches Eck • 180, 182
Hauberanlage • 59, 62

Hauenstein • 50, 141, 144, 234, 239, 241
Haus der Nachhaltigkeit • 16, 97, 98, 236
Häuselstein • 137, 138
Hedwigsbrunnen • 222
Hegerturm • 149, 150
Heidenlöcher • 48, 49
Heidenmauer • 41, 43
Hellerhütte • 63, 64
Hermannsruh • 173, 174
Hermesbergerhof • 100, 101
Hesselbachhütte • 105, 106, 109, 111
Hettersbachfelsen • 184, 185
Hexenpilz • 156, 160
Hilschberghaus • 180, 184, 187, 240
Hilschweiher • 113, 116
Hinterer Rappenkopf • 180
Hinterweidenthal • 170, 236, 237, 239
Hirtenbrunnen • 77, 79
Hirzeckhaus • 222, 223
Hochberg • 109, 110
Hochspeyerbach • 236
Hockerstein • 137, 139
Hofstätten • 100, 104, 239
Hohe Derst • 226
Höheinöd • 88, 89
Hoher Kopf • 180, 228
Hohler Fels • 194, 196
Holderquelle • 121, 122
Holländerklotz • 100, 101
Horberg-Brücke • 184, 186
Horbergfelsen • 184, 185
Hornstein • 131
Hühnerstein • 137, 140, 141, 142
Hungerpfuhlfelsen • 180, 183
Hütte in der Weilach • 42
Hüttenberghütte • 105, 106

I

Iltisbrunnen • 204, 206
Immersberg • 137

J

Jägerkreuz Battenberg • 36, 40
Johanniskreuz • 16, 74, 95, 96, 97, 99, 236
Jungfernsprung • 156, 160
Jung-Pfalz-Hütte • 121, 122
Jüngstberg • 161, 164, 165
Jungwald-Hütte • 141

K

Kahlenberg • 149, 150
Kaisergarten • 48, 63, 64
Kaiserslauterer Hütte • 167
Kaiserslautern • 12, 27, 29, 78, 236, 237, 241
Kaiser-Wilhelm-Höhe • 16, 41, 43
Kaiser-Wilhelm-Stein • 216, 218, 219
Kalmit • 12, 105
Kalmitturm • 105, 107
Kamelfelsen • 36, 37
Kanzel • 184, 187
Kanzelberg • 226, 228, 229, 230
Kanzelfelsen • 177, 178
Karl-May-Felsen • 180, 183
Keimskreuz • 191
Keschdedell • 41, 44
Kesselberg • 113, 114
Kiesfelsen • 184
Kirschfels • 100, 104
Klettererhütte • 127, 129
Klingelfelsen • 208, 211, 212, 213
Kloster Rosenthal • 21, 22
Klosterruine Limburg • 45, 234
Klosterruine Rosenthal • 24, 26
Klugsche Mühle • 84, 86
Kochelsteinhütte • 137, 140
Kohlplatz • 113, 114
Königskreuzkapelle • 20, 21
Krappenfelsen • 121, 180
Kreuzfelsen • 141
Kriegsberghütte • 20
Kriemhildenstuhl • 41, 43
Kugelfelsen • 177, 178
Kuhfelsen • 180, 181
Kühhungerfelsen • 145
Kühungerquelle • 59, 62

L

Lambertskreuz • 51, 54
Lambrecht • 63, 241
Lämmerfelsen • 153
Lämmerteich • 153
Landauer Hütte • 117, 120
Langenbachfelsen • 188, 189
Langmühl • 173, 174
Leimbüschel • 164, 166
Leimen • 236
Leinbachtal • 14, 33
Lemberg • 173, 176, 177, 191, 193
Lindelbrunn • 145, 148
Lindelskopf • 200, 201
Lindemannsruhe • 41, 42
Lindersbachfelsen • 184, 187
Löfelsfelsen • 149, 150
Lourdesgrotte • 67, 137, 139, 164, 166
Ludwigshafener Hütte • 107
Ludwigshalle • 20, 21
Ludwigshöhe • 113, 235
Ludwigsturm • 113, 114
Ludwigswinkel • 197, 200, 201, 236
Lug • 131, 133
Luitpoldstein • 100, 101
Luitpoldturm • 100, 101

M

Maiblumenfels • 173
Maibrunnenfelsen • 184, 187
Maimont • 208, 209
Mehlis-Denkmal • 59, 62
Mettenbacherhof • 121, 122
Michaeliskapelle • 48
Mooskopf • 153
Mückenplätzel • 204, 206
Mückenspinne • 204, 206
Mühlweiher • 194, 196, 200, 203
Münz • 124, 126

N

Napoleonsfelsen • 167, 168
Nedingfelsen • 141, 144
Neidenfels • 51, 54
Nesselberg • 137, 140
Nesselbergfelsen • 137, 140
Neudahn • 156, 160
Neuleiningen • 36, 37, 40
Neuscharfeneck • 117, 120
Neustadt an der Weinstraße • 12, 55, 59, 239, 241

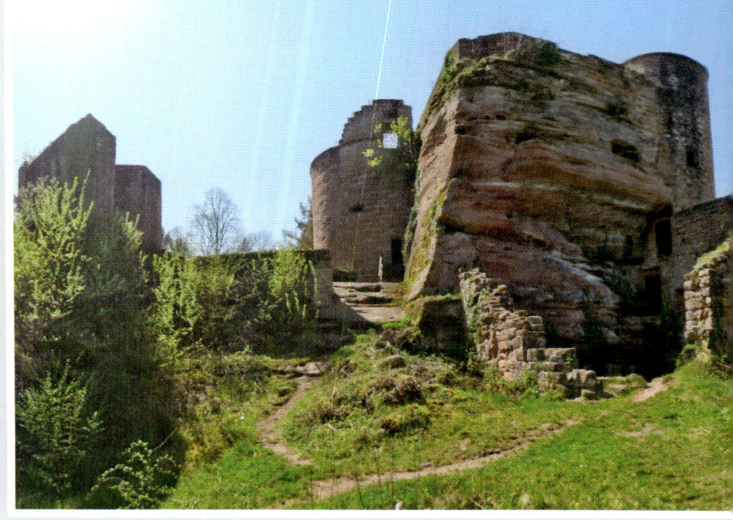

Die Burgruine Neudahn

Niederschlettenbach • 222, 225
Nollenkopf • 59, 60
Nothweiler • 219, 220, 240

O

Oberhammer • 84, 86
Oberschlettenbach • 145, 146
Obersteinbach • 208, 210, 211
Orensberg • 117, 119
Orensfelsen • 117, 118
Otterberg • 236

P

Petit Arnsbourg • 208, 211
Pfaffenfelsen • 153, 215
Pfälzerwaldhütte • 167, 168
Pfälzer Weltachse • 74
Pfälzerwoog • 200, 201
Pferdsbrunnen • 88, 91, 95, 96
Pirmasens • 12, 14, 177, 241
Platte • 177, 178
Pottasch-Hütte • 51, 52

R

Rabenfelsen • 173, 176
Ramerfelsen • 88
Ramsen • 24
Rebsortenweg • 105, 108
Rehberg • 13, 127, 128, 129
Rehbergquelle • 127, 128
Rehbergturm • 127, 129
Reinigshofquelle • 167, 168
Retschelfelsen • 167
Rietburg • 113, 114, 235
Ringstein • 173, 176
Rinnthal • 100
Rochuskapelle • 77, 78
Rodalben • 180, 183, 184, 185, 187, 188, 190, 240, 241
Rodalbtal • 191, 192
Rödelstein • 145, 148
Rosental • 80, 81
Rosenthalerhof • 20, 24, 26
Rossbrunnen • 204, 206
Rösselsquelle • 197, 199, 200, 201
Rösselsweiher • 197, 199, 200, 201
Rote Hohl • 77
Ruine Beilstein • 27, 28
Ruine Blumenstein • 208, 209
Ruine Breitenstein • 67, 68
Ruine Diemerstein • 30
Ruine Drachenfels • 164, 166
Ruine Erfenstein • 67
Ruine Falkenburg • 134, 135
Ruine Frankenstein • 33, 34
Ruine Frönsburg • 212, 214
Ruine Guttenberg • 226, 229, 230
Ruine Hardenburg • 45, 46
Ruine Hohenbourg • 216, 218, 219
Ruine Lemberg • 173
Ruine Lichtenstein • 51
Ruine Lindelbrunn • 145, 148
Ruine Löwenstein • 219
Ruine Neidenfels • 51, 54
Ruine Neudahn • 156, 160

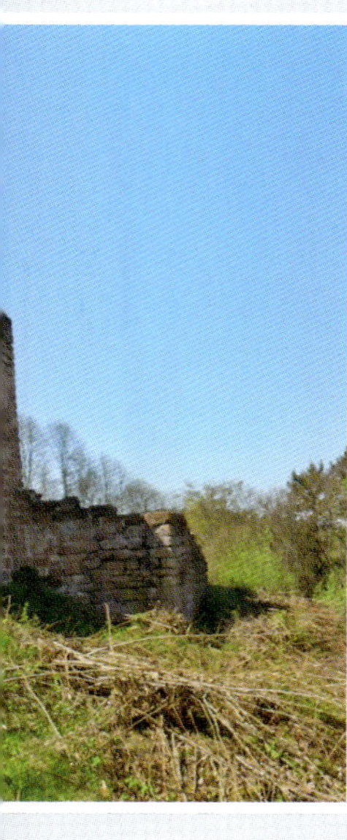

Ruine Scharfenberg • 124, 126
Ruine Steinenschloss • 92, 94
Ruine Wachtenburg • 48, 50
Ruine Wasigenstein • 208, 211
Ruine Wegelnburg • 16, 216, 218, 219
Ruine Wolfsburg • 55, 56
Rumberg • 197, 198, 238
Rumbergfelsen • 197, 198
Runder Hut • 131, 132, 133
Ruppertstein • 173, 176
Ruppertsweiler • 177

S

Sägmühlweiher • 84, 87, 197, 199, 200, 201, 236
Salzwoog • 170, 172
Saufelsen • 92, 93, 180, 181
Schäfer-Denkmal • 41, 43
Schafsfelsen • 149, 150
Schänzelturm • 113, 114
Scheffelwarte • 55, 56
Schillerfelsen • 153
Schillerwand • 177, 178
Schlangenweiher • 45
Schloss Löwenstein • 117
Schloss Ludwigshöhe • 113, 235
Schloss Trippstadt • 84
Schlüsselfelsen • 216
Schnoogeweiher • 204, 206
Schönau • 208, 211, 212, 215, 216, 240, 241
Schornsteinfelsen • 109, 110, 111
Schwalbenfelsen • 153
Schwalbenhalde • 156, 159
Schwammbornquelle • 170, 172
Schwarzbachtal • 95
Schweinefelsen • 184, 187
Seehofweiher • 222, 224, 236
Seewoog • 74, 76
Seibelsbachfelsen • 188
Sindelsberg • 216, 218
Sommerberghütte • 59, 62
Speierheldhütte • 59
Spitzer Fels • 197
Stäffelsberg • 229
Steigertfelsen • 188
Stein des Gleichgewichts • 63
Steinerner Hirsch • 55
Steinerner Tisch • 226
Steinhohl • 153, 156, 160
St. Georgsbrunnen • 77
St. Germanshof • 226, 228
St. Johann • 117, 120
St. Martin • 105, 108, 109, 111, 240, 241
St. Ottilia • 109, 110, 111
Stutgarten • 67, 68
Sühnekreuz • 59, 60, 62

T

Taubenkopf • 105, 107
Teufelsküche • 170
Teufelsloch • 95, 96
Teufelsstein • 41, 43
Teufelstisch • 170, 172, 237, 239
Thaleischweiler-Fröschen • 92
Totenköpfchen • 27, 29
Trifels • 13, 114, 117, 124, 126, 127, 235
Trippstadt • 84, 87, 95, 97, 236, 241
Trippstadter Schloss • 84

U

Ungeheuerfels • 153
Ungerteich • 161, 162, 164, 166

V

Vorderweidenthal • 145, 148

W

Wachtfelsen • 153, 156, 208, 211, 239
Waldfischbach-Burgalben • 88, 241
Waldhaus Schwarzsohl • 70
Waldhaus Starkenbrunnen • 177
Waldleiningen • 74
Walkmühltal • 80
Wanderheim Drei-Buchen • 191
Wasgaublick • 127, 130, 149, 150
Wasgauhütte • 137, 140, 146
Wasigenstein • 208, 211, 213
Wegelnburg • 16, 216, 218, 219, 240
Weinbiethaus • 55, 56
Weißensteiner Hof • 161
Wilensteiner Burg • 84
Wilensteinerhof • 84, 85
Wilgartswiesen • 134, 136
Wilhelmsruhe • 55, 58
Willi-Achtermann-Hütte • 127, 130
Windhof • 124
Windsteinerfels • 208, 210
Wolfsägertal • 204, 206
Wolfsgrube • 70, 72, 134, 136
Wolfshorn • 137, 140
Wolfsschluchthütte • 70, 72

Z

Zehntkeller • 212, 214
Zeppelinhalde • 216, 217, 219
Zigeunerbrunnen • 180, 181
Zigeunerfelsen • 184, 186, 211, 212, 213

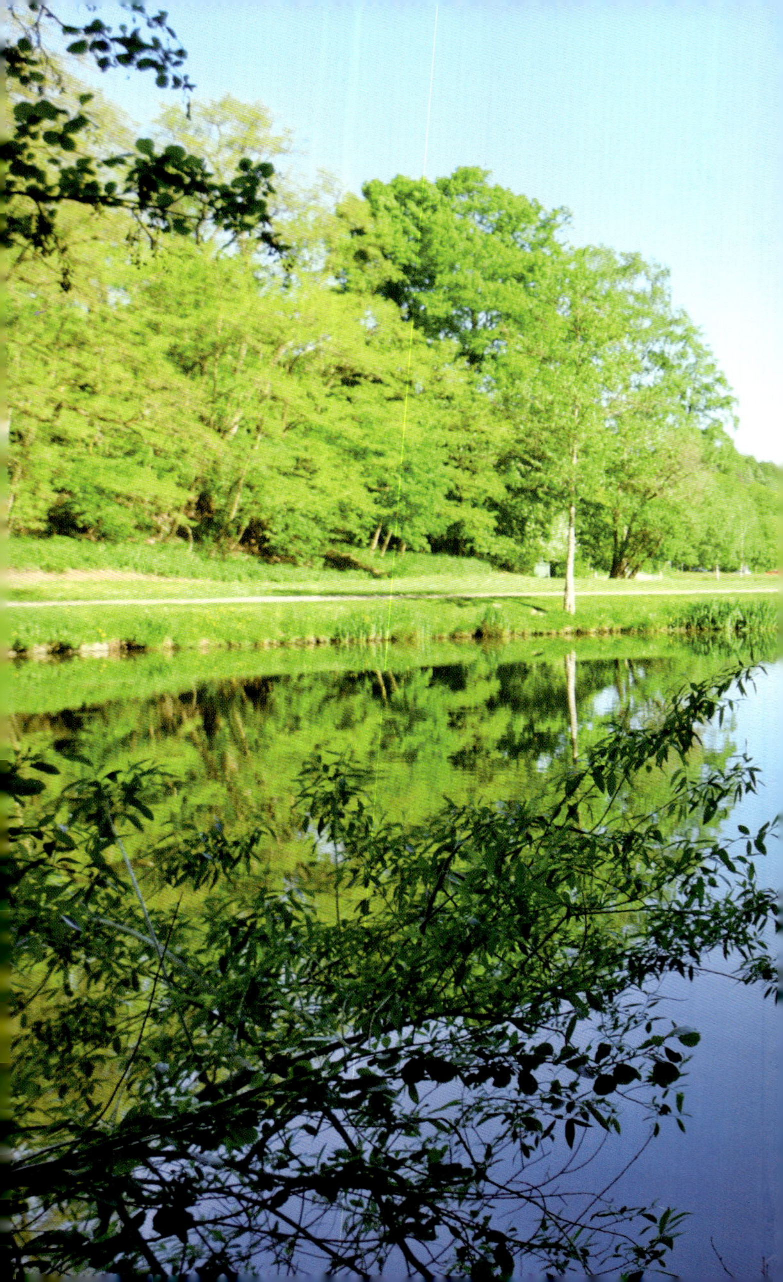

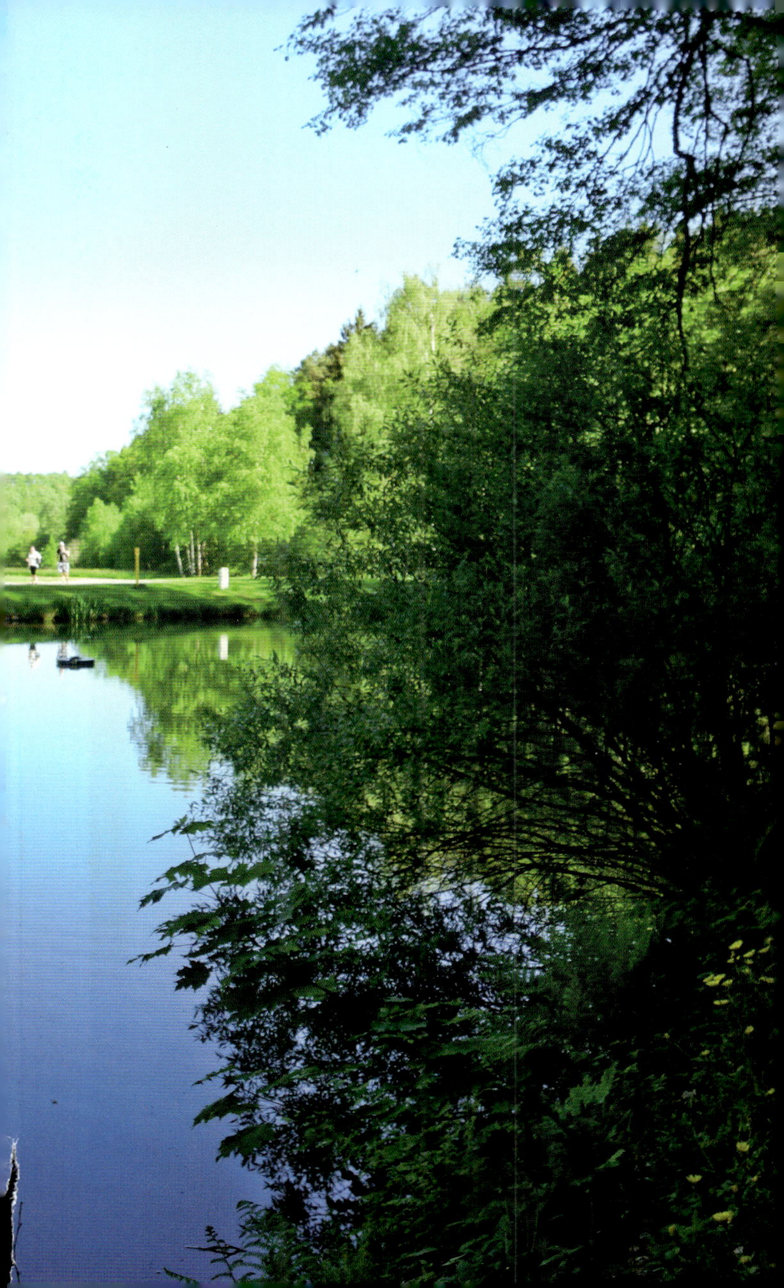

IMPRESSUM

© KOMPASS-Karten GmbH, A-6020 Innsbruck (24.02)
2. Auflage 2024 Verlagsnummer 5227 ISBN 978-3-99121-971-2

Titelbild: Altschlossfelsen (©LianeM - stock.adobe.com)

Texte und Fotos: Walter Theil
Bildnachweis: Alle Bilder stammen vom Autor

Grafische Herstellung und Wanderkartenausschnitte:
© KOMPASS-Karten GmbH
Kartengrundlage für Gebietsübersichtskarte S. 10-11, U4:
© MairDumont, D-73751 Ostfildern 4

Alle Angaben und Routenbeschreibungen wurden nach bestem Wissen gemäß unserer derzeitigen Informationslage gemacht. Die Wanderungen wurden sehr sorgfältig ausgewählt und beschrieben, Schwierigkeiten werden im Text kurz angegeben. Es können jedoch Änderungen an Wegen und im aktuellen Naturzustand eintreten. Wanderer und alle Kartenbenützer müssen darauf achten, dass aufgrund ständiger Veränderungen die Wegzustände bezüglich Begehbarkeit sich nicht mit den Angaben in der Karte decken müssen. Bei der großen Fülle des bearbeiteten Materials sind daher vereinzelte Fehler und Unstimmigkeiten nicht vermeidbar. Die Verwendung dieses Führers erfolgt ausschließlich auf eigenes Risiko und auf eigene Gefahr, somit eigenverantwortlich. Eine Haftung für etwaige Unfälle oder Schäden jeder Art wird daher nicht übernommen. Für Berichtigungen und Verbesserungsvorschläge ist die Redaktion stets dankbar. Korrekturhinweise bitte an folgende Anschrift:

KOMPASS-Karten GmbH
Karl-Kapferer-Straße 5, A-6020 Innsbruck
www.kompass.de/service/kontakt

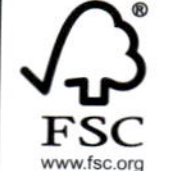

MIX
Papier | Fördert gute Waldnutzung
FSC® C015829